多层次轨道交通融合发展理论及技术丛书

多层次轨道交通
融合规划方法与实践

METHOD AND PRACTICE OF MULTI-LEVEL RAIL TRANSIT INTEGRATION PLANNING

郑 洪 陶志祥 著

人民交通出版社股份有限公司

北 京

内 容 提 要

本书基于长三角城市群和粤港澳大湾区典型案例实践，系统总结了城市群、都市圈多层次轨道交通融合规划的理论与方法。全书共12章，内容包括：绪论，多层次轨道交通国际典型案例和经验启示，多层次轨道交通融合发展的提出及融合规划内涵，多层次轨道交通融合规划技术体系，多层次轨道交通需求预测，多层次轨道交通网络、通道融合规划技术，多层次轨道交通枢纽节点融合规划，多层次轨道交通一体化运营，多层次轨道交通资源共享，多层次轨道交通站城融合，多层次轨道交通一体化体制机制探索以及典型实践案例。

本书可供轨道交通行业相关设计、管理人员参考使用。

图书在版编目（CIP）数据

多层次轨道交通融合规划方法与实践 / 郑洪，陶志祥著. — 北京：人民交通出版社股份有限公司，2023.3

ISBN 978-7-114-18439-0

Ⅰ. ①多… Ⅱ. ①郑… ②陶… Ⅲ. ①轨道交通—交通规划 Ⅳ. ① U292.1

中国国家版本馆 CIP 数据核字 (2023) 第 000359 号

审图号：GS 京（2023）0187 号

Duocengci Guidao Jiaotong Ronghe Guihua Fangfa yu Shijian

书　　名：多层次轨道交通融合规划方法与实践

著 作 者：郑　洪　陶志祥

责任编辑：吴燕伶

责任校对：席少楠

责任印制：张　凯

出版发行：人民交通出版社股份有限公司

地　　址：（100011）北京市朝阳区安定门外外馆斜街3号

网　　址：http://www.ccpcl.com.cn

销售电话：（010）59757973

总 经 销：人民交通出版社股份有限公司发行部

经　　销：各地新华书店

印　　刷：北京印匠彩色印刷有限公司

开　　本：787 × 1092　1/16

印　　张：19

字　　数：440 千

版　　次：2023年 3 月　第 1 版

印　　次：2023年 3 月　第 1 次印刷

书　　号：ISBN 978-7-114-18439-0

定　　价：128.00 元

前言 PREFACE

城镇化是现代化的必由之路和重要标志，是推进区域协调发展的有力支撑。城市群是新型城镇化的主体形态，是支撑全国经济增长、促进区域协调发展、参与国际竞争合作的重要平台。都市圈是城市群内部以超大、特大城市或辐射带动功能强的大城市为中心，以 1h 通勤圈为基本范围的城镇化空间形态。当前，我国正步入经济高质量发展的关键时期，城市群、都市圈以超大、特大城市为支撑点，呈现较快发展态势。2021 年 3 月，《中华人民共和国国民经济和社会发展第十四个五年规划和 2035 年远景目标纲要》中提出完善新型城镇化战略，提升城镇化发展质量，坚持走中国特色新型城镇化道路，深入推进以人为核心的新型城镇化战略，以城市群、都市圈为依托促进大中小城市和小城镇协调联动、特色化发展，使更多人民群众享有更高品质的城市生活。2021 年我国城镇化率已经达到 64.7%，城镇已成为承载人口和高质量发展的主要载体。随着新型城镇化进程的持续推进，城市发展将由“增量”向“存量”转变，以城市群为主体形态、大中小城市协调发展的城镇格局正在逐步形成。

2019 年 9 月，中共中央、国务院印发了《交通强国建设纲要》，提出构建便捷顺畅的城市（群）交通网；建设城市群一体化交通网，推进干线铁路、城际铁路、市域（郊）铁路、城市轨道交通融合发展。当前，多层次轨道交通已成为促进区域一体化、提升城市竞争力的重要载体，各大城市群、都市圈多层次轨道交通网络不断完善，多层次轨道交通发展已经初见成效。

（1）高铁通道基本形成。“四纵四横”高速铁路网已经形成，“八纵八横”高铁通道正加速形成。目前，高铁在国家主要城市群运营里程超过 2.5 万 km，基本实现了重要城市群广域覆盖，同时对 50 万人口以上城市基本实现全覆盖，覆盖率达到 90% 以上。

（2）城际铁路加快建设。随着经济发展，城际铁路网在重要城市群中正加速形成。在19个城市群中，已经开通运营城际铁路超过4000km，但不同城市群呈现出不同的发展态势，长三角、粤港澳大湾区已处于快速发展阶段，京津冀、成渝处于骨架网络构建阶段，其他城市群处于起步发展阶段。

（3）市域（郊）铁路逐渐起步。随着超大、特大城市逐渐向外围蔓延，市域（郊）铁路逐渐起步，目前国内主要都市圈以及周边地区共运营市域（郊）铁路里程达到1900km左右，其中利用既有铁路1150km左右，整体处于起步阶段。

（4）城市轨道交通快速发展。截至2021年底，我国城市轨道交通运营里程达8773.22km（本书中全国统计数据均未含港澳台），国家已经批复实施的建设规划里程（在建和待建）超过7000km，在服务社会、拉动内需、支撑城市发展方面做出了重大贡献。国内超大城市轨道交通运营规模均在200km以上，基本实现网络化运营。

对于城市群、都市圈高质量、一体化发展要求，我国多层次轨道交通发展还存在以下不足和差距：一是多层次轨道交通网结构有待完善。国外多层次轨道交通体系呈现“两头小、中间大”的结构，即都市圈城际铁路和市域（郊）铁路占比高，干线铁路和城市轨道交通占比略低。而国内城际铁路和市域（郊）铁路发展相对滞后，结构性矛盾比较突出，目前国内主要城市群城际铁路运营里程占高铁运营总里程比例不足15%，重要都市圈地区的市域（郊）铁路运营里程占城市轨道交通里程的30%左右。二是功能层次不清晰。城际铁路“干线化”、市域（郊）铁路“地铁化”、城市轨道交通“市域化”矛盾凸显；城际铁路提速、减站的“干线化”，市域（郊）铁路采用地铁标准的“地铁化”，均在一定程度上背离了线路的原始功能和服务水平。三是融合发展尚不够充分。目前多层次轨道交通相互之间融合发展存在根本性问题，不同网络层次之间直通运营偏少，换乘较远、效率不高，整体融合水平有待提高。四是一体化服务水平有待增强。目前国内各层次轨道交通融合衔接存在一定不足，比如在枢纽内多采用站厅换乘、通道换乘等方式，同台换乘、垂直换乘等高效换乘方式较少，导致旅客换乘效率较低。

中铁第四勘察设计院集团有限公司依托多年来在多层次轨道交通领域规划、设计领域的长期积累，逐步形成了干线铁路、城际铁路、市域（郊）铁路、城市轨道交通独具特色的“多层次轨道交通”规划设计技术体系，在国内首创了“四网融合”规划技术框架，提出了多层次轨道交通融合规划以“空间、需求、供给”为理论基础，“以空间定层次、以需求布网络、以功能谋供给、以服务促融合”的规划理念，构建了“1-2-3-4-5”的规划技术框架体系。即：围绕“1”个总目标（构建轨道上的城市群或都市圈）；推动“2”个转变（多层次轨道交通网络独立规划向网络融合规划转变，网络规划向运管一体化转变）；构建“3”大圈层（城市0.5h生活圈、城郊1h通勤圈、城际1～2h畅行圈）；锚固“4”网定位（确定各层次网络的功能定位）；实施“5“大径路（①网络化布局，以功能为导向，从“一张网”的角度优化布局多层次轨道交通网络；②互联互通，以需求和服务能力为导向，为一体化运营提供“硬联通”支撑；③一体运营，从一张网、一张票的角度，提出“软联通”运营方案；④融合发展，提出与城市、产业、交通的融合发展方案；⑤提出智能、绿色、资源共享方案）。总体上来看，多层次轨道交通融合规划建设，将为城市群、都市圈“一体化、高质量”发展提供新引擎。

为系统总结城市群、都市圈多层次轨道交通融合规划的理论与方法，准确把握城市群、都市圈轨道交通网络化发展的方向，中铁第四勘察设计集团有限公司特组织编写本书。本书可供铁路及轨道交通行业规划、工程技术人员及设计人员、部门管理人员以及相关专业高校师生参考使用，也可供对多层次轨道交通规划专业提供参考发展感兴趣的读者阅读。

本书在编著过程中，中铁第四勘察设计院集团有限公司的各级领导给予了大力支持，规划团队的周家中、黄永柳、陈旭、戢小辉、覃松涛、彭泽宇、陈晓光、李恒鑫、徐智勇、霍亮、黄树明、钟爱平等人提供了编写素材和大力支持，在此一并感谢。

由于作者水平有限，本书中错误在所难免，恳请同行不吝赐教。

郑　洪

2023年3月

METHOD AND PRACTICE OF
MULTI-LEVEL RAIL TRANSIT
INTEGRATION PLANNING

目录 CONTENTS

多层次轨道交通融合规划方法与实践

1

绪论

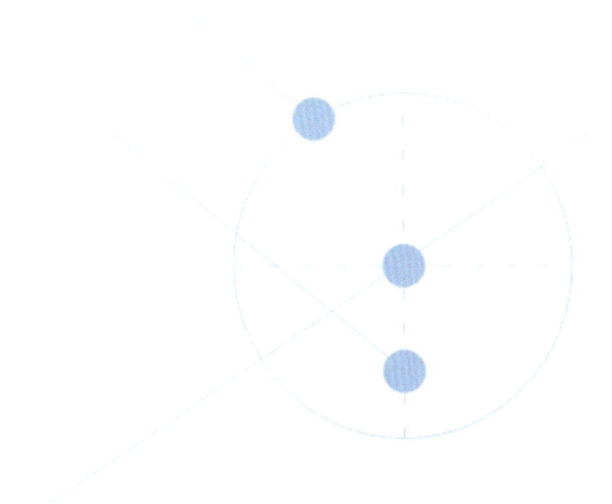

当前，我国的区域协调发展进入了新时代，要“深入实施区域重大战略、区域协调发展战略、主体功能区战略，健全区域协调发展体制机制，构建高质量发展的国土空间布局和支撑体系”。“一带一路”建设、京津冀协同发展、长江经济带建设、粤港澳大湾区建设，以及长江三角洲一体化发展等区域发展的重大国家战略相继实施，进一步完善了我国改革开放的空间布局。

2021年我国城镇化率已经达到64.7%，初步实现了从“乡土中国”向“城市中国”的转变。未来十年，城市群、都市圈将成为我国城镇化空间发展的“新风口”，以跨行政区为主体的城镇空间体系将逐步迈向多核心、组团式、网络化的空间格局，推动城市群、都市圈建设是实施区域重大战略，推进新型城镇化和空间演变规律的客观趋势和必然要求。

1.1 我国城市群、都市圈的发展战略要求

城市群、都市圈是新型城镇化的主体形态。近年来，我国正步入经济高质量发展的关键时期，城市群、都市圈以超大、特大城市为支撑点，呈现较快发展态势，国家相关政策也是稳步推进，积极引导。

《中华人民共和国国民经济和社会发展第十四个五年规划和2035年远景目标纲要》（以下简称《“十四五”规划纲要》）明确提出完善新型城镇化战略，依托城市群、都市圈，促进大中小城市和小城镇协调联动、特色化发展。可以看出，国家在战略层面已经将城市群、都市圈发展作为新型城镇化发展的重要抓手。《“十四五”规划纲要》还强调发展壮大城市群和都市圈，分类引导大中小城市发展方向和建设重点，形成疏密有致、分工协作、功能完善的城镇化空间格局。在推动城市群一体发展中，提出以促进城市群发展为抓手，全面形成“两横三纵”城镇化战略格局，如图1-1所示。针对不同城市圈发展阶段，采用优化提升、发展壮大、培育发展的不同策略，最后促进形成多中心、多层级、多节点的网络型城市群发展。在建设现代化都市圈中，提出依托辐射带动能力较强的中心城市，提高1h通勤圈协同发展水平，培育发展一批同城化程度高的现代化都市圈。以城际铁路和市域（郊）铁路等轨道交通为骨干，推动市内、市外交通有效衔接和轨道交通“四网融合”，提高城市群、都市圈基础设施连接性、贯通性。这些策略对推动城市群、都市圈建设，顺应新型城镇化和空间演变规律起到了良好促进作用。

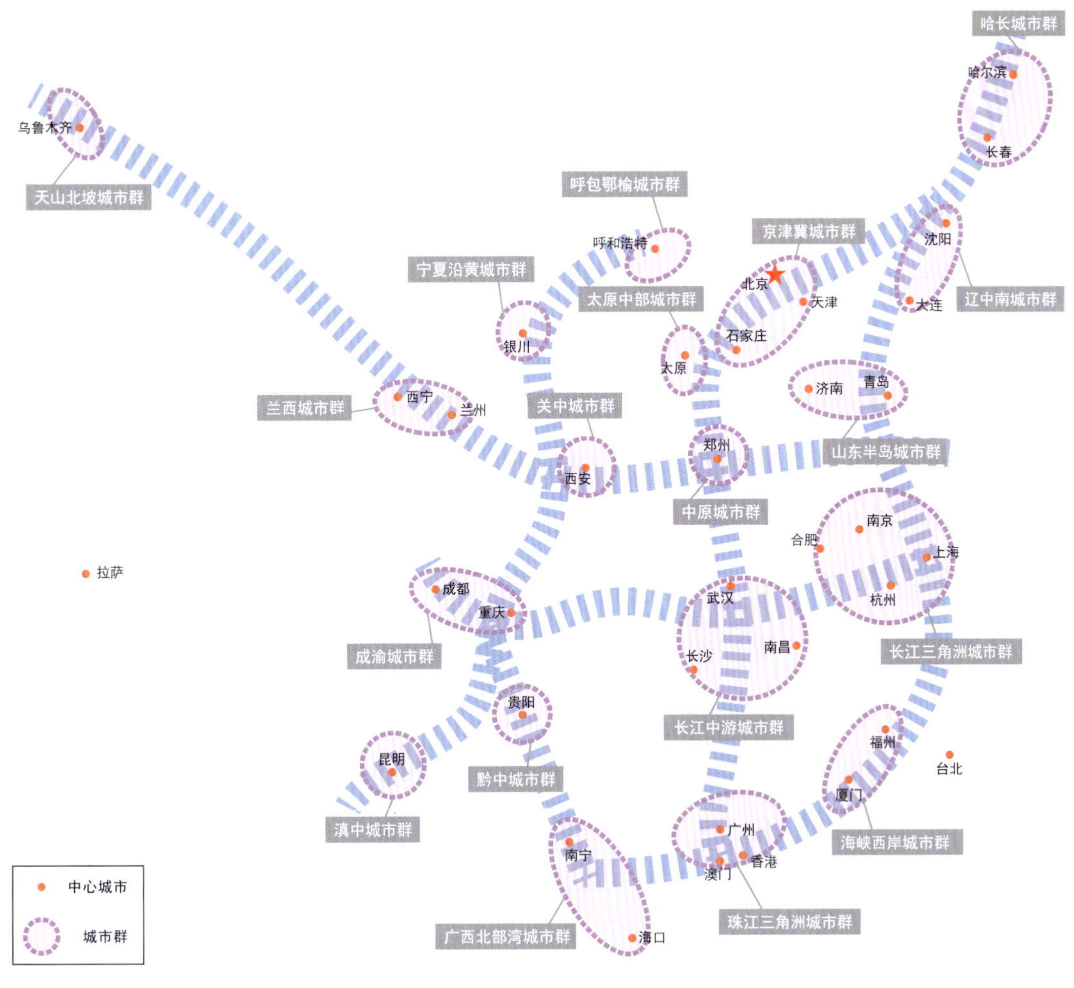

图 1-1 “两横三纵”城镇化战略布局图

2021 年 4 月，国家发展和改革委员会（简称“国家发改委”）《关于印发〈2021 年新型城镇化和城乡融合发展重点任务〉的通知》中明确提出要提升城市群和都市圈承载能力。一方面增强中心城市对周边地区辐射带动能力，培育发展现代化都市圈，增强城市群人口经济承载能力，形成都市圈引领城市群、城市群带动区域高质量发展的空间动力系统。另一方面建设“轨道上”的城市群和都市圈，加快规划建设京津冀、长三角、粤港澳大湾区等重点城市群城际铁路，支持其他有条件城市群合理规划建设城际轨道交通；优化综合交通枢纽布局，建设一体化综合客运枢纽和衔接高效的综合货运枢纽，促进各类交通方式无缝接驳、便捷换乘。

2020 年 10 月，党的十九届五中全会提出要加快构建以国内大循环为主体、国内国际双循环相互促进的新发展格局，我国要继续利用好产业优势，在制造业的价值链、产业链中做好枢纽，成为众多产业循环的发起点和联结点、成为融入国际循环的重要平台和通道。从轨道交通的运输维度、时间维度、空间维度来看，城市群、都市圈发展将是我国“十四五”期间的最大结构性潜能，将是充分发挥超大规模市场优势和内需潜力，成为构建国内国际双循环相互促进的新发展格局的重要抓手。

2019 年 9 月，中共中央、国务院印发了《交通强国建设纲要》，提出建设交通强国是以习近平同志为核心的党中央立足国情、着眼全局、面向未来作出的重大战略决策，是建设现代化经济体系的先行领域，是全面建成社会主义现代化强国的重要支撑，是新时代做好交通工作的总抓手。交通强国建设的内涵是建成“人民满意、保障有力、世界前列”的交通强国，为全面建成社会主义现代化强国、实现中华民族伟大复兴的中国梦提供坚强支撑。围绕国内出行和全球快货物流建立起快速服务体系，形成“两个交通圈”。一是“全国 123 出行交通圈”，即都市区 1h 通勤，城市群 2h 通达，全国主要城市 3h 覆盖。二是“全球 123 快货物流圈”，即货物国内 1 天送达，周边国家 2 天送达，全球主要城市 3 天送达。2021 年 2 月发布的《国家综合立体交通网规划纲要》进一步强调了“全国 123 出行交通圈”的目标，更是提出建设综合交通枢纽集群、枢纽城市以及枢纽枢纽港站三位一体的多层级一体化国家综合交通枢纽系统，建设面向世界的京津冀、长三角、粤港澳大湾区、成渝地区双城经济圈四大国际性综合交通枢纽集群。

2019 年 2 月，国家发改委发布了《关于培育发展现代化都市圈的指导意见》，提出培育发展一批现代化都市圈，坚持功能互补、共建共享，以增强都市圈基础设施连接性、贯通性为重点，以推动一体化规划建设管护为抓手，织密网络、优化方式、畅通机制，加快构建都市圈公路和轨道交通网。都市圈的快速发展，势必会带来城市中心城区与周边城镇组团及其城镇组团之间的通勤化出行需求的增加，利用市域（郊）铁路扩大交通有效供给，对缓解城市交通拥堵、改善城市人居环境、优化城镇空间布局、促进新型城镇化建设，具有重要作用。

在相关政策引导下，国家部委和地方政府积极推动城市群、都市圈建设。一方面随着《京津冀协同发展规划纲要》《长江三角洲区域一体化发展规划纲要》《粤港澳大湾区发展规划纲要》《成渝地区双城经济圈建设规划纲要》《长江中游城市群发展“十四五”实施方案》等规划纲要以及南昌、合肥、郑州、南京、长株潭等都市圈规划的相继发布，国内已经步入城市群、都市圈发展快车道。另一方面，地方政府积极推动城市群、都市圈共建共享，部分城市群、都市圈建立同城化办公室、市长联席会议等常态化协商决策机制，协商出台城市群、都市圈建设相关领域的政策、法规、条例等，明确各主体责任。这些都为推进区域产业协作、功能互补奠定了基础，我国即将迎来城市群、都市圈发展的“新风口”。

1.2　城市群、都市圈概念辨析

1.2.1　概念定义

目前，国际上比较认可的城市群概念是法国地理学家戈特曼在1957年提出的“Megalopolis”。他提出“城市沿城市交通网络发展会演化成为一个有机的社会经济体系，继而通过城市与城市之间的交通网络把多个社会经济体系连接起来，产生一个呈多中心的区域空间结构”。后续国内外常见的城市群、都市圈概念研究都在此基础上逐渐衍生出来的，但整体来看，不同学者对于城市群、都市圈的认识仍然是逐渐丰富的过程，目前未完全统一。

城市群，是城市发展到成熟阶段的最高空间组织形式，是指在特定地域范围内，一般以1个以上特大城市为核心，由3个以上大城市为构成单元，依托发达的交通通信等基础设施网络所形成的空间组织紧凑、经济联系紧密，并最终实现高度同城化和高度一体化的城市群体。城市群是在地域上集中分布的若干特大城市和大城市集聚而成的庞大的、多核心、多层次城市集团，是大都市区的联合体。

都市圈是指超越了行政边界，与大都市在景观形态上结为一体，或与大都市在城市功能上存在密切关系的区域。地理学将其划分为三种类型：在景观形态上同大都市连接成片的城市化区域（城镇连片区）；通过通勤等日常活动与大都市形成紧密联系的区域（日常生活圈）；在经济活动和人口流入等方面与大都市联系紧密的区域（大都市影响圈）。都市圈是伴随着城镇化发展而逐步形成的，最初出现在城镇化率较高的欧洲、美洲和日本城市，如伦敦、巴黎、纽约、东京、大阪等国际大都市。迈入新世纪，亚洲、非洲等地区城镇化加速发展，围绕特大城市的都市圈发展形态成为空间拓展的重要表现形式。

根据发达国家的经验，都市圈一般具有几个识别标准：

①都市圈一般由1～2个200万以上人口的特大城市作为中心城市，中心城市的地区生产总值一般可以占到圈内的三分之一到一半以上，是整个区域城市体系的核心与枢纽。

②都市圈以中心城市为核心，所涉及的大小城市围绕中心城市分布，空间呈现圈层状布局，具备相对合理的等级规模体系。

③圈与圈之间的经济发展具有相对独立性，但圈内各区域之间的分工和合作非常密切，并且产业结构呈现综合、多元和开放的趋势，具有较强的创新能力、结构转换能力以及国际市场竞争能力。

④都市圈以密集的基础设施网络作为支撑系统，并且以中心城市为核心向外延伸。

不同学者对于都市圈内涵的解读见表1-1。

不同学者对于都市圈内涵的解读　表 1-1

提出者	时间（年）	内涵界定
日本行政厅	1960	由 1 ～ 3 个人口规模在 200 万以上的特大中心城市和若干个人口规模在 50 万以上的邻近城市组成。外围地区到中心城市的通勤率不小于本身人口的 1.5%
高汝熹	1990	以经济比较发达并具有较强城市功能的中心城市为核心，与邻近的一批卫星城市及城镇，联通这些城市覆盖的范围，构成的具有一定特色的城市群体
复旦大学法政研究院	1993	以某一城市突破行政区划的局限，同它相邻区域或外围化的地区形成紧密经济联系的一体化经济区
张京祥	2001	由一个或多个核心城市，以及与这个核心具有密切社会经济联系的、具有一体化倾向的邻接城镇与地区形成圈层式结构，包括以单一中心城市为核心的“日常都市圈”和以多个中心城市为核心的“多核心都市圈”
邹军，等	2003	以一个或多个中心城市为核心，以发达的联系通道为依托，核心城市吸引辐射周边城市与区域，并促进城市之间的有机联系与协作分工，形成具有区域一体化发展倾向，并可实施有限管理的城镇空间组织体系
高汝熹、罗守贵	2007	指多个城市化达到一定水平后，以发达的交通通信网络为基础，以一个或者多个中心城市为主导，通过中心城市与周边城市间以频繁的人员流、资本流和信息流为基本特征的经济联系，最终形成的经济社会高度一体化的经济体

1.2.2　空间识别辨析

都市圈空间范围的划定方法体系架构分为核心定量方法和辅助定性方法。核心定量方法主要根据核心外围视角、交通通勤视角、交通地理视角和联系强度视角来展开；辅助定性方法主要通过空间形态视角、经验参照视角和区域协调视角来进行。

目前国内外对于都市圈范围划分存在不同方法，一种是通过人口密度和通勤率反推出行政区，另一种是纯粹基于行政区的划分方法。

日本国势普查报告规定，若一个市町村总人口的 1.5% 以上成为某核心城市的通勤（通学）人口，则该市町村应纳入该大都市圈范围，此数值亦为划定大都市圈范围的下限标准。然而，该规定并非日本大都市圈范围设定的唯一标准。除此之外，还有将大都市圈的范围控制在更为狭小范围内的标准设定，大多将前往核心城市的通勤人口占该市町村常住总就业人口的比例下限定为 5% 或 10%，超出该数值的市町村即被划入大都市圈范围。

欧洲通常使用三种形式：一是“城市集聚区”（Urban Agglomeration），泛指城市以及与其有着社会经济关联的周边区域；二是“功能性城市区”（Functional Urban Area），是“城市集聚区”的一种表现形式，由欧盟统计局于 2004 年提出，由 1 个人口密集的城市中心（不少于 5 万）和人口相对稀疏的通勤区（至少有 15% 的上班族在城市中心工作）组成；三是“大都市区”一些规模较大的功能性城市区都属于“大都市区”（Metropolitan Area）或都市圈。

由于城市发展进程和空间、产业布局因素，国内的都市圈联系程度基本未达到日本或者欧洲定义的通勤标准。国内关于都市圈的划分多为面向未来的区域协调联动、共同发展，目前划分多依托政府主导，带有一定行政色彩。国家发改委发布的《关于培育发展现代化都市圈的指导意见》提出都市圈是城市群内部以超大、特大城市或辐射带动功能强的大城市为中心，以1h通勤圈为基本范围的城镇化空间形态。其中关于1h通勤圈是个很模糊的概念，其空间尺度受交通方式影响巨大。与国际成熟城市群、都市圈相比，国内城市群范围和都市圈范围明显偏大，见表1-2。

国内部分都市圈概况　　表1-2

序号	都市圈名称	组成县市	面积（km^2）	人口（万人）
1	上海都市圈	上海都市圈包括上海、苏州、无锡、常州、南通、嘉兴、宁波、舟山、湖州	5.4万	7742
2	广州都市圈	广州都市圈主要包括广州、佛山、肇庆、清远、云浮和韶关等区域	7.2万	3711
3	深圳都市圈	深圳都市圈主要包括深圳、东莞、惠州、河源和汕尾等城市	3.6万	3290
4	南京都市圈	南京都市圈成员为南京、镇江、扬州、淮安、马鞍山、滁州、芜湖、宣城和常州的溧阳、金坛，包含33个市辖区、11个县级市和16个县	6.6万	3546
5	成都都市圈	成都都市圈包含成都、德阳、眉山、资阳等区域	3.3万	2966
6	福州都市圈	福州都市圈由以福州市为中心、联系紧密的周边城市共同组成。主要包括：福州、莆田两市全域，宁德市蕉城区、福安市、霞浦县、古田县，南平市延平区和建阳区、建瓯市部分地区，及平潭综合实验区	2.6万	1300

1.3　我国城市群、都市圈的新发展阶段

2021年我国城镇化率已经达到64.7%，较1978年增长了46.8个百分点，已经进入城镇化中期向后期过渡阶段，现状除京津冀、粤港澳大湾区、长三角等城市群外，大部分城市群城镇化率低于国外发达国家的80%水平，城镇化进程远未结束。从国际发达国家的经验看，城市群是城市发展到成熟阶段的最高空间组织形式，其中都市圈城镇化是中间过程，由此可见，未来我国的城镇化重点是城市群和都市圈。

目前，我国以城市群、都市圈为主体的城镇化空间格局正在加速形成，人口集聚和经济作用持续显现，但整体来看国内城市群和都市圈的发展水平还处于不同发展阶段，需要充分研判不同城市群、都市圈所处发展阶段，多层次轨道交通的供给方式需要与城市群、都市圈的发展阶段吻合。诸如京津冀、长三角、珠三角、成渝、长江中游等城市群的重点是优化提升，提升一体化发展水平；而山东半岛、粤闽浙沿海、中原、关中平原、北部湾等城市群应该极力发展壮大；哈长、辽中南、山西中部、黔中、滇中、呼包鄂榆、兰州—西宁、宁夏沿黄、天山北坡等城市群则以培育发展为主。城市群方面，结合不同发展阶段，统筹建立城市群一体化协同发展机制，支撑构建网络型城市群；都市圈方面，依托辐射带动能力较强的中心城市，提高

1h 通勤圈协同发展水平，培育发展一批同城化程度高的现代化都市圈。

1.3.1 我国城市群的发展阶段

截至 2021 年，我国 19 个城市群以约全国 25% 的面积，承载了我国 75% 以上的城镇人口，贡献了 80% 以上的国内生产总值，但不同城市群、都市圈所处发展阶段明显不同。根据《综合立体交通网规划纲要（2021—2050）》，按照城镇、产业、人口及未来交通运输需求空间分布，进行节点重要度聚类分析，将城市群划分为三个层次：第一层次为“极”，包括京津冀城市群、长三角城市群、粤港澳大湾区城市群和成渝城市群 4 个城市群，既“四极”城市群；第二层次为“群”，包括长江中游城市群、山东半岛城市群、海峡西岸城市群、中原地区城市群、哈长城市群、辽中南城市群、北部湾城市群和关中平原城市群 8 个城市群，既“八组群”；第三层次为“组团”，包括呼包鄂榆城市群、黔中城市群、滇中城市群、山西中部城市群、天山北坡城市群、兰西城市群、宁夏沿黄城市群、拉萨城市圈和喀什城市圈 9 个城市群（城市圈），既“九组团”。尽管我国城市群这几年发展迅速，但整体发展水平不高、城市群之间发展差异大仍然是主要特点，现状除京津冀、长三角、粤港澳大湾区城市群等发展相对成熟外，其余多数还处于快速发展阶段，甚至部分城市群发展才刚起步。

（1）“四极”城市群发育成熟，将引领中国全面发力。四极经济发达、人口密度高、城镇化水平高、产业结构持续优化，城镇空间结构多以“多中心、多组团”布局为主，核心城市与外围城市联系密切，一体化趋势明显。可以预见，未来四极地区将成长为代表中国参与世界竞争的世界级城市群，这里空间布局清晰、城市功能分工合理、产业分工明确，要素流动有序、多维空间结构和多层次出行需求特征明显。

（2）“八组群”快速发展，逐渐向成熟型城市群转变。目前以八组群为代表的区域型城市群发展态势良好，经济水平进一步提高，但交通一体化水平不高、分工协作不够、同质化竞争严重、人口资源要素过于集中在核心城市，仍处在城市群高速发展阶段。

（3）“九组团”地区处于培育阶段，核心城市聚集效应明显。整体上看，九组团地区经济体量小、人口密度低、城镇化水平相对较低，城市群内虽然有核心城市，但城市首位度不高、集聚和扩散能力有限，处于城市群雏形发展阶段。未来一段时间，九组团内核心城市的集聚和扩散作用将明显增强，城市群规模扩大，城市化水平快速提升，区域城镇体系趋于完善，城镇分工体系开始形成。

1.3.2 我国都市圈的发展阶段

都市圈是伴随着城镇化发展而逐步形成的，最初出现在城镇化率较高的欧洲、美洲和日本城市，如伦敦、巴黎、纽约、东京、大阪等国际大都市。迈入新世纪，亚洲、非洲等地区城镇化加速发展，围绕特大城市的都市圈发展形态成为空间拓展的重要表现形式。

根据国外都市圈识别标准，目前我国都市圈发展正处于起步阶段。北京、上海、深圳、广州等以超大城市为核心的都市圈辐射半径基本达到35km，部分城市超出行政区划，与周边县市形成明显的同城一体化发展趋势；成都、武汉、南京等以特大城市为核心的都市圈辐射半径基本达到25km，跨城通勤出行趋势逐步显现，外围地区与中心城区的长距离通勤人口较少；合肥、长沙、南昌等省会城市都市圈辐射范围基本在20km左右，处于都市圈发展初级阶段。整体来看，我国都市圈发展主要呈现如下特征：

①发展不均衡。不同区域的都市圈发展程度差距较大，部分地区，如上海、杭州、南京都市圈以及广州、深圳都市圈已经基本形成都市连绵区，发育程度高，发展动力强；而西部地区的都市圈范围普遍较小，发展动力弱、发育程度低。

②整体人口密度低。按照1h交通圈范围测算，我国80%以上的都市圈人口密度不足1500人/km^2，上海大都市圈人口密度最高达到4200人/km^2，远低于东京都市圈的8700人/km^2。

③都市圈中心城市与外围城市联系不紧密。目前国内85%的都市圈中心城市与外围城市之间的每天平均人口流动规模不足8万，远低于东京都市圈内三县平均向东京每天通勤86万人口的规模。

④同城化发展水平低，缺乏高效协调机制。大多数都市圈跨行政边界，目前缺乏相应协调机制和执行保障措施，导致都市圈范围内交界处存在大量“断头路”和“瓶颈路段”，都市圈内城市间产业同质化、市场壁垒仍然存在，资金流、信息流等要素流通不畅。

1.3.3　城市群、都市圈的发展趋势

（1）新型城镇化特征

随着新型城镇化进程的持续推进，城市发展将由“增量”向“存量”转变，交通基础设施建设进入“变坡期”，未来的交通主战场将逐步转向城市群和都市圈的交通一体化建设。当前我国正面临着持续推进城镇化进程、提高全社会资源配置效率与既有城市结构性矛盾之间的冲突，当前以城市群为主体形态、大中小城市协调发展的城镇格局正在逐步形成。我国城镇化发展呈现如下趋势特征：

①我国新型城镇化处于后工业化时期，仍然有上升空间。诺瑟姆（Northam）认为，城镇化发展呈现S形曲线（图1-2），可以划分三个阶段：当一个国家或地区城镇化率低于30%时，属于初级阶段，城镇化发展相对缓慢；当城镇化处于30%～70%时，属于高速发展阶段；当城镇化率超过70%时，城镇化的发展速度逐步回落进入稳定发展阶段，属于高级阶段。我国最近10年城镇化率每年提升1.4个百分点，处于快速发展期，属于S形曲线的高速发展阶段。

改革开放四十多年，我国城镇常住人口从1.7亿猛增至9.1亿，常住人口城镇化率从17.9%提升至64.7%，提高46.8个百分点（图1-3），重塑了我国的城镇化空间格局，深刻地改变了国家的经济发展格局，为中国重化工业、大规模基础设施投资、房地产、消费升级等的飞速发展提供了广阔的市场。

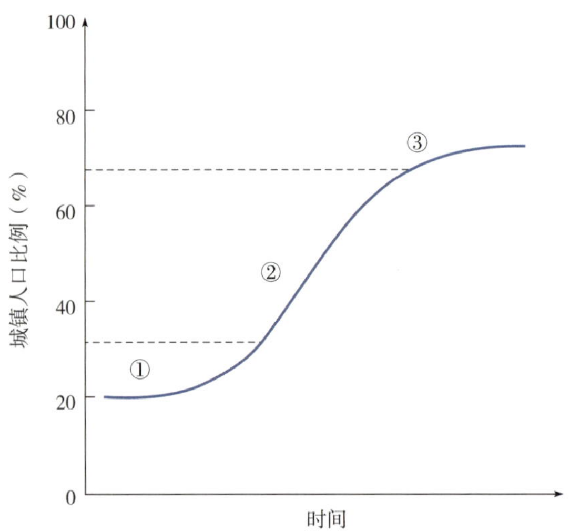

图 1-2　世界发达国家城镇化阶段示意图（①初级阶段；②高速发展阶段；③稳定发展阶段）

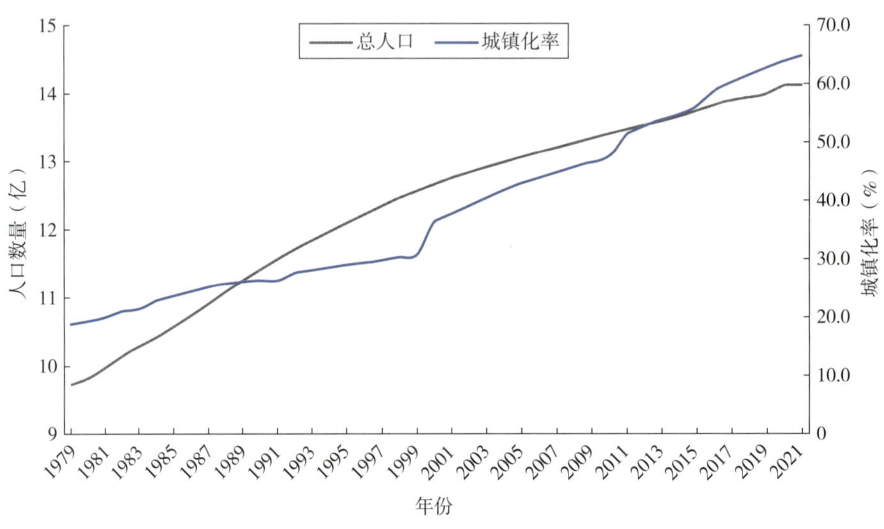

图 1-3　改革开放以来我国人口及城镇化率变化曲线示意图

资料来源：中国统计年鉴、中国统计公报，2021。

我国城镇化发展阶段统计表（单位：%）　　表 1-3

指标	1949—1957 年	1957—1978 年	1978—1996 年	1996—2003 年	2003—2014 年	2014—2021 年
城市化率	10.6 ～ 15.9	15.9 ～ 17.9	17.9 ～ 30.5	30.5 ～ 40.5	40.5 ～ 54.8	54.8 ～ 64.7
阶段增长率	5.3	2.0	12.6	10.0	14.3	9.9
年均增长率	0.66	0.10	0.70	1.43	1.30	1.41

资料来源：中国统计年鉴、中国统计公报，2021。

当前我国城镇化率已高于 55.3% 的世界平均水平，接近中高收入国家的 65.2%，但明显低于高收入发达国家的 81.3%。未来二十多年我国将新增约 1.9 亿城镇人口，主要向城市群、都市圈集聚。我国城镇化已进入中后期，提速换挡，虽处于快速发展阶段，但速度逐渐放缓。

根据我国相关规划，2025 年常住人口城镇化率提高到 65%；根据联合国《世界城镇化发展展望 2018》，2030 年我国城市化率将达 70.6%，2035 年中国城镇化率将达到 73%，2050 年达约 80%，可以看出我国城镇化水平仍有提升空间，目前整体处于中后期阶段，属于后工业化时期（图 1-4）。

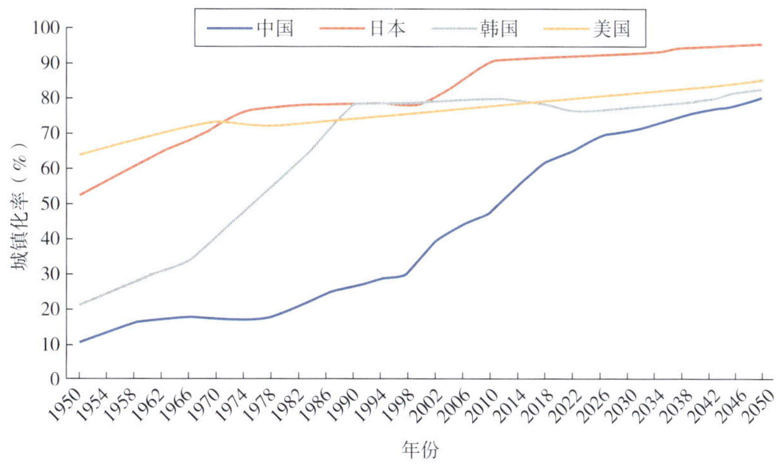

图 1-4 我国与世界经济发达国家城镇化率的对比曲线示意图

②城市群、都市圈将成为新型城镇化的主要空间载体。国家“十一五”规划明确提出，要把城市群作为推进城镇化的主体形态，逐步形成以沿海及京广、京哈线为纵轴，长江及陇海线为横轴，若干城市群为主体的城镇化空间格局。国家“十二五”规划进一步明确，积极稳妥推进城镇化，以大城市为依托，以中小城市为重点，逐步形成辐射作用大的城市群促进大中小城市和小城镇协调发展的格局。《“十四五”规划纲要》提出以城市群、都市圈为依托，促进大中小城市和小城镇协调联动、特色化发展，分类部署了 19 个城市群，并要求依托辐射带动能力较强的中心城市，培育发展一批同城化程度高的现代化都市圈。2022 年政府工作报告提出要提升新型城镇化质量，推动城市群一体化和都市圈同城化发展，加快建设轨道上的京津冀、轨道上的长三角、轨道上的大湾区，扎实推进成渝地区双城经济圈建设，加快培育现代化都市圈，出台长株潭、西安、重庆等新一批都市圈规划。

城镇化的进程，是对城乡资源重新配置的过程。城乡二元结构打破后，要素流动更加自由和高效，要素集聚能力更强、配置效率更高的中心城市和城市群便自然而然地成为承载发展要素的主要空间形式，经济和人口向大城市及城市群集聚态势越发明显。《“十四五”规划纲要》提出的 19 个城市群承载了我国 78% 的人口、贡献了超过 80% 的国内生产总值。北京、上海、广州、深圳等 34 个中心城市都市圈覆盖的人口超过 8 亿，贡献了占全国 77.8% 的国内生产总值。2021 年，京津冀地区生产总值 96356 亿元，比上年增长 7.3%；长江经济带地区生产总值 530228 亿元，增长 8.7%；长江三角洲地区生产总值 276054 亿元，增长 8.4%。三大城市群（经济带）地区生产总值共计达到 902638 亿元，占全国的比重高达 79%。（2021，中国统计公报）。

预计我国城镇人口将在2042年左右达到约10.4亿的峰值，比2021年增加1.3亿，未来将会有80%的人口集聚在19大城市群，城镇化的发展将带来城市群、都市圈在基础设施、地产、新零售、医疗卫生、文化娱乐等多个领域的广泛需求，为我国经济发展提供重要引擎。

随着新型城镇化建设的推动，以都市圈引领城市群、城市群带动区域高质量发展的城镇化空间格局正在逐步形成，进一步增强城市群和都市圈综合承载能力，率先打造成为高质量发展的增长极和动力源，对于推进新型城镇化进程、建设强大国内市场、推动高质量发展、构建新发展格局具有关键作用。

③城市群、都市圈同城化、一体化发展特征明显。同城化和一体化是城镇化过程中的特殊空间组织形式，是城市群发展到高级阶段的产物。城市群一体化发展的历程一般分为“强核、外溢、网络、整合和耦合”等阶段（刑铭，2011），如图1-5所示。在城市化进程中，城市通过强核和外溢，城市建成区不断地向外围扩张，发展到一定阶段，城市建成区用地连成一片，城市之间边界变得模糊，空间融合为一体，网络化特征明显，此时通过城际交通网络的完善，加强城市之间的要素流动，内部资源优势互补、产业分工更加协作，向整合和一体化方向发展。目前我国的长三角、粤港澳大湾区、京津冀、成渝等城市群经济发展水平较高，强核、外溢效益明显，网络化阶段基本完成，已经进入了整合发展阶段，并面临着一体化发展的挑战，对内部分工协作、发挥比较优势提出了更高的要求，要求一体化、高质量发展，实现集约发展和规模经济，提高城市群的整体竞争力。在推进区域一体化发展过程中，交通基础设施的一体化和互联互通是城市群一体化的基础。

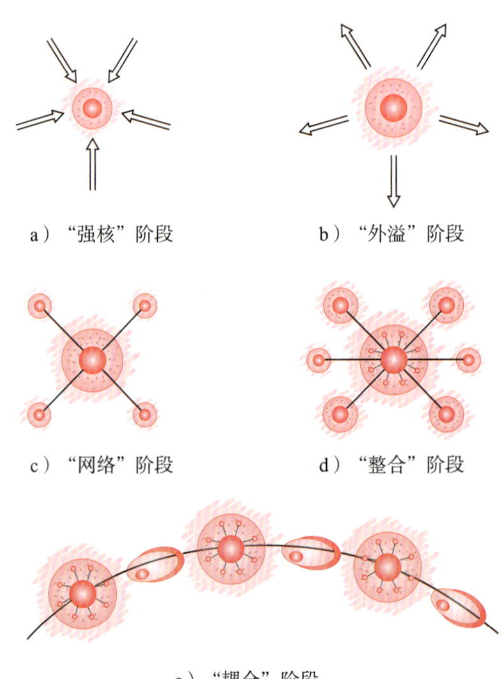
a）“强核”阶段　b）“外溢”阶段

c）“网络”阶段　d）“整合”阶段

e）“耦合”阶段

图1-5　城市群、都市圈一体化发展阶段示意图

（2）城镇化引发出行需求的变化特征

在人口聚集、城镇稠密、经济发达的城市群、都市圈地区，运输需求大、强度高，随着我国城镇化的持续推进及城市群、都市圈一体化、同城化的快速发展，未来城市群、都市圈出行特征将从“低频次、长距离、低时间价值”转向“高频次、中短距、高时间价值”。未来城市群、都市圈内以通勤、商务为代表的高时间价值出行规模将逐渐增加，旅客出行需求将更加旺盛，主要呈现如下特征：

①出行向高频次、中短距、高时间价值转变。如图 1-6 ～图 1-9 所示，过去 10 年，以长三角、粤港澳大湾区为代表的国内主要城市群，铁路平均运距持续下降，长三角从 422km 下降到 332km，下降幅度为 21.27%；粤港澳大湾区由 393km 下降到 268km，下降幅度更是达到 31.93%。这反映出区域经济强联系下，城际交通出行对铁路系统的依赖性在提升，都市圈范围内的出行在逐渐增加。对比欧美一些发达国家诸如法国、德国、西班牙，其铁路平均运距仅为 46 ～ 70km，约为我国的 17.5%（表 1-4）；人均乘次达到 12 ～ 25 次 / 年，是我国的 8 倍左右。铁路在我国主要作为城市“对外”交通方式，平均运距 300 ～ 400km，人均每年 3 次左右（表 1-5）。对比国外城市发展阶段和随着国内城市群的发展，可以预见未来城市群、都市圈的出行特征将向“高频次、中短距、高时间价值”转变，都市圈内以通勤、商务为代表的高时间价值出行规模将会增加。

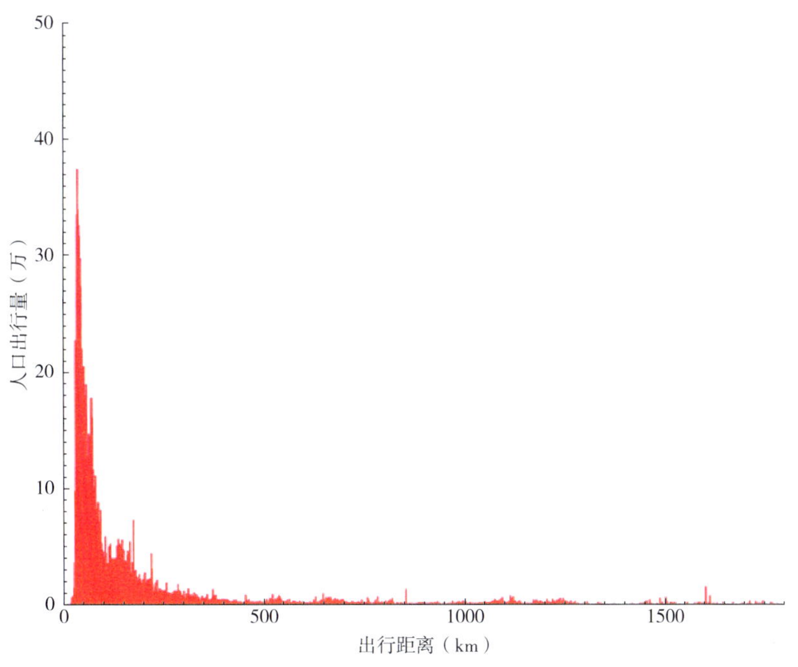

图 1-6 江苏沿江城市群全口径出行距离分布示意图（含：对外和内部出行）

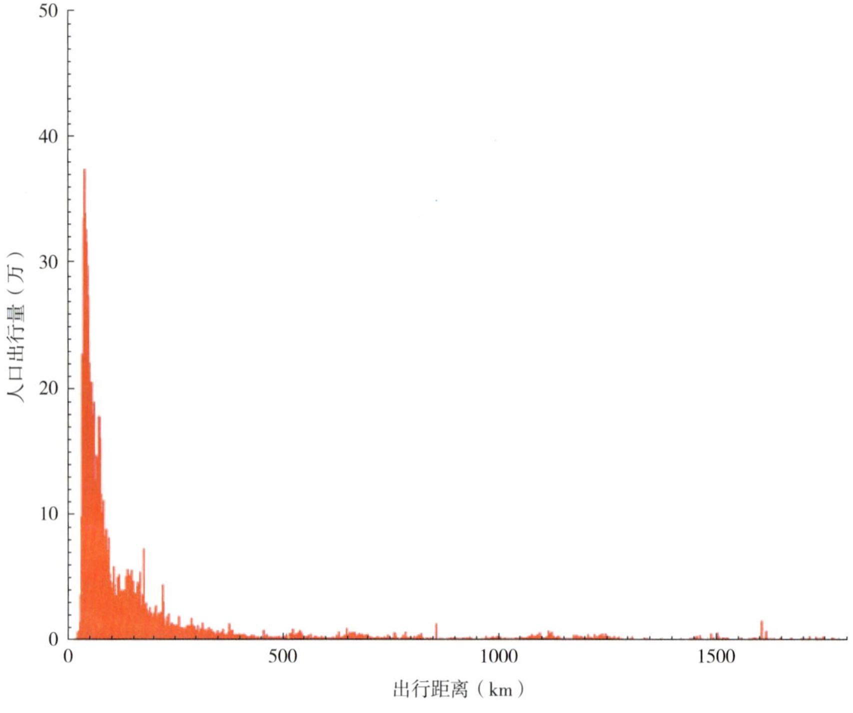

图 1-7　江苏沿江城市群内部出行距离分布示意图

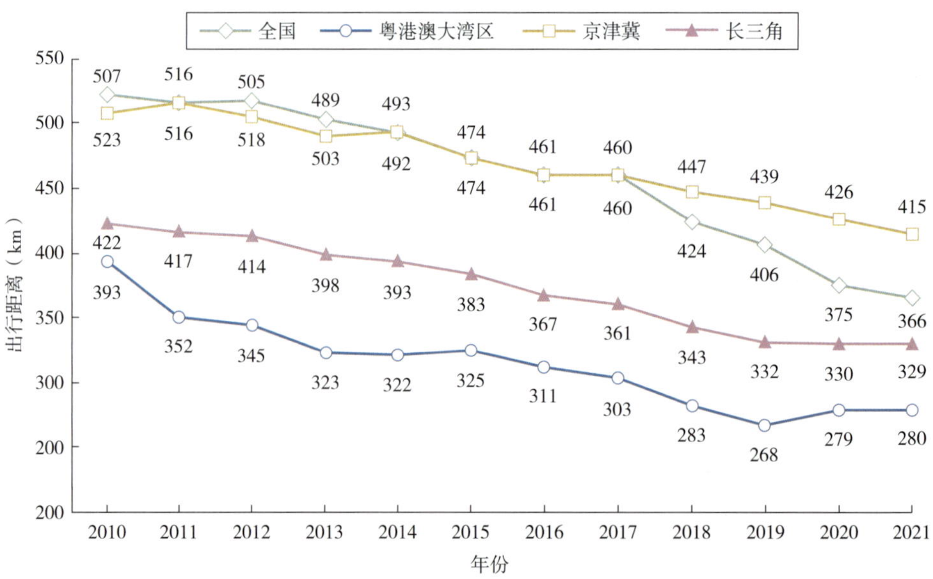

图 1-8　京津冀、长三角、粤港澳大湾区城市群铁路出行距离变化趋势

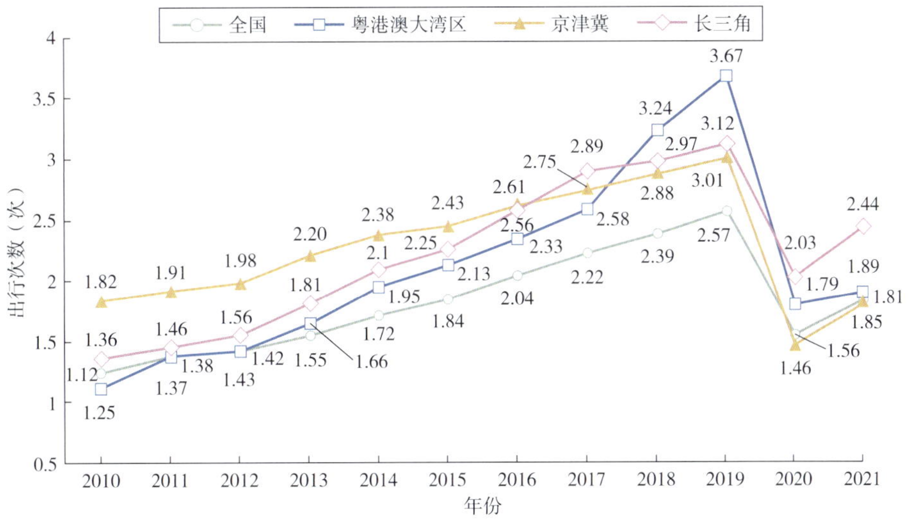

图 1-9 京津冀、长三角、粤港澳大湾区城市群铁路出行次数变化趋势

注：2020、2021 年疫情影响，数据失真。

国外铁路出行次数及平均运距分析 表 1-4

国家	人口（百万人）	铁路年客运量（百万人次）	平均运距（km）	铁路人均乘次［次/（人·年）］
法国	67	1271.47	69.1	19.0
德国	82.5	2075.64	46.2	25.2
西班牙	46.5	572.42	46.6	12.3

我国铁路出行次数及平均运距分析 表 1-5

地区	人口（百万人）	铁路年客运量（百万人次）	平均运距（km）	铁路人均乘次［次/（人·年）］
长三角	223.59	630.04	361.4	2.82
京津冀	112.48	302.5	459.6	2.69
粤港澳大湾区	111.69	287.66	303.2	2.58
全国	1390.08	3083.79	436	2.22

资料来源：历年全国铁路统计资料汇编。

②旅客对出行时效性要求更高。城市群旅客交流主要以中短途商务、旅游客流为主，都市圈主要以高频次的通勤、通学、商务客流为主，时效性均较强，需要在途快速、换乘快捷和全程方便，要求优化运输组织和站车便捷服务，提高客运枢纽进出站和换乘便捷化水平。同时，客流具有明显的潮汐性，相较于城市群客流，都市圈早晚高峰通勤客流潮汐特征更为明显，且呈现明显的向心性。

③旅客更加关注全出行链的效率。“门到门”全出行链应包含从家门到车站和从车站到单位的“最后一公里”、等车、乘车及换乘 4 个环节的效率，乘客对任何环节的不满意都会导致放弃轨道交通出行。

未来的轨道交通规划应更多关注出行以人为本，回归门到门的活动尺度，重点关注旅客全出行链的效率，着眼城市群、都市圈干线铁路、城际铁路、市域（郊）铁路、城市轨道交通等多层次轨道交通融合发展，包括一体化布局、高效衔接、多式联运、一体化运营、体制机制改革等，以应对旅客出行服务多样性、高频次、强时效的要求。

（3）城镇化对交通发展新要求

近年来，我国城市群、都市圈快速发展，党中央、国务院高度重视新型城镇化和轨道交通建设，对“建设轨道上的城市群和都市圈”、实现轨道交通网络化发展提出更高要求。

①国家相关战略要求，未来经济增长新引擎和交通主战场将逐步转向城市群和都市圈。2019 年以来，为支撑国家战略实施，国家发改委、交通运输部等部门先后组织编制、印发了《国家综合立体交通网规划纲要（2021—2050 年）》《长江三角洲地区交通更高质量一体化发展规划》《2020 年新型城镇化建设和城乡融合发展重点任务》等，就加快交通更高质量发展、加快都市圈交通建设等提出了更加明确的任务。未来应该从“综合”“立体”“一体化”的角度出发，推进各种运输方式一体化融合发展、推进区域交通一体化发展、推进交通与相关产业融合发展。多层次轨道交通融合发展将成为“轨道上”的城市群、都市圈高质量发展的重要支撑。

②城市群、都市圈产业转型升级会带来功能重构以及跨圈层交流，围绕核心城市构建“多中心、网络化”的空间格局是近期发展的重要抓手。城市群、都市圈是由强大的中心城市及其周围邻近城镇与地域共同组成的高度联系的一体化区域。因在城市群、都市圈形成过程中有核心城市对周边城镇推动作用形成的“扩散效应”和“虹吸效应”的影响，同时受道路交通、轨道交通等基础设施的引导，城市群、都市圈内部各个大城市、中小城市之间会不断整合和重构。同时，城市群、都市圈范围内因经济发展水平和发展速度的不同，各区域也处在不同发展阶段，应因地制宜，结合自身特征，有序、合理地优化区域空间功能组织，梳理区域内部各级城镇的发展现状及潜力，构建开放式的等级体系与功能分工，培育城市群、都市圈中心及各类专项中心，疏解中心城市压力，承接中心功能外溢，优化产业功能布局。城市群、都市圈多维空间结构的重构与协调发展，需要多层次轨道交通等重大交通廊道的支撑与引导，推动大、中、小城市的“一串城”的协调发展、一体化发展格局。

③未来都市圈内城市之间的行政边界阻力将越来越小，城市经济联系边界也会趋于模糊，跨界地区将会逐渐被重视。都市圈内部的经济和人口增长存在非均衡性特征，并且受都市圈的发育程度和核心城市空间结构特征影响会出现不同特征。从都市圈建设用地增长来看，由于内部建成区面积较大，可拓展空间较小，都市圈核心城市中心城区建设用地增长开始放缓；而受都市圈内部发展合力的影响，城市之间的行政边界阻力减少，城市发展边界趋向模糊，跨界地区成为新经济增长的重点地区。依托边界地区重要交通枢纽，构建以枢纽为主体、集聚高端生产、生活、娱乐为一体的高端功能载体也将是未来发展趋势。

④着眼双碳战略和综合交通运输体系绿色发展，需要多层次轨道交通予以支撑。聚焦综

合交通运输绿色发展要求，在城市群和都市圈地区依靠高速公路和城市快速道路连接中心城市（区）与周边城市（镇），不仅成本高、能耗大，而且拥堵频繁、效率低、安全性差，难以支撑城市群和都市地区高质量发展和满足绿色发展的要求，这就要求构建以轨道交通为主体的绿色出行综合交通运输体系，发挥其快速、大运量、环保等比较优势。

1.4　多层次轨道交通融合发展的意义及趋势

1.4.1　多层次轨道交通的发展现状及问题

国家在《国家综合立体交通网规划纲要（2021—2050）》《关于进一步做好铁路规划建设工作意见》等文件中均提出要“推进干线铁路、城际铁路、市域（郊）铁路、城市轨道交通的融合发展”。当前，多层次轨道交通已成为促进区域一体化、提升城市竞争力的重要载体，也是轨道交通发展的主要方向。经过各大城市群、都市圈网络的不断完善，我国多层次轨道交通发展已经初见成效，主要表现为：高铁通道基本形成，城际铁路加快建设，市域（郊）铁路逐渐起步，城市轨道交通快速发展。

对于城市群、都市圈发展相关要求，我国多层次轨道发展还存在多层次轨道交通网结构有待完善，城际铁路“干线化”、市域（郊）铁路“地铁化”矛盾凸显，融合发展尚不够充分，一体化服务水平有待增强等不足和差距。

1.4.2　城市群、都市圈多层次轨道交通融合发展的必要性

随着我国经济快速发展和城市群进程加速，干线铁路、城际铁路、市域（郊）铁路和城市轨道交通一体化发展在城市群、特大城市区域中发挥了主要骨干交通作用，对塑造城市群空间形态、提高交通运输效率和质量、实现轨道交通经济增长方式转变等方面具有决定性作用，是实现城市群高效通勤和一体化发展的重要支撑和引导条件，对破除城市群发展困境，推动中心城区与周边中小城市、城镇协调发展有重大的意义。

（1）多层次轨道交通融合发展有利于促进城市群都市圈一体化、同城化发展

城市群建设无疑是我国城镇化的核心内容。轨道交通一体化发展使大城市与其周边卫星城镇之间的通勤、通学和通商活动便利化，能够缓解城市群内大城市之间距离跨度过大、规模效应不足、拓展空间有限等问题（李名良等，2018）。长期来看，城市群轨道交通一体化发展也有利于周边卫星城镇为大城市发展提供配套服务，从而产生新的发展机遇。此外，我国目前的城镇化是不充分的城镇化，大量非农就业人口难以在城市落户，无法享有城市基本公共服务。推进以人为核心的新型城镇化，首要任务是使有能力在城镇稳定就业和生活的已进城常住人口有序实现市民化。城市群轨道交通一体化，实现中心城区与外围城镇之间通勤便利化，使

在大城市有工作的人群，可以选择在周边的中小城市或卫星城镇落户、置业和生活，实现市民化，享有城市基本公共服务（李名良等，2018）。

（2）多层次轨道交通融合发展是满足城市群高品质、多层次出行需求的必然选择

城市群在不同的发展阶段，其旅客出行特征是不完全一样的。城镇化初期，主要体现为城市群对外出行为主，出行需求为城市群到其他城市群之间的出行，客流以商务、公务为主，要求提供城市到城市的服务；城镇化中期阶段，城市群内城市分工、产业协作加快，城市群内城市间交流增长很快，客流以商务、公务、生活为主，要求提供市区到市区的出行服务；城市群中后阶段，都市圈加快形成，都市圈中心城市至外围的通勤圈逐步形成，出行需求为中心城区与外围城区、周边城镇之间的通勤、生活、商务、公务客流，要求提供片区到片区的出行服务；同时中心城市的主城日常通勤旺盛，出行需求为主城区内的通勤、通学客流，要求提供门到门的出行服务。因此，城市群、都市圈的加快发展，导致多层次出行需求，既有“干线铁路+城市轨道交通”的体系已难以满足高强度、多样化和高频次、高时效的交通需求，“两头重、中间轻”的问题开始逐步显现，迫切需要加快服务都市圈、城市群内大城市与毗邻中小城市、城市中心与周边城镇组团间、城镇组团相互间的通勤化、快速度、大运量的城际铁路和市域（郊）铁路建设，推进各方式融合发展，为城市群、都市圈范围的长途、短途、通勤等不同范围的出行提供更便捷的服务，创造人民群众所期盼的更高品质的生活。

（3）多层次轨道交通融合发展是提高我国综合交通运输效率和质量的必经之路

由于我国各种交通运输方式分属不同部门管理，管理职能的分割，带来条块分割的交通设施和服务，从而使得各种运输方式在制定规划时缺乏有效衔接，尤其是在进行技术革新时，不能发挥交通运输资源的整体优势和组合效率，反而形成无序竞争的交通环境。铁路、公路、民航枢纽的规划大多是自成体系，相互之间换乘不便，从而大大增加了人流和物流成本。尽管我国交通运输业总量和规模得到快速发展，但质量和效率并未随之提高，点线能力失调，没有形成便捷、通畅、高效、安全的综合运输体系。轨道交通一体化发展是解决各种交通方式汇集的“点”上能力和效率的关键所在。通过整合城市及枢纽地区轨道交通资源，衔接公路、民航系统，充分发挥交通运输资源的整体优势和组合效率，可提高我国综合交通运输效率和质量，真正建成我国综合运输体系，实现交通运输的现代化（宋元胜，2013）。

（4）多层次轨道交通融合发展是实现我国轨道交通经济增长方式转变的需要

我国轨道交通长期以来各自独立发展、自成系统，尽管在各系统内自得其所，但是分散独立发展使铁路和地铁部门丧失了融合后客流增长带来的机会收益，既损害了乘客利益，制约了城市社会经济的快速发展，又使自身亏损严重，严重依赖财政补贴。因此，现有轨道交通发展方式需要转变，需要围绕乘客利益最大化来寻求轨道交通经济发展和增长方式的转变，统筹发展，加快构建便捷、安全、高效的综合运输体系。轨道交通一体化发展能够实现干线铁路、城际铁路、市域（郊）铁路与城市轨道交通的相互融合、功能互补、分工明确、互联互通、便捷

换乘和资源共享，破解现有轨道交通的独立发展，共建共用轨道交通车站、线路，共享城市交通资源、集约节约城市用地（宋元胜，2013）。各轨道交通间通过相互输送客流，最大限度方便乘客出行，提高轨道交通及整个综合交通系统的效率和效益，推动轨道交通系统的可持续发展。

1.4.3 城市群、都市圈多层次轨道交通融合发展的趋势

由于干线铁路、城际铁路、市域（郊）铁路和城市轨道交通在区域范围内存在多线路、多制式、多标准和多面管理的特点，融合发展十分复杂。城市需与轨道交通主管部门从轨道交通供给侧改革的高度，坚持以人为本、互利共赢的出发点，以实现中心城市核心区与市域圈层空间的轨道交通全覆盖、换乘枢纽快速集散、相同标准轨道交通互联互通、不同类型轨道交通全面融合为工作目标，按照“顶层设计、一体发展、重点突破、机制创新”的规划理念，合理掌控轨道交通一体化发展方向（宋元胜等，2018）。

（1）以人为本、顶层规划

多层次轨道交通融合发展须从以人为本原则出发，按照乘客出行便捷、快捷为目标，从规划层面引领轨道交通一体化发展，优化轨道交通线路、站点布局，实现各轨道交通系统无缝衔接，确保乘客快捷换乘。我国 2020 年以后将进入基础设施投资的变坡期，建设强度将逐步下降，需求将逐步上升。从全局看，基础设施能力大体处于供需平衡的状态，但也存在结构性问题和短板。目前，各都市圈轨道交通都以独立发展为主，缺少宏观统筹。而无论是从国家宏观战略要求，还是都市圈一体化发展趋势来看，未来都市圈轨道交通系统一定是多层次、多制式、一体化的。

（2）一张蓝图、分期实施

轨道交通一体化发展是一项庞大的系统工程，涉及干线铁路、城际铁路、市域（郊）铁路和城市轨道交通四个系统的融合发展。因此需要从顶层规划到方案实施统筹一张蓝图，根据城市社会经济发展分步实施和落实，需要率先解决现有规划缺乏统筹、协调的矛盾。通过轨道交通一体化规划的开展，统筹干线铁路网、城际铁路网、市域（郊）铁路网、城市轨道交通网，实现轨道交通四网合一；协调城市建设与轨道交通发展关系，优化整合轨道交通通道资源；做好各层次轨道交通网络间衔接，制定高效、合理的枢纽站点布局和衔接方案；建成融合示范案例，竖立一体化理念，指导都市圈轨道交通系统有序发展。因此，实现都市圈轨道交通融合发展必须优先开展轨道交通一体化规划。

（3）运营一体、互联互通

多层次轨道交通运营未来应走向一体化运营，实现各方式之间联运，有需求的要实现互联互通。在优先考虑区域既有轨道交通存量资产，充分利用其运力资源富余，在同制式同标准线路组织互联互通列车，在干线铁路和城际铁路之间、市域（郊）铁路和城市轨道交通之间组织公交化列车开行，从而发挥轨道交通的公共交通功能。

（4）设施融合、资源共享

当前，我国各层次轨道交通在规划、审批、建设、运营及技术标准等各个方面都处于独立发展状态，各层次轨道交通发展缺乏统筹。此外，各轨道交通在通道线路、换乘枢纽、车辆及基地、供电、控制中心等方面存在资源共享条件。而《交通强国建设纲要》提出了要实现全国“123”出行交通圈，推进干线铁路、城际铁路、市域（郊）铁路、城市轨道交通融合发展。与此同时，国家发改委发布的《关于培育发展现代化都市圈的指导意见》提出打造轨道上的都市圈，推动干线铁路、城际铁路、市域（郊）铁路、城市轨道交通“四网融合”。由于国家层面对都市圈发展及轨道交通体系提出了新要求，因此都市圈轨道交通由相对独立发展向更加注重一体化融合发展转变将成为必然趋势。

（5）注重质量、效益转变

过去十年是我国轨道交通发展突飞猛进的十年。2021 年，我国铁路营业里程突破 15 万 km，高铁超过 4 万 km；分别较 2010 年增加约 6 万 km 和 3.8 万 km。2021 年，我国城市轨道交通运营里程达到 8773.22km，较 2010 年增加了约 7302.22km。总体来看，过去十年我国铁路及城市轨道交通均处于大发展时期，规模迅速扩张。而随着《交通强国建设规划纲要》及其他一系列国家宏观战略的出台，未来我国轨道交通行业将逐步迈入发展新常态，由追求速度规模向更加注重质量效益转变。国铁干线方面，建设重点将逐步转向西部地区铁路网覆盖不足的地区，而对于中东部地区则以补短板、提质量为主，建设重点将逐步转向城际铁路。城市轨道交通方面，随着各大城市轨道交通网络的加速形成，城市群、都市圈轨道交通将逐步走向多层次、多制式、一体化发展的道路。单一制式规模快速扩张的局面将逐步得到扭转。

（6）重点突破、机制创新

“四铁融合”涉及四个轨道交通系统，由于各轨道交通在规划、建设和运营管理上存在较大差异，轨道交通一体化发展必须在机构设置、部门协同、资金统筹、法律法规体系等领域打破现有机制的基础上，实施融合发展，在一卡通票制、安检互信等重点领域需要创新突破。

1.5 本章总结

本章从我国区域发展战略入手，分析了新发展阶段我国新型城镇化发展特征及发展趋势，提出了城市群、都市圈一体化发展需要多层次轨道交通发挥支撑和引领作用，需要推动多层次轨道交通一体化布局、高效衔接、多式联运、一体化运营、体制机制改革等，以应对未来城市群及都市圈一体化、高质量发展和出行服务多样性、高频次、强时效的要求。

2

多层次轨道交通国际典型案例和经验启示

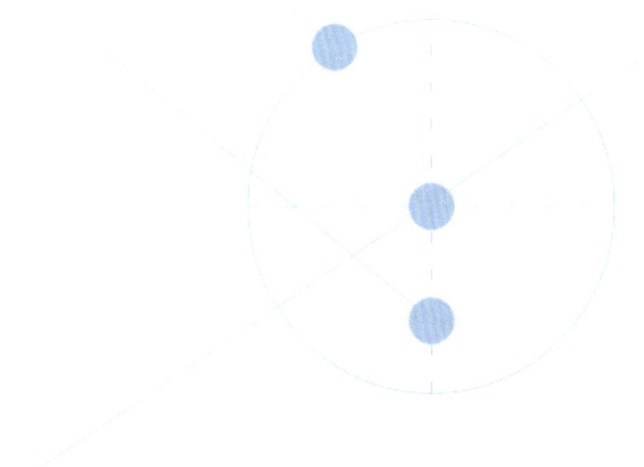

国际上著名的城市群和都市圈在多层次轨道交通网络布局、枢纽换乘、运营管理及融合发展方面有较为成熟先进经验。通过分析总结日本太平洋沿岸城市群、巴黎都市圈、东京都市圈等地区多层次轨道交通发展的特点，为我国开展城市群、都市圈多层次轨道交通规划提供借鉴和启发。

2.1 多层次轨道交通具有相对明确的空间服务圈层

以巴黎都市圈为案例，对其多层次轨道交通和所服务的圈层进行分析。

2.1.1 都市圈圈层划分

巴黎都市圈，又称巴黎大区，由法国首都巴黎市、近郊三省和远郊四省组成，并下设1300多个市镇，总面积达12071.40km^2。近郊三省包括上赛纳省（Hautes-de-Seine）、赛纳–圣旦尼省（Seine-Saint-Dennis）和瓦勒德马恩省（Val-de-Marne），远郊四省包括赛纳 - 马恩省（Seine-et-Marne）、伊夫林省（Yvelines）、埃松省（Essonne）和瓦勒德瓦兹（Val-d’Oise）。巴黎都市圈主要呈现三层结构，即核心区、中心城区和大都市区。核心区主要指巴黎市，中心城区指近郊三省和巴黎市构成的大巴黎地区，大都市区指整个巴黎大区。自20世纪60年代以来，巴黎启动新城计划，扩建卫星城，使得巴黎都市圈目前已经形成“市中心 +5 个新城”的多中心多层次结构。巴黎都市圈的圈层划分及人口分布情况见图 2-1 和表 2-1。

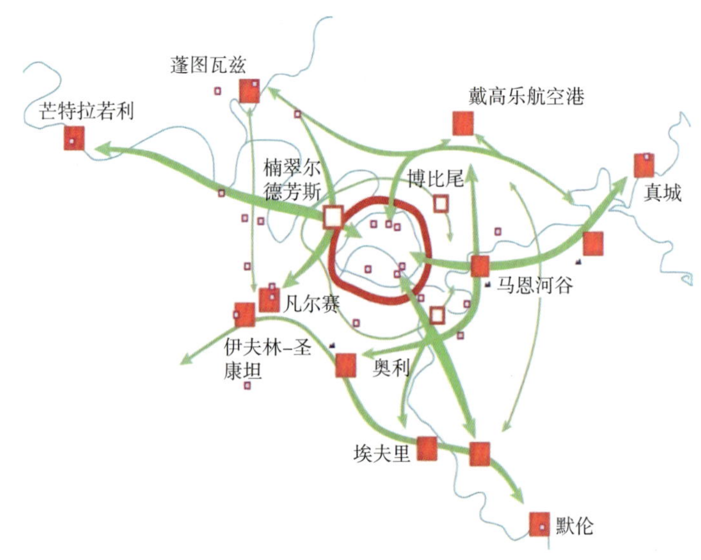

图 2-1 巴黎都市圈示意图

2014 年巴黎都市圈的圈层分布及人口分布情况　　表 2-1

圈层划分	面积（km^2）	人口（万人）	人口密度（人 /km^2）	圈层半径（km）
核心区	105.40	222.00	2106.26	5.00
中心城区	759.90	675.40	8888.01	15.00
大都市区	12071.40	1202.80	996.40	50.00

资料来源：2019 年 Urbistat 的网站 Urbistat Adminstat。

2.1.2　多层次轨道交通网构成

巴黎都市圈的轨道交通网络由地铁、路面有轨电车、市域快速轨道交通（法语：Réseau Express Régional，RER）、远郊铁路（法语：Transilien）和国家铁路构成。

（1）地铁 + 路面有轨电车（城市轨道交通）

巴黎地铁主要在巴黎市范围内布网，服务于巴黎市区，共有 16 条线路，含 14 条主线和 2 条支线，线路总长 579.00km，设有 380 个车站，平均站间距为 548.00m，平均速度为 25.00km/h，最高速度可达 70.00km/h（冯爱军和李忍相，2015）。巴黎地铁的全部线路均由巴黎大众运输公司（法语：Régie Autonome des Transports Parisiens，RATP）运营。此外，如图 2-2 所示，RATP 公司于 2019 年在其网站上公布了巴黎地铁的线路图，该图内含 RER 线和部分路面有轨电车的线路。

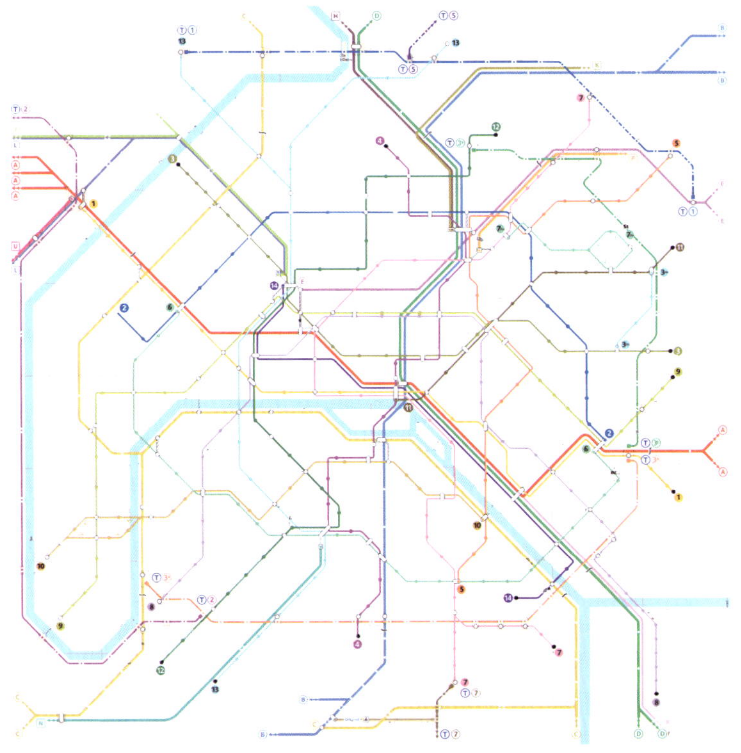

图 2-2　巴黎地铁线路图

巴黎都市圈的路面有轨电车主要服务于巴黎市区和近郊一带，已建成10条线路，186个车站，线路总长约为104.70km，目前仍有4条线路处于规划建设中（冯爱军和李忍相，2015）。此外，除T4号线由法国国家铁路公司（法语：Société Nationale des Chemins de Fer FranCis，SNCF）运营管理外，其余路面的有轨电车线路均由RATP公司运营。

（2）RER+远郊铁路（市域（郊）铁路）

巴黎都市圈的市域（郊）铁路由RER线和远郊铁路构成。RER线作为法国法兰西岛地区的通勤铁路，贯通巴黎市区和近郊地区，主要承担巴黎市中心到各新城、城市中心区到巴黎都市圈7个省和各省间的联络功能，由PATP公司和SNCF公司共同运营管理。此外，RER共有5条线路，线路总长约为616.00km，设有257个车站，其中33个车站位于巴黎市区，平均站间距为2.30km（汤莲花和徐行方，2018）。这5条线路均贯穿巴黎市中心，提供中心城区和郊区服务的双层功能。如图2-3所示，RATP公司于2019年在其网站上公布了RER的线路图。RER各线路的基本情况见表2-2。

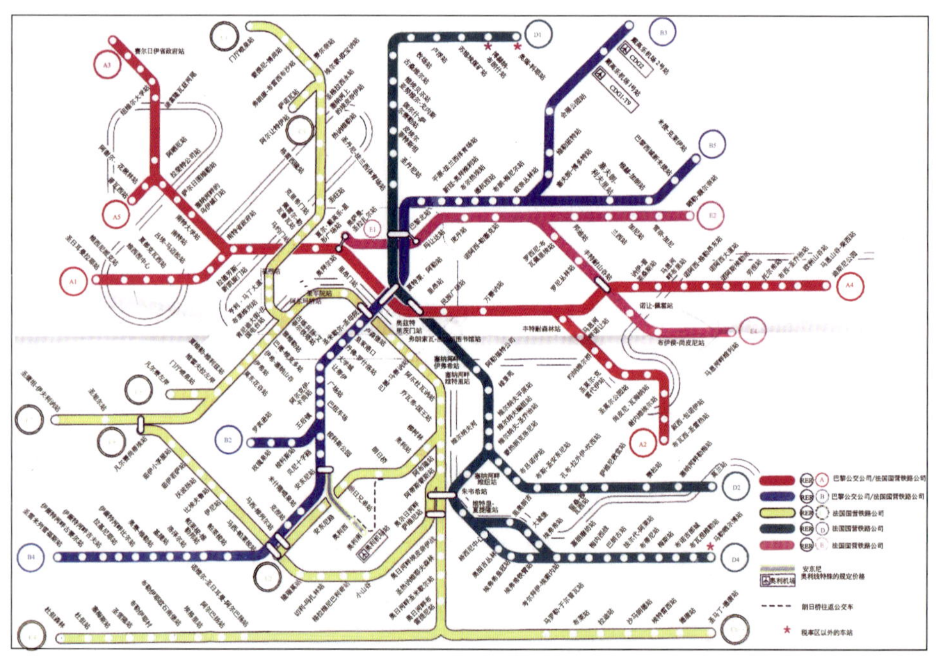

图2-3　巴黎都市圈RER线路图

巴黎都市圈RER各线路基本情况（冯爱军和李忍相，2015）　表2-2

线路编号及颜色	线路长度（km）	车站数量（个）	最高速度（km/h）	运营主体
A（红色）	109.00	46	120.00	PATP/SNCF
B（蓝色）	80.00	47	140.00	PATP/SNCF
C（金黄色）	186.00	84	140.00	SNCF
D（绿色）	197.00	59	140.00	SNCF
E（紫色）	52.00	21	140.00	SNCF

远郊铁路，主要负责联系巴黎市周边7个省的交通，通常被认为是RER向远郊和外省的延伸部分，由SNCF公司运营。此外，远郊铁路以巴黎市区的6大火车站，即巴黎北站、巴黎东站、里昂站、蒙帕纳斯站、圣拉加尔站和拉斯芳斯站为起终点，向不同的方向延伸，服务于不同方向，共有8条线，线路总长约为1263.00km，设有340多个车站。远郊铁路各线路的具体情况见表2-3。

巴黎都市圈远郊铁路各线路基本情况（冯爱军和李忍相，2015） 表2-3

线路编号	线路长度（km）	车站数量（个）	最高速度（km/h）	服务方向
H	111.00	46	140.00	北部及东北部
J	235.00	47	140.00	西部、西北及西南
K	61.00	10	140.00	北部及东北部
L	78.00	38	140.00	西部、西北及西南
N	117.00	34	140.00	西南部
P	257.00	40	140.00	东部
R	150.00	21	140.00	东南部
U	31.00	10	140.00	西部、西北及西南

（3）国家铁路

目前，法国的国家铁路主要包含普通铁路和TGV（法语：train à grande vitesse）高速铁路两部分，而TGV高速铁路可与普通铁路共线运营，即TGV高速列车运营至普通铁路的既有线后，以既有线规定的行驶速度进行行驶。根据世界铁路联盟发布的数据可知，截至2017年4月，法国已投入运营的TGV高速铁路线路里程达2142.00km，在建线路里程为634.00km，规划线路里程为1786.00km。法国已建成的TGV高速铁路线路包括东南线、大西洋线、北方线、东南延伸线，即罗纳河-阿尔卑斯线、巴黎地区联络线、地中海线和欧洲东部线，辐射北、东、东南、西南四个方向。

2.1.3 多层次轨道交通与空间服务圈层的对应关系

根据服务的范围，巴黎都市圈的轨道交通系统分为四层（表2-4），包括距巴黎中心半径6.00～8.00km的中心圈层、服务外围卫星城的市域圈层、加强巴黎周边城镇和市中心的联络的城际圈层以及巴黎都市圈的对外联系圈层。其中，地铁、有轨电车等主要承担城区内的旅客运输；RER和远郊铁路具有线路里程长、站间距大、列车运行速度快等特点，主要承担巴黎市中心—市郊、市郊—市郊之间的旅客运输；国有铁路主要承担巴黎都市圈的对外联系。在线网布局上，巴黎都市圈的轨道交通线网由穿越巴黎市区的直径线和环绕市区的环线组成。

巴黎都市圈轨道交通体系　　表 2-4

类型	里程（km）	服务范围
地铁	579（14 主线 +2 支线）	距巴黎中心半径 6.00 ～ 8.00km
RER	624（5 条）	服务半径为 40.00 ～ 50.00km
远郊铁路	1263（8 条）	以市内的火车站作为终点，主要功能是加强巴黎周边城镇和市中心的联络，服务半径为 60.00km
国有铁路	1401	巴黎都市圈的对外联系

2.2 多层次轨道交通应以功能融合为重点

以日本东海道通道为例，对其通道内多层次轨道交通体系的构成和布局进行分析。

2.2.1 特征分析

（1）人口高度聚集，实现了大规模高密度的城市化发展

日本东海道通道全长约 500km，服务于日本太平洋沿岸城市群，起讫点分别是东京和大阪，途经横滨、静冈、名古屋、米原、京都等城市，连接了日本三大都市圈，即东京圈、名古屋圈和大阪圈。该通道覆盖区域实现了大规模高密度的城市化发展，从人口总量上看，太平洋沿岸城市群占日本总人口约 60.0%，双重差分法（DID）值达 83.2%，占全国的 69.1%，这说明该通道区域内人口高度聚集（图 2-4）。

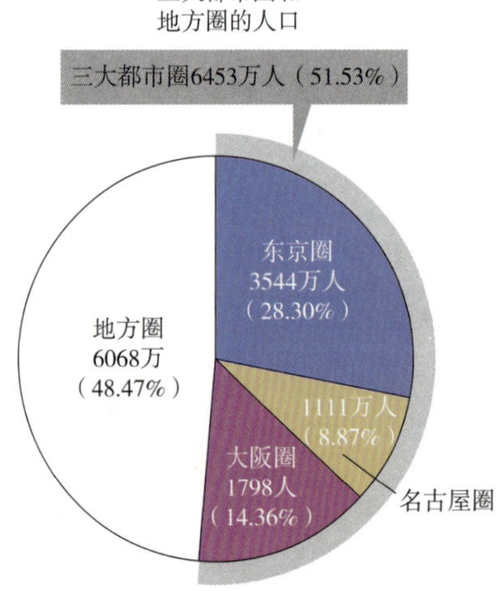

图 2-4　东海道通道覆盖区域人口总量分布

（2）形成产业分工连锁关系，具有区域综合职能和产业协作优势

在产业分布方面，城市群内各城市根据自身的基础和特色，承担不同的职能分工，从而

使城市群具有区域综合职能和产业协作优势，各城市间形成了一种产业分工连锁关系，避免了产业结构的趋同化。

东京都市圈，不仅是全国的大市场和重要的综合性大工业带，也是世界经济、金融、贸易中心；名古屋都市圈，以生产纤维、陶器等传统工业为主，逐渐发展为日本最大的重化工业区；大阪圈是以消费品生产为主的大工业地带。日本太平洋沿岸城市群在更大空间范围内进行资源的合理配置，实现了城市规模效应、城市聚集效应和乘数效应，产生了巨大的综合经济效益。

（3）高速铁路为骨干，与普速铁路平行设置、合理分工

东海道通道内，铁路尤其高速铁路是通道运输的骨干交通，并且普速铁路与高速铁路线路平行，运营速度及站点设置存在差异，实现长短途分工，如图 2-5 所示。对于高速公路，东海道通道内东京、名古屋及阪神地区的高速公路与日本南部相贯通的五条大干线相接，形成了全国高速公路网体系。对于航空，由于东京与大阪之间的距离仅为 500km 左右，不属于航空出行的优势范围，航空出行相较于新干线无明显优势。

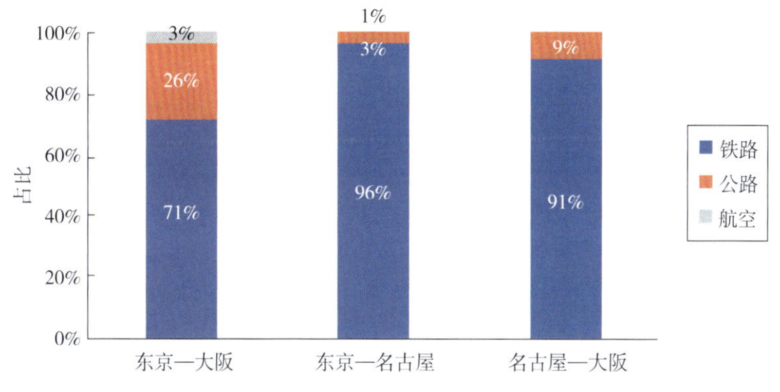

图 2-5　东海道城市群客运结构

2.2.2　多层次轨道交通应以功能相融合

（1）明确通道内各运输方式的市场定位

运输通道由各种运输方式的线路、场站设施以及各种满足运输服务的附属设备组成。通道内不同运输方式的构成，需要根据其本身的技术经济特点，因地制宜，协调发展，组成综合运输体系，充分发挥通道优质、高效的运输效益。为确保运输通道内各运输方式之间分工明确、优势互补，每一种运输方式需要结合自身特点，找准目标客户群，树立品牌特色，明确其市场定位。

东海道运输通道内新干线与既有线通过实行不同的运营速度、停站方案、票价来实现长、短途分工配比，以满足不同距离出行的需求。

目前，国内随着高速铁路的不断发展，部分通道内高速铁路和民航竞争激烈。为实现

通道内高速铁路和民航的优势互补、共同发展，高速铁路应该发挥其站点多，可达性好的优势。

（2）协调通道内高速铁路与普速铁路的发展

东海道运输通道内，高速铁路与普速铁路通过施行差别化的旅行速度、停站方案、运营时段、票价等一系列措施来实现长短途分工，从而达到协调发展的目的。例如东海道通道内的东海道新干线和既有线，前者负责通道内的快捷长途出行，而后者主要满足 100km 以内的短途出行。在这一方面，中日差异较大。日本的货运主要通过公路运输，而目前国内中长途的货运仍然主要依靠普速铁路，并且在普速铁路运能紧张的条件下，采取牺牲货运、优先保证客运的原则。

随着国内高速铁路的大规模开通，普速铁路的客运需求发生转移，释放大量的能力用于货物运输。因此，基于日本都市圈轨道交通发展的经验，大量普速铁路慢速列车可改造为服务于通勤运输的短途市郊线路。另外，考虑到低收入群体的出行需求，以及我国国土面积较大、平均出行距离长的国情，建议在非高峰时段，保留少量的普速铁路长途车，兼顾不同消费能力的旅客需求。

（3）保障并行线路通道的空间预留

通道内多条线路并行是一种共享土地资源的模式，并且能够有效地大力增强通道的运输能力。东京山手环形通道内存在 12 条轨道交通线路与 JR 山手线环形并行衔接，使得通道内部分区间的日均列车通过量超过 2000 列，极大地保障了该通道乘客的出行需求。东京山手环形通道的空间随着开通并行线路的增多而持续拓宽，这主要得益于东京市域（郊）铁路线路以地面敷设方式为主，系统的改造升级较为容易，并且线路的技术标准大多一致，不同线路列车可实行跨线运行。

国内市域（郊）铁路的发展较为滞后，现阶段规划的市域（郊）铁路线路主要为断点状的放射型，基本上不存在贯穿市区的线路，而在当前的轨道交通线网规划设计中，极少数通道预留了市域（郊）铁路的空间资源。随着中心城区地铁网络的不断发展，通道空间的缺失将日益限制市域（郊）铁路的发展，远期的市域（郊）铁路建设将面临“无地可用”等问题。因此，为实现多条线路在同一通道内的并行运行，需要在线网的规划阶段预留充足的通道空间。

2.3 完善的枢纽换乘体系是多层次轨道交通融合发展的关键

以不同都市圈的换乘设置为案例，对环形多点换乘、大型枢纽换乘、直达市中心换乘、环形 + 枢纽换乘和多点同台换乘模式进行分析。

2.3.1 环形多点换乘

东京都市圈的大部分市域（郊）铁路线路同时与轨道交通外环环线武藏野线和内环山手线进行衔接。市域（郊）铁路通过外环环线提前疏解部分不需要进城的中转客流；通过与内环山手线进行衔接，接至其上的主要枢纽点，换乘地铁、山手线廊道内其他轨道交通来深入中心城内部。山手线长度为34.50km，设有29个车站，其中27个车站为2条及以上铁路线路的换乘车站。山手线上大型综合交通枢纽东京、上野、新宿、池袋衔接换乘的铁路线，包括共用的线路分别为15、11、10和8条，并且东京、品川与上野三站还可换乘新干线（王晓荣等，2013）。此外，JR线和私铁引入城市中心区后，通常与多条城市轨道交通线路相交，形成“多点换乘”的形式，为乘客提供多种选择，具体见表2-5。

东京都市圈轨道交通部分线路的换乘衔接情况（刘龙胜等，2013） 表2-5

线路类别	线路名称	核心区设站数（个）	站均衔接轨道交通线路数（条）
JR线	横须贺线	4	2.40
	埼京线	7	2.90
	京叶线	7	1.50
私铁	小田原线	4	0.70
	东上线	3	0.50
	池袋线	1	0.60
	京王线	2	0.70

2.3.2 大型枢纽换乘

与东京都市圈中大型换乘枢纽主要分布在东京区部边缘的山手线上不同，巴黎都市圈利用分布于巴黎市区的主要火车站作为大型的综合换乘枢纽，实现不同层次的轨道交通，即地铁、市域（郊）铁路、城际和干线铁路之间的换乘，具体的换乘衔接情况见表2-6。

巴黎火车站的衔接线路和服务区域情况 表2-6

车站名称	衔接线路	服务区域
巴黎北站（Gare du Nord）	地铁：2、4、5 RER：B、D、E 远郊铁路：H、K	国内：通往法国北部庇卡底地区 国际：英国、荷兰、比利时及北欧各国
里昂火车站（Paris Gare de Lyon）	地铁：1、14 RER：A、D 远郊铁路：R	国内：法国南部、地中海一带 国际：瑞士、意大利、希腊
巴黎东站（Gare de Paris-Est）	地铁：4、5、7 RER：E 远郊铁路：P	国内：法国东部地区 国际：瑞士、德国、奥地利及东欧各国

续上表

车站名称	衔接线路	服务区域
奥斯德利兹车站 （Gare d'Austerlitz）	地铁：5、10 RER：C	国内：法国南部地区 国际：西班牙、葡萄牙
蒙帕纳斯火车站 （Gare Montparnasse）	地铁：4、6、12、13 RER：C 远郊铁路：N	国内：法国西部布列塔尼亚地区、法国西南部 国际：西班牙
圣拉扎火车站 （Gare Saint-Lazare）	地铁：3、9、12、13、14 RER：E 远郊铁路：J、L、U	国内：法国西部诺曼底地区、法国南部

2.3.3 直达市中心换乘

纽约都会区具有代表性地将位于市中心的火车站作为市域（郊）铁路的终点站，使得市域（郊）铁路可直达市中心与城市轨道交通进行换乘衔接。纽约都会区通勤铁路的大部分线路从各方向进入纽约城区，终止于市中心的铁路枢纽，与纽约市区的地铁网络形成有限的多点换乘，如图 2-6 所示。具体而言，大都会北方铁路的三条线路在曼哈顿北部布朗克斯区汇入一条铁路走廊，经东河隧道沿 Park 大街接入大中央车站，形成纽约市以北地区进入曼哈顿的通勤走廊；新泽西铁路的五条线路在新泽西州斯考克斯区段汇入美国铁路公司东北走廊，在哈德逊河林肯隧道南侧进入曼哈顿西区，接入宾夕法尼亚车站，形成纽约市以西地区进入曼哈顿的通勤走廊；长岛铁路在皇后中城隧道穿越东河，从皇后区进入曼哈顿西区，接入宾夕法尼亚车站，形成纽约市东部长岛地区进入曼哈顿的通勤走廊。在大中央火车站，通勤铁路的乘客可换乘纽约地铁 4 ～ 7 号线。而宾夕法尼亚车站作为曼哈顿中城区的重要公共交通枢纽，不仅提供纽约市内的地铁服务，包括纽约地铁 1-3、9、A、C、E 号线，还提供通向长岛、新泽西州的通勤铁路服务以及国铁的城际交通服务（冯爱军和李忍相，2015）。

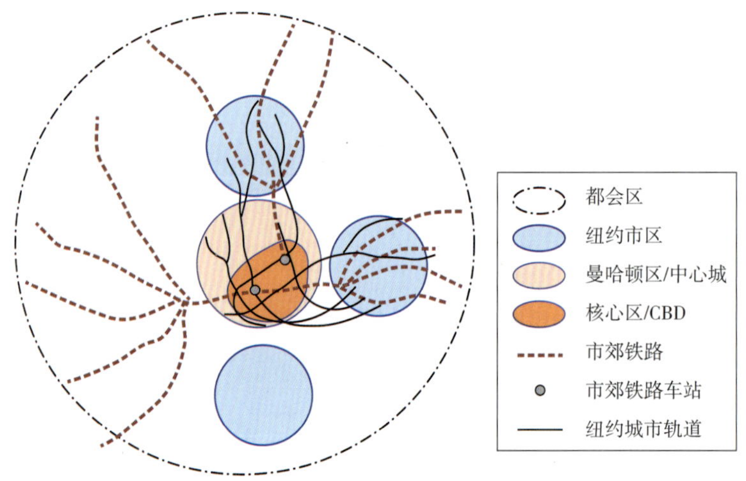

图 2-6　纽约都会区通勤铁路与城市轨道衔接的示意图

2.3.4 环形 + 枢纽换乘

伦敦都市圈轨道交通的换乘衔接综合了东京都市圈和巴黎都市圈轨道交通换乘的特点。与东京都市圈中市域（郊）铁路主要通过山手线的主要枢纽点进行换乘以进入市中心相似，伦敦都市圈的市域（郊）铁路除泰晤士林线（Thameslink route）、西伦敦线（West London Line）和正在修建的 Crossrail 贯穿伦敦城区外，其余线路总体上呈径向放射状布局，终止于中心区边缘的终端枢纽，并且大部分的换乘枢纽坐落于地铁环线上，简要的换乘示意如图 2-7 所示。在伦敦都市圈中心区的核心地带，市域（郊）铁路与地铁共用 11 个大型换乘站。这些换乘站主要分布在东南、西和北三面，东南面共有 5 个站点，西面和北面各有 3 个站点（刘静月，2017）。这些分布均匀的大型换乘枢纽连接了各方向通往伦敦都市圈中心区的通勤客流。此外，与巴黎都市圈相似，伦敦市内的大部分火车站被作为主要的换乘枢纽以实现不同层次的轨道交通，即地铁、市域（郊）铁路与城际铁路、干线铁路之间的换乘，并且这些火车站大多与伦敦地铁环线交会，如图 2-8 所示。

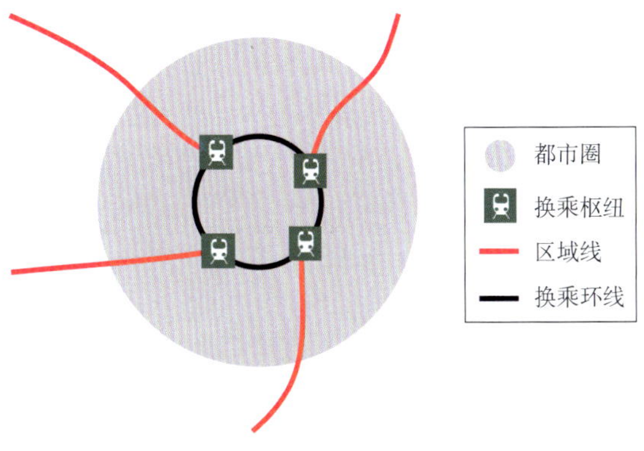

图 2-7 伦敦都市圈轨道交通换乘衔接示意图（高飞，2010）

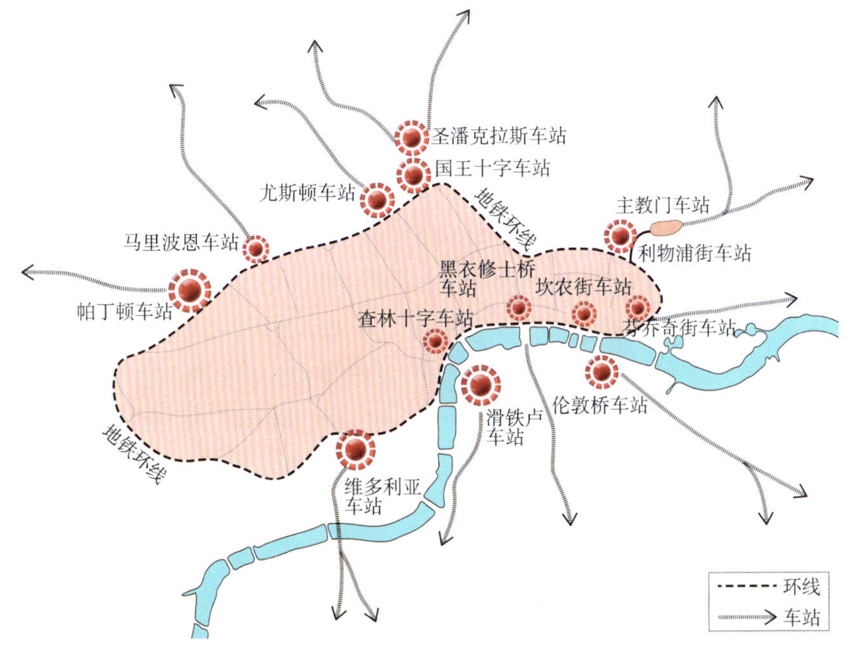

图 2-8 伦敦市内主要火车站与地铁环线交会示意图

资料来源：北京市规划和自然资源委员会官网，2018。

2.4 灵活的运输组织是多层次轨道融合的根本

2.4.1 跨线运营

东京外围的放射轨道交通线路发展较早，由于放射线大多止于山手环线，大量的客流在此换乘其他交通方式进入东京区部中心，造成山手线上枢纽拥挤不堪。为缓解山手线站点交通压力和方便乘客直达区部中心，相关轨道交通规划要求区部大力兴建轨道交通并与郊外轨道线路直通运营（图 2-9）。1965—1985 年的 20 年内，东京区部轨道交通网络逐渐建成，并通过与放射性私铁或国铁直通运营缓解换乘枢纽的压力（李明高等，2019）。

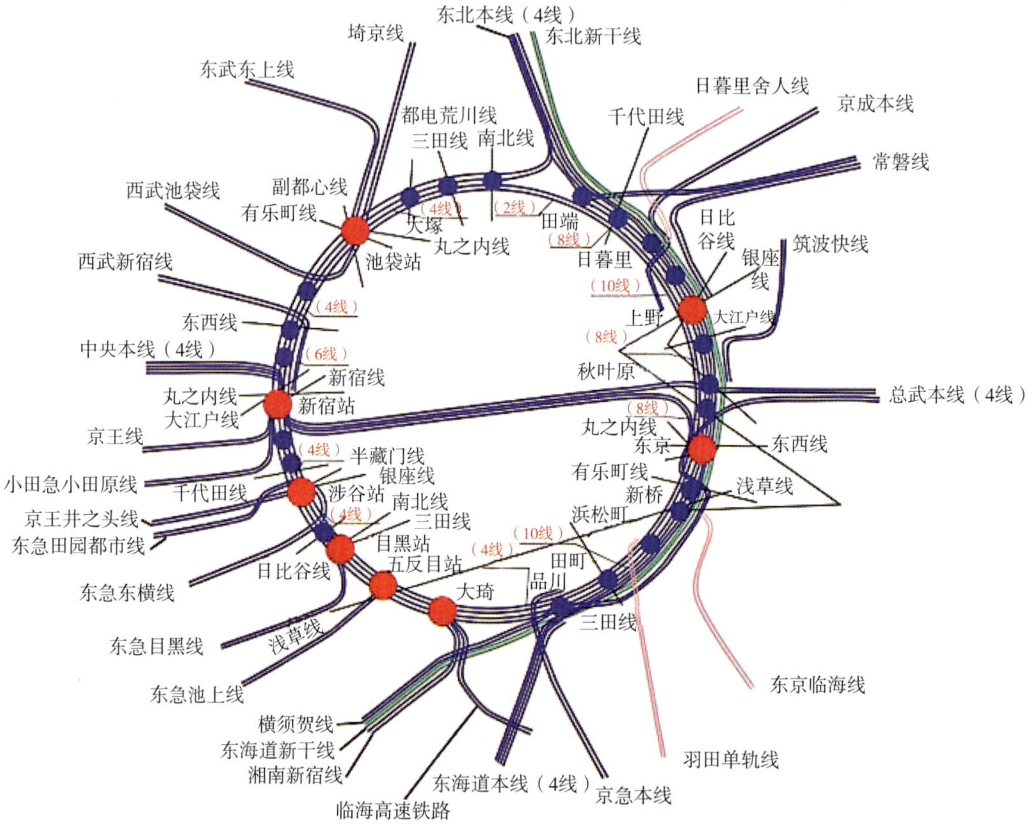

图 2-9　山手线线路衔接图

目前，东京区部地铁已有 10 条线路与 JR 线和私铁实现直通运营，具体见表 2-7。按照运营主体的差异，东京都市圈轨道交通的直通运营模式可分为同一运营主体下和不同运营主体下。同一运营主体下的轨道交通线路具有相同的轨距、供电制式以及信号控制系统，线路之间的直通运营无须对线路技术特征进行改造，仅需建设联络线将 2 条线路连接起来（向蕾等，

2018)。其中，轨距指铁路轨道两条铁轨，即钢轨之间的距离，以钢轨的内距为准。不同运营主体下的轨道交通线路的直通运营普遍需要进行工程技术条件的改造，从而使得不同线路的技术特征相同或兼容。

东京区部地铁与 JR 线和私铁直通运营的情况（汪波等，2012） 表 2-7

地铁线路	直通的 JR 线和私铁线
日比谷线	东武伊势崎线、东急东横线
东西线	JR 中央线、总武线、东叶高速线
千代田线	JR 常磐线、小田原急线
有乐町线	东武东上线、西武池袋线
半藏门线	东急田园都市线、东武伊势崎线
南北线	东急目黑线、埼玉高速铁道
副都心线	东武东上线、东急东横线
浅草线	京成押上线、京派急行线、北总线、芝山线
三田线	东急目黑线
新宿线	京王线

2.4.2 支线运营

巴黎 RER 线一明显的特征就是在线路较远处和接近末端时往往通过少量分支线路来实现更大的服务范围，其线路呈现放射状分布，RER-A、RER-B 等线就是通过少量支线将郊区新城、主要城镇和重要活动场所与市中心直接相连，如图 2-10 所示。

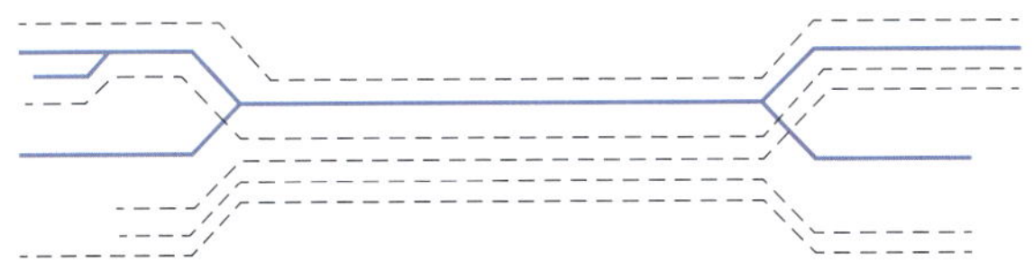

图 2-10 RER-A 线支线运营模式

支线与正线间采用贯通运营模式，即在中心城地区各支线的车辆汇聚至主线上运营，至市郊地区，列车再根据各支线不同的客流需求，按比例分配到各支线上。这种运营模式，形成了市域支线的行车密度低、中心城主线段行车密度较高的格局，与城市客流的分布较吻合。

例如：RER-A 线一条贯通巴黎市郊东西走向的线路，具有 5 条分支线，早高峰期 10min 内由东向西共有 5 列车，分别采用不同的交路。在高峰期，主线行车间隔 2min，支线行车间隔分别为 3min30s、5min、10min；平峰期，主线行车间隔为 4min，支线行车间隔分别为 8min、10min、20min。

2.4.3 多交路运营

针对市区与市郊不同客流断面的特征，巴黎都市圈的RER线开行了多种交路形式的列车且在高峰时段和非高峰时段的行车交路不同。以RER-B线为例，说明RER线多交路运营模式，如图2-11～图2-13所示。

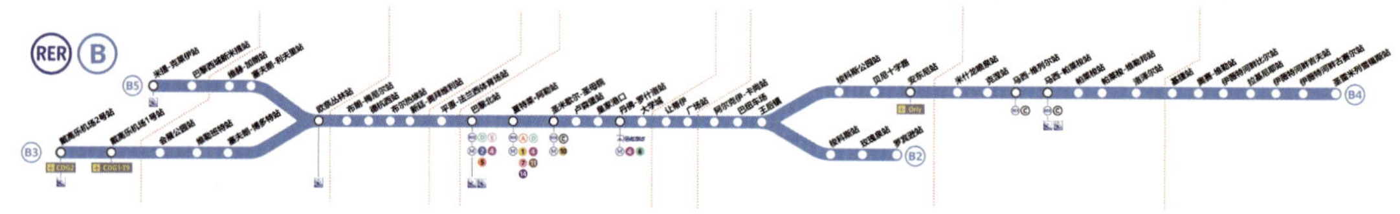

图 2-11 RER-B 线路示意图

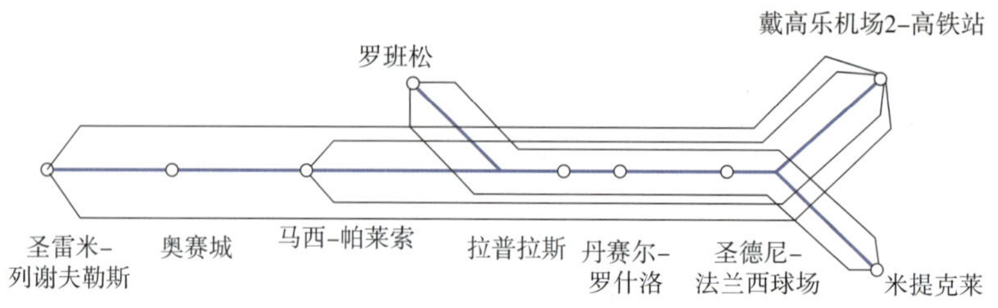

图 2-12 RER-B 线非高峰交路示意图

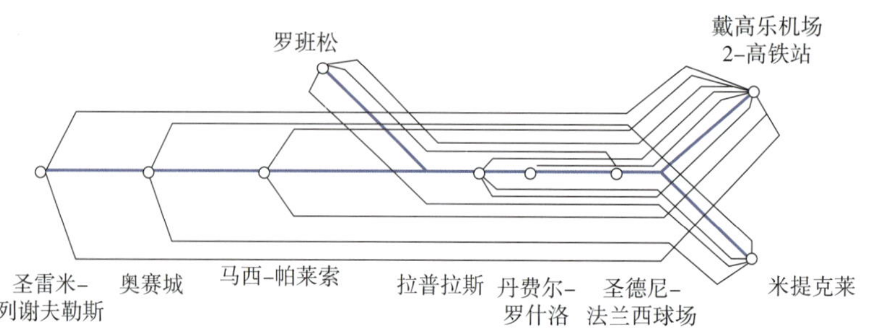

图 2-13 RER-B 线高峰交路示意图

针对线路较长以及线路客流时空分布不均衡的特点，RER-B线采取了长短交路运营方式，采用了多个嵌套交路。

RER-B线平峰时段主线与各支线分别开行交路，在高峰期根据客流需求，开行单方向高峰加班车配合列车周转需要。这些高峰加班车在抵达中间站清客后并不折返，而是空车前往邻近的车辆基地停放，或根据需要空车驶往起点站折返投入运营。通过开行长短交路列车、高峰加班车，以及采取支线运营的方式，在早高峰期间大学城—平原—法兰西体育场（La Plaine-Stade de France）区间发车间隔为3min，每小时该区间通过20对B线列车。

2.4.4 快慢车组合运营

RER线快速运行主要是通过两种方式实现：一是在中心城地区设站较少，RER车站的平均站间距为 2.9km，平均行驶速度为 50km/h；二是在郊区的运营中，RER 线在同一线路上采用了快慢车的运营组织方式，既缩短了长距离出行乘客的出行时间，又满足了近郊乘客的出行要求。

例如：RER-B 线实行快慢车结合运营，其快慢车示意如图 2-14 所示。

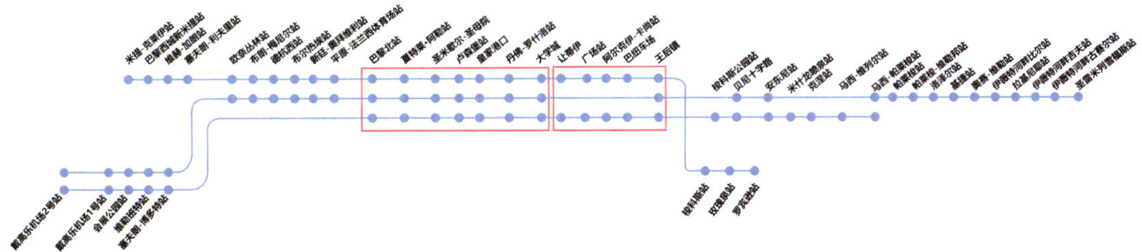

图 2-14　RER-B 线快慢车示意图

RER-B 线实行快慢车结合运营，其主要特点如下：

基于客流选择不经停站点：经停站点的选择主要基于站点的客流状况，一般在大客流站均停靠，RER-B 线在大学城—巴黎北站间长短交路列车均经停；而在大学城以南，客流量逐步下降，遂根据不同时段以及列车交路采取不同的停站方案。

在不同时段开行的不同交路列车采用不同停站方案：针对不同运行交路，B 线实施了不同停站方案，长交路列车越站较多，而相对较短的交路列车越站较少。在不同时段，B 线列车采取了不同的停站方案，相较于平峰时间，高峰期间在客流较大区间不开行快车，或是通过短交路列车停站缩短小客流站点候车时间。

前后列车间一般不发生越行：B 线绝大多数车站或区间并未设置越行线，因此 B 线全线无法发生前后列车间越行。在开行快慢车时，通过调整停站方案交替停车、交替开行往返支线的列车等方式，避免了快慢列车之间发生越行。

2.4.5　共线运营

由于 RER 线的建设较晚，市区地下空间有限，部分 RER 线路在市区只能共轨运行，如在市区，RER-B 线与 D 线在夏特莱—雷阿勒—巴黎北站区间实施共线运营。这一区间由 RATP 运营，而 D 线其余路段以及 B 线北段由 SNCF 运营。B、D 线列车交替驶入，向北驶出夏特莱–雷阿勒或向南驶出巴黎北站后，B、D 线股道汇合进入共线区间，如图 2-15 所示。但这一方式给区间的行车组织带来很大压力，在高峰期更为突出。

RER 线各线采用的运营组织模式并不是单一模式，而是以上各运营组织模式的组合，即每条线基本都采用了支线运营、多交路运营、快慢车结合运营、过轨运营等模式的混合模式。

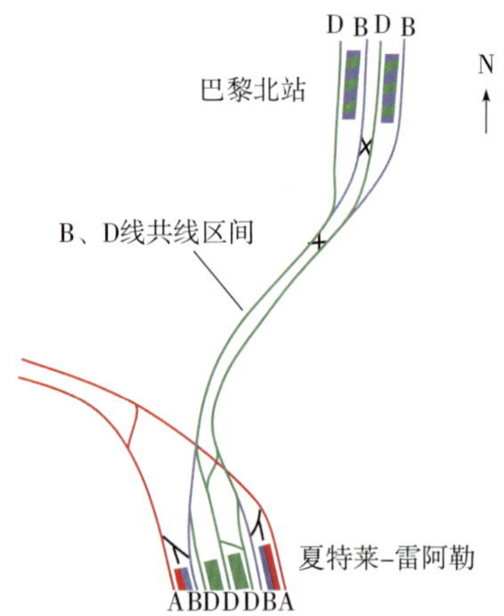

图 2-15 RER-B 线与 D 线在夏特莱－雷阿勒—巴黎北站区间实施共线运营

2.5 统一兼容的制式及票制票价是多层次发展的基础

对巴黎都市圈、伦敦都市圈的定价、票务和管理模式进行分析。

2.5.1 双头管理和统一定价

巴黎都市圈的轨道交通由两家大型国有企业，即 RATP 和 SNCF 进行运营管理。巴黎都市圈的所有地铁线路、RER-A 的东段、RER-B 的南段和路面有轨电车归属 RATP 运营管理，其他 RER 线路、远郊铁路和国家铁路则归属 SNCF 运营管理。此外，巴黎都市圈设有巴黎大区交通管理委员会（法语：Syndicat des Transports d'Île-de-France，STIF），用于负责巴黎大区的公共交通运营和票价管理，通过签订合同对运营企业进行监督和补贴（李凤玲和史俊玲，2009）。

虽然运营主体存在差异，但是巴黎都市圈内轨道交通的定价标准实现了统一。除国家铁路外，巴黎都市圈内不区分轨道交通方式，主要依据使用时长和使用分区进行轨道交通的票价计算。使用时长可分为一次、一天和一段时间，而一段时间指周、月、年。使用分区则从巴黎都市圈核心的 1 圈延伸至外围的 6 圈。此外，巴黎都市圈还提供学生票、针对青年打折的“青年票”、用于吸引游客的“巴黎观光票”等特殊票种。

2.5.2 定价和票务支付的一体化

除了国家铁路，伦敦都市圈内其余轨道交通，包括地铁、道克兰轻轨、路面有轨电车、伦敦地面铁路和在建的 Crossrail 均由伦敦交通局统一运营管理。此外，伦敦都市圈的城市轨道交通和市域（郊）铁路实现了定价和票务支付的一体化。伦敦地铁、伦敦地上铁、路面有轨电车、道克兰轻轨以及大伦敦境内大部分的国家铁路采用相同的定价标准，即分区、分时、分年龄，并且均可通过牡蛎卡 / 旅行卡 / 非接触卡（Oyster card/Travelcard/Contactless Card）进行车票支付。定价标准的区域分为伦敦都市圈轨道运输收费的 1 ～ 9 区；时间分为一次、一日、周末、一段时间，而一段时间指周、月、年；年龄分为成人和儿童。此外，伦敦都市圈还提供个人票、家庭票和团体票等特殊票种。

2.6 一体协同的体制机制是多层次发展的保障

对东京都市圈、纽约都会区的定价、票务和管理模式进行分析。

2.6.1 协同经营

东京都市圈内不同轨道交通方式之间以及同一轨道交通方式内通常存在多家运营主体，并且这些运营主体涵盖国家、地方政府、国家与地方政府合建、私营以及公私合营等多种层次。东京都市圈的地铁由东京地铁股份有限公司、京都交通局和横滨市交通局三家运营主体进行运营，而私铁、JR 线和新干线则由多家私营公司和不同 JR 公司进行运营管理。为了保证东京都市圈轨道交通的有序运转，各轨道交通运营主体之间自行签订协议协调相关运营事务以及其他问题。具体而言，对于换乘站业务和直通业务的处理，运营主体相互签订协议协商费用问题，对基础设施的维护和线路财产归属进行划分；在票款清算方面，都市圈主要的轨道交通运营主体之间成立清算中心以负责清分票款；在票价制定方面，政府根据运营主体所上报的票价和相关材料组织专家评审确定价格上限后，各运营主体在合理范围内自行浮动销售（刘龙胜等，2013）。

虽然东京都市圈的轨道交通运营主体数量多且类型多样，但是都市圈内部建立了互认的车票支付系统以降低乘客的换乘费用。东京都市圈内所有轨道交通采用统一规格的 IC 卡，主要为“西瓜卡”进行车票支付。此外，东京都市圈通过将轨道交通线路的列车晚点变更等信息进行共享，使得各轨道交通公司可获得其他企业的列车运行信息（谢志明和陈海伟，2016）。

2.6.2 区域合作运营

虽然纽约都会区的轨道交通由多家运营主体运营管理，但是总体表现出区域合作运营的特点。具体而言，纽约地铁、长岛铁路和大都会北方铁路归属纽约大都会运输署运营管理；新泽西铁路由新泽西州捷运公司管辖；PATH 由纽约新泽西港务局管理；国家铁路由美国国家铁路客运公司运营管理。纽约都会区成立纽约大都会运输署来管理纽约都会区的多种轨道交通，并且该大都会运输署是由纽约州、新泽西州和康涅狄格州三州政府共同授权成立的。此外，纽约都会区还成立了跨州的纽约新泽西港务局来管理PATH系统。

2.7 本章总结

通过总结国际城市群和都市圈多层次轨道交通融合发展的经验，可以看出多层次轨道交通融合发展的关键在于各层次轨道交通布局均有相对明确的服务空间特征，并在功能融合、枢纽换乘、运营管理、体制机制等有各自特色，值得我们思考和理解其发展的内涵。

（1）一张蓝图布局

为了实现轨道交通的一体化规划，巴黎都市圈成立巴黎大区交通管理委员会，由其负责整个巴黎大区公共交通的规划、评估和投资项目管理。纽约都会区于1922年成立了区域规划协会，通过都会区的区域规划来促进轨道交通网络的形成与完善，使得轨道交通网络与都会区同步成长发展。同时，纽约都会区还成立了专门的跨州合作机构纽约新泽西港务局以及专门负责规划和管理都会区公共交通的纽约大都会运输署。目前，我国的干线铁路、城际铁路、市域（郊）铁路和城市轨道交通分属不同的责任主体，在设施布局规划时，各主体考虑问题的角度不同，规划目的、价值取向等难以形成一致（景国胜，2017）。本质原因在于不同规划部门间存在行政及利益壁垒，因此有必要从“一张蓝图”绘到底的角度，整合区域规划，做好顶层设计，引导多层次轨道交通科学布局。

（2）服务空间明确

国际上主要城市群和都市圈的多层次轨道交通规划布局均有相对明确的服务空间圈层，根据服务的范围，一般情况下多层次轨道交通系统服务四个空间圈层：距中心半径不超过10km的中心圈层；服务外围卫星城40～50km的市郊圈层；加强周边城镇和市中心的联络的60km城际圈层；都市圈的对外联系100km以上的圈层。对应空间圈层分别供给的轨道交通为：地铁、有轨电车；RER；远郊铁路；国有铁路。而我国的城市群、都市圈空间结构、尺度等与国际上的城市群、都市圈有较大差异，但空间圈层的发展方向是基本一致的，因此我国城市群发展多层次轨道交通，也应该首先明确服务空间圈层，为多层次轨道交通明晰功能层次、合理供给提供基础。

（3）功能层次明晰

多层次轨道交通功能层析清晰是规划的基础，但不同的城市群、不同的发展阶段，其对于多层次的含义是不一样的，可能是四个层次的轨道交通，也可能是三个层次，这与其发展阶段要吻合。因此要在明确各层次轨道交通市场定位的基础上，仍然要考虑各层次轨道交通之间的功能融合，如日本北海道城市群，统筹考虑新干线与普速铁路的功能融合，协调发展。而我国19个城市群，长三角、粤港澳大湾区、京津冀发育相对成熟，而其他城市群均处在不同的发展阶段，因此对于轨道交通的层次需求也存在差异，要结合城市群的发展阶段考虑多层次轨道交通两两之间的功能融合必要，如高铁兼顾城际功能、城际兼顾市域功能，既有线开行市域（郊）列车等。

（4）枢纽立体融合

巴黎和伦敦都市圈以分布于市区的火车站为综合交通枢纽，实现城市轨道交通、市域（郊）铁路、城际和干线铁路之间的换乘衔接。纽约的宾夕法尼亚车站不仅提供纽约市内的地铁服务，还提供通勤铁路服务和城际交通服务。日本的东京站也是集地铁、JR线、私铁和新干线为一体的立体化车站。此外，东京、巴黎、伦敦都市圈和纽约都会区的综合交通枢纽普遍采用立体化布局，使得不同轨道交通的乘客可在立体空间中，通过枢纽内部便捷的换乘设施和有效的指引标识实现顺畅的换乘。目前，我国大部分城市的交通枢纽正处在大规模的新建和改扩建进程中，逐步从单一型客运站转变为综合型交通枢纽。但是，由于不同轨道交通之间缺乏统一布局和规划，交通枢纽内外部空间预留不足，从而使得枢纽内各轨道交通的设施布局不合理，换乘流线混乱，导致乘客换乘次数过多或换乘时间过长等。因此，建议在枢纽的规划和建设阶段，考虑其功能的复合化，确保枢纽内外部充分的空间预留，以实现不同层次轨道交通的换乘衔接。此外，应尽量采用立体化布局，并且保证不同轨道交通方式之间的换乘设施一体化布置，使得各轨道交通可在平面和立面布局方面高度整合，缩短换乘距离。同时在枢纽衔接方面要根据需求和各线服务水平、能力，考虑互联互通的必要，实现部分有需求的线路跨线运营，提升出行效率。

（5）运营协同高效

东京都市圈和纽约都会区的轨道交通虽然存在多家运营主体，但是前者通过不同轨道交通的列车运行信息共享来协助各轨道交通运营主体进行相应的资源调整和配置，而后者则通过成立跨区域的管理机构来实现轨道交通的区域合作运营。目前，中国大陆各都市圈内不同层次的轨道交通分离运营，对应多家运营主体，并且不同轨道交通运营主体之间存在信息孤立的现象，因此难以从都市圈的角度出发进行有效的协同管理。考虑到目前各轨道交通的运营体系已经较为成熟，实现一体化管理的难度较大，因此建议采用各轨道交通协调管理的方法。具体而言，政府和各运营主体分析各自轨道交通的管理全过程，在各运营主体内成立对外沟通协调部门，构建不同轨道交通的协调管理体系，实行不同轨道交通运营主体之间的信息共享，避免不同轨道交通业务分割，对乘客出行造成不便（王明志等，2018）。

（6）实现一票通行

伦敦都市圈的城市轨道交通和市域（郊）铁路不仅使用统一的定价标准进行票价计算，还采用统一的票务支付系统，实现跨交通方式的一票通行。东京都市圈通过发行统一的IC卡来实现都市圈层面所有轨道交通的票务支付一体化。对于中国香港而言，除了对外铁路，八达通卡可用于全港范围其余所有轨道交通的票价支付。目前，我国的干线铁路和城际铁路是以中国国家铁路集团有限公司为主体进行的客票发售，城市轨道交通则以地方政府为主体进行客票发售，不同层次的轨道交通未实现票务支付的一体化。因此，建议采用区域通、地方通的策略，建立交通智能卡票务支付系统，发行区域统一、使用方便的“一卡通”，尤其在城市轨道交通和市域（郊）铁路之间推行一票通行的策略，避免多次购票的繁琐手续（谢志明和陈海伟，2016）。此外，为建设统一的票务支付系统，不同轨道交通运营方之间应共同成立轨道交通清分中心，以实现票务运营模式的调整和进行票务的清分和统计（邱忠权和何金海，2012）。轨道交通清分中心是整个自动售检票（Automatic Fare Collection System，AFC）系统管理的核心，在多条轨道交通线路、多个运营主体经营情况下，通过建立与各线路 AFC 系统和外部相关系统的标准数据接口、确定与线网相适应的清分规则、模型，用于解决各线路之间与城市“一通卡”、银联及其他相关系统之间的收益清算、交易数据的整体处理及统计分析的问题，并具备对轨道交通各线路 AFC 系统整体运营管理的功能（龚隽等，2018）。

3

多层次轨道交通融合发展的提出及融合规划内涵

国际上著名的城市群、都市圈多层次轨道交通融合发展有着相似之处，但同时也存着各自的特征。我国城市群、都市圈发展阶段和城镇化有自己的特色，因此在总结国际经验的基础上，应结合我国城市群的发展特点，提出多层次轨道交通融合发展的内涵，以供参考和借鉴。

3.1 多层次轨道交通融合发展的提出

3.1.1 概念界定

《关于培育发展现代化都市圈的指导意见》和《交通强国建设纲要》提出推进干线铁路、城际铁路、市域（郊）铁路和城市轨道交通“四网融合”发展。国家层面相继印发了《长江三角洲地区多层次轨道交通规划》和《成渝地区双城经济圈多层次轨道交通规划》。自此开启了轨道交通由以往各层次独立发展向多层次融合发展的序幕。为有效支撑空间战略，推进城镇化进程，多层次轨道交通发展的核心在于补强城际铁路和市域（郊）铁路，填补轨道交通服务空白，构建适配多维空间下，满足“链式”出行需求的轨道供给体系，其根本意义在于提供“以人为本”的便捷出行服务，实现由“段式出行”向“链式出行”转变，建设“人民满意”的交通强国。

本书谈及的多层次轨道交通主要指以客运功能为主的四个轨道交通层次，分别是干线铁路、城际铁路、市域（郊）铁路和城市轨道交通。

1）干线铁路

干线铁路是指在铁路网中起骨干、联络或辅助作用，区别于支线、专用线的铁路。其主要承担国土范围中长途旅客运输以及大宗物资运输。根据 2016 年发布的《中长期铁路网规划》，国家干线铁路网由高速铁路网和普速铁路网两部分组成。

（1）技术标准

①高速铁路

高速铁路主通道项目原则采用时速 250km 及以上标准，其中沿线人口城镇稠密、经济比较发达、连接特大城市、大城市的铁路可采用时速 350km 标准。区域性高铁连接线原则采用时速 250km 及以上标准。

②普速铁路

普速铁路一般指客货共线铁路，主通道项目原则采用时速 120km 及以上标准，高标准普速铁路干线设计速度超过 160km/h，在不同中心城市之间可采用时速 200km 标准。

（2）覆盖范围

到 2030 年，国家铁路网要连接 20 万人口以上城市、资源富集区、货物主要集散地、主要港口及口岸，基本覆盖县级以上行政区。其中，高速铁路网要连接主要城市群，基本连接省会城市和其他 50 万人口以上大中城市。

（3）投融资体制

干线铁路投融资一般由中国国家铁路集团有限公司（简称“国铁集团”）主导，国铁集团与各省及沿线地方政府共同成立项目公司，并积极吸纳社会投资者参与。

（4）经营管理

干线铁路运输组织由国铁集团统一制定全国列车运行图，统一调度指挥，统筹安排路网性运力资源配置，下属各铁路局负责具体运营、管理。如江苏省内的所有干线铁路的运输组织管理、调度指挥、车站与服务、动车组运用维护、固定基础设施维护、财务清算及综合开发等经营职能均由上海铁路局统一管理。

2）城际铁路

城际铁路是指专门服务于相邻城市间或城市群，旅客列车设计时速 200km 及以下的快速、便捷、高密度客运专线铁路。部分地区依据区域空间结构和出行特征，将城际铁路分为区域城际铁路和都市圈城际铁路，如国家发改委批复的《江苏省沿江城市群城际铁路建设规划（2019—2025 年）》。都市圈城际铁路一般服务于我国某些地区规划的都市圈范围内部，超出了国际上认定的都市圈通勤范围，但通勤圈外的城镇仍然与都市圈的中心城市经济、产业联系紧密，且城镇密度较高，同城化趋势明显，旅客出行以公务、商务、看病为主，在接近中心城区段承担通勤客流。

（1）技术标准

①区域城际铁路:《中长期铁路网规划》（2016 版）以及《城际铁路设计规范》（TB 10623—2014）要求城际铁路原则采用时速 200km 及以下标准。但随着城市群快速发展，部分地区谋划的城际铁路也有突破这一限制，采用更高的技术标准。对于城际铁路沿线人口城镇稠密、经济发达、连接大城市较多的区域城际铁路可采用时速 200km 及以上标准。

②都市圈城际铁路：速度目标值一般采用 120 ～ 200km/h，其中 160km/h 较为普遍。供电以交流供电制式为主，车辆可选择 CRH 车型，信号制式可采用列车控制（CTCS）系统。

（2）覆盖范围

《中长期铁路网规划》（2016 版）中要求城际铁路要支撑和引领新型城镇化发展，有效连接大中城市与中心城镇。如《长江三角洲城市群发展规划》（2016 年）明确提出要“构筑以铁路为主的综合交通网络”，强调提高城际铁路对 5 万以上人口城镇的覆盖。

①区域城际铁路：重点服务城市群内部中心城市间快速城际客运联系，兼顾中小城市。如在长三角地区尽可能实现对 10 ～ 20 万人口以上城市的覆盖，形成长三角城市群“2h 城际交通圈”。

②都市圈城际铁路：重点服务都市圈内中心城市与周边重要城镇，兼顾中心城市与其副中心、组团、重点镇；重点覆盖 5 ～ 10 万人口的城镇。

（3）投融资体制

①区域城际铁路：根据《国务院关于改革铁路投融资体制加快推进铁路建设的意见》（国发〔2013〕33 号），明确了铁路分类投资建设体制，全面开放城际铁路建设所有权、经营权以来，我国城际铁路建设模式发生根本性转变。目前，国铁集团一般不参股建设城际铁路（预期效益好的、路网功能性强的除外），由地方主导投资建设。

②都市圈城际铁路：由于都市圈城际铁路尚处起步阶段，建设、投融资还没有明确的模式和机制。南京都市圈已实施的宁天城际铁路、宁高城际铁路、宁和城际铁路均位于南京市域内，其投融资、建设均由南京地铁集团有限公司负责；后续跨市的都市圈城际铁路，投融资模式有待研究探索，可以考虑省铁路集团与沿线地方政府共同投资建设的模式。

（4）经营管理

当前，城际铁路已由地方主导投资建设，但具体如何运营，各地差异较大。

①区域城际铁路：考虑到运输安全要求高，又涉及与国家干线铁路网相衔接，纳入全国铁路网统一调度，因此适宜采用委托运营的模式，由铁路局进行运营管理，目前长三角、武汉城市圈、长株潭、中原城市群等地均采用委托运营模式；粤港澳大湾区目前逐步由委托铁路局运营向依托广州、深圳市自主运营转变。

②都市圈城际铁路：都市圈城际铁路基本都位于省内或跨省邻近地区，且不涉及与国铁网的衔接和跨线运输，可积极探索自建项目自主运营。可以考虑业主单位共同牵头成立统一运营管理平台。

3）市域（郊）铁路

《关于促进市域（郊）铁路发展的指导意见》（发改基础〔2017〕1173 号）提出市域（郊）铁路是城市中心城区连接周边城镇组团及其城镇组团之间的通勤化、快速度、大运量的轨道交通系统，提供城市公共交通服务，是城市综合交通体系的重要组成部分。

（1）技术标准

市域（郊）铁路设计速度宜为 100 ～ 160km/h，平均站间距原则上不小于 3km。因地制宜确定敷设方式，优先采用地面或高架。同时，《市域铁路设计规范》（T/CRSC 0101—2017）和《市域快速轨道交通设计规范》（T/CCES 2—2017）也明确要求市域（郊）铁路速度标准为 120 ～ 160km/h，站间距中心城区 1.5 ～ 3km、外围 3 ～ 8km，车辆形式包括市域 A、B、D 及市域 CRH 型，运行模式需考虑越行。

（2）覆盖范围

市域（郊）铁路主要满足城市中心城区连接周边城镇组团及其城镇组团之间通勤联系，要串联 5 万人口及以上的城镇组团和旅游景点并设站，车站尽量设置于城镇中心。

（3）投融资体制

市域（郊）铁路原则上应为城市所辖市域，其投融资主体应为市、县地方政府，但涉及改造、利用既有线的，省级主管部门可以参股。

（4）经营管理体制

依据市域（郊）铁路三种不同类型，可采用相应的管理体制机制。

①“跨市”项目：可以考虑纳入市域铁路所在的中心城市地铁运营管理平台，统一运营管理，也可以由市县政府协调自主管理。

②“市内”项目：各地地铁集团或市铁投等相关部门成立专业运营机构，自主运营，自负盈亏。拥有成熟的地铁集团的地区可采用该方式开行市域（郊）列车，按照车、机、工、电、辆等设立专业管理部门，实现各地市域（郊）铁路自主运营。

③“既有线开行市域（郊）列车”项目：利用既有铁路开行市域列车，可以由地方政府购买服务。利用既有线开行市域（郊）列车，新线项目公司负责线路资产管理，运输生产经营管理则全部委托给铁路局。

4）城市轨道交通

城市轨道交通是采用轨道结构进行承重和导向的车辆运输系统，依据城市交通总体规划的要求，设置全封闭或部分封闭的专用轨道线路，以列车或单车形式，运送相当规模客流量的公共交通方式。

（1）技术标准

城市轨道地铁（轻轨）系统通常采用80km/h速度目标值，近年来100km/h和120km/h的速度目标值也逐步被采用。线路系统制式主要为直流A、B型车辆，信号控制为列车集动控制（ATC）系统或基于通信的列车自动控制（CBTC）系统。

（2）覆盖范围

线网应衔接大型商业商务中心、行政中心、城市及对外客运枢纽、会展中心、体育中心、城市人口与就业密集区等公共服务设施和地区。

（3）投融资体制

其服务范围为市域范围内，投融资主体应为项目所在地的地方政府。

（4）经营管理体制

城市轨道交通运营管理一般由线路所在城市的轨道交通公司下属运营公司或运营部门统一运营管理，一般采用单线路追踪运输组织模式，基本没有跨线运输。

3.1.2 现实基础

当前，我国城市群多层次轨道交通整体呈现以干线铁路和城市轨道交通为主，城际铁路和市域（郊）铁路为辅的局面。随着新型城镇化战略的深度推进，城市群和都市圈成为轨道交通发展的主战场，城际铁路和市域（郊）铁路作为城市群和都市圈空间格局构建的战略支撑，是国家鼓励的发展方向。目前京津冀、长三角、粤港澳大湾区等地区正在谋划独立自主的城际铁路、市域（郊）铁路运营主体，破除当前“城际铁路干线化、市域（郊）铁路地铁化”的现实瓶颈，在城市群和都市圈实现公交化的轨道交通供给服务。

1）京津冀轨道交通层次体系

京津冀地区是中国的“首都经济圈”，地缘相接、人缘相亲，地域一体、文化一脉，历史渊源深厚、交往半径相宜，完全能够相互融合、协同发展。根据京津冀城市群旅客运输需求特征，城市群利用轨道交通方式出行的距离与时间特征大体可以分为四类模式：①城市群范围内主要城市的长距离出行（根据区域不同空间结构特点，出行距离大于300km），出行目的以商务、公务、旅游等为主，其时间目标通常要求一日往返，即以干线铁路为目标构建区域内远距离一日交流圈；②主要承担城市群内核心城市与都市圈之间、各大都市圈之间及城市群与周边地区之间的城际客流，通常距离在80～300km，以开行城际列车为主的城际铁路；③以大都市圈（区）范围内的大城市为中心，出行距离通常在50～80km范围内，出行时间在1h左右的大都市通勤圈，一般以都市圈城际铁路、市域（郊）铁路为主。④以大城市中的核心区为中心，出行距离通常在20km左右，出行目的以通勤、生活为主，出行时间在0.5～1h以内的城市核心区通勤圈。

（1）第一类：国土层次的干线铁路

其主要功能是承担城市群主要中心城市对外的长距离出行，承担与全国各大城市群及主要城市的交通联系的功能，一般出行距离在300km以上，服务区域在国土层面。京津冀主要干线铁路见图3-1及表3-1～表3-3。

京津冀地区干线铁路网发展概况表　　表3-1

序号	项目名称	线路全长（km）	区域内里程（km）
1	京沪高铁	1318	301
2	京广高铁	2118	498
3	石太高铁	232	120
4	津秦高铁	261	261
5	石济高铁	319	161
6	京沈高铁	697	290
7	京张高铁	174	174
8	呼张铁路客运专线	310	80
9	唐山—唐山北客车联络线	27	27
10	北京地下直径线	9	9
11	天津—保定铁路	158	158
12	京沪线	1463	355
13	京九线	2407	370

续上表

序号	项 目 名 称	线路全长（km）	区域内里程（km）
14	京广线	2294	479
15	丰沙大线	121	121
16	京哈线	1249	315
17	津山线	303	303
18	津霸线	78	78
19	津保线	157.8	157.8
20	石德线	181.9	170
21	京原线	419	229
22	京通线	804	356
23	京承线	256	256
24	邯长线	221.7	125
25	邯济线	231.7	82

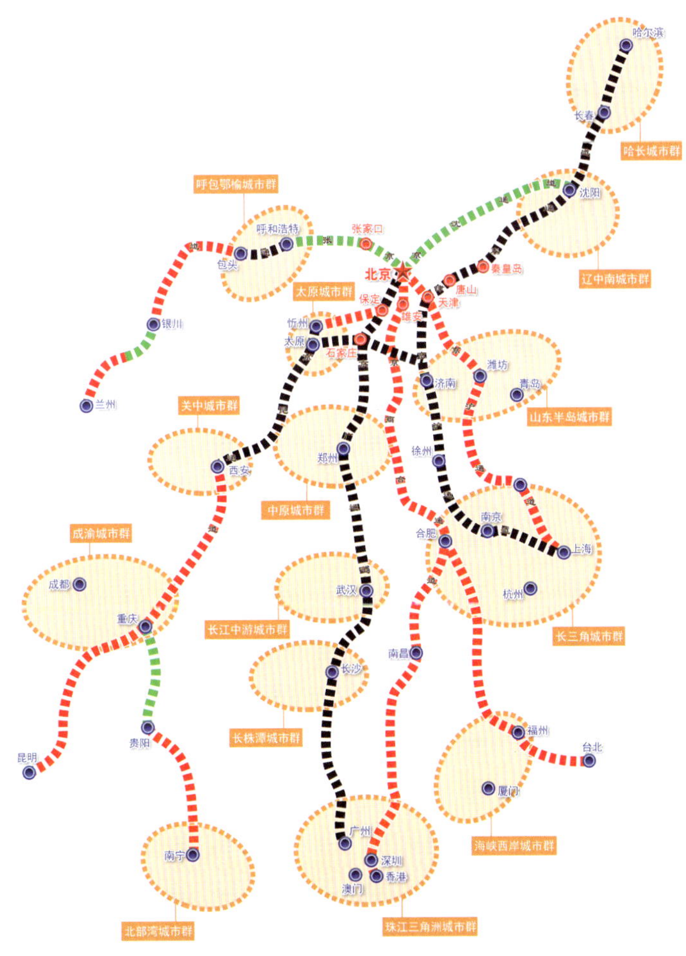

图 3-1　京津冀区域高速铁路网发展概况示意图

（2）第二类：城市群层次的区域城际铁路

其主要功能是承担城市群核心城市与大都市圈之间、各大都市圈之间及城市群与周边地区之间的高速城际客流，通常距离在 100 ～ 300km，以开行城际列车为主的城际铁路；目前京津冀地区正在运营的城际铁路主要是京津城际铁路，全长 113.54km，设计时速 350km。根据京津冀城际铁路网规划，构建四纵四横一环主骨架铁路网，具体建设项目见表 3-2。

京津冀地区城际铁路网发展概况表　　表 3-2

建设年度	序号	项 目 名 称	建设规模（km）
在建	1	京雄城际铁路	92.8
	2	京唐铁路	148
	3	京滨铁路（滨海—宝坻）	98
	4	唐山—曹妃甸铁路	92
	5	崇礼铁路	53
“十四五”建成投产	1	石雄城际铁路雄安—保定东段	60
	2	石雄城际铁路保定东—石家庄段	162
	3	天津—新机场联络线	50
	4	廊涿涞城际铁路（涞水至涿州至新机场）	81
	5	城际铁路联络线（首都机场至北京新机场）	183
	6	石衡沧港城际铁路	223
2035 年	1	环渤海城际铁路（秦皇岛—滨海新区段）	262
	2	天津—沧州城际铁路	110
	3	石家庄—邯郸城际铁路	240
	4	唐山—遵化城际铁路	47
	5	环北京城际铁路（昌平—怀柔段）	55
	6	津雄城际铁路	95
	7	京秦第二城际铁路	247
	8	环北京城际铁路（怀来—涞水段）	126
	9	邢衡城际铁路	118
	10	遵承城际铁路	112

（3）第三类：都市圈层次的都市圈城际铁路、市域（郊）铁路

主要以都市圈范围内的大城市为中心，出行距离通常在 50 ～ 80km 范围内、出行时间在 1h 左右的都市通勤圈，一般以都市圈城际铁路、市域（郊）铁路为主。目前京津冀地区已开通运营多条市域（郊）铁路，如北京 S2 线、城市副中心线、怀柔—密云线以及天津津蓟线等。

同时结合国家发改委发布的《关于促进市域（郊）铁路发展的指导意见》（发改基础〔2017〕1173号），京津冀交通一体化要求京津石等区域中心城市发展市域（郊）铁路。京津冀地区正考虑充分利用既有铁路资源，推进建设北京、天津市域（郊）铁路，同时适时启动石家庄市市域（郊）铁路规划工作，形成中心城市连接周边卫星城、新城的大容量、换乘顺畅的轨道交通系统。

（4）第四类：市区层次的城市轨道交通

其主要以城市市区为中心，出行距离在20km以内，目前京津冀地区已开通轨道交通的城市主要有北京、天津、石家庄等市，具体运营情况见表3-3。

京津冀地区城市轨道交通交通网运营情况表　　表3-3

城市	运营线路数（条）	日均客运量（万人次）	运营里程（km）	规划线路数（条）	规划总长度（km）
北京	22	1241.1	637	35	1524
天津	6	111.55	219	28	1380
石家庄	2	22.3	30.3	6	241.7

2）粤港澳大湾区轨道交通层次体系

粤港澳大湾区由香港、澳门两个特别行政区和广东省广州、深圳、珠海、佛山、惠州、东莞、中山、江门、肇庆九个珠三角城市组成，总面积5.6万km^2。粤港澳大湾区是中国开放程度最高、经济活力最强的区域之一，是世界四大湾区之一。2020年，国家发改委相继批复了《粤港澳大湾区基础设施互联互通规划》和《粤港澳大湾区城际铁路建设规划》等，提出了构建“轨道上的大湾区”。

（1）第一类：国土层次的干线铁路

粤港澳大湾区现已形成东向、北向、西北向、西向、西南等5个对外客运通道。其中东向包括厦深铁路、广梅汕铁路，连接粤东地区、海峡西岸、长三角等城市群；北向包括武广高铁、赣州至深圳、京广铁路、京九铁路，连接粤北、粤东北地区、长江中游、中原、京津冀等城市群；西北向包括贵广铁路，连接滇中、黔中、成渝等城市群；西向包括南广铁路、江湛铁路和广茂铁路，连接北部湾、滇中城市群、粤西地区、海南国际旅游岛、自由贸易试验区等。在建对外客运通道有广州至汕尾、广湛铁路等，如图3-2所示。

（2）第二类：城市群层次的区域城际铁路

其主要功能是承担城市群核心城市与大都市圈之间、各大都市圈之间及城市群与周边地区之间的高速城际客流，通常距离在100～200km，以开行城际列车为主的城际铁路。

目前粤港澳大湾区现已形成广深铁路、广珠城际、佛肇城际、莞惠、穗莞深城际等内部客运通道，连接广佛肇、深莞惠、珠中江三大都市圈。在建城际铁路有穗莞深延长线等。

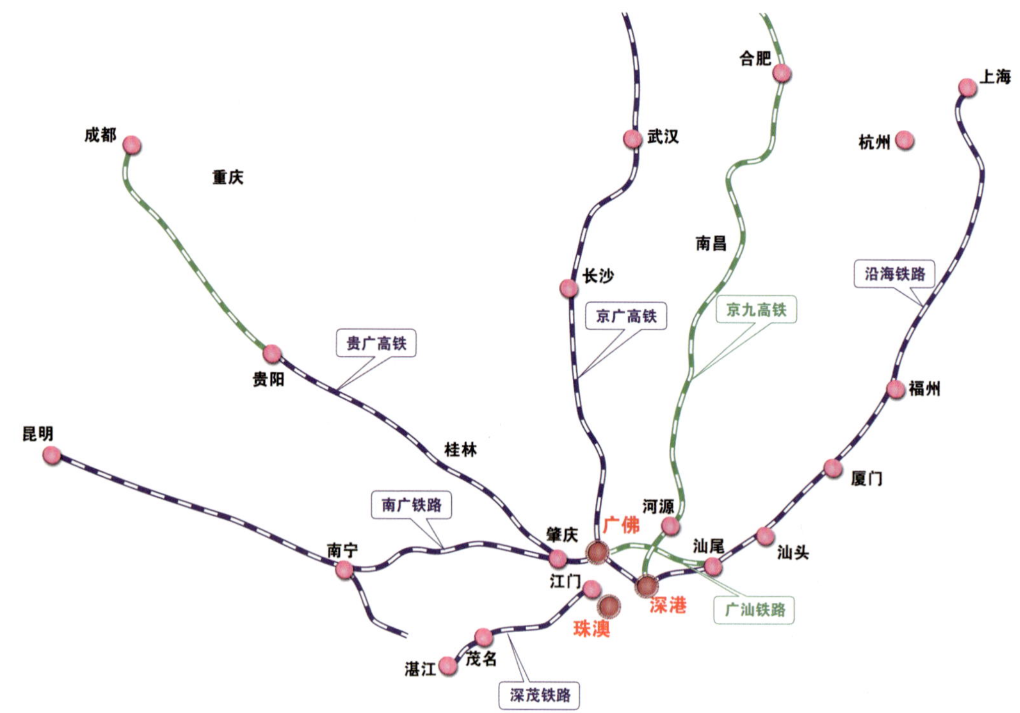

图 3-2 粤港澳大湾区对外既有及在建高铁通道示意图

（3）第三类：都市圈层次的都市圈城际铁路、市域（郊）铁路

目前粤港澳大湾区现已形成的都市圈城际铁路有广佛城际铁路（地铁），相关市域（郊）铁路规划正在编制当中。

（4）第四类：市区层次的城市轨道交通

目前粤港澳大湾区已开通轨道交通的城市主要有广州、深圳、东莞等市，具体运营情况见表 3-4。

粤港澳大湾区城市轨道交通网运营情况表　　表 3-4

城市	已运营线路数（条）	日均客运量（万人次）	运营里程（km）	规划形成线路数（条）	规划总长度(km）
广州	14	828.7	478	24	>800
深圳	8	298.66	285	20	753
东莞	1	9.8	37.8	6	307.8
佛山	1	25.8	32.16	8	193.9

3）长三角地区轨道交通层次体系

长三角地区是国际公认的世界级六大城市群之一，全球重要的先进制造业基地，亚太地区重要国际门户，中国第一大经济区。根据中共中央、国务院 2019 年印发的《长江三角洲区域一体化发展规划纲要》，长三角地区包括上海市、江苏省、浙江省、安徽省，区域面积 35.8 万 km^2。为了支撑长三角地区一体化发展，国家发改委 2021 年印发了《长江三角洲地区多层次轨道交通规划》，该规划是中铁第四勘察设计院集团有限公司（简称“铁四院”）编制的国家层面第一个多层次轨道交通规划，推动构建“轨道上的长三角”。

（1）第一类：国土层次的干线铁路

长三角地区现已形成北向、西向、西南向等 3 个对外客运通道。其中北向包括京沪铁路、京沪高铁、沿海铁路、连镇铁路、商合杭铁路、郑阜铁路等，西向包括陇海铁路、徐连高铁、宁西铁路、沪汉蓉铁路等，西南向包括合九铁路、合安九高铁、合福高铁、沪昆铁路、沪昆高铁、甬台温铁路、温福铁路等，如图 3-3 所示。

（2）第二类：城市群层次的区域城际铁路

目前长三角地区现已形成沪宁城际铁路、宁安城际铁路等内部客运通道，以及部分干线铁路，如沪杭、宁杭、合宁等承担城际客运功能，连接上海都市圈、苏锡常都市圈、南京都市圈等区域。在建城际铁路有苏南沿江城际铁路等。

（3）第三类：都市圈层次的都市圈城际铁路、市域（郊）铁路

目前长三角地区现已形成都市圈城际铁路有上海金山铁路、16 号线、17 号线，南京宁天线、宁溧线、宁高线、宁和线，杭州杭临线、杭富线、杭海线，温州 S1 线等。相关都市圈层次的轨道交通规划正在编制当中。

（4）第四类：市区层次的轨道交通

目前长三角地区已开通轨道交通的城市主要有上海、南京、杭州、合肥、宁波、苏州、无锡、常州、徐州等。

3.1.3 存在问题

我国城市群因长期受跨行政区域、跨部门等因素制约，多层次轨道交通处于“四网融合”起步阶段；各轨道交通建设和运营体制的不同使得各种轨道交通在规划、建设、运营等方面缺乏有效的协调配合，融合衔接不足，难以保障发挥整体优势和组合效率；同时，既有的单制式独立运营方式已难以适应区域内多层次轨道交通融合发展的新形势。

目前，我国城市群、都市圈多层次轨道交通融合规划尚存在一些问题亟待解决，主要体现在以下六个方面。

（1）“链式出行”需求淡化

多层次轨道交通需求预测不仅要确定特定时段单元内不同轨道交通方式分担客流量和客流方向的数据集合，而且要分析预测“链式出行”的量和特征，为多层次轨道交通节点融合、互联互通、多式联运的规划、建设提供依据和支撑，这是与以往轨道交通需求预测的最大不同点。现有的传统轨道交通需求预测理论和方法多应用于单一的轨道交通系统制式，对于城市群内的多层次轨道交通系统在适用范围、客流划分等不具有普适性。需要建立适合多样化客流出行需求的城市群、都市圈多层次轨道交通系统客流预测方法。

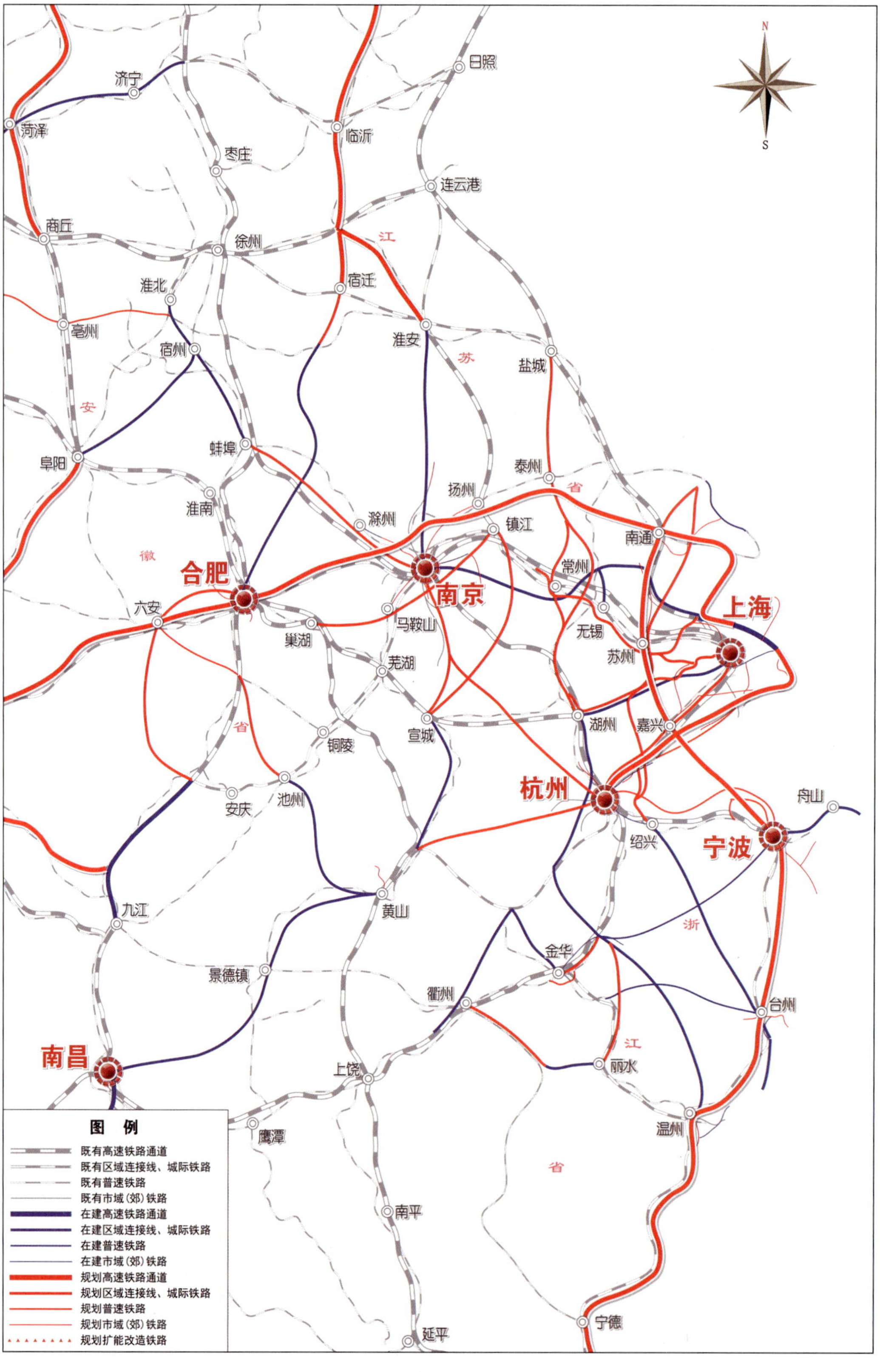
N
S
日照
济宁
菏泽
临沂
枣庄
连云港
商丘
徐州
江
宿迁
淮北
亳州
淮安
宿州
苏
盐城
安
蚌埠
阜阳
泰州
扬州
省
淮南
滁州
镇江
南通
徽
合肥
南京
常州
上海
六安
马鞍山
巢湖
无锡
苏州
芜湖
宣城
湖州
嘉兴
省
铜陵
杭州
舟山
安庆
池州
绍兴
宁波
九江
黄山
浙
金华
景德镇
衢州
台州
江
南昌
上饶
丽水
温州
鹰潭
省
南平
宁德
延平
图　例
既有高速铁路通道
既有区域连接线、城际铁路
既有普速铁路
既有市域（郊）铁路
在建高速铁路通道
在建区域连接线、城际铁路
在建普速铁路
在建市域（郊）铁路
规划高速铁路通道
规划区域连接线、城际铁路
规划普速铁路
规划市域（郊）铁路
规划扩能改造铁路

图 3-3　长三角地区多层次轨道交通“十四五”规划示意图

当前，四阶段法的应用相当普遍，但模型在多层次轨道交通出行的方式链以及个体特性等方面考虑不强。依照传统的四阶段模型的解决方式是划定各类交通方式的优先级，按照优先级高低进行排序，再进行归类划分出行方式。这就会忽略了各交通方式在整个出行活动过程中的相互作用。此类问题在过去客流预测时轨道交通线路少、交通方式单一等情况下表现并不突出。但随着我国城市群轨道交通的快速、大规模不断发展，不同制式、不同层次的轨道交通系统不断加入，势必会对预测结果造成不同的影响。

（2）功能层次不清晰

由于我国部分地区对不同轨道交通的特性和定位认识不清或存在偏差，忽略了多层次轨道交通各自的功能定位，导致了部分地区出现城际铁路“干线化”、市域（郊）铁路“地铁化”、城市地铁“市域化”的乱象。其主要原因是多层次轨道交通管理各自为政，仅从自身利益出发，造成功能与需求不匹配、重复建设等。

此外，对于城市群内部节点间而言，部分城际铁路和市域（郊）铁路的功能重复，从而使得线路之间产生客流竞争关系（程延秋，2016）。这不仅影响每条轨道交通线路的客流效益，而且造成城际客运通道内的运力浪费。城际铁路和市域（郊）铁路均是城市群内部旅客运输系统的重要组成部分，作为不同轨道交通运输系统，从自身各子系统的功能作用到各自投资规划主体均有不同。这也导致了部分市域（郊）铁路与城际铁路不仅线位会靠近，在设置站点及其辐射范围上产生交叠。随着城市群的产生以及城际铁路与市域（郊）铁路的发展，类似的交叠区间逐渐形成。在这一区间上，两种轨道交通方式存在竞争与互补的可能。然而对于这两种不同制式的轨道交通而言，各自的配车计划、开行模式、票制票价等诸多因素最终是由二者承担的客流输送任务不同所决定的。城际铁路负责城市群内部各城市间的大区客流交换，而市域（郊）铁路线主要服务于中心城区与郊区或中心城区与卫星城，承担以大城市通勤客流和卫星城与大城市中心间购物、旅游、休闲为主的短途旅客运输。当核心城市周边客流集散点处于城市间客流廊道时，部分市域（郊）铁路线位与辐射范围将有可能与城际铁路相交叠，形成交叠区间。

（3）节点融合不足

受规划理念和历史因素等影响，我国大多数区域内部的多个枢纽布局离散，各主要枢纽与城市交通的衔接以及枢纽之间的衔接缺乏大容量、快速的交通网络支撑，使得枢纽间的交通受道路交通影响较大，服务效率较低（单连龙，2012）。此外，对于单个枢纽而言，由于立体化设计理念的缺乏，我国大多数综合客运枢纽以平面布置为主，使得不同轨道交通间难以实现立体垂直的换乘，枢纽内各轨道交通衔接不畅（姜玲丽，2017）。我国大多数综合客运枢纽缺乏立体化的设计理念，仍局限在沿平面发展的浅层次的开发程度，致使地下空间的潜力未被挖掘，或地下空间彼此独立，地铁站、地下车库、地下步行街等公共设施彼此分离，以平面布置为主来组织各功能空间，衔接生硬，缺少地上、地下立体化设计。除了空间布局不合理外，枢组内部还普遍缺少一体化换乘设计，存在流线交叉严重、标识系统不完备等问题，造成了人行流线的无序以及乘客换乘和出站难。

再者，部分枢纽本体缺少一体化换乘设计，导致交通性指引不明晰，如广州南站现状客流中，铁路中转客流占到了总客流的 15.00%，但由于站房原设计方案缺少站内换乘设计，不同铁路线路之间换乘存在不便。我国部分枢纽站规划建设时间较早，其部分设计理念考虑不全，随着多层次轨道交通客流的迅猛增长，这将给交通枢纽本体、交通集疏运系统、交通衔接设施等带来巨大挑战，亟需对其进行优化提升。

（4）运营协同效率偏低

由于我国不同轨道交通的各运营管理部门及系统尚未实现有效的资源整合，且缺少协调管理机构及制度，各运营主体难以从区域全局角度出发进行有效的协同管理，导致各轨道交通在运营时间衔接和运力匹配上存在一定的脱节，继而造成换乘客流难以及时疏散，加大换乘枢纽的客流压力，与此同时给车站的运营安全带来隐患，影响车站的工作效率（张安锋和刘涛，2016）；同时不同轨道交通网络的信息系统、票务系统、安检系统等难以实现一体化，最终导致各轨道交通系统性运营效率偏低（王明志等，2018）。

信息化建设的落后同样对乘客出行带来了不便。随着信息技术的发展以及移动通信的普及，乘客对于旅客信息服务系统提出了全方位的信息获取的要求。但目前国内的旅客信息服务系统由于各线路系统相对独立、各轨道交通机电监控系统的接口较少等原因，存在着系统实现的功能较单一，各线之间的信息共享不充分等问题（翟光洲等，2008）。同时也存在着信息内容不够丰富、发布方式单一、支持的数据规范有待扩展、信息共享不充分、系统孤立等问题。

（5）站城融合方兴未艾

站城融合是基于综合交通枢纽建设新发展阶段提出的，以满足城市公共交通为导向和城市发展为出发点，将交通功能与城市功能有机融合（徐建刚，2016）。站城融合的轨道交车站能够满足轨道交通枢纽、公路枢纽、城市公交、城市功能一体化的要求，并通过交通功能与城市功能的并置推动城市的发展。

然而，目前各轨道交通网络规划部门之间在政策制定和管理细节方面沟通不畅。此外，由于编制主体、编制时间等不同，轨道交通站城一体化开发和城市规划在规划时序和内容上均缺乏协调。轨道交通站城一体化规划滞后于城市规划，导致站点的用地空间布局设计不合理和土地资源的浪费。轨道交通站点和城市规划缺乏综合开发观念，不能有效支持新型城镇化规划和开发建设，难以促进轨道交通对城市空间结构的拓展和引导。再者，由于我国城市规划采取垂直化、条块化的管理模式，交通建设、土地利用、经济发展等方面融合度不高，使得以公共交通为导向的开发理念转化为实践较为漫长。当前，我国各级政府、管理部门已经出台了一系列政策措施，推动站城融合发展，站城融合方兴未艾。

当前，随着社会经济发展改革的不断深入和全面贯彻“创新、协调、绿色、开放、共享”的新发展理念，中国进入了一个新时代。轨道交通车站也必然迎来新的升级换代，近期一批以“畅通融合、绿色温馨、经济艺术、智能便捷”为设计指导思想的大型轨道交通车站已率先启动，也被称为新时代轨道交通车站，主要特征应体现在“站城融合、交通综合、功能复合、绿色结合、智能统合”等多个方面，而站城融合是区别以往的最具标志性的特征。因此，多层次轨道交通融合规划的重点之一仍是积极推动轨道交通站城融合发展，特别是城际铁路与市域（郊）铁路，积极引导城市群大、中、小城市协调发展。

（6）体制机制有待完善

受跨行政区域、跨部门等因素的制约，我国不同类型轨道交通的规划、建设和运营管理均涉及多个部门，且缺少一个中间机构从一体化发展的角度考虑对轨道交通系统进行统筹规划和建设。此外，尽管各政府部门的工作都是为了轨道交通的一体化发展考虑，但由于考虑的立场和角度的局限性或者各自利益的牵制，往往没有做到从区域协调的角度考虑轨道交通发展，容易出现相互推诿、政出多门、职能交叉的现象（陈琦辉，2014）。再者，由于缺乏完备的一体化轨道交通规划、建设、运营法律法规体系，我国轨道交通一体化发展经常处于无法可依、无据可查的尴尬境地，易造成地区间、部门间相互推卸责任（殷凤军，2016）。

综上所述，由于用地性质、人口密度以及交通可达性的差异，城市群交通出行强度、出行方式和出行结构等特征存在较大差异。且随着城市群规模的扩大，这类特征差异不断扩大。原有单一的普通地铁系统或国铁系统已不能够满足城市群的多样化发展需要。多层次轨道交通融合发展是城镇化发展到一定阶段的产物，是综合运输体系一体化融合发展的要求，是城市群、都市圈一体化发展的支持。

3.2 多层次轨道交通融合规划内涵

3.2.1 概念内涵

在全球城镇化与经济全球化进程双重加快的时代背景下，各大城市自身的快速扩张以及带动周边城市发展已成为带有普遍意义的不可阻挡之势，城市群正式在这一背景下产生。对于我国，城市群是未来经济发展格局中最具活力和潜力的核心地区，是我国主体功能区战略中的重点和优化开发区，更是未来我国城市发展的重要方向。

在城市群综合交通体系中，虽然各种交通方式均可实现物理上的联通，但唯有高效的轨道交通能以准点、快捷、稳定的优势最有效地缩短人们出行的心理距离。因此，将城市轨道交通作为城市内部的骨干交通方式，将市域（郊）铁路作为服务于中心城区与郊区或中心城区与卫星城之间的骨干交通方式，将城际铁路作为加强城市群中心城区与周边城镇的联系，并以干线铁路客运专线作为城市群对外和中心城市之间的骨干交通方式，有利于促进不同轨道交通方式之间的资源整合和高效衔接，实现城市群综合交通运输体系的协调发展，完善城市群的经济发展基础并提升整体竞争力。城市群轨道交通系统具有网络规模大、系统层次多、制式多等特点。为实现城市群不同层次轨道交通的资源整合，以发挥轨道交通网络在城市群的整体效率，各轨道交通必须相互整合，构建满足不同需求、区域、运能、车辆制式、线路特征的以轨道交通系统为骨干的城市群轨道交通功能层次体系。因此，如何将干线铁路、城际铁路、市域（郊）铁路和城市轨道交通进行有效衔接的问题显得尤为重要。

多层次轨道交通融合发展是指在一定区域范围内原本相互独立的轨道交通系统，打破行政区划界限，建立跨区域协调机构，通过协商运作机制，制定和实施一体化的政策和措施，通过统筹规划、设计、建设和运营，协调基础设施、运输组织、管理措施、价格及土地利用等因素来实现不同轨道交通的布局规划一体化、枢纽节点设计一体化、运营管理服务一体化的过程，从而发挥各轨道的整体优势和组合效率，满足不同区域层次差异性出行需求，消除轨道交通服务区域空间空白。多层次轨道交通融合发展的基础是合理的功能层次，以功能为第一导向，通过规划、建设、运管各阶段的协同，从而构建功能互补、服务兼顾，出行衔接、互联互通，一体运营、资源共享的多层次轨道交通体系，这是城市群、都市圈交通的发展趋势。

3.2.2 功能层次

从我国城市群、都市圈的发展情况来看，逐步形成了干线铁路、城际铁路、市域（郊）铁路、城市轨道交通“四张网”的多层次轨道交通体系，正完善各个空间维度的轨道交通供给服务。各层次的技术特性见表 3-5，按空间维度划定轨道层次功能如图 3-4 所示。

城市群、都市圈轨道交通体系技术特性　　表 3-5

空间层次	分类	层次	制式	站距（km）	技术标准（km/h）	功能	线路举例
国土层次： 半径 300km 及以远	远程	高速铁路国家干线	高速铁路	50	250 ～ 350	大都市圈对外联系、过境交通	京广高铁 宁杭高铁
城市群层： 半径 50 ～ 300km	中程	城际铁路	城际铁路	10 ～ 20	160 ～ 250	城市群城际铁路、都市圈城际铁路	沪宁城际铁路 广珠城际铁路
都市圈层： 半径 30 ～ 50km	近程	市域（郊）铁路	市郊铁路、市域铁路	2 ～ 5	120 ～ 160	都市圈通勤交通	大都市区市郊铁路等
主城区： 半径 5 ～ 30km	短程 市内	城市轨道交通	地铁 轻轨	0.8 ～ 1.5	80 ～ 120	市内通勤、通学等	地铁及轻轨

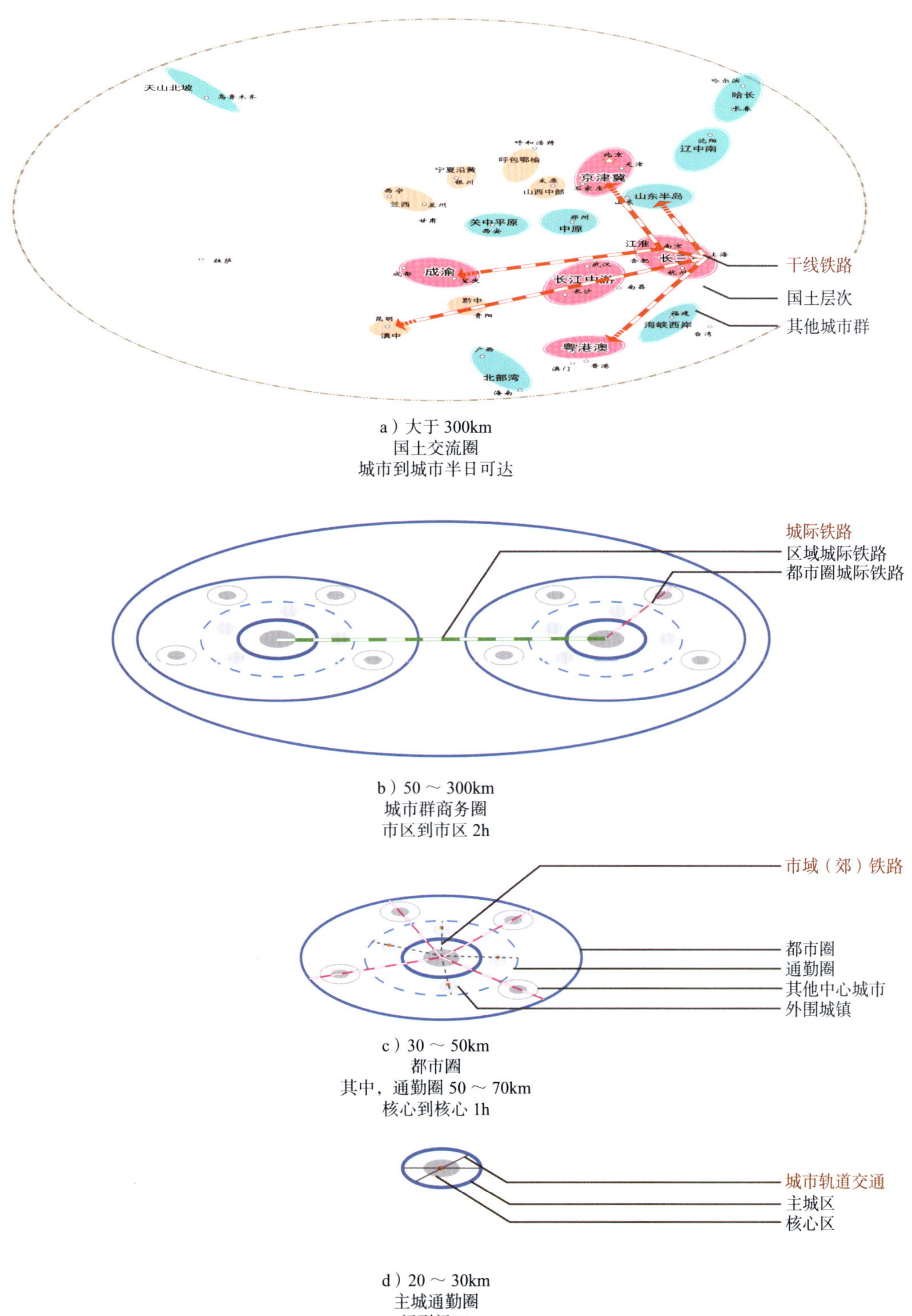

图 3-4　城市群、都市圈不同空间下轨道交通体系功能层次划分（以长三角地区为例）

干线铁路服务于全国范围内客货运输的铁路网，主要有高速铁路、普速铁路等，在全国国土空间层面解决城市群对外的中长途客货运输；城际铁路服务于城市群空间范围内城市间公务、商务、旅游等出行，在城市群空间下主要解决都市圈与城市群内其他城市之间的城际出行；市郊（域）铁路服务于大都市圈（区）外围到中心城内通勤交通，主要有市郊铁路、市域铁路等；城市轨道交通服务主城区、中心城区内部出行通勤、通学、日常生活出行，有地铁、轻轨、有轨电车等。基于功能定位，轨道交通可分为国土层面的干线铁路系统、城市群 / 都市圈层面的城际铁路系统、市域层面的市域（郊）铁路系统和城市内部的城市轨道交通系统四个层次。不同层次轨道交通的技术特性不尽相同，具体见表 3-5。

（1）干线铁路

干线铁路主要包括高速铁路、普速铁路等，服务于全国范围内客货运输的铁路网，在全国国土空间层面解决城市群对外的中长途客货运输，高速铁路速度目标值一般为 250km/h 及以上，串联重点是城市群、大城市，根据城市群的空间尺度，平均出行距离一般超过 200 ～ 300km（陶志祥，2020）。

（2）城际铁路

城际铁路包括区域城际铁路和都市圈城际铁路，服务于城市群空间范围内城市间公务、商务、旅游等出行，在城市群空间下主要解决都市圈与城市群内其他城市之间的城际出行（陶志祥，2020）。其中，区域城际铁路主要承担区域城市之间的中途出行，满足城市群 1 ～ 2h 交通圈需要，速度目标值一般为 200 ～ 250km/h；都市圈城际铁路主要承担都市圈外围与核心之间的以生活和商务公务为主的近途出行，满足都市圈 1h 商务圈交通需要，速度目标值一般为 160 ～ 200km/h，在都市圈通勤范围，一般兼有较强的通勤功能。区域城际铁路服务半径为 100 ～ 300km，都市圈城际铁路服务半径为 50 ～ 100km。

（3）市域（郊）铁路

市域（郊）铁路包括城市轨道交通系统中的快线 A 系统和市域（郊）铁路，主要承担都市圈外围与核心之间的以通勤为主的近途出行，满足都市圈 1h 通勤圈交通需要，速度目标值一般为 120 ～ 160km/h，服务半径为 30 ～ 50km。

（4）城市轨道交通

城市轨道交通包括地铁、轻轨、有轨电车等，服务于主城区、中心城区内部出行通勤、通学、日常生活出行，满足中心城区内 1h 通勤圈，速度目标值一般为 80 ～ 100km/h，服务半径为 5 ～ 30km。

3.2.3 规划内涵

多层次轨道交通规划、融合的根本意义在于提供“以人为本”的便捷出行服务，使人的出行由“段式出行”向“链式出行”转变，满足城市群、都市圈“高频次、高时间价值”的出行需求，推动设施布局一张网、枢纽衔接零换乘、运营服务品质优“轨道上的城市群”建设。

因此，多层次轨道交通融合规划的本质内涵是以多层次需求为基础，以功能为导向，实现多层次轨道交通功能：定位精准、网络层次清晰、规划布局合理、衔接一体高效、服务畅通融合。

（1）定位精准

干线铁路、城际铁路、市域（郊）铁路、城市轨道交通有各自的功能定位、服务范围、服务对象、技术特性，因此多层次轨道交通规划的基础是要功能定位精准，避免出现城际铁路“干线化”、市域（郊）铁路“城际化”、城市轨道交通“市域化”的乱象，为发挥各多层次轨道交通的比较优势、提升多层次轨道交通的组合效率奠定基础，为城市群、都市圈高质量、一体化发展提供支撑。

（2）网络层次清晰

在功能定位精准的基础上，结合本区域的空间、需求特征，确定区域内轨道交通层次体系。国际上成熟的城市群和都市圈基本上构建了国家铁路、城际铁路、市域铁路、城市轨道交通四个层次的网络体系，但我国的城市群、都市圈发展阶段、出行特征与国际上有所差异，因此需要根据城市群发展阶段确定网络层次，部分区域可能是四个层次的网络，其他区域可能存在三个层次的网络、甚至两个层次的网络，在各层次轨道交通功能定位精准的基础上，可以根据城市群发展阶段和需求特征统筹考虑上下网络之间的功能兼顾。

（3）规划布局合理

以功能定位为导向，以所确定的网络层次体系为基础，合理布局各层次网络，或者优化布局已有规划的各层次网络。各层次网络布局要以其所服务的空间特征、需求特征、交通特征为研究要素，充分考虑区域国土空间规划、城镇体系规划、产业布局、出行特征等因此，合理规划布局网络，然后从“一张网”的视角，优化布局整个网络布局，确定多层次网络布局科学、合理，符合区域特点和出行特征。

（4）衔接一体高效

以需求为导向，各层次网络内部及各层次网络之间要做好衔接规划，实现便捷高效出行；不同功能的节点要按照其定位，做好整体规划布局、无缝衔接、高效换乘或互联互通；为网络层次实现无缝衔接、换乘、跨线运营提供规划方案，为提供“以人为本”的出行服务提供支撑。

（5）服务畅通融合

在物理网络实现“硬联通”的基础上，要适应未来人的出行由“段式出行”向“链式出行”转变，坚持从乘客的角度出发，以减少乘客换乘次数和缩短出行时间为目标，实现运营服务层面的融合畅通，提供区域一体化服务的管理、技术、信息化、运输组织等综合解决方案。

3.2.4 融合内涵

多层次轨道交通融合发展的实现需在借鉴国内外典型城市群轨道交通系统发展历程和成熟经验的基础上，按照城市群不同区域层次内经济和交通发展的多样化需求，确定轨道交通系统的功能定位，选择相适应的轨道交通系统制式，确定各层次轨道交通的发展模式和层次关系。轨道交通一体化发展能够有效地整合轨道交通资源，顺应各轨道交通运输方式从分散、独立发展向一体化发展转变的趋势，构建各轨道交通相互融合、功能互补、互联互通、便捷换乘、资源共享的综合轨道交通运输体系。下面从功能融合、网络融合、通道融合、枢纽融合、服务融合、资源共享、站城融合和体制机制 8 个方面出发，研究轨道交通一体化融合发展的内涵。

（1）功能融合

多层次轨道交通各自均有较为明确的功能分工、服务范围、服务对象、供给属性，但城市群、都市圈构建多层次轨道交通要与其发展阶段、发展特征相匹配，且城市群内部不同区域也存在城镇化水平、出行需求特征、产业布局等方面的差异，因此其对轨道交通的层次供给需求也存在差异，这要求多层次轨道交通上下层次之间可以功能互补，服务兼容。比如在长三角地区干线铁路可以兼顾城际功能，都市圈城际铁路可以兼顾市域功能等。因此，城市群应根据其发展阶段和特征构建合适的多层次轨道交通网络。

（2）网络融合

网络融合规划是从综合一体化的角度，以功能层次为基础，对现有各层次的网络规划进行再优化，从“一张网”的角度统筹考虑各层次网络的组合供给，减少不同线网的功能定位重叠和重复建设，优化网络布局。如市域（郊）铁路穿心线，进入主城区会引起城区线网的优化调整；城际铁路网进入城市核心区，会引起共廊道的市域铁路布局优化；国铁干线新线引入城市，若新增客站，会引起城市轨道交通网、市域（郊）铁路网及城际铁路网等布局优化调整。因此，网络一体化的核心理念即是以需求和功能为原则，审视现有及规划网络，促进网络一体化布局。

值得注意的是，在网络融合视角下，并不是所有地区均存在四张网。比如常州 50km 辐射半径已广泛融入区域发展格局之中，市域的金坛区、溧阳市属于南京都市圈范围，结合国家战略对基础设施互联互通、打通城际通道断头路、轨道交通网络化等方面的要求，常州应充分发挥南京都市圈和苏锡常都市圈“双圈”联动战略支点的区域优势，统筹考虑城际铁路和都市圈市域（郊）铁路，同一张网复合双重功能，提高客流效益，减轻财务压力，充分融入区域发展，因此在研究常州多层次轨道交通网络时，提出“干线铁路—城际、市域（郊）铁路融合网—城市轨道交通”三个层次。

（3）通道融合

多层次轨道交通通道融合规划的重点是研究各通道上多条轨道交通线路功能层次是否清晰、布局是否科学、建设时机是否协调。我国现有跨域、跨网的轨道交通通道没有实现一体化规划和建设，尤其是缺乏对市域（郊）铁路的关注。市域（郊）铁路应优先考虑利用既有铁路资源，具备富余能力的条件下，利用线路富余能力开行市域（郊）列车，或者通过对既有线路和客运站进行适应性改扩建（高明明，2018）。但是，对于既有轨道交通未覆盖或能力不存在富余的区域，尤其是远郊地区的市域（郊）铁路网络的优化应考虑有序地修建新的市域（郊）铁路线路，并使之与既有铁路网络连通，从而扩大市域（郊）铁路服务范围。此外，对于线位存在明显交叠区间的城际铁路和市域（郊）铁路而言，在保证满足实际需求的前提下，建议利用城际铁路富余运能兼顾市域出行客流，以避免部分城际客运通道内市域（郊）轨道交通线路的冗余修建。最后，我国高速铁路建设尚未成网，与已建成高速铁路并行的既有线路能力虽有所缓解，但客货共线运输的基本模式并没有根本改变。对此，我国铁路客货分线运输组织模式应在借鉴国外经验的基础上，根据高速铁路的成网建设情况，即多线铁路的修建情况来推动客货分离运输的阶段性成果，以提高干线通道的运输能力。

（4）枢纽融合

枢纽融合体现在整体布局合理、衔接顺畅高效、服务以人为本，通过合理的衔接模式，才能真正引领城市群经济发展、提高出行时效。从国外典型城市群轨道交通一体化发展经验来看，由于轨道交通间衔接模式不当而造成的乘客出行舒适性降低、客流损失、运营成本增加等问题均有发生。国内城市群轨道交通发展尚处于起步阶段，对各层次轨道交通节点衔接模式研究多停留在概念构想及定性分析阶段，导致我国大多数区域内部的多个枢纽布局离散，未形成区域轨道交通枢纽体系。不仅如此，枢纽内各种类型轨道交通衔接不畅，导致协同运营配合效率低下。因此，针对多枢纽布局离散的情况，我国应建设和完善主要客运枢纽间的快速联系通道，以增强枢纽间的交通连接能力，便捷枢纽之间的乘客换乘（单连龙，2012）。此外，为了实现各层次轨道交通在枢纽点的良好衔接，针对规划未建的、已建和在建的、分期建设的轨道交通枢纽应采用“统一规划、远近结合、分期实施、逐步完善”的做法，以实现其立体化布局（单连龙，2012）。即多种客流的集散与换乘由平面转为立体式，建筑空间在垂直方向发展，站棚空间和室内换乘空间均发生了相应的变化。轨道交通枢纽综合体将进站广厅、通道、候车室、检票口合并，统一在一个开敞通透的立体化竖向复合性大空间内，从而有效地简化乘客流线（吴越，2012）。最后，在枢纽内部应通过集约化其换乘空间组织和配备清晰、连续的标识系统，来实现乘客换乘和集散的良好空间指引，提高乘客的换乘效率（谢志明和陈海伟，2016）。

（5）服务融合

我国不同轨道交通难以实现协同运营的首要原因在于我国不同轨道交通的运营主体多元化，且缺少统一的部门从整个区域轨道交通运营一体化发展角度出发，对网络进行统一管理。由于不同轨道交通运营相互独立，各轨道交通难以实现运营信息共享以及各轨道交通的列车运行组织模式存在较大差异。因此，轨道交通运营一体化必须坚持从乘客的角度出发，以减少乘客换乘次数和缩短出行时间为目标，通过签订共同经营协议或建立统一管理机构，为实现轨道交通运营一体化提供保障。此外，不同轨道交通网络信息实时共享是实现不同轨道交通网络统筹调度和应急指挥的先决条件，是提高乘客出行效率，减少乘客出行链时空消耗，提高乘客满意度的关键因素（王明志等，2018）。因此，在加强各级管理部门相互协调的基础上，为实现运营信息的充分共享，不同轨道交通网络间需建立运营信息共享平台，即通过集中服务平台、消息平台、文件传输平台让各子信息系统间的数据相互融合，实现不同轨道交通运营信息的网络化和协同化（孙有才，2015）。再者，要实现不同轨道交通间的互联互通，就需要协调组织各轨道交通方式。调度指挥是列车运行安全和协调运营的前提和保障。不同轨道交通应考虑设置集中调度指挥中心，通过整合、共享相关运营资源，从而协调各轨道交通的列车运行计划编制、停站方案、跨线列车调度工作，保障各轨道交通列车的运行安全、到发站时刻的良好衔接和运力的合理匹配，提高整体运营效率和综合调度指挥能力（江南，2012）。

（6）资源共享

各轨道交通系统资源共享研究的目的在于降低或节约轨道交通社会成本，提高轨道交通系统运营效益，为综合轨道交通融合发展提供基础保障（宋元胜等，2018）。资源共享的关键在于要在规划阶段对资源共享方案进行充分的研究与论证，从城市规划与土地利用等角度确保轨道交通空间规划方案具有较强的可操作性。此外，在设计与建设阶段应强化规划成果的指导作用，将站内和站外的轨道交通车辆及其检修设施设备的共享作为整个规划方案的要点来控制。最后，在运营管理阶段要树立效率意识，加强轨道交通发展服务及管理信息资源的共享，并做好应急资源的共享，以应对不时之需。推进轨道交通的资源共享与综合利用有利于实现轨道交通资源利用和建设运营管理的集约性，保证轨道交通技术人才和管理人才的专业性。

（7）站城融合

多层次轨道交通规划设计与城市规划相融合的实现应首先明确不同轨道交通网络车站的综合功能定位，继而做好不同轨道交通网络的站点规划与城市用地格局相结合以及轨道交通站点之间的沿线土地规划，与此同时提高不同轨道交通网络站点主体建筑及周边区域规划的立体化和功能复合化，做到与城市规划相融合、与城市机能相衔接，实现真正的站城融合，充分挖掘轨道交通资源的最大效益。此外，轨道交通一体化建设运营与城市运转相融合的实现应通过加强政府部门与轨道交通建设及运营企业的合作进行土地联合开发，并考虑进出站乘客在站内外综合环境中每个环节可能的服务需求，优化其在不同空间位置的服务链条，实现换乘空间组织集约化和功能复合化，使乘客出行顺畅和方便，与此同时构建综合开发及后续运营不同轨道交通网络利益主体的利益清分机制，使各方形成充分的合力。

（8）体制机制融合

我国轨道交通管理体制改革应从转变政府管理职能着手。中央政府主要从国家层面制定轨道交通一体化发展战略。地方政府在轨道交通项目管理方面的自主权应被逐步扩大，并通过一套权责分明的轨道交通协同运行机制，明确各地方轨道交通部门自身职责（王耀飞，2017）。另外，我国轨道交通投融资模式需要在政府的引导和组织下，由目前“政府主导、市场化运作”的模式向“投资主体多元化的市场运作”模式过渡，通过完善多元化融资渠道，统筹使用轨道交通一体化发展资金，提高政府资金的使用效率。再者，我国轨道交通立法应在国家及区域层面针对轨道交通一体化规划、建设、运营管理等各个阶段分别制定相应的法律法规，使得轨道交通一体化发展过程中的各个阶段有法可依、有据可查，避免出现地区之间、部门之间相互推卸责任等现象，与此同时通过司法解释明确法律规范，填补法律漏洞（马祥军，2009）。最后，轨道交通外部效益分配可以客流量为依据实现轨道交通站点周边土地开发收益按照合理的比例分配给轨道交通企业，实现土地利用和交通运转的良性循环，从而同时满足轨道交通的公益性特征和社会资本的逐利性需求（林晓言和王慧云，2015）。与此同时，实施绩效考核机制，即通过定期检查、随机抽查等方式对各轨道交通企业的服务质量进行考核，并将绩效考核结果与各企业享受的相关优惠政策资格、企业职工的工资增长、企业职工的职务晋升等直接挂钩，使职工切身利益与企业经营效益挂起钩来，通过差别化的、激励性的考核奖惩手段充分调动各方的积极性和主动性（牛凡，2015）。

3.3 本章总结

多层次轨道交通是在城市群、都市圈新型城镇化战略背景下，为有效填补轨道服务空间空白，完善城际铁路和市域（郊）铁路，构建适配多维空间出行需求的轨道供给体系而提出，主要包括以客运功能为主的四个功能层次，分别是干线铁路、城际铁路、市域（郊）铁路和城市轨道交通。

多层次轨道交通融合发展的根本意义在于提供“以人为本”的便捷出行服务，使人的出行由“段式出行”向“链式出行”转变，以适应城市群、都市圈“高频次、高时间价值”的出行，建立“安全、便捷、高效、绿色、经济”的现代化轨道交通体系。

本章以满足乘客出行需要为研究目标，按一体化的主线，结合我国轨道交通一体化发展的现状，在参照国外轨道交通一体化案例及发展经验的基础上，提出功能融合、网络融合、通道融合、枢纽融合、服务融合、资源共享、站城融合和体制机制融合八个方面的融合规划方向，为城市群、都市圈开展多层次轨道交通融合规划提供指导和借鉴。

4

多层次轨道交通融合规划技术体系

多层次轨道交通融合规划的重点是推动干线铁路、城际铁路、市域（郊）铁路、城市轨道交通由各自独立规划向“一张蓝图”规划转变，因此，多层次轨道交通融合规划技术就显得尤为重要。本章结合多层次轨道交通规划的定位、特点，提出了理论基础、规划理念、规划原则及成套规划技术，可为工程技术人员提供参考。

4.1 规划定位

4.1.1 研究对象

本书的研究对象为干线铁路（高速铁路、普速铁路）、城际铁路（含都市圈城际铁路）、市域（郊）铁路（含利用既有线）、城市轨道交通四个层次；研究的重点为“融合”规划，推动多层次轨道交通独立规划向“一张图”规划转变；规划的目的是以多层次需求为基础，以功能为导向，实现多层次轨道交通功能定位精准、网络层次清晰、规划布局合理、衔接一体高效、服务畅通融合。

从目前我国城市群、都市圈的发展阶段看，多数地区已有相对独立的各层次网络布局规划，但在“融合”规划方面存在较多问题，因此要从“一张蓝图”的角度重新审视规划布局、枢纽衔接，为实现“服务畅通融合”奠定基础。

4.1.2 范围年限

多层次轨道交通是城镇化发展到一定阶段的产物，因此对多层次轨道交通有需求，且要求一体化发展的区域，多为城市群和都市圈。城市群、都市圈开展多层次轨道交通规划，要与其发展阶段相吻合，与多层次出行需求特征相匹配，不能盲目地跟随和发展。其具体规划范围应以国家或政府部门批复的城市群和都市圈的范围为基础，并做好与邻近地区的衔接和协调。

规划年限一般考虑近、远结合，近期一般为 5 年，远期一般为 10 年。此外，规划年限的具体制定，还需要与国家或政府部门批复的城市群、都市圈发展规划、国土空间总体规划所确定的年限相衔接。

4.1.3 规划定位

随着我国新型城镇化快速推进，我国的城市群、都市圈不断发育壮大，区域空间结构呈现出多层次空间维度，同时大、中、小城镇协调发展、城市分工协作向更高水平发展，必然出现多层次出行需求，多维空间、多层次出行需求，对于轨道交通的供给要求也表现出多层次特征。因此，城市群轨道交通规划从早期关注干线铁路、城市轨道交通，逐步向更加关注城际铁路、市域（郊）铁路规划转变，而且城市群高质量、一体化发展，也要求多层次轨道交通向一体化融合发展。国家主管部门也逐步认识到多层次轨道交通融合发展的重要战略意义，相继出台了一系列政策，推进干线铁路、城际铁路、市域（郊）铁路、城市轨道交通融合发展。从国家发布《长江三角洲地区多层次轨道交通规划》及逐步引导各地方政府编制都市圈多层次轨道交通规划的实际意义看，多层次轨道交通规划的定位已从早期各地区自主编制的规划研究，逐步上升为上位规划，作为城市群、都市圈轨道交通发展的法定规划。

因此，开展多层次轨道交通融合规划，既可以作为规划专题研究，也可以作为由国家主管部门批复的法定规划。若定位为法定规划之一，要求加强规划的指导和约束，准确把握不同层次轨道交通的功能定位，严格按照相关技术标准合理确定规划建设方案。

4.1.4 规划衔接

多层次轨道交通规划是国土空间总体规划、综合交通体系规划的重要组成部分，需要做好规划衔接和规划互动、反馈，具体体现在：①多层次轨道交通规划中涉及的干线铁路，包括高速铁路和普速铁路，一般属于国家中长期铁路网规划和铁路五年发展规划中的项目，多层次轨道交通规划一般要做好衔接和继承，并可根据区域发展战略和需求，提出优化、补充建议。②城际铁路网和市域铁路网规划重点以城市群、都市圈空间结合、出行需求特征、综合交通体系等为基础做好规划布局，同时考虑各层次之间的功能互补和兼顾，在规划布局时充分尊重地方政府的战略意图和设想，做好衔接和论证研究。③城市轨道交通网重点做好规划衔接，并从“四网融合”的视角，提出优化建议。

4.2 理论基础

本书作者基于多年从事多层次轨道交通规划研究与实践工作，逐步总结提炼出多层次轨道交通融合规划的理论基础，以“空间、需求、供给”为理论依据，提出了多维空间、多层次需求、需要多层次轨道供给；分析不同的空间维度（城市群之间、城市群内、都市圈间、都市圈内等）的空间特征，衍生不同层次的出行需求特征，要求供给不同功能、标准、服务特征的轨道交通系统，清晰区域空间的网络层次体系、功能层次、建设标准的支撑要素，从而构建“层次清晰、布局合理、衔接高效、一体服务”的多层次轨道交通网络。

4.2.1 多维度“空间”

城市群、都市圈在不断发育的过程中，会形成不同空间尺度下的空间结构与空间功能，支撑其发展所需要的轨道交通系统也是不同的，如图 4-1 所示。

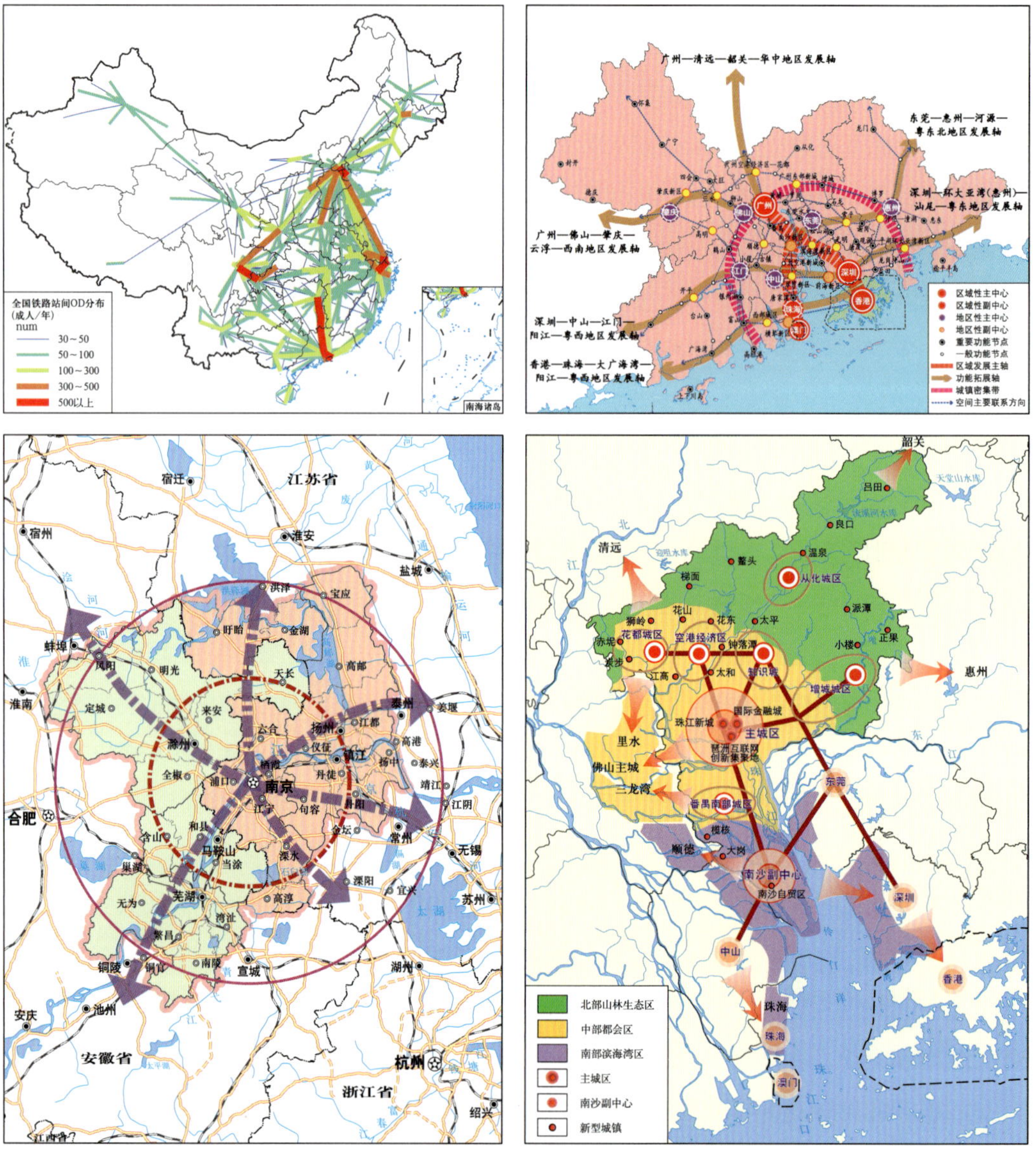

图 4-1 “多维度”空间示意图

（1）在国土空间视角下，城市群、都市圈应发挥其“极”、国家中心城市或大城市引领功能，构建城市群、都市圈与其他城市群的对外交流圈。

（2）在城市群空间视角下，城市群内的中心城市、都市圈应发挥其辐射带动功能，构建都市圈间、中心城市间、中心城市与重要城镇间的城际交通圈，或都市圈内中心城市与远郊城镇间的城际交通圈。

（3）在都市圈通勤圈层空间视角下，都市圈应发挥其中心城市至外围城镇组团的同城化功能，构建都市圈市域〈郊〉通勤圈。

（4）在都市圈主城区或中心城区通勤圈层空间视角下，都市圈应发挥其主城区的交通功能，构建主城通勤交通圈。

4.2.2 多层次“需求”

城市群、都市圈发展到一定阶段，城市群内的城市分工协作进一步加强，城市群的出行需求呈现出多层次性，由之前以对外出行为主的低频次、长距离出行，向城市群内的“高频次、中短距离、高时间价值”出行转变，在不同的空间维度表现为不同层次的出行特征。

（1）在国土空间视角下的对外交流圈，出行需求为城市群到其他城市群、经济区之间的中长距离出行，客流以商务、公务客流为主，要求提供城市到城市的服务，出行时间目标为相邻城市群核心城市间 3 ～ 4h。

（2）在城市群空间视角下的城际交流圈，出行需求表现为城市群内中心城市间、都市圈之间、都市圈中心至远郊城镇间以商务、公务、生活为主的交流，要求提供市区到市区的出行服务，出行时间目标为区域内 1 ～ 2h。

（3）都市圈通勤圈层，中心城区至外围组团或同城化趋势明显的城镇之间，以通勤圈、生活、商务、公务客流为主，要求提供片区到片区的出行服务，出行时间目标为都市圈范围内 1h。

（4）都市圈中心城区内通勤圈层，出行需求为主城区内的通勤、通学客流，要求提供门到门的出行服务，出行时间目标为 0.5 ～ 1h。

4.2.3 多层次“供给”

依据城市群、都市圈“空间”“需求”特征，其对于轨道交通供给服务功能的需求是不一样的。

（1）全国国土空间下，为满足 3 ～ 4h 交流圈出行需求，要求提供速度在 250km/h 以上的高速铁路服务。

（2）城市群空间下，为满足 1 ～ 2h 城际交流圈出行需求，需要提供速度为 160 ～ 250km/h 的城际铁路服务。

（3）都市圈中心至外围的通勤圈空间下，满足 1h 通勤圈出行要求，需要提供速度为 120 ～ 160km/h 的市域（郊）铁路服务。

（4）都市圈主城区通勤圈层，需要提供速度为 80 ～ 120km/h 的城市轨道交通服务。

4.3 规划理念

以“空间、需求、供给”为理论依据，提出基于多维空间、多层次需求，研究多层次轨道供给，支撑构建“层次清晰、布局合理、衔接高效、一体服务”的多层次轨道交通网络。

1）以空间定层次

我国新型城镇化规划拟定了19个城市群和27个都市圈的发展格局，但各城市群、都市圈的发展阶段不一致，发育水平有差异。虽然城市群、都市圈的发展需要四个层次的轨道交通支撑，但在确定网络层次时，需要结合其发展阶段、空间结构来确定网络层次。比如长三角地区发展不均衡，以上海、杭州、南京等为核心的区域，城镇化水平高，城镇空间结构清晰，需要四个层次的网络支撑，而苏北、浙西南、皖北等地区发展相对滞后，可能不需要四个层次网络，而需要考虑网络层次之间的功能兼顾。因此，开展多层次轨道交通规划，不能人云亦云，一定要结合城市群、都市圈的发展阶段来谋划轨道交通的供给层次。

2）以需求布网络

以空间层次为基础，合理确定区域的轨道交通网络层次体系，结合区域多层次需求分析，以需求为导向，紧密结合空间结构、交通走廊、产业布局等特征，以“点”“线”“面”为分析基础，合理布设各层次概念网络，已经有规划基础的网络，可结合需求分析提出优化布局，最后，从一张网的角度再审视布局的合理性。

3）以功能谋供给

干线铁路、城际铁路、市域（郊）铁路、城市轨道交通有各自的功能定位、服务范围、服务对象、技术特性，在结合需求布局网络的基础上，结合各层次轨道交通的功能定位，合理研究适合各层次网络的供给特性、标准，避免网络布局出现城际铁路“干线化”、市域铁路“城际化”、城市地铁“市域化”的乱象，做到以功能为第一导向，发挥各多层次轨道交通的比较、组合优势，提升多层次轨道交通的组合效率。

4）以服务促融合

“以人为本”是交通规划、建设的出发点，适应城市群一体化建设带来的出行由“段式出行”向“链式出行”转变，实现运营服务层面的融合畅通，各层次网络内部及各层次网络之间要做好衔接规划，为网络层次实现无缝衔接、换乘、跨线运营提供基础，我们称物理网络的互联互通为“硬联通”，在物理网络实现“硬联通”的基础上，要提出区域一体化服务的运营管理、多式联运、安检互信、信息共享、一体化运输的综合解决方案，我们称之为“软联通”。

4.4 规划原则

1）与发展阶段相适应

不同城市群都市圈发展阶段不同，人口规模、经济体量、城镇化水平等有差别，对城际铁路、市域（郊）铁路的发展诉求也有差别。规划布局中，应结合发展阶段，合理确定城际铁路、市域（郊）铁路发展导向。

2）与空间规划相结合

一是网络形态与空间结构相结合。在城市群城际铁路布局中，对于“单中心”城市群，采用“中心放射式”网络形态；对于“双中心”城市群，采用“主轴＋放射式”网络形态；对于“多中心”城市群，采用“主轴（环）+放射式”网络形态。在都市圈市域（郊）铁路布局中，对于“中心＋组团”都市圈，采用“环＋放射”网络形态，构建串联核心功能区的市域（郊）环形线路；对于带状分布都市圈，采用“贯通＋放射”网络形态，打造贯通主要功能区的贯穿式线路。

二是线路布设与空间轴线、廊道相结合。城际铁路沿城市群主要空间轴线（规划的城镇带、经济带、产业带等）布设，支撑城市群空间结构的构建、优化与调整；市域（郊）铁路沿都市圈中心城区与外围组团之间的通勤走廊布设，支撑都市圈功能布局优化。

三是车站布局与用地规划相结合。按站城人融合发展的理念，最大限度地向车站及周边集聚城市居民和人流。对于新建线路，车站应布局在居住、商业用地的毗邻地区，推动车站功能与城市功能的深度融合；对于利用既有线路，应适当增加站点、并配套调整线路沿线用地规划，为站城人融合发展创造条件。

3）与功能定位相匹配

城际铁路、市域（郊）铁路要按照功能定位，与高速铁路、城市轨道交通实现互补式发展。在规划布局时，城际铁路在高速铁路覆盖50万人口以上城镇的基础上，要尽量覆盖10万人口以上和20万人口以上城镇；市域（郊）铁路在城市轨道服务都市圈中心城市的基础上，重点实现对5万人及以上的外围城镇组团和重要工业园区、旅游景点的覆盖。

4）与路网资源相统筹

一是充分利用既有线路富余能力。在城市群，要充分利用干线铁路尤其是高速铁路富余能力发展城际铁路，对于出行需求达到一定规模且干线铁路又有一定富余能力的廊道，可通过开行城际列车服务城际出行需求；在都市圈，要充分利用普速铁路、城际铁路发展市域（郊）铁路，以利用普速铁路为主体、以利用城际铁路为辅助。

二是优先利用既有铁路廊道资源。对于新建线路而言，要优先考虑利用既有铁路廊道资源，充分挖掘入城通道潜力、打造生态复式廊道，推动站城人开发、打造城市微中心、缝合城市，实现集约化、高质量发展。

5）与综合交通相融合

在线网规划的基础上，布局国家级（以服务城市群对外交通为主导的大型综合交通枢纽）、区域级（以服务城市群内主要节点之间客流交换为主的综合交通枢纽）、城市级（主要服务于都市圈内部联系）三级枢纽节点，通过枢纽节点融合多层次轨道交通网络。同时以枢纽节点为主体，加强与道路、航空、水运等其他交通方式的衔接。

4.5 技术框架

1）技术路线

（1）战略引领，科学规划。积极融入国家战略，综合轨道交通体系布局统筹考虑“空间、需求、供给”三要素的结合，统筹协调区域、城市的发展，科学规划城市群、都市圈综合轨道交通体系融合发展，促进产业升级和新型城镇化，引领区域高质量发展。

（2）需求导向，合理规划。以人口分布为基础，依托城市和产业，把握客运需求，合理划分综合轨道交通体系功能层次及服务范围，优化布局轨道交通客运网络；科学确定路网规模，持续提升轨道交通覆盖水平，促进轨道交通体系高质量转变。

（3）问题指引，精准规划。深入分析城市群、都市圈综合轨道交通体系在促进城市高质量发展存在的问题，从多层次轨道交通体系着手，创新发展思路，规划各个层次轨道交通的网络化衔接，注重提升综合交通网互联互通水平。

（4）体系融合，整体规划。主动承接新时代使命，按照国家战略要求，构建“层次清晰、分工科学、布局合理、衔接高效”的综合轨道交通体系，充分结合客流出行需求，从战略发展、空间规划、土地利用、产业布局等方面，协调城市群都市圈规划各层次轨道交通网络，统筹通道内规划项目安排，优化布局枢纽节点，使各网在轨道交通体系中充分发挥各自功能优势，提供高效便捷出行服务，合理配置城市资源，将城市群、综合轨道交通网络发展水平、资源利用提升到新的层次。技术路线如图 4-2 所示。

2）规划基础

城市群、都市圈是我国新型城镇化的空间主体形态，是多层次轨道交通融合发展的空间载体。因此，深刻认识城市群都市圈发展阶段，空间、产业、人口、出行等特征，深度刻画城市群都市圈发展特征，是进行多层次轨道交通融合规划实践的首要基础。

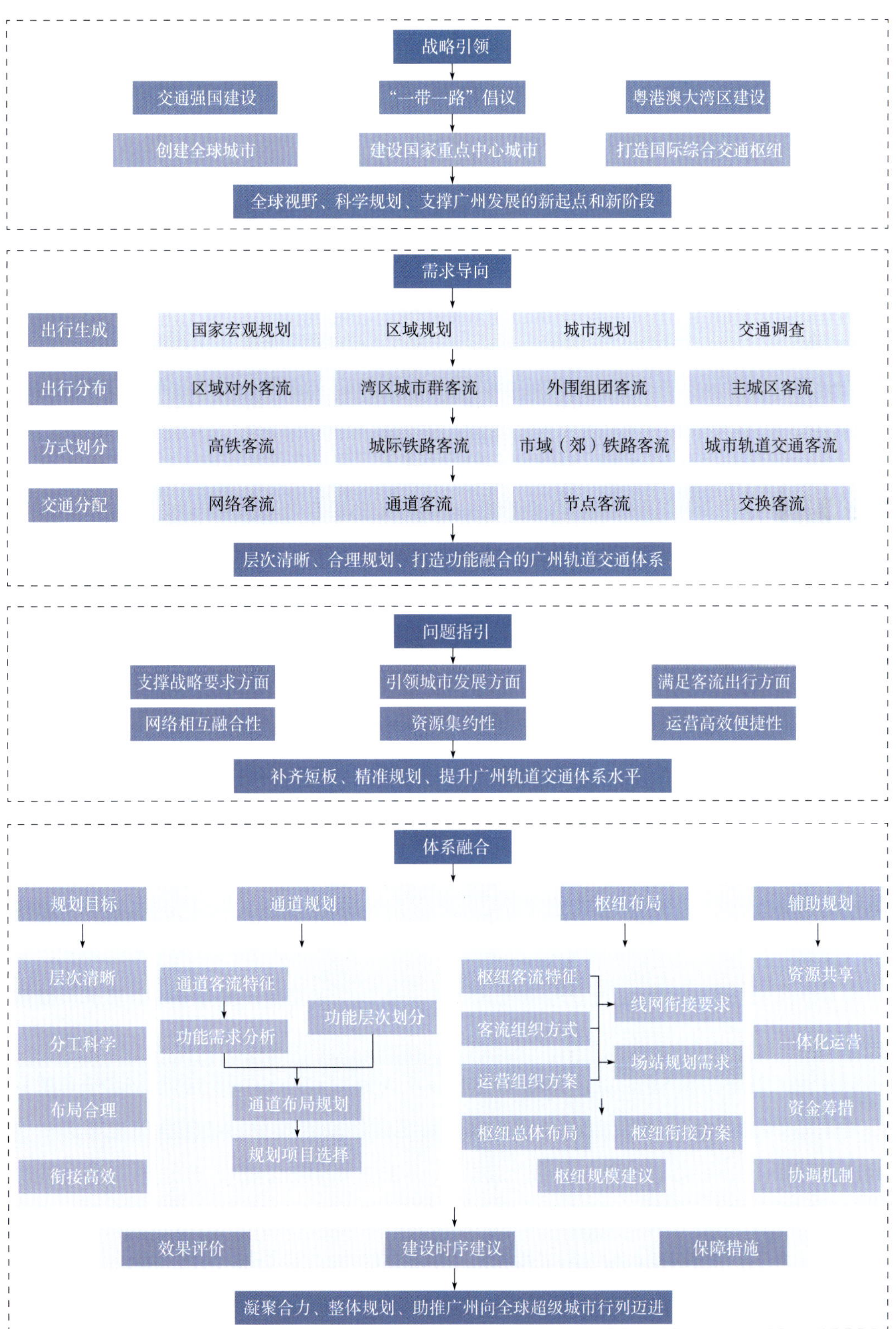

图 4-2 多层次轨道交通融合规划技术路线图（以广州为例）

3）现状评估

立足城市群都市圈轨道交通网络发展现状，深刻剖析"四网融合"面临的问题，认清机遇与挑战，梳理干线铁路、城际铁路、市域（郊）铁路、城市轨道交通相关上位规划情况，确定进一步优化的方向。

4）需求分析

需求预测是多层次轨道交通融合规划的量化依据，其内部社会经济发展、城镇化及国土空间、人口分布和出行距离等因素决定了区域内及区域间的需求交流量大小。需求预测可以在借鉴常见需求预测方法优势的基础上，研究利用多源数据的综合交通运输需求预测核心技术，预测数据获取过程依托于大数据技术条件下的多源数据调查和综合处理。采用回归分析的方法分别计算需求总量，并应用重力模型结合增长率的方法获得相应的需求分布情况。在区分通道考虑与否的条件下，利用旅客交通运输方式选择的多目标决策模型进行方式划分，获得需求结果。

5）战略目标

深刻理解国家战略要求，城市群都市圈发展规划、城市社会经济发展规划、新一轮总规空间格局以及与周边城市的协同关系，借鉴国内外成功经验，以打造"轨道上的城市群、都市圈"为战略目标，依据城市群、都市圈交通出行的空间圈层特征，构建轨道交通体系，以打造层次清晰、分工科学、布局合理、一体高效的综合轨道交通系统为基本目标，支撑城市群、都市圈一体化发展。

6）规划目标

规划目标一般从总体目标、规模目标、覆盖目标、时空目标、结构目标、融合目标等方面展开，部分代表性目标介绍如下：

（1）覆盖目标。在城市群，提出高铁与城际网覆盖10万人口以上城镇，20万人口以上城镇比例；在都市圈，超大城市市域线网基本覆盖5万人及以上城镇组团和重要工业园区、旅游景点等地，特大城市覆盖60%以上5万人及以上城镇组团和重要工业园区、旅游景点等。

（2）时空目标。在都市圈超大特大城市城区内形成0.5h城市生活圈，出行半径一般在30km以内，起讫点一般都在城市主要城区内；在都市圈内中心城区与周边城市、卫星城镇形成0.5～1h城郊通勤圈，出行半径一般在30～100km范围，起讫点一端在城市中心，一端在周边城镇；在城市群内部主要城市间形成以1～2h城际畅行圈，出行半径一般为100～300km，起讫点全部在城市群大城市。

（3）结构目标。在城市群，提出铁路承担城际客流占城际全方式出行的比例；在都市圈，提出都市圈轨道交通客流占比全方式客流出行比例，都市圈轨道交通客流占轨道交通全网客流比例。

（4）融合目标。打造国家级、区域级、城市级三级枢纽节点体系，推进干线铁路、城际铁路、市域（郊）铁路、城市轨道交通四网融合发展以及与其他交通方式融合发展，加强城市规划建设与轨道规划建设的结合，推动以人为核心的站城人融合发展，多网融合、站城人融合发展取得显著成效。

7）网络融合

以空间和需求为基础，以功能为第一导向，依据各层次网络的服务功能及技术特性，从综合一体化的角度，对现有规划进行再优化，从“一张网”的角度统筹考虑各层次网络的组合供给，推动四张网由相对独立发展向一体化融合布局。在不同的运距体系、不同的客流量级体系下，从综合交通的角度充分发挥各方式的比较优势，减少不同线网的功能定位重叠和重复建设，优化网络布局。如市域（郊）铁路穿心线，进入主城区会引起城区线网的优化调整；城际网进入城市核心区枢纽，会引起共廊道的市域铁路布局优化；国铁干线新线引入城市，若需新增客站枢纽，则会引起城市轨道交通网、市域（郊）网及城际网等网络的布局优化调整。因此，网络一体化的核心理念即是以需求和功能为原则，合理审视网络布局，促进网络一体化布局。

依据都市圈各层次轨道交通网络规划，研究促进通道内各层次网络线路之间功能相互融合、资源合理配置的方案，提升服务水平，避免多条线路承担同一部分客流，造成资源浪费。根据城市空间尺度，通道可以分为区域对外通道、区域内通道、市域内通道三个空间层次，每个层次可以根据区位关系进一步细分。通道一体化的核心理念与网络一体化布局基本一致，强调充分考虑出行需求特征，发挥通道内各种方式的组合效率，优化各方式资源合理配置；如某一通道内从核心区至外围组团，各网从各自规划角度布局有城市轨道交通、市域（郊）铁路和城际铁路，可能会出现城市轨道交通无限延伸，与市域（郊）铁路功能重叠；也有可能市域（郊）铁路与城际铁路功能重叠，因此功能、技术特性和需求为首要考虑因素，从发挥各自功能优势的角度，实现优化布局。

8）节点融合

按照“主辅清晰、衔接高效”的原则，规划干线铁路、城际铁路、市域（郊）铁路、城市轨道网络之间的三级衔接节点体系。一级节点为四网融合节点，衔接“四张网”，主要是中心城市大型新建铁路客站和机场枢纽；二级节点为三网融合节点，衔接干线铁路、城际铁路、市域（郊）铁路、城市轨道中的“三张网”，主要是中心城市或中心城市成熟的大型铁路客站和新型的辅助客站；三级节点为两网融合节点，衔接干线铁路、城际铁路、市域（郊）铁路、城市轨道交通中的“两张网”，主要是地级市既有铁路客站和中心城市公交枢纽。在三级节点分类的基础上，规划研究各类枢纽内网络之间的衔接关系，如换乘布局、同台布局、贯通运营等，尽可能发挥互联互通功能，减少不必要的换乘次数。

9）畅通运营

一体化运营着力实现硬联通和软联通。力求破除管理体制壁垒，构建一体化的经营管理机构，负责统筹、协调不同层次轨道线网的运营管理、运输组织及资源共享；研究客运联运服务，优化运输组织方案，实现轨道交通多网的客运联运；研究客运“一卡通”票务服务，推进多层次轨道交通间客票“一卡通”服务；完善不同方式之间客运“安检互认”服务。构建客运“一站式”全域出行服务，提供全网最优、最全的出行方式规划，借助立体化的信息能力，为用户提供涵盖行前决策、行中选择、行后目的地服务的全域出行解决方案。

10）资源共享

多层次轨道交通资源共享是融合规划的重要问题之一。解决该问题的关键为：首先，要在规划阶段对资源共享方案有比较充分的研究与论证，从城市规划与土地利用等角度确保轨道交通空间规划方案具有较强的可操作性。其次，在设计与建设阶段应强化资源共享相关规划成果的指导作用。最后，在运营管理阶段加强发展服务、管理信息及应急资源的共享。推进轨道交通的资源共享与综合利用有利于实现轨道交通资源利用和建设运营管理的集约性，保证多层次轨道交通的可持续发展。

11）站城融合

多层次轨道交通枢纽的规划应摆脱就“站点”设计“站点”的传统思路，应综合考虑城市功能布局，形成与公共活动和服务功能相统筹的一体化规划思路。进行不同轨道交通网络车站的综合功能定位及其周边地块的土地利用类型、规模、强度的综合规划，做到与城市规划相融合、与城市机能相衔接，实现真正的站城融合；站城融合是多层次轨道交通各车站空间与城市开发建设的融合，构建全新的城市空间（唐枫和徐磊青，2017）。提升枢纽节点的魅力是提高沿线土地价值的关键。因此，车站空间不应单纯作为连接车站本体与城市的移动空间，而是应该负担起体现城市特征的角色（李文静等，2016）。

12）体制机制

多层次轨道交通实现融合发展的关键是机制体制的创新。为实现多层次轨道交通一体化发展，我国应加快轨道交通规划、建设和运营管理体制机制创新，建议政府作为牵头者和统筹者成立一体化轨道交通统筹规划建设机构，推动行政体制、机制的融合，实现跨域共管、跨部共治。

4.6 本章总结

本章结合多年的研究与实践，提出了多层次轨道交通规划以“空间、需求、供给”理论基础，坚持“以空间定层次、以需求布网络、以功能谋供给、以服务促融合”规划理念，构建多层次轨道交通融合功能层次体系；总结提出了开展多层次轨道交通规划的技术路线、规划基础、现状评估、需求分析、战略目标、规划目标、网络融合、节点融合、畅通运营、资源共享、站城融合、体制机制等12个方面的技术体系，仅供读者参考。

多层次轨道交通融合规划方法与实践

5

多层次轨道交通需求预测

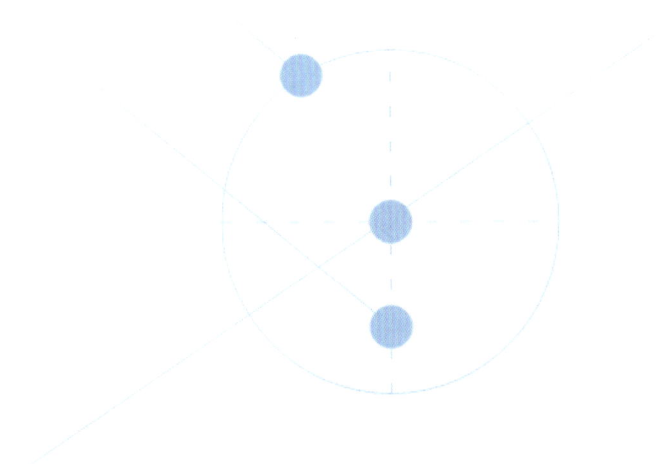

5.1 多层次客流特征分析

多层次轨道交通客流按照空间层次可分为国土层、城市群层、都市圈层和中心城市层，但城市群、都市圈旅客出行是在空间层面的连续出行链，存在连续跨越多个客流层次的可能性。而多层次轨道交通融合发展的根本意义在于提供“以人为本”的便捷出行服务，使人的出行由“段式出行”向“链式出行”转变，以适应城市群、都市圈“高频次、高时间价值”的出行，因此为深刻分析多层次客流特征，需要深入理解区域出行链特征。

5.1.1 区域出行链

（1）出行链是“以人为本”的出行全过程分析方式。区域出行链定义为：出行者为完成一项或多项活动，从前端出发都市圈 / 城市至后端到达都市圈 / 城市的国土层 / 城市群层出行采用区域综合交通方式，都市圈 / 城市内出行可采用都市圈及城市综合交通方式，在一定的时间范围内按照时间顺序连接而成的链。该出行链包含了出行时间、空间、活动类型和出行方式等多种信息。

（2）多层次客流是基于区域出行链的有机整合体。多层次客流按照空间层次可分为国土层、都市圈层、都市圈层、中心城市层四个层次，但这四个空间层次客流不是独立的，而是基于出行链串联叠加，进行多层次客流有机整合。

（3）多层次客流区域出行链具有跨越空间圈层特征。从空间层面，区域多层次客流典型出行者从出发地出发，经过前端都市圈层 / 城市层面出行到达对外交通枢纽，换乘城市群层 / 国土层等层次出行方式，到达目的地都市圈层 / 城市层面，出行链全程经历三个圈层。

出行链特征如图 5-1 ～图 5-3 所示。

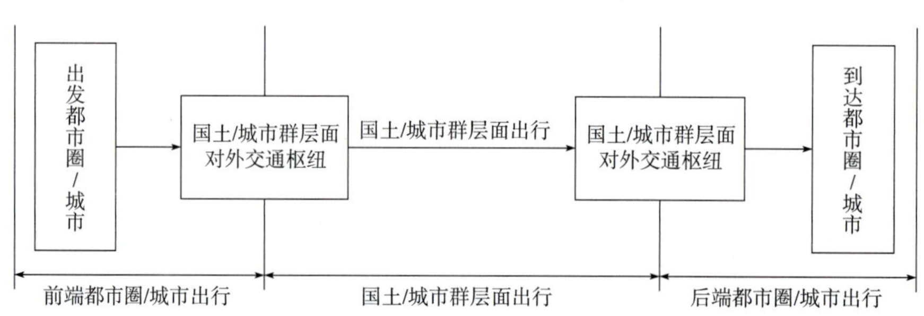

图 5-1　区域出行链典型空间层次结构图

（4）多层次客流区域出行链具有时间全过程连续性特征。从时空层面，区域多层次客流典型出行者跨越空间圈层一般要经历 2 次及以上换乘时间，而换乘时间也应计入出行链全过程时间。

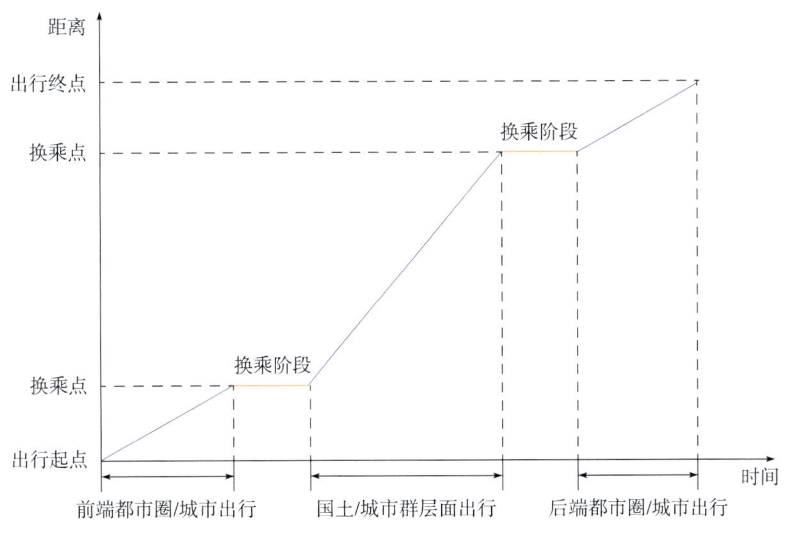

图 5-2　区域出行链时空层面结构图

（5）多层次客流区域出行链具有采用多种交通方式特征。从出行方式层面分析，若区域内旅客出行选择使用轨道交通方式，则出行者从前端城市出发到后端城市的一次出行全过程中，需要换乘使用的若干种轨道交通制式所组合成的链条，要求多轨道交通方式实现联运出行效果。

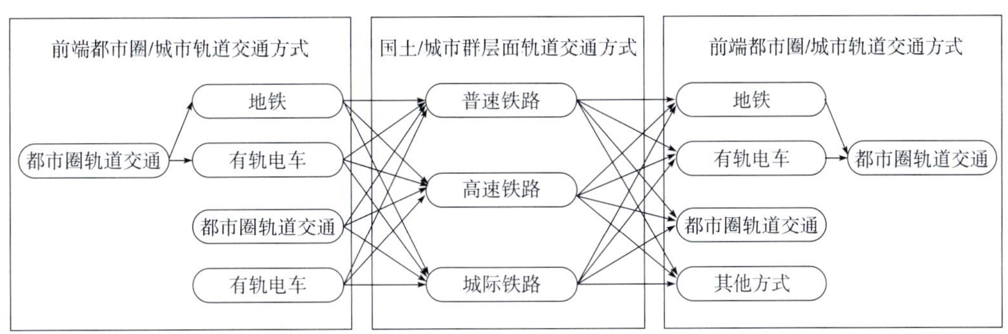

图 5-3　多层次轨道交通区域出行链出行方式层面典型结构图

5.1.2　国土层面

国土层面 3h 交通圈层面客流指都市圈至城市群以外的中长途客流，以商务、公务、旅游、探亲等为主。列车发车频次低，客流出行分布高峰不明显，且对舒适度要求高、票价承受能力高。出行半径一般在 300km 以上。

（1）国土层面出行呈现由“低频长距”向“高频短距”演变的特征。以铁路为例，2010—2019 年，铁路出行强度由 1.25 次 / 年增长至 2.61 次 / 年，年均增长率 8.54%；铁路客运运距由 523km 下降至 402km，年均增长率 –2.88%，见表 5-1。

（2）国土层面客流特征出行分布呈现城市群集聚的“菱形对外放射”空间特征。随着城镇化的推进，全国出行不断向城市群和都市圈聚集，呈现出以京津冀、长三角、粤港澳大湾区和成渝等四大城市群为极点对外放射的空间结构。从不同方式出行空间分布可见，航空出行以跨城市大尺度出行为主，形成明显的“菱形 + 对角线”形态；铁路出行以“四极 + 极点放射”为主，形成明显的“通道 + 城市群聚集”形态；公路出行没有明显的通道特征，形成“区域聚集”形态。如图 5-4 及图 5-5 所示。

2010—2019 年全国铁路客运出行强度、客运运距发展趋势表　　表 5-1

年度	人口（万人）	铁路客运量（万人次）	铁路客运周转量（亿人次公里）	铁路出行强度（次/年）	客运运距（km）
2010	134091	167609	8762.18	1.25	523
2011	134735	186226	9612.29	1.38	516
2012	135404	189337	9812.33	1.40	518
2013	136072	210597	10595.62	1.55	503
2014	136782	235704	11604.75	1.72	492
2015	137462	253484	11960.6	1.84	472
2016	138271	281405	12579.29	2.04	447
2017	139008	308379	13456.92	2.22	436
2018	139538	337495	14146.58	2.42	419
2019	140005	366002	14706.64	2.61	402

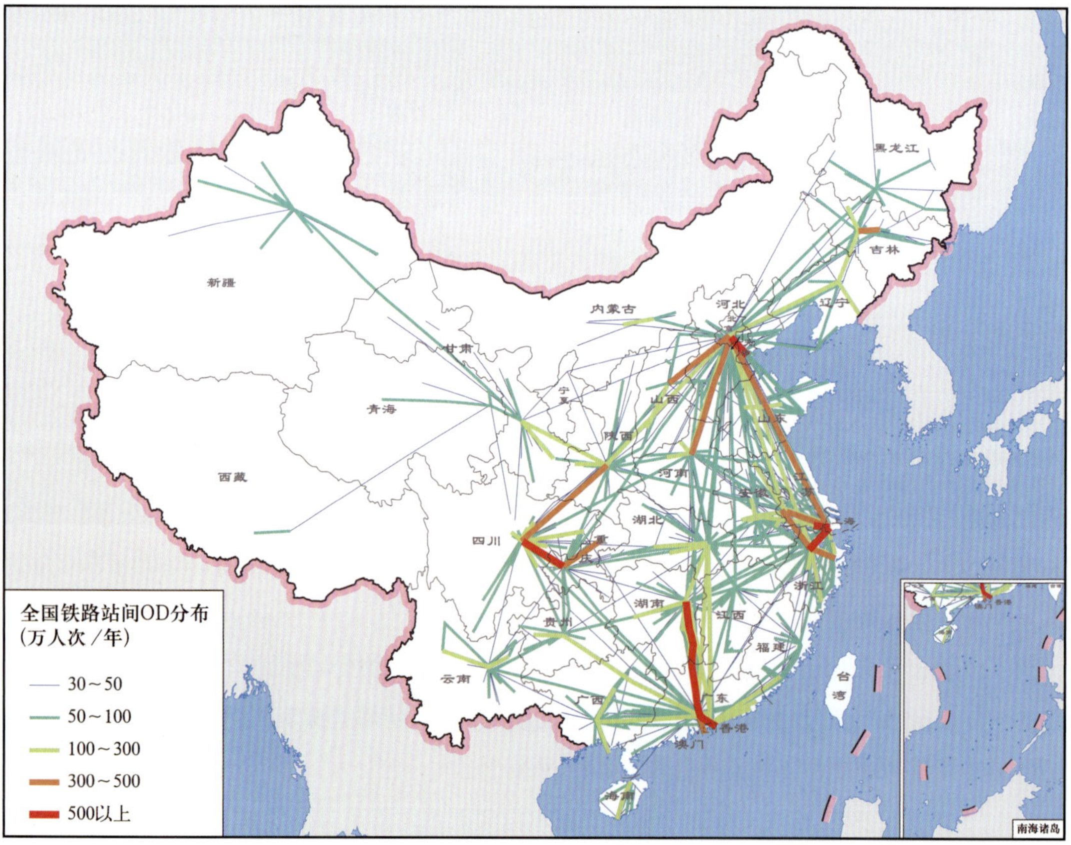

图 5-4　国土空间客流分布形态

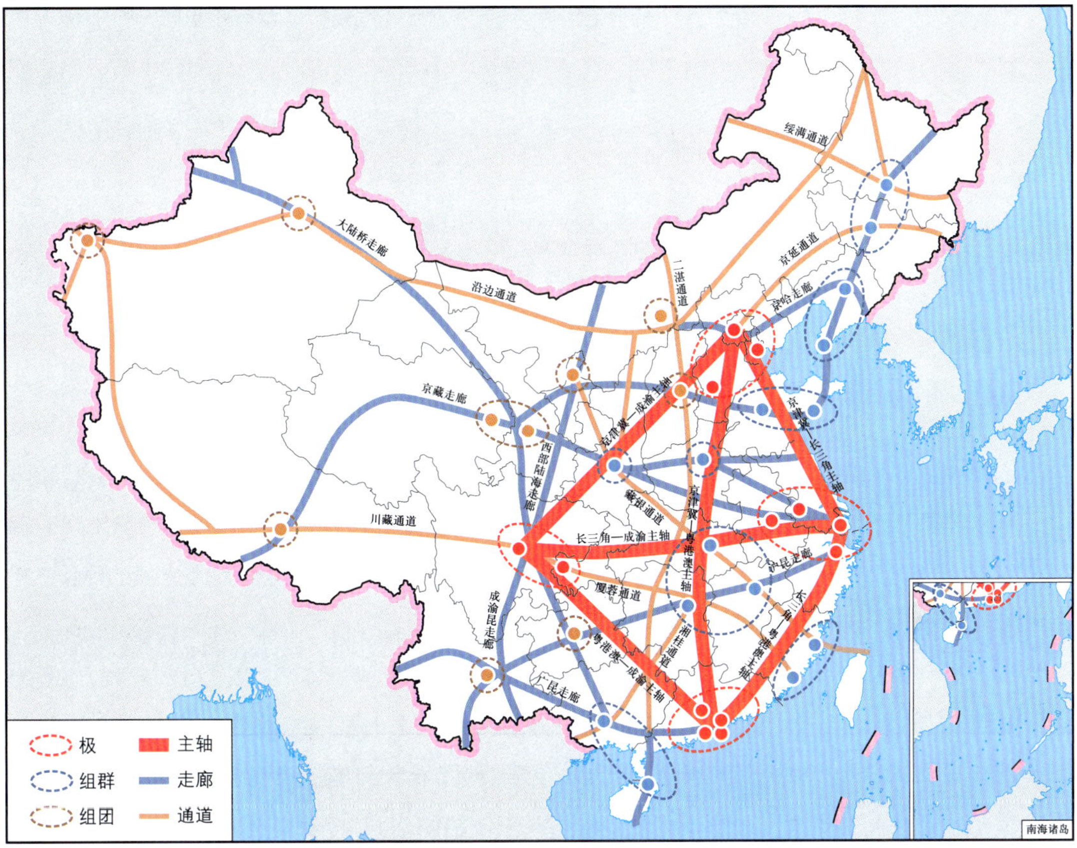

图 5-5 国家综合立体交通主骨架布局

（3）国土层面出行对时效性、舒适性要求不断提升。2010—2019 年，高速铁路客流占比增长迅速，高速铁路里程占比由 5.59% 提升至 25.18%，同期高铁动车组客流占比由 17.84% 提升至 64.15%，即高速铁路以约 1/4 的铁路里程承担了约 65% 的铁路客流。如图 5-6、图 5-7 所示。

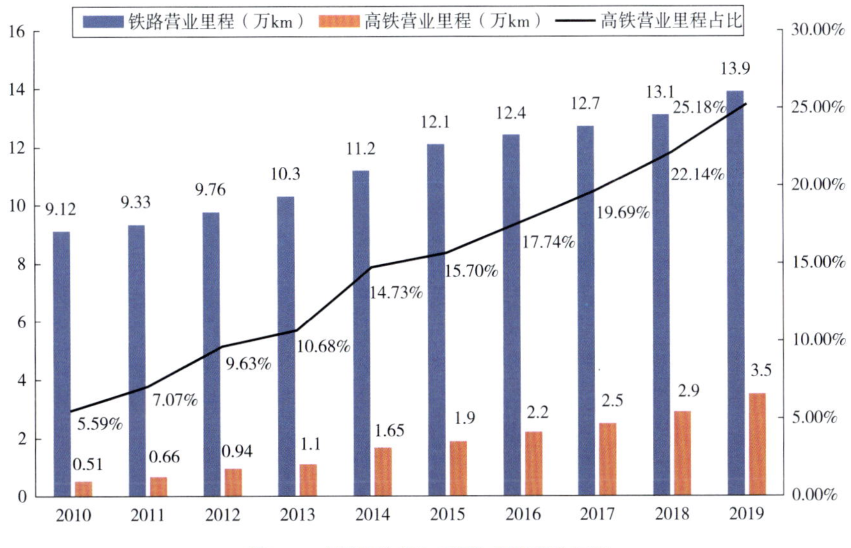

图 5-6 全国铁路营业里程和高铁营业里程

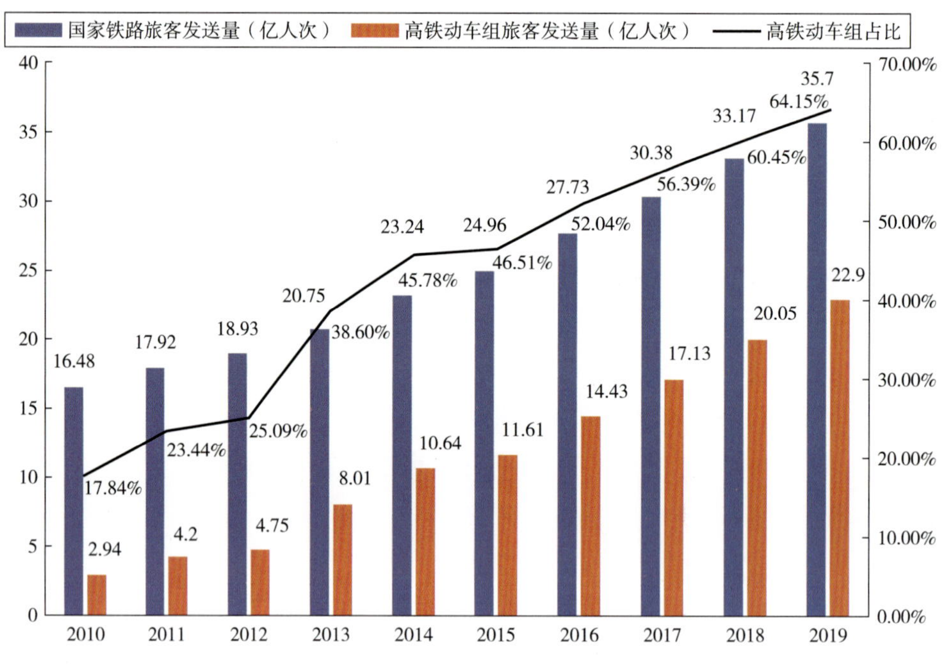

图 5-7　全国国家铁路和高铁动车组旅客发送量

由于铁路在大运量、绿色环保等方面具有明显优势，国家战略均提出“轨道上的城市群、都市圈”目标，为铁路进一步在城市群、都市圈发展壮大提供政策引导，这为建立多层次轨道交通体系提供支撑。未来干线铁路将仍是国土层面 3h 出行圈的重要支撑，出行目的以商务、公务、旅游、探亲等为主，出行距离保持在 300km 以上，出行次数将在现状的 3 次 /（人次 · 年）的基础上持续增长。

5.1.3　城市群层面

城市群 2h 交通圈层面客流指与城市群内部其他都市圈客流，以商务、公务、旅游、探亲等为主。乘客出行频次高、出行分布有一定高峰，对舒适度要求高，对票价承受能力高。出行半径一般在 100 ～ 300km 以内。

城市群层面客流主要呈现以下客流特征。

（1）出行需求旺盛，总量大、频率高。我国城镇化率已经超过 60%，城镇化进程已经进入到以城市群、都市圈作为主要城镇空间载体的新型城镇化阶段，人口持续向城市群地区流入，城市群内要素流动有序、产业分工明确、城市间合作加强，带来大量城际客流需求；同时，随着旅游业快速发展，旅游本地化、差异化趋势明显，带来城市群内旅游客流大增。未来，随着城市群的发展成熟，城镇化地区人流、物流、信息流不断加速交流，经济活力更加旺盛，对社会经济发展产生明显的正向效应，交通出行需求不断增长，人民日均出行频次将不断增加，要求提供大运量、高密度、安全可靠的运输服务。例如，预测长三角地区 41 地市至 2035 年城际出行总量达 54.5 亿人次 / 年，人均城际出行次数近 20 次 /

（人次·年）；粤港澳大湾区至2035年城际出行总量达51.5亿人次/年，人均城际出行次数约57次/（人次·年）。

（2）出行分布呈现核心城市—节点城市“强轴+网络化”空间格局。如长三角城市群以“一核五圈”为核心、“合肥—南京—上海—杭州—宁波”为主轴强心聚轴、放射状特征较为明显；粤港澳大湾区以广佛、深港、珠澳三大发展极为中心，形成空间尺度100km内三极三轴紧密网络化格局，同时以三极三轴为中心向周边放射。如图5-8及图5-9所示。

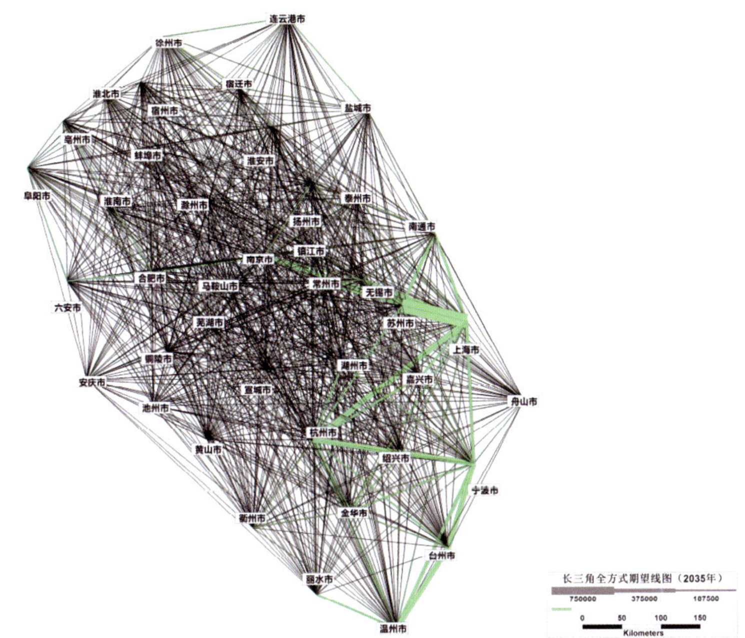

图5-8 长三角城市群城际出行期望线分布图

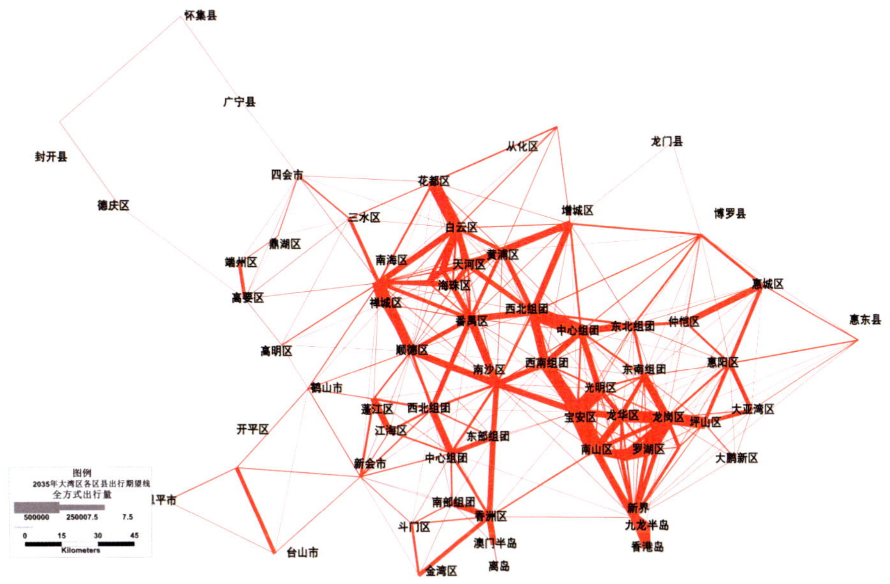

图5-9 粤港澳大湾区城际出行期望线预测图

（3）出行目的、方式选择多样化。①出行目的多样化：工作日，城镇化地区公务、商务、通勤客流增多；休息和节假日，旅游、休闲客流明显增多。当前我国已进入大众旅游新时代，随着社会经济发展水平的不断提高，以旅游娱乐为目的的出行需求增幅明显，旅客的出行需求已不再是单一的派生性需求，旅客的出行目的更加多样化。②出行方式多样化：现状城市群内部已拥有高速铁路、城际铁路、市域（郊）铁路、城市轨道交通、国（省）道等多样化的交通方式，旅客出行选择多样化，交通供给丰富。

（4）出行服务优质化、公交化。随着社会经济发展，城市群旅客对运输质量有了更高的要求，要求提供点对点的大站直达和广覆盖的站站停靠，以及舒适、准时、便捷的优质客运服务；城市群内城际出行以中短距离为主，客流属性以公务、商务、通勤为主，时效性强，需要在途快速、换乘快捷和全程方便，要求优化运输组织，开行公交化列车，要求站车便捷服务，提高客运枢纽进出站和换乘便捷化水平。

5.1.4 都市圈层面

都市圈层面客流可以细分为两个空间层次。①都市圈 1h 商务圈：指都市圈外圈层至中心城区客流，以同城化商务、生活客流、公务、通勤、旅游、探亲等为主。乘客出行频次高、全日出行分布有一定高峰时段。该区域内的乘客对舒适度要求高，且对票价承受能力低。出行半径一般在 70 ～ 150km。②都市圈 1h 通勤圈：指都市圈通勤圈层至中心城区的客流，以通勤客流、同城化生活客流为主。列车发车频次较高、全日出行分布存在明显高峰时段。该区域的乘客对舒适度要求相对低一些，且对票价承受能力低。出行半径一般在 15 ～ 70km。

都市圈辐射半径增加，同城化发展加速，跨城出行频繁。都市圈影响力不断外溢，其辐射半径呈现出不断增加的趋势，外围城区人口、就业大幅提升，外围与中心城区的远距离通勤出行频繁。例如现状年度，北京、上海每日跨城通勤人口达到 60 万人左右，广佛、深莞日均出行量分别为 163 万人次、126 万人次。规划到 2035 年，广州都市圈 30km 以上外围圈层人口、岗位增长率显著高于内部 30km 内圈层，主城区核心区通勤范围向外扩张，见表 5-2 及图 5-10 ～图 5-13。

广州都市圈分圈层人口岗位分布增长情况　　表 5-2

圈层名称	现状人口（万人）	规划人口（万人）	增长率	现状就业（万人）	规划就业（万人）	增长率
10km 圈层	535.8	558.6	4%	335.5	363.9	8%
10 ～ 20km 圈层	730.6	866.9	19%	335.4	419.9	25%
20 ～ 30km 圈层	924.1	1122.9	22%	474.5	597.4	26%
30 ～ 50km 圈层	934.4	1314.7	41%	499.4	686.5	37%
50 ～ 80km 圈层	1892.8	2327.1	23%	1060.1	1279.9	21%

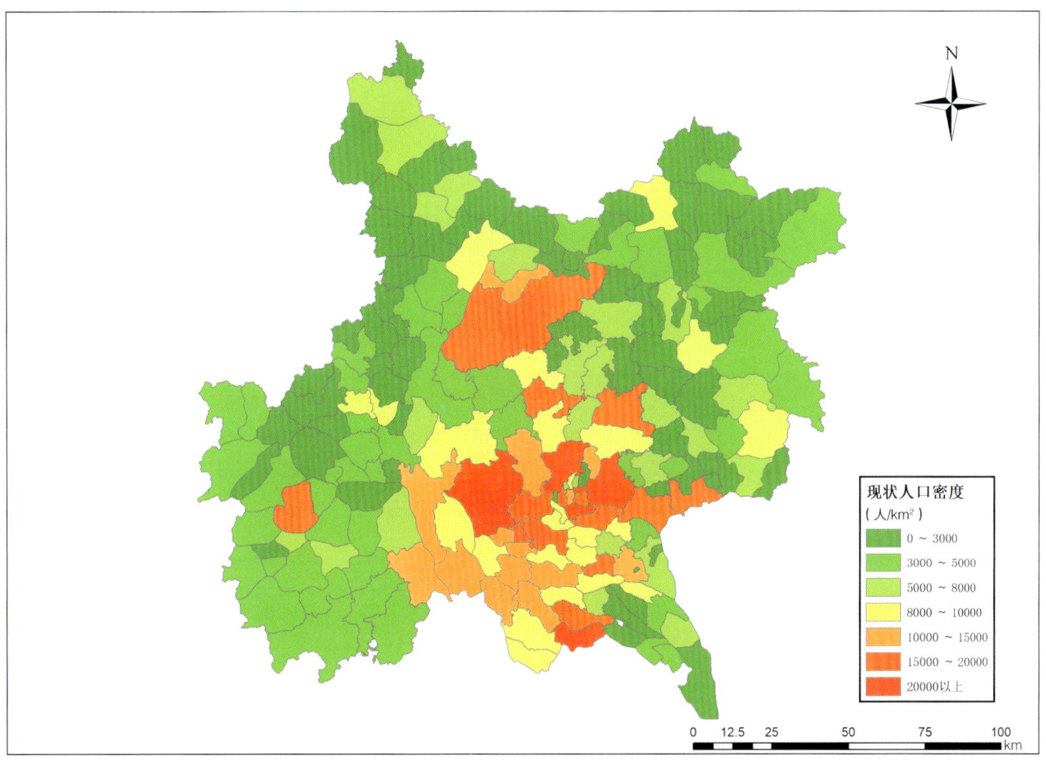

图 5-10 广州都市圈各圈层现状人口密度图

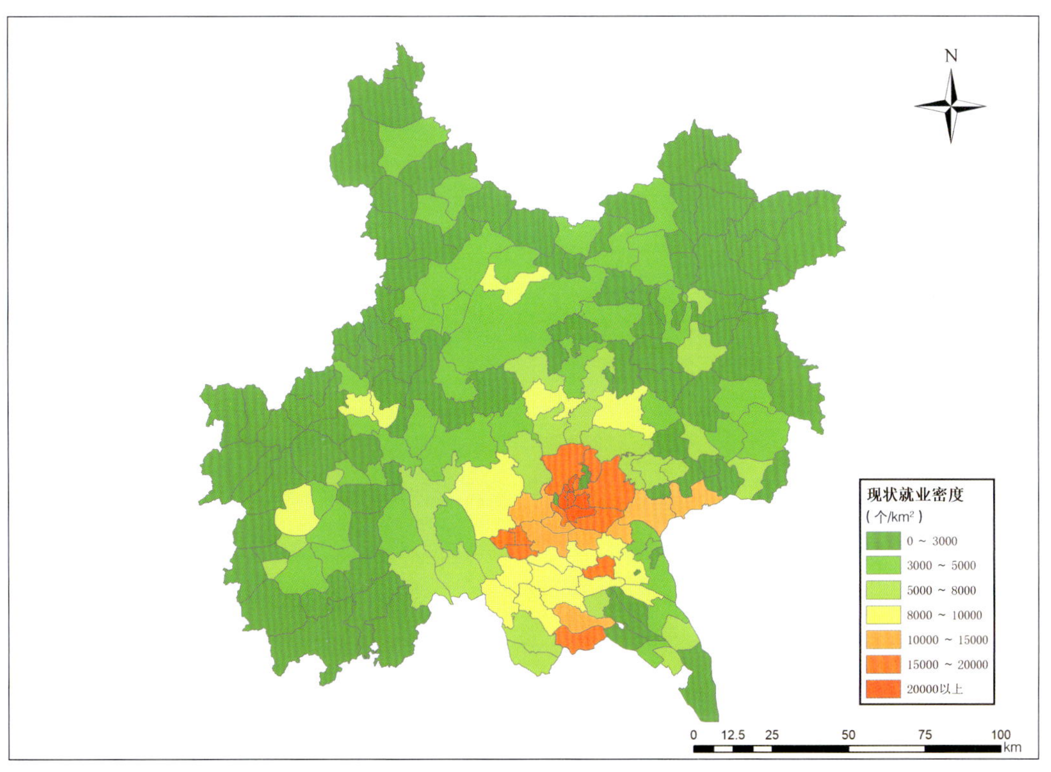

图 5-11 广州都市圈各圈层现状就业密度图

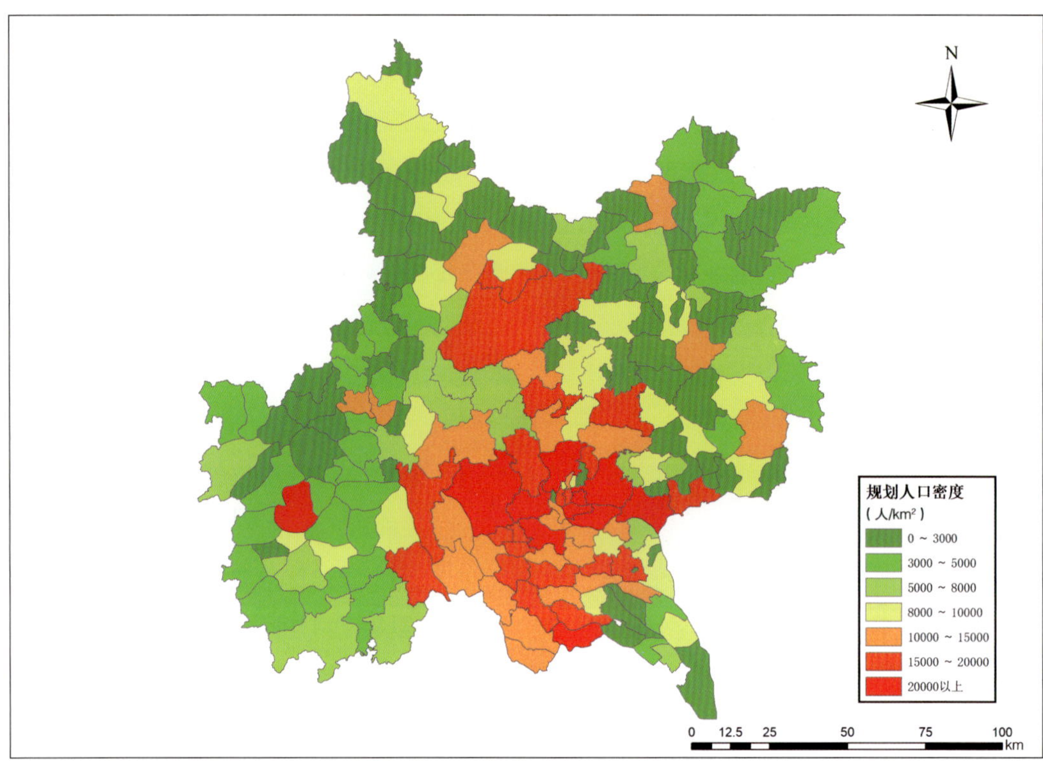

图 5-12　广州都市圈各圈层规划人口密度图

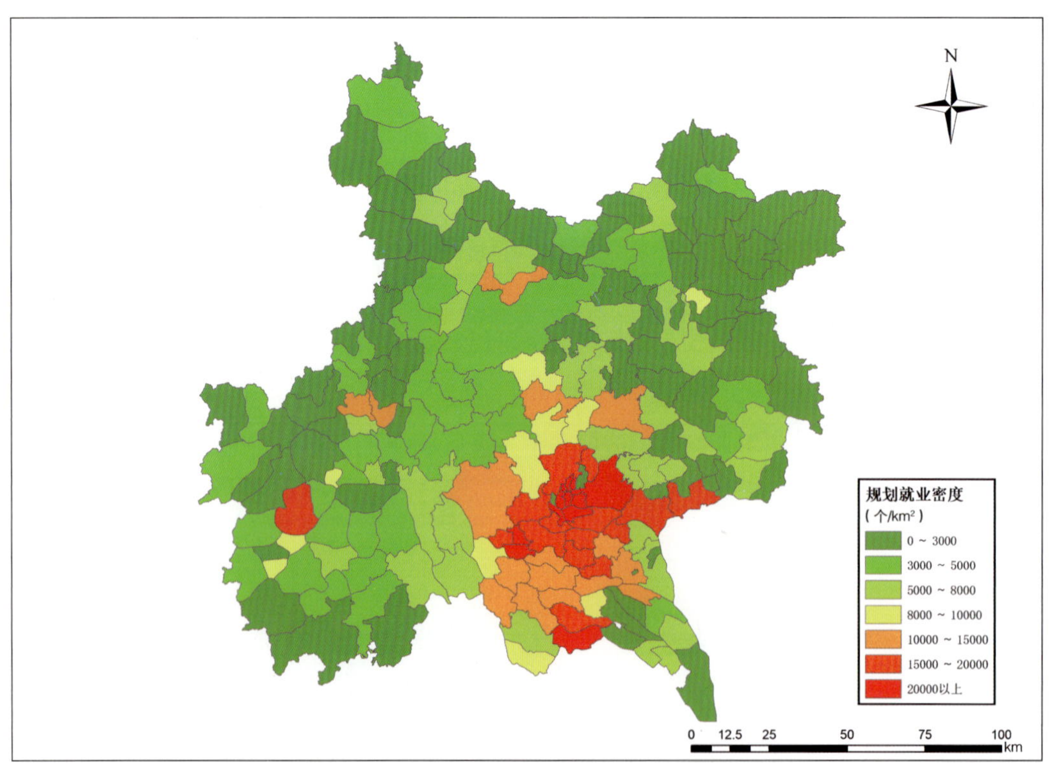

图 5-13　各圈层规划就业密度图

都市圈客流呈现以中心城区为核心的向心性圈层分布，其中通勤客流是跨圈层客流主体。随着都市圈不断发育，都市圈核心城市中心城区与周边组团、重点城镇交流不断提高，客流以中心城区为核心，以周边组团为轴向，呈现明显的向心性特点，实现旅客的快速集聚及疏散。通勤客流是都市圈客流主体，具有潮汐性，早晚高峰时期总体客流量大、客流强度大，需要快速度、大容量的交通方式实现客流快速集散。以广州都市圈为例，从各圈层间交流量来看，相邻圈层间的交流量大，中心圈层位于广州中心区，交通出行量大，外围圈层范围广，需求也较大。同时以通勤为聚集要素，交流更加频繁，从表 5-3 可以看出，跨圈层出行 80km 范围跨圈层出行强度为 0.5 次 /d，但在圈层 50 ~ 80km 圈层仅为 0.2 次 /d 左右，向心出行强度显著下降。如表 5-3 所示。

规划年广州都市圈跨圈层出行量（万人次 /d） 表 5-3

项目	10km 圈层	10 ~ 20km 圈层	20 ~ 30km 圈层	30 ~ 50km 圈层	50 ~ 80km 圈层	跨圈层到达合计	规划人口（万人）	跨圈层吸引强度（次 /d）
10km 圈层	—	322.5	83.6	46.8	30.8	483.7	558.6	0.87
10-20km 圈层	341.7	—	184.4	142.2	69.8	738.2	866.9	0.85
20-30km 圈层	93.7	211.2	—	244.9	94.0	643.8	1122.9	0.57
30-50km 圈层	52.9	123.9	299.8	—	342.1	818.8	1314.7	0.62
50-80km 圈层	37.3	79.8	69.6	241.9	—	428.6	2327.1	0.18
跨圈层出发合计	525.7	737.4	637.4	675.8	536.7	3113.0	6190.2	0.50
规划人口（万）	558.6	866.9	1122.9	1314.7	2327.1	6190.2	—	—
跨圈层发生强度（次 /d）	0.94	0.85	0.57	0.51	0.23	0.50	—	—

5.1.5 中心城市层面

中心城区 30min 生活圈内的客流以通勤、生活客流为主。乘客出行频次最高、全日出行分布存在明显高峰时段，且对舒适度要求低，对票价承受能力低。出行半径一般低于 15km。

出行空间分布呈现中心集聚特征。以广州市中心城区为例，环城高速内出行量（按出行起点统计）最大，占比 34.2%，环城高速以外、主城区以内的第二圈层占比 30.7%。从出行密度来看，环城高速范围内出行密度较高，外围出行密度高的地区主要集中在各外围行政区的中心，如图 5-14 及图 5-15 所示。

出行时间分布呈现明显的“双峰”特征。以广州市中心城区为例，早高峰（7：00—9：00）两小时合计占比 20.7%（最大小时占比 10.5%），晚高峰出行在 18：00—19：00，占比为 7.4%，平峰时段 1h 出行占比在 4% 左右，如图 5-16 所示。

出行距离短距为主，出行选择方式多样。以广州市中心城区为例，环城高速内平均出行距离 5.5km，主城区提高到 6.2km；中心四区、城郊三区、外围四区出行距离分别为 5.9km、6.9km、9.2km。全市范围内非机动化出行占比 43.2%，机动化出行占比 56.8%。机动化出行方式中，小汽车出行占比 38.3%，公共交通（轨道 + 公交）占比 43.7%，如图 5-17 ～图 5-19 所示。

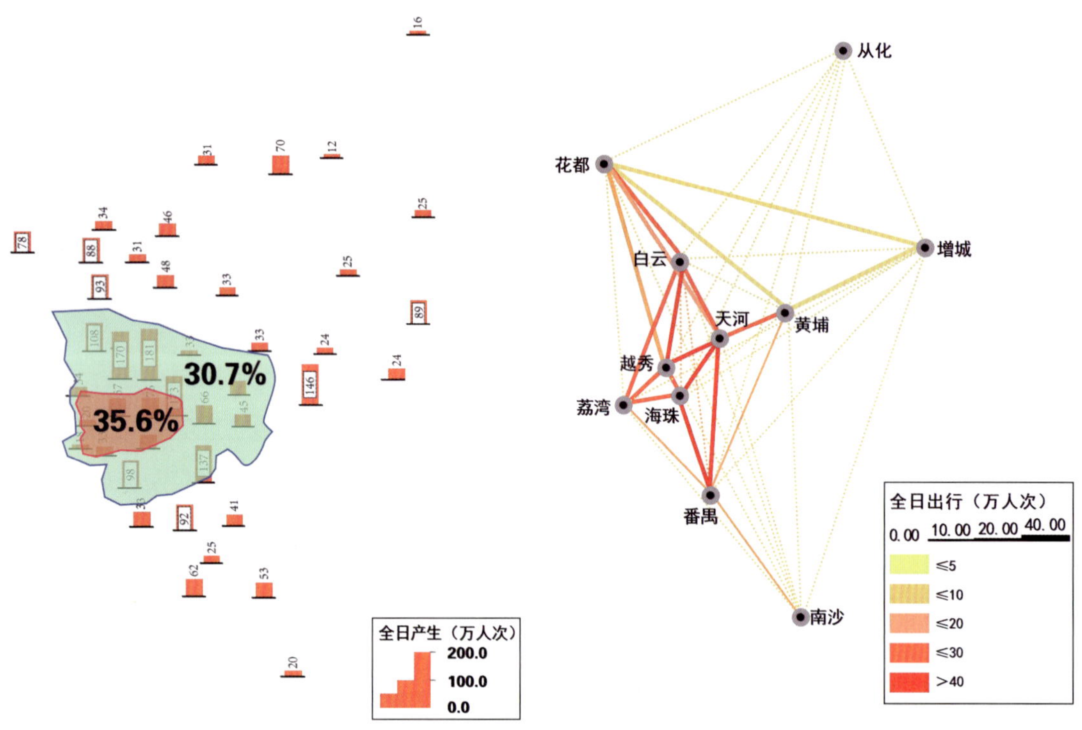

图 5-14　广州市出行量空间分布图　　图 5-15　广州市出行期望线分布图

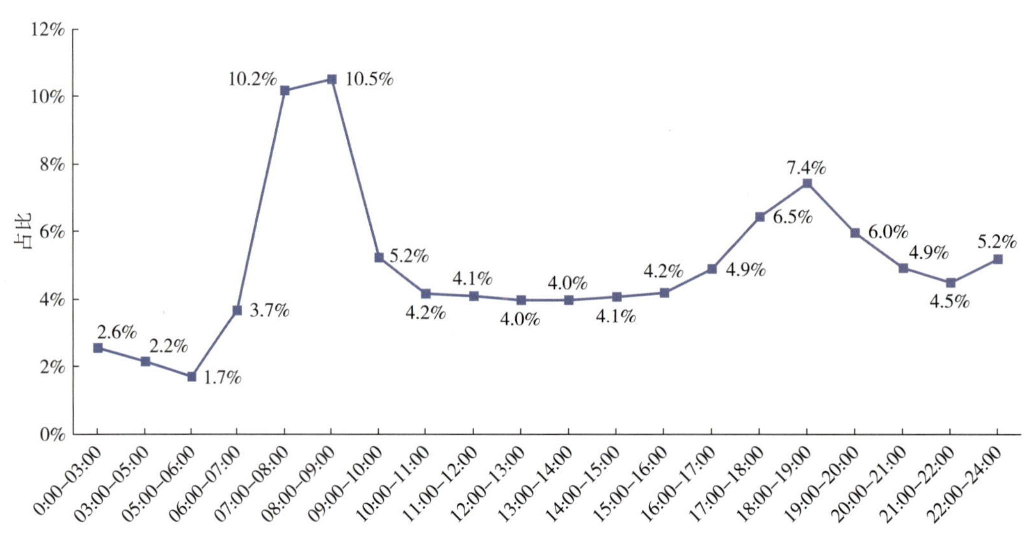

图 5-16　广州市全目的出行时间分布图

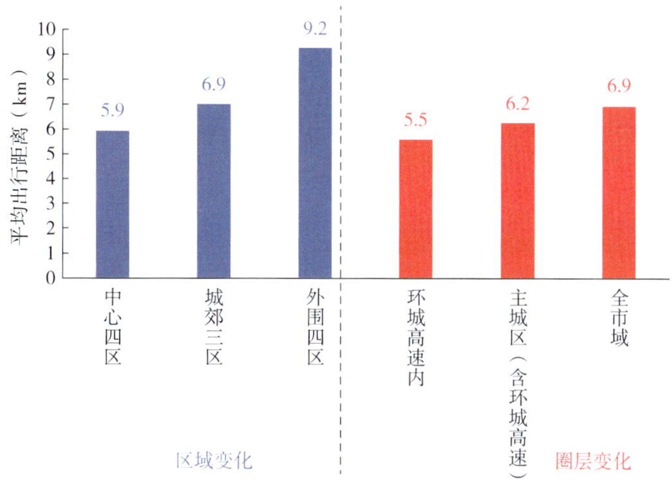

图 5-17 不同区域的平均出行距离

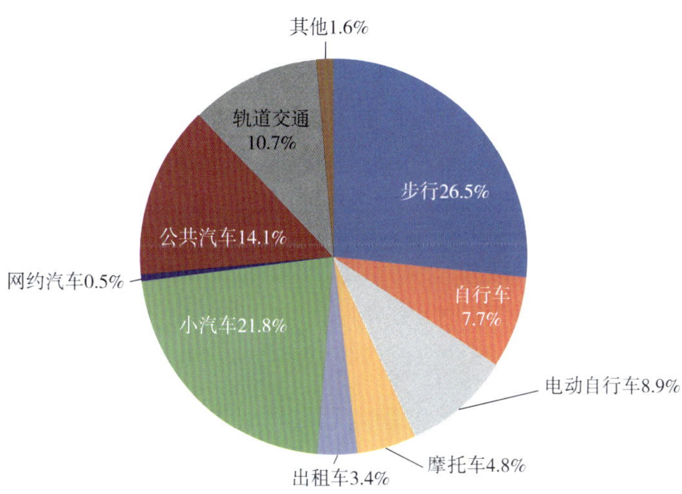

图 5-18 全日全方式出行结构

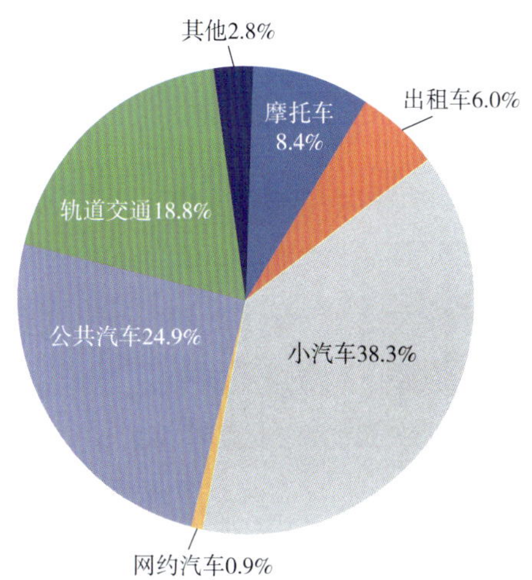

图 5-19 全日机动化出行方式结构

5.1.6 小结

通过上述不同层级的客流构成和特征分析，得到不同圈层的客流构成及特征，见表 5-4。

不同圈层的客流构成及特征总结 表 5-4

圈层	出行目的	出行时间	出 行 频 率	出 行 费 用
国土层面 3h 交通圈层面	以商务、公务、旅游、探亲等为主	客流出行分布高峰不明显，且大部分旅客月均出行不足 1 次	出行频次较低，且在节假日出行的人数最多，周六日的出行人数虽比周一到周五多，但明显少于节假日，周一到周五人数较少	由于乘客月均收入普遍偏高，因此对舒适度要求高、票价承受能力高。此外，对于学生客流来说，由于在寒暑假开学和放假期间，可以买半价票，因此其对高铁的票价同样并不敏感
城市群 2h 交通圈层面	以商务、公务、旅游、探亲等为主	通常情况下，4、7、8、10 月受节假日和旅游旺季影响，客流达到峰值，而 11、12、1、2 月保持平稳，出行分布有一定高峰	乘客出行频次高，年均出行次数高达 12 次左右，其中多次乘坐的乘客占有相当比重	由于客流以商务、公务为主，公费出行的乘客较多，因此乘客对舒适度要求高，对票价承受能力高
都市圈 1h 商务圈层面	以同城化商务、生活客流、公务、通勤、旅游、探亲等为主	乘客出行频次高，出行频率为偶尔乘坐的占比超过 50%	全日出行分布有一定高峰时段，大部分乘客首选上午出行，且主要集中在 8:00—12:00	由于以同城化商务为主，该区域内的乘客对舒适度要求高。受其收入水平和其他交通方式的影响，大部分乘客对票价承受能力低，可接受的全程票价在 25 元以下
都市圈 1h 通勤圈层面	以通勤客流、同城化生活客流为主	列车发车频次较高，即工作日和周五发车频次较高	全日出行分布存在明显高峰时段，即工作日早晚高峰高	由于出行时间较短，乘客对舒适度要求相对低一些。此外，由于客流以通勤客流、同城化生活为主，乘客对票价承受能力低。绝大多数乘客希望按地铁标准收费
中心城区 30min 生活圈	以通勤、生活客流为主	乘客出行频次最高、全日出行分布存在明显高峰时段	从时间维度上看，工作日轨道交通客流早晚高峰特征明显。普通车站和换乘车站的早、晚高峰客流量峰值远大于平峰时段平均客流量。换乘车站在周一早高峰、周五晚高峰出现明显大客流现象	由于出行时间较短，乘客对舒适度要求低。此外，由于客流以通勤、生活客流为主，乘客对票价承受能力低

5.2 多层次轨道交通融合对需求预测的要求

（1）需从综合交通角度对客流进行预测与分配

城市群、都市圈轨道交通覆盖范围广，客流特性复杂。客流需求预测旨在确定特定时段内不同轨道交通方式分担客流量和客流方向的数据集合，涉及不同区域范围、不同经济条件等众多影响因素。交通强国建设要求城市群综合交通体系以“安全、便捷、高效、绿色、经济”

为目标，构建以轨道交通为骨干，公路网络为基础，水运、民航为支撑，以中心城市为主要节点，构建对外高效联通、内部有机衔接的多层次综合交通网络，以交通设施供给侧结构性改革引导需求侧向“集约、绿色”转变。

城市群综合交通各种交通方式间合作与竞争并存。不同的交通方式间可以取长补短、充分发挥自己所特有的优势，高质量地服务于多样化的交通需求。轨道交通系统和其他交通系统也存在竞争关系，例如高速铁路凭借安全、正点、高速、交通接驳便利等优势对公路市场造成巨大冲击。此外，各交通系统还存在着相互衔接、相互补充的关系。区域内不同交通方式线路的功能往往具有复合性，要充分考虑服务对象不同所带来的客流叠加效应。

因此，当聚焦到城市群和都市圈综合交通运输方式多样化，不同方式占比差异性很大，必须考虑所有可能的交通方式，从综合交通视角来预测客流，而不是就轨道交通来论轨道交通。

（2）需满足已规划线网修编或新增层次线网规划需要

随着我国城市群、都市圈轨道交通的快速、大规模发展，已规划线网修编或新增层次线网规划的不断加入，势必会对客流预测结果造成不同的影响。我国铁路客运量随着我国铁路营业里程的增长而逐渐增加。此外，在2013年之后，随着我国铁路营业里程的增长，我国铁路客运量显著增加。这是由于从2013年开始，高速铁路营业里程快速增长，高速铁路的快速、准点、方便、安全等特性对客流具有较大吸引力。近5年，我国铁路营业里程的年增长率为2.93%，铁路客运量的年增长率为7.62%。

基于上述分析可知，交通供给的增加会刺激交通需求增长。因此，在多层次轨道交通规划中，应对已规划线网修编或新增层次线网规划给予高度关注，考虑新增线路对既有网络的客流冲击效应，在预测轨道交通客流量时应满足已规划线网修编或新增层次线网规划，并结合区域、市域、城市未来发展布局进行合理预测。

（3）需满足主要交通廊道不同层次线路融合规划分析需要

交通廊道是城市群、都市圈交通的主骨架，吸引并承担着大量交通流量，决定交通网络的布局形式。

不同空间层次的交通需求构成，如出行目的、出行距离、时空分布等存在较大差异。需求构成的差异决定了服务供给类别、方式和标准的差异。例如，沪宁交通走廊途经苏州、无锡、常州，包括的主要线路为京沪高铁、京沪铁路、沪宁城际、312国道、沪宁高速公路、沪宁第二通道、京杭运河。由此可见，沪宁通道既是对外长途通道，又是区域城际通道，也是苏锡常都市圈通道，功能复合较多。

沪宁通道内已形成了多种运输方式并存的综合运力，提供了从低到高多层次的运输服务，通道内客运系统的发展相对比较完善，已为旅客出行提供了充分的选择余地。客运需求的差异性是多层次供给方式形成的前提条件，反过来供给结构的演变也能决定需求的变化趋势，因此，有必要结合客运需求差异性特征，分析区域运输通道内各种客运方式的发展趋势。通过对交通廊道内不同层次线路进行有效融合，可实现运输通道能力的有效提高，考虑不同类别客流的时空叠加效果影响，区域轨道交通线路的功能往往具有复合性，要充分考虑服务对象不同所带来的客流叠加效应，独立的轨道交通规划常常局限于本层的需求特征，而忽视了客流需求整体呈现出来的差异性和不可调和性，因此，多层次轨道交通规划需将通道整体及分层次客流预测作为一项重要任务。

（4）需满足机场等重要交通枢纽衔接轨道客流定量分析的需要

2008 年以来，高速铁路、城际铁路、城市轨道交通建设加快，通过整合“机场 + 轨道”资源，提升机场地面出行效率及服务水平渐成共识。已有北京、广州、成都等 19 个城市机场引入城市轨道交通线路，上海虹桥国际机场也成为空铁联运的典范。与此同时，出现了轨道交通线路布局不合理、服务水平不高、客流吸引力不强等问题，不顾实际需求及投资效益，盲目整合“机场 + 高铁 / 城际铁路”的现象也日益增多。成功的枢纽机场发展经验显示，轨道交通在其地面交通系统中发挥了骨干作用，并具有相当的优越性，承担客流比例达 25% ～ 40%（闫智晶，2015）。据研究统计，国外 42 个旅客年吞吐量超过 4000 万人次的枢纽机场，有轨道交通衔接的达 38 个，占 90.5%；平均衔接轨道交通线路 1.70 条，类型包括干线铁路、城际铁路、市域（郊）铁路及城市轨道交通等；引入城市轨道交通及市域（郊）铁路的机场 36 个，占 94.5%；引入高速铁路、城际铁路的机场 6 个，占 15.8%。

明确不同层级枢纽机场与高速铁路、城际铁路、城市轨道交通等多层次轨道交通的适应、匹配关系，优化连接机场及腹地的轨道交通线路布局，对于巩固机场枢纽功能、提高服务水平、避免投资浪费具有重要意义。由于中国内部航空市场需求增长迅速、直达客流规模较大，枢纽机场大多数并未形成轮辐式的航线网络，而是普遍采取更加经济、高效的点对点组织模式，导致旅客中转率低，始发、终到旅客比例高。北京、上海、广州等国际型枢纽机场的旅客中转率均低于 15%，地面交通承担了 85% 以上的客流集散（玛依拉・艾则孜，2018）。大量的地面集疏运需求，使得枢纽机场对引入大运量、快速度的轨道交通系统来承担地面交通服务的需求显著增强。

枢纽机场与多层次轨道交通体系的衔接匹配应当基于扩大互补、降低竞争的原则，统筹考虑枢纽机场的功能定位、客流需求、航线分布等进行综合决策。其中，在枢纽机场规划建设中，如何科学、准确地预测航空客流需求的发展趋势以及综合交通枢纽衔接的轨道交通客流量，是确定合理的交通设施规模的基础，是保证机场设施高效率使用的前提，也是提升旅客服务质量的必要条件。

（5）需满足不同层次轨道换乘客流定量分析需要

交通换乘是旅客为了完成出行目的而在不同的交通运输方式之间或交通设施之间转换的整个过程。换乘的实质是旅客为了完成出行全过程而发生的交通行为。不同层次轨道交通间的客流具有显著的差异性特征，而客流是换乘的对象及核心，其特征决定了换乘问题的解决思路。当不同特征的客流聚集在换乘衔接站时，这将带来异于任何单一轨道交通系统的换乘组织及方式，需要针对具体客流特点进行换乘策略研究，做到有的放矢。

城市群、都市圈轨道客流有两种衔接模式，即贯通运营模式和换乘衔接模式。贯通运营模式是借助接轨站、联络线等实现线路互联互通，使行车交路能够从一条线路跨越至另一条线路，实现两条或多条线路的列车共用同一区段的运营模式（姜亚楠，2015）。如何选择适当的衔接模式，需对换乘客流进行定量分析。

满足乘客出行需求并提高乘客舒适性，是发展不同层次轨道交通的共同目标，客流特征对轨道交通的规划、建设、运营等全过程具有重要意义，也是贯通运营模式能否实施的主要影响因素。从定性角度，实施贯通运营需要具备至少 3 点客流条件：①贯通需求方面，过轨客流应具有相当的比例，否则无法保证贯通实施后的效果；②贯通能力方面，共线区间客流强度不能过高，运输能力必须保证一定的富余量；③贯通对象方面，过轨客流的结构应以通勤通学等定期客流为主，具有稳定性、潮汐性的特点。从定量角度，针对过轨客流的数量要求问题，可以满足轨道交通服务水平为出发点进行推算。东京贯通线路客流具有下特点：（1）日过轨客流量差异较大，但均在 1.6 万人次 /d 以上；（2）过轨客流占近市区断面总客流比例平均为 70%，构成接轨站后两站市区客流的主体；（3）定期过轨客流比例在 70% 以上，客流结构以通勤、通学为主，向心性明显，这与东京职住分离的城市群格局有很大关系（姜亚楠，2015）。虽然我国与东京在轨道交通发展阶段、规划理念、客流强度等方面存在差异，但这些客流数据能够从定量及趋势上反映贯通运营的规律性特点，具有较高的参考价值。

换乘衔接模式是国内外普遍采用的衔接方式，如巴黎车站、东京车站、新建柏林车站及我国大部分高铁车站，用于解决不同层次轨道，例如干线铁路、城际铁路与城市轨道交通的衔接问题，市域（郊）铁路和城市轨道交通间的衔接。对相互衔接的交通方式之间换乘客流量的预测是换乘合理性分析的关键，是确定交通衔接设施规模的基础，是交通衔接设施空间布局优化的主要依据（岑雨，2018）。

5.3 既有预测方法与模型的适应性分析

5.3.1 既有模型方法概述

目前对于城市群、都市圈的客流预测还未形成一定的方法体系，现有的针对区域性的轨道客流预测方法以铁路、城市轨道交通客流预测方法为主（王树盛等，2004）。

1）城市轨道客流预测方法与模型

（1）效用最大化模型

该模型是一种基于选择枝效用选择的非集计模型。出行者通过自身的出行需求进行选择，选取对自己最有利、效用最大的选择枝。

（2）Logit 模型

根据运输方式的经济性、快速性、便捷性、舒适性、准时性、安全性、直达性等，考虑发车频率、票价、步行惩罚系数、等车惩罚系数、出行费用、出行时间等因素，确定各种交通方式的固定效益。

（3）重力模型

重力模型的基本思想是，两地间的客流量取决于两地的人口数和两地之间的距离。

（4）土地利用法

该方法是建立在对原有轨道线路客流变化规律基础之上的，并且依赖于现状客流资料。适用于北京等拥有轨道交通历史较长、资料完善的城市。但对于我国许多目前尚未存在轨道交通且现状客运资料缺乏的城市，要对其新建的轨道交通客流进行预测，有较大难度。

（5）四阶段法

四阶段预测法按照交通生成预测、交通分布预测、交通方式划分预测和交通分配四阶段来分析城市现状和未来的交通状况，是目前交通规划领域应用最广的方法。该模式以 OD 调查为基础，进行各规划年份全方式出行预测，然后通过方式划分、交通分配，得到规划快速轨道客流量。

2）铁路客流预测方法与模型

根据数据获取的难易程度，铁路客流预测方法可分为长期预测方法和短期预测方法。长期预测方法一般只需要预测一个大致范围，对精度的要求不高，适用于所需数据量不大的预测方法，主要包括增长率法、趋势外推法、移动平均法、乘车系数法等。同时，长期客流预测是对铁路的客流进行几年或是较长时间的预测方式，能够体现出铁路客流变化的总趋势。

短期预测方法一般对精度要求较高，适用于数据需求量大，且对相关因素考虑较多的预测方法，如回归分析法、产值系数法、弹性系数法、指数平滑法。短期客流预测是对客流在几个月的客流进行预测，能更加清楚地表现出旅客一年当中的波动情况，有助于铁路部门准确把握铁路客流的波动情况，及时对高峰客流时期采取应对措施。

（1）增长率法

增长率法是根据客流量的预计增长速度进行预测的方法。其步骤为先分析历史客流量增长率的变化规律，然后根据对今后经济增长和运输条件的估计，确定预测期客流量的增长率，再预测未来的客流量。

（2）趋势外推法

趋势外推法是利用过去的统计资料建立相应数学模型，按时间序列的趋势外推至未来，以预测今后一段时间的发展趋势和可能达到的发展水平。

（3）乘车系数法

乘车系数法是以总人口和平均每人乘车次数预测客流需求的方法。乘车系数指一定范围内旅客发送量与人口数的比值。在全国范围内，乘车系数为总客运量与全国人口的比值；在运输企业或车站范围内，乘车系数为吸引范围内总客运量与其总人口的比值。

（4）移动平均法

移动平均法是根据时间序列逐项推移，依次计算包含一定项数的序时平均数，以此进行预测的方法。移动平均就是按时间序列的一定项数求序列平均数，逐项移动，边移动边平均，计算出一系列的序时平均数，得出由移动平均数构成的新的时间序列。

（5）回归分析

回归分析是研究自变量与因变量之间的关系形式的分析方法，是要确立一个合适的数学模式，用来近似地表达变量之间的变化关系。与移动平均法和指数平滑法等预测方法比较，该方法可以考虑更多对运量可能产生影响的因素，而不是只通过运量本身在过去的增长趋势去预计未来。

（6）产值系数法

产值系数法是根据预测期国民经济的总量指标，如工农业总产值、社会总产值、国内生产总值或国民收入等，确定每单位产值所引起的客流量来预测需求总量的方法。

（7）弹性系数法

弹性系数法是在对一个因素发展变化预测的基础上，通过弹性系数对另一个因素的发展变化作出预测的一种间接预测方法。客流预测可以利用客流量与经济和人口之间的弹性系数，以经济和人口的预测结果为基础进行推算。

（8）指数平滑法

指数平滑法是通过修匀历史数据中的随机成分去预测未来。它引入了人为确定的系数以体现不同时期各因素在预测中所占的权数，因此可以赋予近期数据较大的权值，有利于提高预测的精度。

5.3.2 适应性分析

在客流预测方法中，不同的预测模型，适应情况有所不同。因此，应根据调研和掌握的基础资料，并结合规划特点、规划要求、预测目标等问题选择适宜的预测方法进行预测。

效用最大化模型和 Logit 模型对于客运需求预测而言，随着区域广度的增加，方式选择愈加复杂，适用性降低，因此能适应国土层面 3h 交通圈和城市群 2h 交通圈的客流预测。这两种方法在具有明确的交通方式选择集、区域范围大小适宜的条件下，也可运用于都市圈 1h 交通圈层和中心城区 30min 交通圈层的客流预测。

传统的重力模型仅仅考虑人口、生产总值和距离等影响因素是不全面的，且缺乏对城市群、都市圈不同层次旅客的出行行为的分析，跟实际情况存在一定的偏差。城市群、都市圈内客流产生的根源在于不同区域之间的空间相互作用。首先，城市内部的经济社会发展水平较为均一，而都市圈内的不同城市和地区之间由于在发展水平上存在着一定的差异，在经济社会发展水平上的差距较大，导致中心城区与外围区县的客流需求存在着一定的差异。除此之外，在生产要素和就业岗位进一步向大城市集聚的情况下，大量的年轻劳动力都集中在中心城市，因此中心城市与外围区县的人口结构存在着较大的差异。在这样的背景之下，如果仅仅考虑人口、生产总值和距离等，那么预测结果就会产生较大的偏差。由此可见，重力模型适用于城市区域范围，即中心城区 30min 生活圈层的客流预测。

土地利用法侧重对一条线和每一个车站周围一定范围内土地利用的研究。土地利用法对网络层次客流特征反映不足，即无法正常反映城市群、都市圈内不同线路间客流的相互影响，且对土地利用变化带来的交通改变也反映不足，因此对于新线的客流预测也很难适用。由此可见，土地利用法难以适用于城市群、都市圈不同层次的客流预测，但对于拥有轨道交通历史较长、资料完善的城市是可行的。换而言之，其可应用于城市区域范围内，即中心城区 30min 生活圈层的客流预测。

弹性系数法将客流增长与国民经济发展紧密联系，并结合社会经济的发展层次、地区特点、发展战略等对弹性系数做动态调整，但只考虑两个变量的关系，忽略了其他相关变量的影响，计算结果较为粗糙。因此，该方法适用于国土层面 3h 交通圈层、城市群 2h 交通圈层范围内的客流预测。

回归分析法、移动平均法、产值系数法、增长率法、指数平滑法、趋势外推法以及乘车系数法均采用对历史数据按照时间序列进行趋势外推的方法来进行客流预测。然而，城市群、都市圈属于一种新的空间组织形式，发展都市圈的目的是解决中心城区空间资源负荷超载的问题，即发展都市圈是为了鼓励在中心城区工作的人们搬到外围区域居住。因此，都市圈的发展将会对区域内部的客流联系特征带来巨大的影响。在这样的背景之下，历史客流数据对于预测未来都市圈的客流所具备的参考性较弱，且随着不同制式、不同层次的轨道交通系统不断加入，各组合方式将越来越多，越来越复杂，不同层级客流需求越发复杂，势必会对预测结果造成不同的影响。因此，上述方法仅适用于都市圈至城市群以外的中长途客流，即国土层面 3h 交通圈的客流预测，以及与城市群内部其他都市圈客流，即城市群 2h 交通圈的客流预测。

四阶段法从横向与其他预测方法相比，具有可操作性高、适用性强的特点；从纵向与其他预测方法相比，具有全面性好、系统性强的特点，对于缺乏各种客流输入资料的新建城市，明显更具有实际的操作性。因此，四阶段法被广泛应用于城际铁路、城市轨道交通等的客流预测。由此可见，该方法适用于每个圈层的客流预测。

但是，在把四阶段法直接拓展到区域层面，进行不同圈层下的客流预测时，则会出现一些问题。传统的四阶段模型自身在实际应用中存在理论及方法上的局限性，在轨道交通出行的方式链及个体特性等方面考虑不强，没有准确考虑居民出行特征和规律。第一种情况：在不同居民交通出行基于一样或不一样出行需求，在此过程中选用了“组合”交通出行方式，第二种情况：同一居民交通出行时基于同一出行需求，在此过程中选用了两种或以上交通出行方式，依照传统的四阶段模型的解决方式是划定各类交通方式的优先级，按照优先级高低进行排序，再进行归类划分出行方式。按照最高等级轨道交通，次等级地面公交，再往下一级小汽车、出租汽车等，最低等级步行方式，这就会忽略了其他交通方式在整个出行活动过程中的相互作用。此类问题在过去客流预测时轨道交通线路少、交通方式单一等情况下表现并不突出，但随着我国城市群、都市圈轨道交通的快速、大规模不断发展，不同制式、不同层次的轨道交通系统不断加入，各组合方式将越来越多，越来越复杂，势必会对预测结果造成不同的影响。

此外，既有的轨道交通客流需求预测方法缺少对区域交通分布有着重要影响的产业关联度参数的考虑。产业关联是指各产业间在投入和产出方面的相互联系和相互影响（刘海洲，2008）。国民经济各产业部门之间存在着相互依存、相互制衡的关系，其中某个产业的发展必定影响或带动其他产业的发展。

既有轨道交通客流预测方法比较见表 5-5。

客流预测方法比较 表 5-5

类别	方法名称	数据需求	特　点	局 限 性	适 用 情 况
城市轨道交通客流预测方法	效用最大化模型 Logit 模型	各种交通方式的固定效益，需要考虑各种交通方式的出行费用、出行时间等因素	通过所构造的效用函数可以有效预测分方式客运需求，是目前应用最广的模型	随着区域广度的增加，方式选择愈加复杂，适用性降低	在具有明确的交通方式选择集、区域范围大小适宜的条件下可使用，也可运用于都市圈 1h 圈层和中心城区 30min 圈层的客流预测
	重力模型	交通区人口总量；交通区之间的距离；基本参数标定	重力模型直观上容易理解，能考虑路网的变化和土地利用对人们的出行产生的影响	对影响因素考虑不全面，且缺乏对城市群、都市圈不同层次旅客的出行行为的分析，跟实际情况存在一定的偏差	适用于城市区域范围内，即中心城区 30min 生活圈层的客流预测
	土地利用法	现状客流资料；现状土地规划情况；历年客流强度变化情况	在研究对象没有居民出行调查数据的情况下，也能进行轨道交通客流预测	对网络层次客流特征、土地利用变化带来的交通改变反映不足，不适于新线客流预测	难以适用于城市群、都市圈不同层次的客流预测；对于拥有轨道交通历史较长、资料完善的城市，可用于城市区域范围内，即中心城区 30min 生活圈层的客流预测
	四阶段法	交通小区划分情况、OD 数据	从横向与其他预测方法，具有可操作性高、适用性强的特点；从纵向与其他预测方法，具有全面性好、系统性强的特点，对于缺乏各种客流输入资料的新建城市，明显更具有实际的操作性	模型在轨道交通出行的方式链及个体特性等方面考虑不强，没有准确考虑居民出行特征和规律；忽略了其他交通方式在整个出行活动过程中的相互作用	不仅对于新建轨道交通、客流资料不完善的城市有更好的适用性，且适用于每个圈层的客流预测，但把四阶段法直接拓展到区域层面进行不同圈层下的客流预测时，需要重点考虑模型参数取值与小区划分两个关键问题

续上表

类别	方法名称	数据需求	特点	局限性	适用情况
铁路客流预测方法	弹性系数法	生产总值的弹性系数；基于历史数据的运量的平均年增长率；基于历史数据的生产总值的平均年增长率；基准年运量；从基准期到预测期的生产总值的年均增长率	弹性系数法在对一个因素发展变化预测的基础上，通过弹性系数对另一个因素的发展变化作出预测。方法简单易行，计算方便，需要数据量少，应用灵活广泛	分析带有一定的局部性和片面性；计算结果较为粗糙，很多时候要根据弹性系数变动趋势对弹性系数进行修正	可用于国土层面3h交通圈层面、城市群2h交通圈层面的客流预测
	产值系数法	预测期产值指标；产值系数	该方法通过确定预测期产值指标与每单位产值所引起的客运量或货运量变化来预测需求总量，方法操作简单，计算便捷	均采用对历史数据按照时间序列进行趋势外推的方法来进行客流预测，但历史客流数据对于预测未来都市圈的客流所具备的参考性较弱，且随着复杂度增加，将对预测结果造成不同的影响	适用于都市圈至城市群以外的中长途客流，即国土层面3h交通圈层面的客流预测，以及与城市群内部其他都市圈客流，即城市群2h交通圈层面的客流预测
	回归分析法	区域社会经济指标，如生产总值、人口、工业生产总值、社会消费品总额等影响因素作为自变量进行预测	在分析多因素模型时，更加简单和方便。回归分析可以准确地计量各个因素之间的相关程度与回归拟合程度的高低，提高预测方程式效果		
	指数平滑法	时间序列运输量；平滑系数	根据历史资料的实际数和预测值，用指数加权的办法进行预测。可以节省很多数据和处理数据的时间，减少数据的存储量，方法简便		
	增长率法	基期运量；运量递增率；预测年限	预测方法是通过修匀历史数据中的随机成分去预测未来，该方法操作简单，计算便捷		
	趋势外推法	基于现有公交与长途汽车线路统计数据	突出了时间因素在预测中的作用，暂不考虑外界具体因素的影响		
	乘车系数法	预测期的总人口；乘车系数	通过确定预测期的总人口与乘车系数来预测需求总量，该方法操作简单，计算便捷		
	移动平均法	运输量序列值；移动平均值；权重系数	该方法将近期实际发生的需求值按一定的期数进行平均计算方法简便，能够有效地消除预测中的随机波动		

5.4 基于空间—圈层—需求的城市群都市圈轨道交通需求预测多层次组合模型

5.4.1 多层次组合模型概述

城市群、都市圈的形成带来区域生产组织和空间结构的革新，其复杂化与层次化的活动特征要求构建多层级的交通系统来与之协调。在都市圈内外区域中，轨道交通方式与其他交通方式之间、不同层次轨道模式之间的协作与竞争共存，而在不同层级交通系统面临的协作与竞争关系又有各自的特点。传统的轨道交通客流需求预测理论和方法多应用于单一的轨道交通系统制式，对于城市群、都市圈内的多层次轨道交通系统在数据调查、客流划分等不具有针对性，对于轨道交通线路所涉及的整体空间区域不具有普适性。因此，基于都市圈内外的不同圈层，将轨道交通一体化需求预测分为“都市圈内层—城市群层—国土层”三个层级，提出基于空间—圈层—需求的城市群、都市圈轨道交通一体化需求预测方法与模型体系。

目前四阶段法是轨道交通需求预测中最常用的方法，其操作流程灵活性强、预测精度较高、参数适用范围较广。基于城市群、都市圈轨道交通一体化的综合性特点要求，本项目关于需求预测理论与方法的内容要点可概括为“一种方法、两类资料、三个模型、四项原则、五级步骤”，具体如图 5-20 所示。

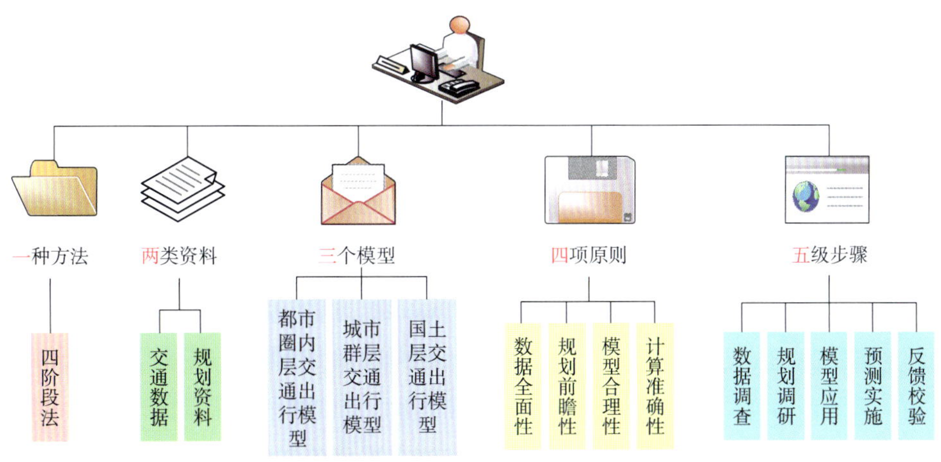

图 5-20 城市群、都市圈轨道交通一体化需求预测理论与方法要点

1）四项原则

四阶段预测方法基于居民出行调查和目标区域规划展开，按照交通生成、交通分布、方式划分和交通分配四个阶段步骤进行，具体流程如图 5-21 所示。四阶段预测流程建立于交通

出行的实际场景，其各阶段均考虑客流出行的“量”与“类”特点。经过长期的综合实践运用，该预测方法可作为轨道交通一体化需求预测的主要方法。为使预测结果更加科学准确，城市群、都市圈区域的长期客流需求预测过程应遵循以下四条原则。

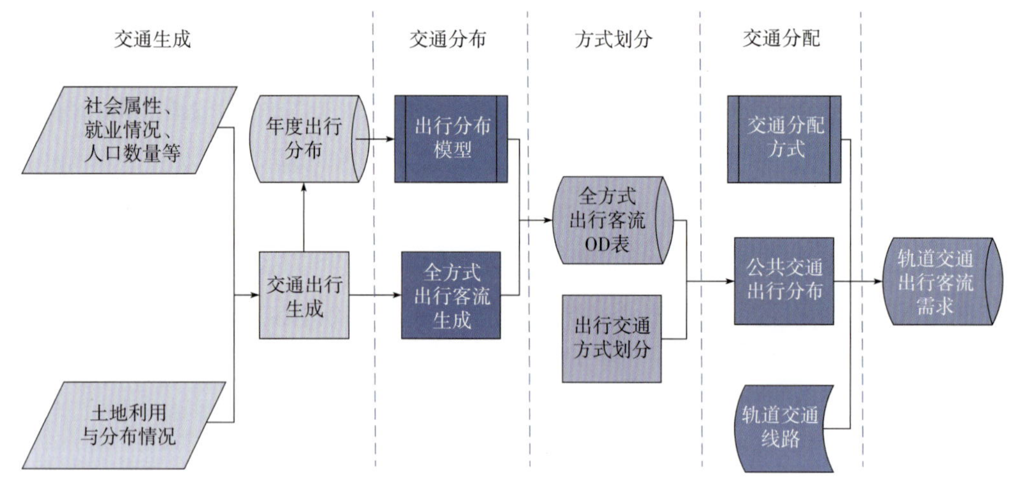

图 5-21　四阶段法预测城市群、都市圈轨道交通一体化出行客流需求流程图

（1）数据调查与资料调研的全面性和可靠性。客流调查是非常重要的一个环节，必须符合准确和真实的要求，确保获得客流出行分布与出行特征的全面资料。该过程应广泛参考各地社会经济发展状况、交通发展、各种方式运输客流量问题，并在此基础上认真做好 OD 统计工作。此外，该过程还应考虑地区交通路网特性、交通出行特点以及轨道交通一体化运营特点，采用可操作性强的出行客流调查方法，以获取现状客流出行分布和出行特征的资料数据。

（2）区域定位与规划方向的针对性和前瞻性。应将轨道交通线路所涉及的区域作为研究区域，以人口产生出行活动为基础进行总量预测，认真分析其客流量、出行特征、未来趋势、周边基础设施建设、未来城市规划的方向，确定其在区域交通中的地位与作用。综合考虑国家层面、省级层面、区域层面、市域层面相关规划，确保区域规划定位和发展目标相一致。基于以上综合的城市用地空间规划分析，预测人口就业总量及分布，后用四阶段方法预测客流需求总量及分布。

（3）预测阶段与模型选择的合理性和实践性。应从综合交通角度对客流进行预测与分配，综合考虑各种交通方式之间的换乘、既有基础设施建设、已规划线网修编或新增层次线网规划、机场等重要交通枢纽、周围路网的发达程度，选择符合地区社会经济和交通特征的预测阶段和预测模型。重点考虑区域基础设施较好、两节点之间多路径的情况，采用符合城市群、都市圈轨道交通一体化特征的方式划分模型与交通分配模型。

（4）参数标定与结果结算的实际性和准确性。预测模型有关参数的标定选用，除直接借鉴国内外同类已有项目的参考数值外，需采用数学估计方法求得实际值。对于预测计算的需求结果，需参照调查的实际情况，定性、定量地进行综合对比，确保数值结果准确、合理。

2）核心步骤

四阶段预测是定性与定量相结合的预测方法，需结合实际有效的实施步骤，确保客流需求预测结果全面、准确。针对城市群、都市圈轨道交通一体化建设项目研究的特点，预测工作基于充足的数据调查和资料调研展开，分析相关政策导向与规划要点，建立相关交通模型实施框架，明晰分层预测与归纳概括的目标导向，按照如下五级步骤逐级实施预测过程，具体如图 5-22 所示。

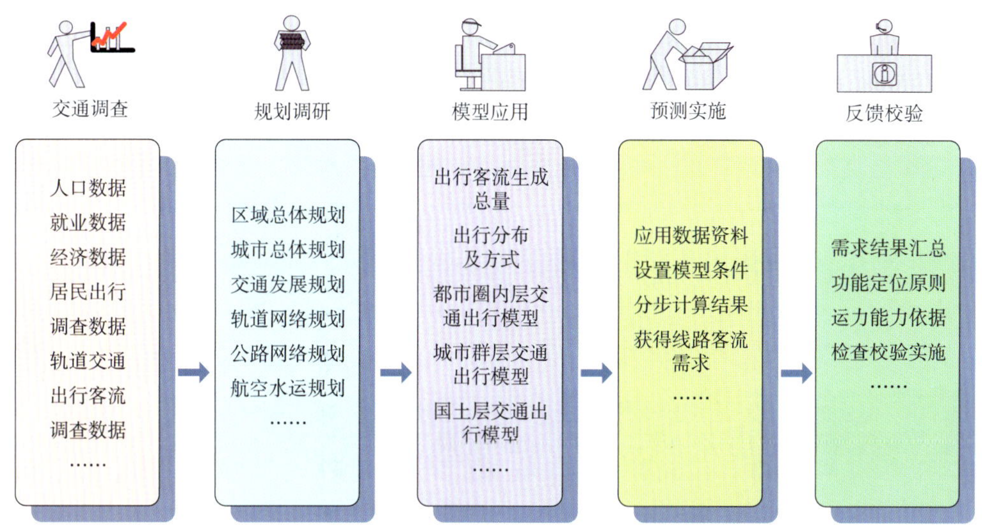

图 5-22　城市群、都市圈轨道交通一体化出行客流需求预测核心步骤示意图

（1）交通数据调查与分析。在足量调查的基础上合理筛选有效数据，汇总分析综合数据，总结过往发展规律，标定现状交通出行与土地利用、人口就业、设施分布的关系。

（2）规划资料调研与归纳。在充分调研的基础上总结归纳区域、城市规划定位以及主要交通枢纽规划定位，区分时空条件推测各种轨道交通方式的短、中、长期发展趋势和功能侧重点，定性分析各种轨道交通方式在轨道交通一体化和全方式出行中的地位作用。

（3）预测模型建立与选用。基于预测对象的空间范围建立三个主要模型，即都市圈内层交通出行模型、城市群层交通出行模型和国土层交通出行模型，并基于预测实施流程的必要性选用出行产生、吸引、分布、分配四阶段预测环节中的具体方法模型。

（4）预测流程推进与实施。根据调查分析的数据和调研归纳的资料，应用建立和选用的模型定量预测轨道交通出行客流需求，突出客流分配的实践性和合理性，获得各种轨道交通方式线路的客流需求。

（5）预测结果反馈与校验。对于初步计算获得的出行客流需求预测结果，以功能、定位为定性原则，以运力、能力为定量依据，结合最新轨道交通一体化规划方案进行数据检验，并进一步通过数据反推，确保原始数据选用的准确性。

3）预测模型

城市群、都市圈轨道交通一体化需求预测模型研究采用系统分析与集成思想，将轨道交通线路所涉及的区域作为研究区域，基于不同圈层特点研究需求预测问题，依据预测对象空间范围建立三个主要模型，即都市圈内层交通出行模型、城市群层交通出行模型和国土层交通出行模型，如图 5-23 所示。都市圈内层交通出行模型主要预测范围为都市圈 1h 商务圈、通勤圈以及中心城区 30min 生活圈，包括城市市内及郊区出行的客流总量及分布，包含枢纽稳态客流在市内的分布；城市群层交通出行模型主要预测范围为城市群 2h 交通圈，包括城市特定半径下辐射至周边城市的出行客流总量及分布，一般为有限范围内的定向客流；国土层交通出行模型主要预测范围为国土层 3h 交通圈，包括特定覆盖区域，即都市圈、经济带内城市对外及远途市际间出行的客流总量及分布。通过以上三个模型预测相关需求，然后将需求进行叠加，在轨道交通一体化网络中进行分配，获得各层次轨道交通线网的客流分布指标。

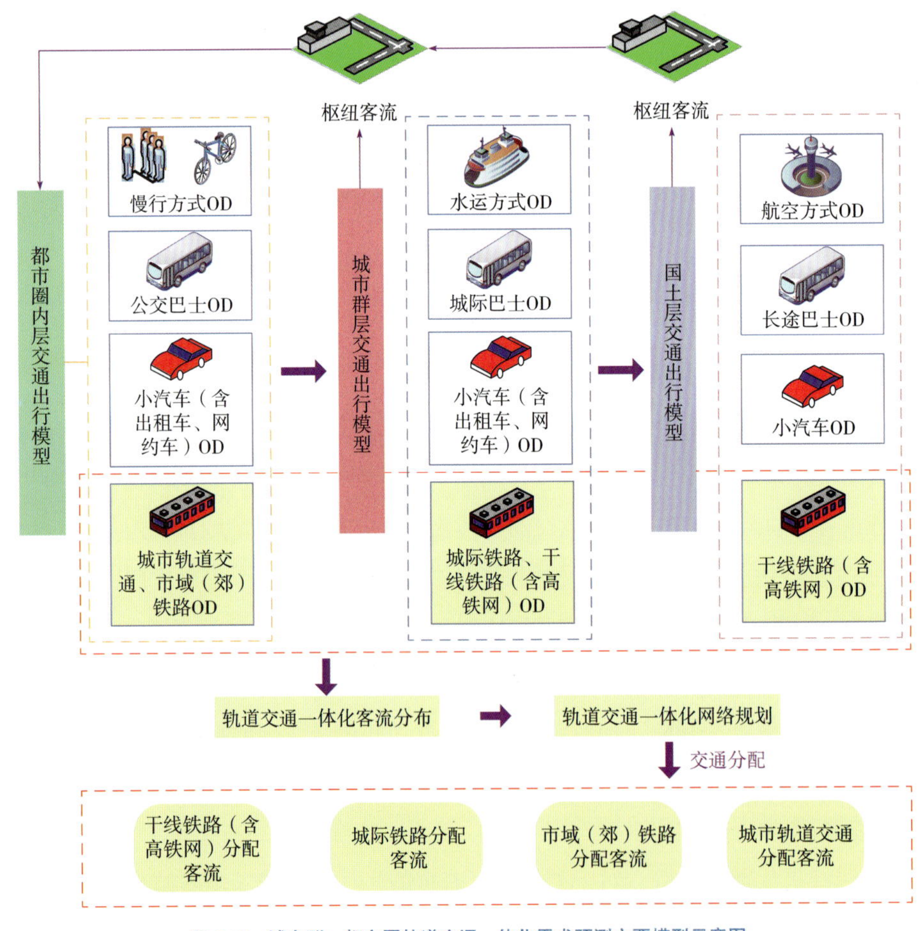

图 5-23　城市群、都市圈轨道交通一体化需求预测主要模型示意图

基于以上理论框架基础，可以明显看出城市群、都市圈轨道交通一体化需求预测在实践中具有较强的分圈层体系特点，并且对数据的基础依托性也较为明显。结合综合交通规划的基本要求，基于空间—圈层—需求的城市群、都市圈轨道交通一体化需求预测的具体模型详见下节。

5.4.2 国土层次模型

国土层交通出行模型的预测实施类似于城市群层交通出行模型，但由于其覆盖范围更广，数据精度要求也更高。

1）国土层出行客流生成预测

国土层交通出行模型和城市群层交通出行模型在原理上基本一致，仅在交通小区划分和计算系数选取上有所不同，因此可直接采用城市群层相关方法。

2）国土层出行客流分布预测

在国土层出行客流分布预测中，同样将交通小区之间、交通小区内部的交通量分别进行预测。国土层交通小区的内部交通量计算公式如式（5-1）所示。

$$H_{kk} = G \cdot (Q_k)^{\alpha} \cdot (A_k)^{\beta} \cdot (M_k)^{\xi} \tag{5-1}$$

式中：H_{kk}——国土层交通小区 k 规划年内部的客流出行量；

Q_k——国土层交通小区 k 的出行发生量；

A_k——国土层交通小区 k 的出行吸引量；

M_k——国土层交通小区 k 的面积；

K, α, β, ξ——模型参数，通过线性回归方程确定。

在国土层客流分布预测中，交通小区 k 与交通小区 j 之间的交通量预测应用基本重力模型，其计算如式（5-2）所示。

$$H_{kj} = G \cdot G_{kj} \cdot \frac{(Q_k)^{\alpha} \cdot (A_j)^{\beta}}{(T_{kj})^{\xi}} \tag{5-2}$$

式中：H_{kj}——国土层交通小区 k 和 j 之间的客流出行量；

Q_k——国土层交通小区 k 的出行发生量；

A_j——国土层交通小区 j 的出行吸引量；

T_{kj}——国土层交通小区 k 和 j 之间通行时间；

G_{kj}——国土层交通小区 k 和 j 之间的地区间系数；

G, α, β, ξ——模型参数，通过线性回归方程确定。

经过以上国土层客流分布预测模型的实施，可计算得到交通小区之间交通量和交通小区内部的交通量，进而建立国土层目标年的全方式出行客流方向分布汇总表。

3）国土层出行方式划分预测

基于国土层目标年全方式出行客流方向分布汇总表，划分具体出行方式。国土层范围居民出行距离较长，以干线铁路（含高铁网）为主的轨道交通方式将在交通系统中起到关键作用。根据交通出行结构特征，将居民出行方式划分为四种，即航空出行方式、长途巴士出行方式、小汽车出行方式和轨道交通出行方式。模型选用直接的 Logit 形式，模型标定方法同城市群层相应模型。

各交通出行方式被选用的概率计算公式如式（5-3）所示，式中 P（mode_i）代表模型交通方式 i 被出行者选中的概率。

$$P(\text{mode}_i) = \exp(V_{\text{mode}_i}) / \sum \exp(V_{\text{mode}_i}) \tag{5-3}$$

各交通出行方式的效用函数如式（5-4）～式（5-7）所示。

（1）长途巴士出行方式效用

$$V_{\text{lon-bus}} = x \cdot t_{\text{OVT}} + y \cdot t_{\text{IVT}} + z \cdot F + \delta \cdot N_{\text{XFER}} + C_{\text{lon-bus}} \tag{5-4}$$

式中：t_{OVT}——对于长途巴士、轨道交通和航空出行方式，该变量指包含步行至站点在内的出发候车（机）时间；

t_{IVT}——某交通方式在车（机）出行时间；

F——除私家车外，某交通方式出行所付相应费用；

N_{XFER}——乘坐长途巴士、轨道交通方式和航空方式出行中换乘的次数；

$C_{\text{lon-bus}}$——长途巴士出行方式的特有常量；

x, y, z, δ——线性模型中需标定的参数。

（2）小汽车出行方式效用

$$V_{\text{pri-car}} = x \cdot t + y \cdot t_{\text{IVT}} + z \cdot C + u \cdot B_{\text{Caravail}} + C_{\text{pri-car}} \tag{5-5}$$

式中：t——私家车方式出行吸引端的步行时间；

C——对于私家车，一次出行需要的包含油耗等的经济成本；

B_{Caravail}——0-1 二元变量，表示私家车出行中该方式对于出行者来说是否可获得；

$C_{\text{pri-car}}$——私家车出行方式的特有常量；

x, y, z, u——线性模型中需标定的参数。

（3）航空出行方式效用

$$V_{\text{air}} = x \cdot t_{\text{OVT}} + y \cdot t_{\text{IVT}} + z \cdot C + C_{\text{air}} \tag{5-6}$$

式中：x, y, z——模型中需标定的参数；

C_{air}——航空出行方式的特有常量。

（4）干线铁路（含高铁网）出行方式效用

$$V_{artRT}=x \cdot t_{OVT}+y \cdot t_{IVT}+z \cdot F+C_{artRT} \tag{5-7}$$

式中：V_{artRT}——干线铁路（含高铁网）出行方式的效用；

C_{artRT}——干线铁路（含高铁网）出行方式的特有常量；

x, y, z——线性模型中需标定的参数。

依托都市圈内层交通出行模型、城市群层交通出行模型和国土层交通出行模型的预测步骤，可获得一体化条件下城市轨道交通、市域（郊）铁路、城际铁路和干线铁路（含高铁网）四种轨道交通方式对应的客流量及客流方向分布，进而可实施客流需求分配，将前面步骤所得到的一体化轨道交通客流需求量，结合实际线网条件，根据相应的规则合理分到每一种方式的每一条线路上。交通分配模型包括非平衡分配方法、平衡分配方法、随机分配方法和动态分配方法四大类，可根据工程实践要求具体实施。

5.4.3 城市群层次模型

城市群层交通出行模型的预测实施主要包括客流生成、客流分布和出行方式划分，其技术流程和操作细节相比于都市圈内层交通出行模型有较大不同。

1）城市群层出行客流生成预测

城市群层出行客流生成预测的相关方法常见为多元线性回归分析法，该方法能够综合考虑多种影响客流变化的因素，因此将其用在生成阶段进行预测相对合理。但是，传统的回归分析法应用于轨道交通客流预测仍存在一些不足，主要包括两方面：一是不能保证在回归分析的自变量选取中选择了确实有效的变量；二是当得到预测模型后，不能够确定该模型对所研究交通现象的描述是否合理。因此，需要详细研究自变量和因变量的关系，才可以确定自变量的选择是合理的。鉴于自变量有效性这一缺陷，对多元线性回归分析法进行改进并将其应用于城市群层出行客流生成预测。

通过数据拟合回归工具的使用，例如 SPSS 软件对自变量之间的相关性进行检测，从而对自变量进行筛选，即将显著相关的两个自变量排除掉其中一个，以确保所有参与到回归分析中的自变量的有效性。此外，在预测模型的自变量中，可引入交通小区的可达性作为出行产生量和吸引量的影响因素（靳朝阳，2014），具体见式（5-8）。基于以上改进，可得到改进的客流生成预测模型，具体见式（5-9）。

$$\text{可达性指标基准}=\frac{\text{平均出行距离(km)}}{\text{平均出行时间(h)}} \tag{5-8}$$

$$Q_k = \beta_0 + \sum_i \beta_i X_{ki} + \beta_{i+1} X_{acc} \quad (5\text{-}9)$$

式中：　Q_k——交通小区 k 发生或吸引的交通量；

β_0，β_i，β_{i+1}——待定系数；

X_{ki}——分区活动的指标，即指与因变量相关系数高的自变量；

X_{acc}——交通小区的可达性指标。

基于城市群层的客流生成预测计算，可获得相应范围的全方式出行客流生成总量。

2）城市群层出行客流分布预测

在客流分布预测方法中，重力模型构造简单，应用地域范围不受限制，并且能够考虑土地利用情况对客流需求生成的影响。此外，即使基准年没有完整的OD交通量表，该方法也能预测未来年的OD交通量。因此，对于城市群层的客流分布预测，重力模型均有较好的适用性。

在城市群层客流分布预测中，应考虑交通小区内部的出行需求量。因此，将交通小区之间、交通小区内部的交通量分别进行预测，这样得出的结果更能符合居民的实际出行情况。城市群层交通小区的内部交通量计算公式如公式（5-10）所示。

$$H_{kk} = G \cdot (Q_k)^{\alpha} \cdot (A_k)^{\beta} \cdot (M_k)^{\xi} \quad (5\text{-}10)$$

式中：H_{kk}——城市群层交通小区 k 规划年内部的客流出行量；

Q_k——城市群层交通小区 k 的出行发生量；

A_k——城市群层交通小区 k 的出行吸引量；

M_k——城市群层交通小区 k 的面积；

G, α, β, ξ——模型参数，通过线性回归方程确定。

在城市群层客流分布预测中，交通小区 k 与交通小区 j 之间的交通量可采用基本重力模型、单约束重力模型和双约束重力模型等进行预测，应用基本重力模型的计算如公式（5-11）所示。

$$H_{kj} = G \cdot G_{kj} \cdot \frac{(Q_k)^{\alpha} \cdot (A_j)^{\beta}}{(T_{kj})^{\xi}} \quad (5\text{-}11)$$

式中：H_{kj}——城市群层交通小区 k 和 j 之间的客流出行量；

Q_k——城市群层交通小区 k 的出行发生量；

A_j——城市群层交通小区 j 的出行吸引量；

T_{kj}——城市群层交通小区 k 和 j 之间通行时间；

G_{kj}——城市群层交通小区 k 和 j 之间的地区间系数；

G, α, β, ξ——模型参数，通过线性回归方程确定。

经过以上城市群层客流分布预测模型的实施，可计算得到交通小区之间交通量和交通小区内部的交通量，进而建立城市群层目标年的全方式出行客流方向分布汇总表。

3）城市群层出行方式划分预测

基于城市群层目标年全方式出行客流分布汇总表，进一步划分出行方式，从而获得轨道交通各方式客流需求。城市群层范围内居民出行距离较市内明显加长，大容量轨道交通方式在交通系统中起到关键作用。在划分居民出行方式时，根据交通出行结构特征，将其划分为四种方式，即水运出行方式、城际巴士出行方式、小汽车（含出租车、网约车）出行方式和轨道交通出行方式。此外，Logit 模型将交通方式分为三层。第一层为水运方式层，考虑区域的地理空间特点和人们的实际工作生活需求，该方式竞争力不明显，因而可被预划分。第二层为居民出行的主要方式层，即将水运出行方式划分后的其他三种交通方式。第三层为子方式层，该层将轨道交通方式再划分为城际铁路和干线铁路（含高铁网）。城市群层出行方式划分模型的基本结构如图 5-24 所示，模型标定方法同都市圈内层相应模型。

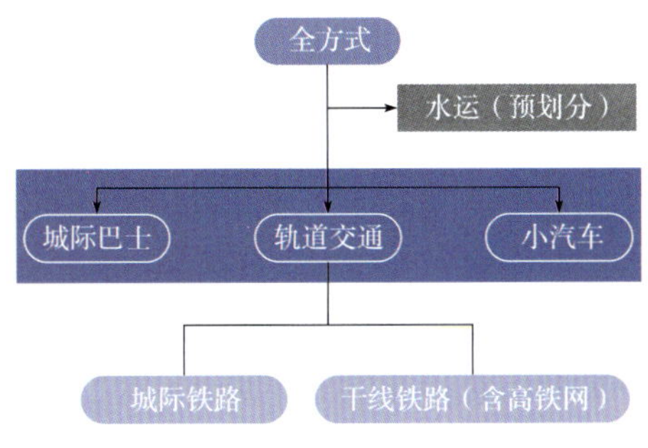

图 5-24　城市群层出行方式划分模型

城市群层出行方式划分模型中，第三层为两类轨道交通出行方式，其被选用的条件概率计算公式如下：

$$P(\text{intRT}|\text{RT}) = \frac{\exp(V_{\text{intRT}}/\theta_{\text{RT}})}{\exp(V_{\text{intRT}}/\theta_{\text{RT}}) + \exp(V_{\text{artRT}}/\theta_{\text{RT}})} \tag{5-12}$$

$$P(\text{artRT}|\text{RT}) = \frac{\exp(V_{\text{artRT}}/\theta_{\text{RT}})}{\exp(V_{\text{intRT}}/\theta_{\text{RT}}) + \exp(V_{\text{artRT}}/\theta_{\text{RT}})} \tag{5-13}$$

式中：$P(\text{intRT}|\text{RT})$——选择城际铁路出行的条件概率；

$P(\text{artRT}|\text{RT})$——选择干线铁路（含高铁网）出行的条件概率；

V_{intRT}——城际铁路方式的效用；

V_{artRT}——干线铁路（含高铁网）方式的效用；

θ_{RT}——轨道交通方式的分层系数。

公式（5-12）和（5-13）中分层系数 θ_{RT} 取值含义同都市圈内层出行方式划分模型中相应系数相同。城市群层轨道交通方式的效用（V_{RT}）可表示为城际铁路和干线铁路（含高铁网）的效用对数和，其计算见式（5-14）。

$$V_{RT}=\theta_{RT}\ln[\exp(V_{intRT}/\theta_{RT})+\exp(V_{artRT}/\theta_{RT})] \tag{5-14}$$

除第一层预划分的水运方式外，第二层中各交通出行方式 i 被选用的概率 P（$mode_i$）计算公式如下：

$$P(mode_i)=\exp(V_{mode_i})\Big/\sum\exp(V_{mode_i}) \tag{5-15}$$

在子方式中，城际铁路和干线铁路（含高铁网）被选用的概率计算公式如下：

$$P(intRT)=P(intRT/RT)\cdot P(RT) \tag{5-16}$$

$$P(artRT)=P(artRT/RT)\cdot P(RT) \tag{5-17}$$

式中：$P(intRT)$——选择城际铁路出行的概率；

$P(artRT)$——选择干线铁路出行的概率；

$P(RT)$——选择轨道交通方式出行的概率。

模型第二层中各交通出行方式的效用函数分别如式（5-18）～式（5-23）所示。

（1）城际巴士出行方式效用（$V_{int\text{-}bus}$）

$$V_{int\text{-}bus}=x\cdot t_{OVT}+y\cdot t_{IVT}+z\cdot F+\delta\cdot T_{XFER}+C_{int\text{-}bus} \tag{5-18}$$

式中：t_{OVT}——对于城际巴士和轨道交通，该变量指包含步行至站点在内的出发候车时间；

t_{IVT}——某交通方式在车出行时间；

F——除私家车外，某交通方式出行所付相应费用；

T_{XFER}——乘坐城际公交巴士、轨道交通方式出行中换乘的次数；

$C_{int\text{-}bus}$——城际公交巴士出行方式的特有常量；

x, y, z, δ——线性模型中需标定的参数。

（2）小汽车（含出租车、网约车）出行方式效用

$$V_{car}=\phi\cdot V_{pri\text{-}car}+(1-\phi)\cdot V_{taxi} \tag{5-19}$$

式中：V_{car}——小汽车出行方式的效用；

$V_{pri\text{-}car}$——私家车出行方式的效用；

V_{taxi}——出租车、网约车出行方式的效用；

ϕ——私家车在出行小汽车出行总量中所占比例。

$$V_{pri\text{-}car}=x\cdot t+y\cdot t_{IVT}+z\cdot C+u\cdot B+C_{pri\text{-}car} \tag{5-20}$$

式中：t——私家车方式出行吸引端的步行时间；

C——对于私家车，一次出行需要的包含油耗等的经济成本；

B——0-1 二元变量，表示私家车出行中该方式对于出行者来说是否可获得；

$C_{\text{pri-car}}$——私家车出行方式的特有常量；

x, y, z, u——线性模型中需标定的参数。

$$V_{\text{taxi}} = y \cdot t_{\text{IVT}} + z \cdot F + C_{\text{taxi}} \tag{5-21}$$

式中：C_{taxi}——出租车、网约车出行方式的特有常量。

（3）轨道交通出行方式效用

$$V_{\text{intRT}} = x \cdot t_{\text{OVT}} + y \cdot t_{\text{IVT}} + z \cdot F + C_{\text{intRT}} \tag{5-22}$$

式中：V_{intRT}——城际铁路出行方式的效用；

C_{intRT}——城际铁路出行方式的特有常量；

x, y, z——模型中需标定的参数。

$$V_{\text{artRT}} = x \cdot t_{\text{OVT}} + y \cdot t_{\text{IVT}} + z \cdot F + C_{\text{artRT}} \tag{5-23}$$

式中：V_{artRT}——干线铁路（含高铁网）出行方式的效用；

C_{artRT}——干线铁路（含高铁网）出行方式的特有常量；

x, y, z——线性模型中需标定的参数。

依靠基础数据和上述出行方式划分的计算步骤，可获得城市群层范围城际铁路和干线铁路（含高铁网）两种方式对应的客流需求量。

5.4.4 都市圈层次模型

以四阶段法为基础，都市圈内层交通出行模型主要包括客流生成、客流分布和出行方式划分，所获得的轨道交通客流结果叠加分配至一体化的轨道交通线网。

1）都市圈内层出行客流生成预测

都市圈内层出行客流生成预测主要考虑城市微观区域形态对交通小区划分的影响，同时也综合考虑各方面因素的影响。交通生成量的变化不仅与交通小区本身的经济发展水平有关，也受周围交通小区的发展状态影响，并且交通出行条件对居民的出行也起到作用。一般情况下，假设居民当天的出行必有返程，并且将可以忽略的短距离移动发生量假设为零。由于同种用地类型的小区居民出行率比较一致并且其具有一定规律性，便于调查分析，因此预测模型可依照不同用地类型划分交通小区，从而更能拟合反映居民出行的实情。此外，该方法的计算过程较简单，便于模型的建立和实践操作。在分析城市现状及发展规划的基础上划分交通小区，即将企业、学校、居民区、医院、景点、政府等类型的用地分别看成独立的研究对象进行分析

（肖艳杰，2018）。以上各类别用地间存在相同点和不同点，例如居住区的居民数量变化不大，出行量相对稳定，国企员工数量也相对稳定，出行频率变化较小，学生流动性小，出行较为规律，但是对于大型商场、景区、医院这种人群构成较为复杂的用地类型而言，其出行需求量变化较大。经过以上研究，总体需求预测的计算公式如下：

$$Q_k = Q_c^k + Q_s^k + Q_l^k + Q_r^k \tag{5-24}$$

式中：Q_k——交通小区 k 规划年的客流需求生成量；

Q_c^k——交通小区 k 规划年的大型企业客流需求生成量；

Q_s^k——交通小区 k 规划年的学校机构客流需求生成量；

Q_l^k——交通小区 k 规划年的居民区客流需求生成量；

Q_r^k——交通小区 k 规划年的其他类型用地客流需求生成量。

在预测模型的应用中，所分析的交通小区内部各种类型用地所产生的客流量相加即为该交通小区的交通需求生成总量。各不相同的土地利用形式，其计算交通生成量的方法也存在差异，下面分别建立以上四种用地类型的交通生成量的计算模型。大型企业交通生成量的计算公式如式（5-25）所示。该式中交通小区 k 的人口数量、员工出行频率、客流吸引量均为调查分析得出的数据，而大型企业的开发程度是由企业规划及国家政策决定的，需要加入误差补偿参数进行计算。

$$Q_c^k = (P_c^k \cdot F_c^k + A_c^k) \cdot D_c^k \cdot E_c^k \tag{5-25}$$

式中：Q_c^k——交通小区 k 规划年的大型企业客流需求生成量；

P_c^k——交通小区 k 大型企业人口数量；

F_c^k——交通小区 k 大型企业员工出行频率；

A_c^k——交通小区 k 大型企业客流吸引量；

D_c^k——交通小区 k 规划年大型企业开发程度；

E_c^k——交通小区 k 大型企业员工出行生成误差补偿参数。

由于学校机构中学生和老师在社会活动中参与的环境有所差异，出行频率并不能保持一致，因此在考虑该因素影响下，学校用地交通生成量的计算公式如公式（5-26）所示。在该式中，学生数量、教师数量、学生的出行频率、老师的出行频率均可通过调查得到。而对于学校的开发程度，因为一般情况下，学校达到一定的开发程度后就会开始进行扩建，所以开发程度取值为 1 较为合适，其误差补偿参数的含义同大型企业一样。

$$Q_s^k = (P_{s1}^k \cdot F_{s1}^k + P_{s2}^k \cdot F_{s2}^k + A_s^k) \cdot D_s^k \cdot E_s^k \tag{5-26}$$

式中：Q_s^k——交通小区 k 规划年的学校客流需求生成量；

P_{s1}^{k}——交通小区 k 学校学生人口数量；

F_{s1}^{k}——交通小区 k 学校学生出行频率；

P_{s2}^{k}——交通小区 k 学校老师人口数量；

F_{s2}^{k}——交通小区 k 学校老师出行频率；

A_{s}^{k}——交通小区 k 学校客流吸引量；

D_{s}^{k}——交通小区 k 规划年学校开发程度；

E_{s}^{k}——交通小区 k 学校人员出行生成误差补偿参数。

与大型企业特点类似，居民区的交通出行需求较为稳定，其计算公式如公式（5-27）所示。该式中交通小区 k 内居民数量、居民出行频率、交通小区客流吸引量均为调查分析所得到的数据，而开发程度是依据具体的城市总体规划来确定的，因此需考虑交通小区 k 居民区交通服务水平和经济发展的变化，以对出行生成带来的作用效果进行误差补偿。

$$Q_{l}^{k} = (P_{l}^{k} \cdot F_{l}^{k} + A_{l}^{k}) \cdot D_{l}^{k} \cdot E_{l}^{k} \tag{5-27}$$

式中：Q_{l}^{k}——交通小区 k 规划年的居民区客流需求生成量；

P_{l}^{k}——交通小区 k 居民区人口数量；

F_{l}^{k}——交通小区 k 居民区人员出行频率；

A_{l}^{k}——交通小区 k 居民区客流吸引量；

D_{l}^{k}——交通小区 k 规划年居民区开发程度；

E_{l}^{k}——交通小区 k 居民区人员出行生成误差补偿参数。

由于其他用地类型的客流量变化不稳定性较大，有的小区可能并不存在医院、景区等，因此需要根据实际情况进行出行生成预测，其计算公式如式（5-28）所示。同理，公式中其他类型用地的人口数量及出行频率也可依靠具体的数据调查获得，而开发程度、误差补偿参数可参考不同类型用地的经济水平和交通状况变化等因素来确定。

$$Q_{r}^{k} = (P_{r}^{k} \cdot F_{r}^{k} + A_{r}^{k}) \cdot D_{r}^{k} \cdot E_{r}^{k} \tag{5-28}$$

式中：Q_{r}^{k}——交通小区 k 规划年的其他类型用地客流需求生成量；

P_{r}^{k}——交通小区 k 其他类型用地人口数量；

F_{r}^{k}——交通小区 k 其他类型用地人员出行频率；

A_{r}^{k}——交通小区 k 其他类型用地客流吸引量；

D_{r}^{k}——交通小区 k 规划年其他类型用地开发程度；

E_{r}^{k}——交通小区 k 其他类型用地人员出行生成误差补偿参数。

交通小区 k 的总体交通需求量为以上各类型用地产生的全方式出行客流生成总和，模型实施中依据土地利用性质划分研究区域，进行客流量预测，能够有效提高预测结果精度，同时计算方便且易于操作，具备较强的工程实践性。

2）都市圈内层出行客流分布预测

客流分布预测是在客流生成预测的基础上，明晰各个交通小区的生成交通需求量的起止点关系，即推算出各个交通小区之间的客流分布量。客流方向分布预测的一般方法为增长率法和构造模型法，后者最广泛使用的方法有重力模型法和机会模型法。近年来在城市区域的工程实践中，重力模型及其相关改进成为相关预测实施的常用方法（徐月圆，2015）。

同时，由于都市圈内层交通小区的密集性特点，在其客流分布预测中应用重力模型会存在以下几点局限性：① OD 小区之间根据出行交通工具的不同，出行时间也会不同，而重力模型却使用同样的时间阻抗；②当 OD 小区之间的距离趋于零时，客流量趋于无穷大，这显然与现实情况不相符，即 OD 小区之间的距离较小时会存在预测数据过高的情况；③预测得到的结果与未来年生成交通需求量的数值不一定一致。因此，在都市圈内层客流分布预测中需要对重力模型进行应用改进，其具体包括以下方面。

①由于 OD 小区之间的出行时间因出行方式的不同而迥异，因此重力模型区间阻抗引入对数和复合阻抗函数，如公式（5-29）所示。该式中，R_N 表示区间阻抗，N 表示交通方式种类数量，B_i 表示交通方式 i 的出行阻抗。

$$R_N = \frac{1}{N}\ln\left(\sum_{i \in N} \mathrm{e}^{B_i}\right) \tag{5-29}$$

②由于都市圈内层范围内交通小区之间距离往往较短，而当 OD 交通小区间的距离趋近于 0 时，预测得到的 OD 量趋向无限大，因此将交通小区之间和交通小区内的交通量分别用不同的模型进行计算。非相邻小区之间应用重力模型预测，相邻小区之间应用回归分析预测。

③为使重力模型的预测结果与未来年的发生、吸引量预测结果一致，将重力模型与增长率法结合，即计算出小区间的交通量后，为确保小区间的交通量与生成的交通量一致，应用平均增长率法对数据进行校核计算。

经过以上都市圈内层范围的客流分布预测实施，可计算得到交通小区之间交通量和交通小区内部的交通量，进而建立都市圈内层目标年的全方式出行客流方向分布汇总表。

3）都市圈内层出行方式划分预测

基于建立的都市圈内层目标年全方式出行客流方向分布汇总表，进一步划分出行方式，从而获得轨道交通各方式客流需求。客流出行方式划分模型用于预测不同出行方式在规划总的交通出行方式中所承担的出行比例。在划分都市圈内居民出行方式时，根据交通出行结构特征，划分为四种主要方式，即慢行出行方式、公交巴士出行方式、小汽车（含出租车、网约车）出行方式和轨道交通出行方式。都市圈内层出行方式划分模型选用巢式 Logit 形式，将交通方式分为三层（肖艳杰，2018）。第一层为慢行方式层，考虑社会经济发展和人们生活方式的改变，步行方式和居民其他出行方式间竞争关系较弱，因而可被预划分。第二层为居民出行的主要方式层，即将慢行方式划分出去以后，按照公交巴士出行方式、小汽车（含出租车、网约车）出行方式和轨道交通出行方式这三种主要的交通方式进行划分。最后一层是出行子方式层，该层将轨道交通方式再划分为城市轨道交通和市域（郊）铁路两种子方式。基于巢式 Logit 的出行方式划分模型的基本结构如图 5-25 所示。

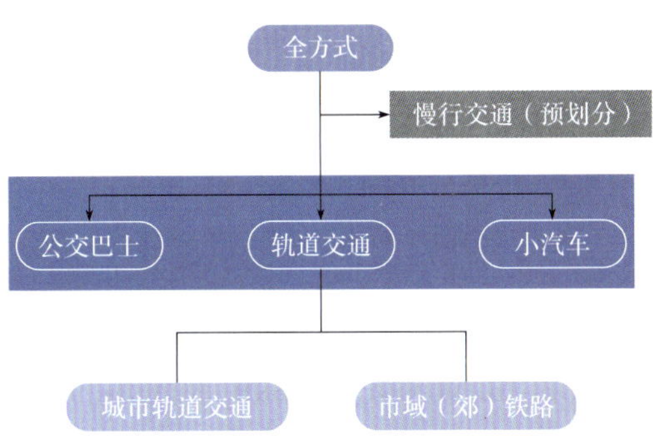

图 5-25　基于巢式 Logit 的都市圈内层出行方式划分模型

巢式 Logit 模型也简称为 NL 模型（Nested Logit），是一种包含时间、换乘、费用等多种变量的预测模型。此外，模型中含有常数项，能够涵盖可靠性、舒适度等难以量化的影响因子。相较于被广泛应用的多项 Logit（Multinomial Logit，MNL）模型，NL 模型精准地表达了轨道交通方式之间互争互补的关系。标定模型分两步，第一步为根据所调查分析的数据来标定费用、换乘系数、时间等阻抗变量系数；第二步为对各区的出行方式集合中的常量进行标定，确定难以在阻抗函数中得到反映的一些因子对居民出行方式选取所产生的影响效果。在交通方式划分中，把目标年人们的收入水平上升导致出行时间价值改变和城市及研究空间拓展引起的出行地域及方式的改变作为主要研究对象。所建立的 NL 模型中，最后一层为两类轨道交通出行方式，其被选用的条件概率计算公式如下：

$$P(\text{urbRT}|\text{RT})=\frac{\exp(V_{\text{urbRT}}/\theta_{\text{RT}})}{\exp(V_{\text{urbRT}}/\theta_{\text{RT}})+\exp(V_{\text{subRT}}/\theta_{\text{RT}})} \tag{5-30}$$

$$P(\text{subRT}|\text{RT})=\frac{\exp(V_{\text{subRT}}/\theta_{\text{RT}})}{\exp(V_{\text{urbRT}}/\theta_{\text{RT}})+\exp(V_{\text{subRT}}/\theta_{\text{RT}})} \tag{5-31}$$

式中：$P(\text{urbRT}|\text{RT})$——选择城市轨道交通出行的条件概率；

$P(\text{subRT}|\text{RT})$——选择市域（郊）铁路出行的条件概率；

V_{urbRT}——城市轨道交通方式的效用；

V_{subRT}——市域（郊）铁路方式的效用；

θ_{RT}——轨道交通方式的分层系数。

在公式（5-30）和（5-31）中，分层系数 θ_{RT} 表示在轨道交通方式同一层中子方式间的相互取代程度，其取值范围为[0,1]。0值表示子方式之间不存在差别，能做到完全替代；1值表示子方式间为竞争关系，当分层系数取值为1时，NL模型变为二元Logit模型。当城市轨道交通的效用和市域（郊）铁路的效用均明确，都市圈内层轨道交通的效用（V_{RT}）可表示为上述二者的对数和，其计算公式如下：

$$V_{RT} = \theta_{RT} \ln[\exp(V_{urbRT}/\theta_{RT}) + \exp(V_{subRT}/\theta_{RT})] \tag{5-32}$$

此外，经过慢行交通预划分后，第二层中各交通出行方式被选用的概率计算公式如下：

$$P(\text{mode}_i) = \exp(V_{\text{mode}_i}) \Big/ \sum \exp(V_{\text{mode}_i}) \tag{5-33}$$

式中：$P(\text{mode}_i)$——模型第二层中交通方式i被出行者选中的概率。

对于轨道交通，城市轨道交通和市域（郊）铁路被选用的概率计算公式如下：

$$P(\text{urbRT}) = P(\text{urbRT/RT}) \cdot P(\text{RT}) \tag{5-34}$$

$$P(\text{subRT}) = P(\text{subRT/RT}) \cdot P(\text{RT}) \tag{5-35}$$

式中：$P(\text{urbRT})$——选择城市轨道交通出行的概率；

$P(\text{subRT})$——选择市域（郊）铁路出行的概率；

$P(\text{RT})$——选择轨道交通方式出行的概率。

基于居民的日常出行行为特点，各交通出行方式的效用函数如式（5-36）～式（5-43）所示。

（1）公交巴士出行方式效用

$$V_{bus} = \eta \cdot V_{urb\text{-}bus} + (1-\eta) \cdot V_{sub\text{-}bus} \tag{5-36}$$

式中：V_{bus}——公交巴士出行方式的效用；

$V_{urb\text{-}bus}$——市内公交巴士出行方式的效用；

$V_{sub\text{-}bus}$——市郊公交巴士出行方式的效用；

η——市内公交巴士在公共巴士出行总量中所占比例。

$$V_{urb\text{-}bus} = x \cdot t_{OVT} + y \cdot t_{IVT} + z \cdot F + \delta \cdot T_{XFER} + C_{urb\text{-}bus} \tag{5-37}$$

式中：t_{OVT}——对于公交巴士和轨道交通，该变量指包含步行至站点在内的出发候车时间；

t_{IVT}——除慢行交通外，某交通方式在车出行时间；

F——除慢行交通和私家车外，某交通方式出行所付相应费用；

T_{XFER}——乘坐市内公交巴士、轨道交通方式出行中换乘的次数；

$C_{urb\text{-}bus}$——市内公交巴士出行方式的特有常量；

x, y, z, δ——线性模型中需标定的参数。

$$V_{\text{sub-bus}} = x \cdot t_{\text{OVT}} + y \cdot t_{\text{IVT}} + z \cdot F + C_{\text{sub-bus}} \tag{5-38}$$

式中：$C_{\text{sub-bus}}$——市郊公交巴士出行方式的特有常量。

（2）小汽车（含出租车、网约车）出行方式效用

$$V_{\text{car}} = \phi \cdot V_{\text{pri-car}} + (1 - \phi) \cdot V_{\text{taxi}} \tag{5-39}$$

式中：V_{car}——小汽车出行方式的效用；

$V_{\text{pri-car}}$——私家车出行方式的效用；

V_{taxi}——出租车、网约车出行方式的效用；

ϕ——私家车在出行小汽车出行总量中所占比例。

$$V_{\text{pri-car}} = x \cdot t + y \cdot t_{\text{IVT}} + z \cdot C + u \cdot B + C_{\text{pri-car}} \tag{5-40}$$

式中：t——私家车方式出行吸引端的步行时间；

C——对于私家车，一次出行需要的包含油耗等的经济成本；

B——0-1 二元变量，表示私家车出行中该方式对于出行者来说是否可获得；

$C_{\text{pri-car}}$——私家车出行方式的特有常量；

x, y, z, u——线性模型中需标定的参数。

$$V_{\text{taxi}} = y \cdot t_{\text{IVT}} + z \cdot F + C_{\text{taxi}} \tag{5-41}$$

式中：C_{taxi}——出租车、网约车出行方式的特有常量。

（3）轨道交通出行方式效用

$$V_{\text{urbRT}} = x \cdot t_{\text{OVT}} + y \cdot t_{\text{IVT}} + z \cdot F + \delta \cdot T_{\text{XFER}} + C_{\text{urbRT}} \tag{5-42}$$

式中：V_{urbRT}——城市轨道交通出行方式的效用；

C_{urbRT}——城市轨道交通出行方式的特有常量；

x, y, z, δ——线性模型中需标定的参数。

$$V_{\text{subRT}} = x \cdot t_{\text{OVT}} + y \cdot t_{\text{IVT}} + z \cdot F + C_{\text{subRT}} \tag{5-43}$$

式中：V_{subRT}——市域（郊）铁路出行方式的效用；

C_{subRT}——市域（郊）铁路出行方式的特有常量；

x, y, z——线性模型中需标定的参数。

依托基础数据和以上出行方式划分的计算步骤，可获得都市圈内层范围城市轨道交通和

市域（郊）铁路两种方式对应的客流需求量。

5.4.5 模型构建小区划分原则及参数选择分析

1）小区划分原则

交通小区划分是需求预测工作的基础，应结合轨道交通的有效覆盖或衔接地域进行实施，并且应具有范围层次性。出于操作性考虑，仍然按圈层区分中心城区 30min 生活圈、都市圈 1h 通勤圈、都市圈 1h 商务圈、城市群 2h 交通圈和国土层面 3h 交通圈。交通小区划分的依据通常为地理区域和活动空间的属性，具体实施中应遵循以下五项依据：

（1）结合当地行政区域进行划分。交通小区的划分中，由于城市规模、密集程度等的不同影响，应该将各区域分为不同的层级，不可混作一团。例如乡、镇、县、市等，就应该属于不同的层级，这样每一层级的性质及规模是相当的，符合聚类的要求。

（2）结合路网客流流向和区域经济发展状况进行划分。根据特定区域的综合路网交通，将一个大区域划分为若干个交通小区，例如根据汽车客运站、航空港、商业或人口中心进行划分，并且应注意保证轨道交通车站、枢纽等被完整地划分在一个交通小区内。

（3）考虑将对外重要交通枢纽虚拟为交通小区，即以对外重要交通枢纽为中心，以客流吸引范围为半径的圆形范围称为虚拟交通小区。

（4）对与轨道交通相关的关键小区进行划分。以线路延伸作为交通小区选取的方向指引，以客流集散功能作为交通小区选取的直接指标，以方式衔接作为交通小区选取的重要依据。

（5）考虑经济、人口数据的便利性。交通小区的划分选取应酌情结合统计数据搜集的便利性，尤其是市内交通小区，尽可能避免数据冗余和混合，同时还应兼顾数据指标的一致性。

基于上述依据原则，为满足城市群、都市圈轨道交通一体化客流预测的需要，对不同圈层交通小区进行准确划分。

（1）中心城区 30min 生活圈交通小区一般为社区（村、居委会行政级）及以下级别区域，常见为居民小区、商业中心、公园和学校等。

（2）都市圈 1h 通勤圈交通小区一般为中型以上社区和街道（镇、办事处行政级）级别区域，常见为集中型居民社区、独立办公机构、学校和商业区等。

（3）都市圈 1h 商务圈交通小区一般为街道（镇、办事处行政级）级别区域，常见为街道、工业园和旅游景区等。

（4）城市群 2h 交通圈交通小区一般为县区行政级别区域，常见为县区、开发区和重要交通枢纽等。

（5）国土层面 3h 交通圈一般为城市（地市、直辖市行政级）级别区域，常见为城市、直辖市城区和国家级示范区等。

2）参数选取

在城市群、都市圈轨道交通客流需求预测中，应根据区域社会经济现状、未来发展规划，调研数据的完备性，预测时间的长度、具体内容、精度等要求，选择适宜的预测方法和参数对未来运输需求进行预测。一般而言，城市群、都市圈轨道交通规划基础资料应包含区域社会经济数据、基础交通数据以及相关发展规划数据，进而从这些数据资料中选取预测过程中所需要的参数。具体而言，按照在预测中起到的作用，参数选取的原则可以归结为两条：一是选取关于预测工作开展的基础类参数，其作用是设定或确定社会经济背景和预测环境，比如人口数量及结构、经济发展水平、沿线土地利用和产业关联度等；二是选取乘客出行行为特性参数，其作用是得到城市群、都市圈轨道交通客流需求情况，进而得到客流预测结果，比如出行时间和出行费用等。下面将对城市群、都市圈轨道交通客流预测中有着重要影响的参数进行逐一分析。

（1）人口数量及结构

旅客运输的服务对象是人。人们出行是造成旅客运输的直接原因，其目的包括通勤、通学、商务、旅行、探亲、访友、回家等。人口数量的变化必然引起旅客运输需求的变化。一般来说，在人口密集的区域，旅客运输需求也会相应较高；在人口较少的区域，旅客运输需求便较低。

此外，区域人口构成同样是影响出行需求的一个重要因素，特别是年龄的不同。少年和儿童的出行主要以上学为主，出行在家和学校之间，其他出行需求较小。中年和青年的出行比较活跃，需求较大。中年人的出行需求来源于多个方面，其中以通勤、商务、探亲为主，而青年的出行主要来源于通勤和通学。老年人行动不便，出行需求较小，并且出行距离较短。随着我国社会老龄化的持续深入，老年人群体规模将继续延续现有的增长态势，并加速扩大，预计到 2035 年占总人口的比重将上升至 25% 左右。随着老年人口数量的增长，以生活性出行为主要出行目的，以步行和公交为主要出行方式，以舒适、安全、经济为主要出行要求，以短距离和低出行频率为主要出行特征的老年人出行需求将大幅增长。城市群、都市圈区域各圈层客流人口数量及结构特点见表 5-6。

城市群、都市圈区域各圈层客流人口数量及结构特点　　表 5-6

项目	中心城区 30min 生活圈	都市圈 1h 通勤圈	都市圈 1h 商务圈	城市群 2h 交通圈	国土层面 3h 交通圈
密集程度	稠密（土地开发率高）	较稠密（外围居住区）	较稠密（外围居住区）	一般（客流分散）	稀疏（客流分散）
年龄结构	少年儿童、中青年、老年人	中青年、老年人	中青年为主	中青年为主	中青年为主

（2）经济发展水平

生产发展水平的高低、速度的快慢直接影响旅客的出行需求。旅客运输需求中有很大一部分是生产性和工作性的运输需求，会受到社会经济发展水平的影响。在经济发展水平高的区域，大量人员会因通勤、公务、商务的需要频繁外出，使得旅客运输需求增长速度快，运输需求水平也相对较高；反之，在经济发展相对缓慢滞后的区域，旅客运输需求的增长速度较慢，运输需求水平也相对较低。随着区域经济发展水平的提高，居民消费和生活水平不断提高，从而使得人口流动日益频繁，以旅游、休闲等为代表的客流需求将迅速增长。此外，居民支出水平的提高，将显著提高居民对高铁等高品质出行服务的购买能力，继而推动铁路客流继续保持高速增长。城市群、都市圈区域各圈层经济发展水平特点见表 5-7。

城市群、都市圈区域各圈层经济发展水平特点　　表 5-7

项目	中心城区 30min 生活圈	都市圈 1h 通勤圈	都市圈 1h 商务圈	城市群 2h 交通圈	国土层面 3h 交通圈
生产发展水平	一般（生活区域为主）	高（企业、商业机构多）	高（商业机构多）	较高（城市群经济带）	不确定
居民收入水平	高（市中心区域居住人群）	较高（市区外围人群）	较高（市区外围人群）	一般（多元化收入主体）	不确定
居民消费水平	高（生活消费多）	较高（日常、商务消费）	较高（商务消费多）	一般（多元化消费主体）	不确定

（3）出行时间

旅客选择出行的时间与自身习惯有关，与国家法定的节假日有关，与从事的行业、传统习俗等有关。城市群、都市圈区域城际与城内出行时间分布上差异较大。城内出行早晚两个高峰，即出行高峰时间分别在 7:00—9:00 和 17:00—19:00 较为明显。城际出行全天交通量变化较城内出行要小，早晚两个峰值，即出行高峰时间分别在 9:00—10:00 和 16:00—17:00 不突出，在时间分布上较城内出行相对均匀。城际出行比城内出行早高峰在时间分布上滞后 1h 小时，晚高峰则提前 1h 小时，与城际乘客中长距离出行的时间和安全需求有关。

此外，周五下午中心城区出城客流较平日增大，周日下午进城客流明显增多。这说明随着经济的快速发展和交通工具的快速增多，经济发达地区中心城区与周边小城市（镇）经济文化交流日趋紧密，干线铁路、城际铁路等快速旅行交通工具加速了异地同城化这一趋势。

再者，节假日市内旅客出行以购物、市内休闲居多，全天客流量比非节假日有大幅度增长，具有突发性和集中性的特点。而节假日城际旅客出行以旅游、探亲为主，商务出行将大幅度下降，客流量将有所降低。城市群、都市圈区域各圈层客流出行时间特点见表 5-8。

城市群、都市圈区域各圈层客流出行时间特点　　表 5-8

时间	中心城区 30min 生活圈	都市圈 1h 通勤圈	都市圈 1h 商务圈	城市群 2h 交通圈	国土层面 3h 交通圈
周一至周五	高峰时间 7:00—9:00、17:00—19:00	介于中心与城际之间	介于中心与城际之间	高峰时间 9:00—10:00、16:00—17:00	高峰时间不确定
周末假日	周五下午进入和周日下午出城客流多；周末假日客流多	周五下午出发和周日下午返回客流多；周末假日客流多	周五下午出发和周日下午返回客流多；周末假日客流多	节假日较平时客流略少	客流时期不确定

（4）出行费用

在一定的旅行条件下，旅客具有选择运价较低的运输工具的倾向，尤其是消费性旅行更是如此。可知降低票价对增加出行频次有较强的正相关影响，大部分旅客面对票价降低的情况会表现出增加出行频次的倾向。利用非集计模型对价格折扣条件下的旅客出行选择分析，可知公差人员受票价影响较小，旅客个人出行意愿在票价折扣的情况下会明显增强。基于上述分析可知在影响旅客出行选择的众多因素中，出行费用因素占据至关重要的地位，票价变动会在较大程度上影响旅客的出行选择。城市群、都市圈区域各圈层客流出行费用敏感性见表 5-9。

城市群、都市圈区域各圈层客流出行费用敏感性　　表 5-9

圈层	中心城区 30min 生活圈	都市圈 1h 通勤圈	都市圈 1h 商务圈	城市群 2h 交通圈	国土层面 3h 交通圈
敏感性	较低（刚性需求，生活出行）	较低（刚性需求，生活工作出行）	一般（部分工作、商务出行）	强（非刚性非高频次需求）	较强（非刚性非高频次需求）

（5）沿线土地利用

轨道交通沿线土地利用情况是客流产生的基础，决定着客流的规模。若轨道交通沿线土地开发利用强度大，人口稠密，则该线路的客流基础好，在轨道交通开通初期客流增长快。若轨道交通线路途经的是一些新开发区，沿线土地开发利用强度低，人口稀疏，则该线路的客流基础较弱，在设备开通初期，其客流量相对较少。但由于此处交通便捷、可达性强，加之政府对新开发区扶持政策的实施，能够吸引大批开发商到此投资开发，其沿线土地的开发利用强度也就逐渐增强，人口密度增加。因此，沿线土地开发利用强度与其客流量呈现着相互影响的关系。沿线土地开发利用强度大，客流基础好，线路开通初期的客流量增长快；轨道交通开通后，便捷性和可达性增强，吸引更多开发商对其沿线土地进行开发利用，使得沿线土地开发利用强度增强。

此外，城际铁路、市域（郊）铁路的建设，可以改善中心城市拥堵和集中的现象，促进形成各城市间相对独立的系统，形成城市间的快速交通通道，并且提供便捷的交通方式，使人们能够快速出入中心城市，从而使居住、就业逐渐向副中心城市、中小城市转移，疏解中心城市的高度集中现象。在居住带动下，轨道交通站点沿线易于聚集居住、商业设施，并且需求量会迅速增加。因此，轨道交通建设对沿线站点周边土地性质、城市用地形态和空间形态、人口集聚都有巨大影响，合理引导土地利用性质，规划沿线站点人口分布，可以促进城际铁路运营后效益，带动沿线地区发展，形成较好的空间结构与土地使用结构。城市群、都市圈区域各圈层轨道交通沿线土地利用特点见表 5-10。

城市群、都市圈区域各圈层轨道交通沿线土地利用特点 表 5-10

圈层	中心城区 30min 生活圈	都市圈 1h 通勤圈	都市圈 1h 商务圈	城市群 2h 交通圈	国土层面 3h 交通圈
特点	开发程度高，类型多样化	开发程度较高，各线路区别大	开发程度较高，各线路区别大	开发程度低，处于规划初期阶段	开发程度低

（6）产业关联度

社会经济与交通运输之间存在着长期稳定的协调发展关系。交通运输业作为一个服务性产业，通过供求关系作用于其他产业，进而促使产业布局在空间分布和地域组合上的优化，特别是在第三产业比重快速上升的后工业阶段。城市群、都市圈的发展对交通运输行业提出了更高的要求，交通运输业的发展促进城市群、都市圈各城市主导产业及基础产业的发展，与此同时城市群、都市圈的发展对交通运输业的需求增长也有促进作用。

城市群、都市圈内城市发展的不平衡性。传统四阶段模型仅考虑了人口、生产总值、出行费用等对出行分布的影响。然而，根据重力模型原理，城市的不均衡增长，可能会导致城市之间的交通出行分布与出行时间或者出行距离成反比，但实际上交通出行应该更多地集中到距离比较近的一些吸引点上。这与城市群、都市圈内部的实际出行分布差别很大，因此，引入产业关联度符合城市群、都市圈的发展规律。

城市群、都市圈内城市产业特色和分工不同。城市产业结构的优化要求各城市根据自身的基础和特色，承担不同的职能分工，从而使得轨道交通连接的城市群、都市圈具有区域综合职能和产业协作优势。所以，在客流预测中有必要引入产业关联方法。城市群、都市圈区域各圈层交通运输产业关联度突出特点见表 5-11。

城市群、都市圈区域各圈层交通运输产业关联度突出特点 表 5-11

圈层	中心城区 30min 生活圈	都市圈 1h 通勤圈	都市圈 1h 商务圈	城市群 2h 交通圈	国土层面 3h 交通圈
特点	服务第三产业为主	与商业、制造加工业、金融、信息等产业相互促进	与新技术产业、商业等主导产业相互促进	服务于现代工业、旅游业、商业等主导产业	产业关联多样化，与地区定位有关

结合五个圈层相应预测模型的实施需求和所设计的参数变量，城市群、都市圈轨道交通一体化需求预测的基础数据资料包括城市交通状况的调查资料，以及城市国民经济、区域规划及土地利用文件资料两大类，并且前者包含建立各类模型时的基础数据信息。

（1）通过查阅城市的统计年鉴及其经济普查数据，可以得到城市详细的经济发展情况、人口情况数据。通过查阅城市总体规划资料，可以得到市内各交通小区的各类用地规模。综合上述两条内容进行分析计算，可以得出城市当年和规划年人口数量、人口分布情况以及各种类型用地的开发程度。

（2）城市居民出行调查。调查范围为城市城区和市郊区域，分别采用不小于 2.00% 和 1.00% 的抽样率，并将此数据作为预测模型标定的基础数据。进一步整理居民出行情况的调查数据，可得到分目的、分年龄、分区域的居民（含流动人口）出行频率，以及分目的、分方式的出行矩阵。

（3）城市公路 OD 量调查、城市境界线拦截 OD 调查。在出入城市的主干道拦截抽样，配合交通量调查，得到城市的机动车流量与流量分布。对比两次调查得到的数据，可以掌握城市和外围联系的变化趋势，经过数据处理整合得到分目的、分方式的出行矩阵。

（4）城市境界线和核查线的交通流量数据调查。选取两年以上数据，并通过以上数据得到分方式的交通量和截面交通流量变化特性，这是预测模型进行校核的重要数据。

（5）城市居民行程时间调查。通过调查分别获得市域（郊）范围内主要路段的旅行时间，用于区分、细化交通方式。

（6）城市核查线的公交调查数据。以公共交通形式经过核查线的客流量，是模型进行校核的主要数据。

（7）城市现状年市内轨道交通既有线路的居民出行情况调查、城市现状年铁路客运站的居民出行情况调查、城市现状年航空港（机场）的居民出行情况调查。掌握可能选择市内轨道交通出行方式居民的出行特征，获得现有铁路网络发送客流基础数据，以及现有航空方式的有效客流量。

5.5 本章总结

客流特征分析是客运服务要求的直接量化依据，其内部社会经济、城镇化程度及空间、人口分布和出行距离等因素决定了区域内及区域间的客流量大小。同时，客运类型影响了区域间需求量的分布情况，对出行运输方式提出了多样要求，形成了更加复杂的客运需求结构。本章就不同空间维度下的出行需求特征进行了全面探究，并在此基础上分析了不同层次客流特征的差异性，分析表明其在需求总量、分布特征、客流性质、交通方式等方面差异显著。

基于上述理论要点分析与实践因素探讨，本章进一步提出多层次客流需求预测模型体系。在借鉴常见需求预测方法优势的基础上，对常用理论框架与方法流程进行优化调整，对模型构建及参数选取进行修正改进，形成基于空间—圈层—需求的城市群、都市圈轨道交通一体化预测的方法与模型体系，根据都市圈内外的不同圈层，将轨道交通一体化需求预测分为“都市圈内层—城市群层—国土层”三个层级，关于需求预测理论与方法的内容要点可概括为“一种方法、两类资料、三个模型、四项原则、五级步骤”。一种方法指四阶段法；两类资料包括交通数据和规划资料；三个模型指提出都市圈层交通出行模型、城市群层交通出行模型和国土层交通出行模型；四项原则指数据全面性、规划前瞻性、模型合理性和计算准确性；五级步骤表示交通调查、规划调研、模型应用、预测实施和反馈校验。

6

多层次轨道交通网络、通道融合规划技术

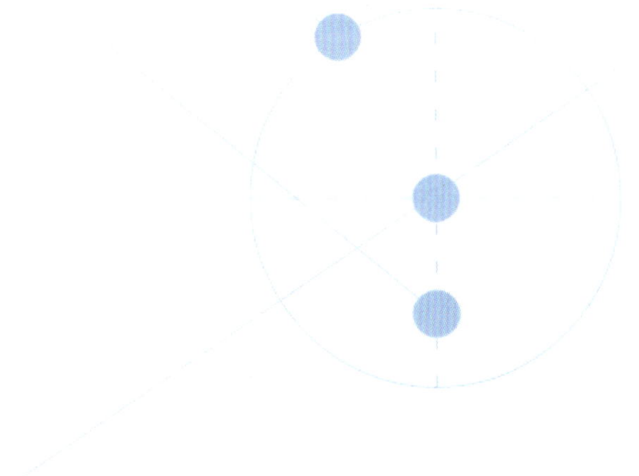

6.1 网络、通道融合规划内涵

多层次轨道交通的网络、通道融合以“功能融合”为基础，以“管理协同”为基础保障，通过“网络层次体系统合、通道分工、枢纽一体、运营融合”，构建“设施多层次、运服一体化”的多层次轨道交通体系，最有效地组织城市群、都市圈空间，最集约地利用交通廊道，最灵活地共享运营组织，实现全过程出行链中出行时间成本最小化。

网络融合与通道融合互为整体，相互依存，通道融合规划通常建立在网络一体化融合布局之上。网络融合是从“一张网”的角度统筹考虑各层次网络的组合供给，减少不同线网的功能定位重叠和重复建设，优化网络布局。通道融合依据网络规划研究通道内各线路间功能融合、资源整合，提升通道整体服务水平。网络融合和通道融合的核心理念基本一致，均强调充分考虑出行需求特征，发挥通道内各种方式的组合效率，优化各方式资源合理配置。例如某一通道内从核心区至外围组团，各网从各自规划角度布局有城市轨道交通、市域（郊）铁路和城际铁路，可能会出现城市轨道交通无限延伸，与市域（郊）铁路功能重叠，也有可能出现市域（郊）铁路与城际铁路功能重叠。因此，功能、技术特性和需求应为首要考虑因素，从发挥各自功能优势的角度，实现优化布局。如图 6-1 所示。

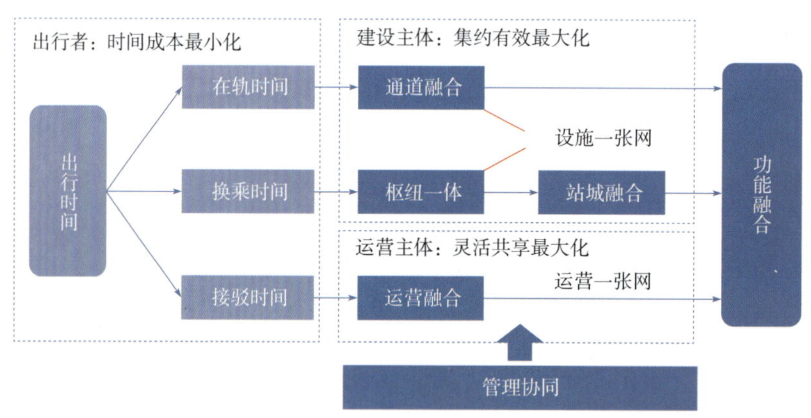

图 6-1 功能融合基础上通道融合的内涵

从网络、通道融合内涵来看，多层次轨道交通网络、通道融合的主要任务体现在以下四方面：

1）划层次

结合区域轨道交通体系客流出行结构，根据城市空间结构、产业布局等规划发展特征，研究轨道交通体系构成，确定网络层次划分，明确相互之间的衔接关系以及各自功能分工。

2）融通道

依据区域各层次网络规划，研究促进通道内各层次网络线路之间功能相互融合、资源合理配置的方法，提升服务水平，避免多条线路承担同一部分客流，造成资源浪费。

3）强节点

通过对通道内城际铁路与干线铁路、城际铁路与市域（郊）铁路、市域（郊）铁路与城市轨道交通等多个层次的结构特性、交换客流强度等指标与衔接方式的关系分析，规划枢纽节点各网之间的衔接关系、总体布局，提升轨道交通服务水平。

4）促合作

力求破除管理体制壁垒，构建一体化的经营管理机构，负责统筹、协调不同层次轨道交通线网的运营管理及运输组织，构建一体化的票务系统，运用大数据等技术搭建一体化的共用信息平台，提高乘客出行效率。

6.2 网络融合规划技术

6.2.1 轨道交通在都市圈运输体系中的定位

1）轨道交通系统与都市圈发展相互关系

一方面，大城市的发展需要以轨道交通为基础。随着城市规模不断扩大，城市客运需求迅速增长，以往使用的公共汽车很难适应现代客运交通的需要。轨道交通作为一种大运量、快速度、舒适的交通方式，对于拥有高密度人口、经济发展程度高的大城市或特大城市，具有缓解交通拥堵、缓和居民交通出行供需矛盾、优化出行结构的作用。

另一方面，轨道交通系统的规划、建设、运营将进一步引导城市发展，促进城市空间结构调整，优化城市功能布局，带动城市沿轨道交通通道发展，提升土地利用价值。

2）轨道交通系统与综合交通发展相互关系

轨道交通系统为都市圈人口提供大众化的出行服务，在都市圈综合交通运输体系中具有非常重要的地位和作用。由于其具有准时、速度快、容量大、效率高的技术优点，因而特别适用于都市圈中心城区内以及中心城区与市郊之间的高密度出行，满足其准时性要求高、客流规模大的出行需求，可为长距离、大运量的交通流服务。因此，轨道交通对于出行时间分布集中、出行高峰特征明显、中长距离出行的通勤出行作用显著，通勤客流成为了轨道交通客流的主体。在机动车保有量持续增长、拥堵问题持续恶化的情况下，轨道交通使得公共交通成为主体出行方式，在抑制都市圈拥堵恶化、保持都市圈交通运行平稳中发挥了重要作用，是都市圈公共客运交通体系的骨干。

都市圈轨道交通组织应以时空服务为目标划分轨道交通功能层次。在既有规范标准中，城市轨道交通线路功能层次划分的标准主要包括运量、系统形式、速度、站间距、行政边界等。借鉴国内外经验，城市总体规划或综合交通体系规划层面应回归交通本源，明确空间组织的时间要求，指导轨道交通相关设施的空间布局。

6.2.2 国内外典型都市圈的轨道交通网络体系

1）国外网络层次体系

从国外典型都市圈的发展案例来看，在辐射半径广达 30km 甚至 50km 的空间范围，在中心城区地铁系统的基础上，各都市圈均有大规模的市郊轨道交通系统以及局部中低运量轨道交通系统（表 6-1、图 6-2），支撑都市圈空间结构。在都市圈层面，公共交通总体出行分担率一般为 15% ～ 40%，主要是因为在空间较为广阔的外围地区，个体机动化方式占据较大优势，出行比例相对较高，比如人口密度相对较低的纽约都会区、名古屋都市圈外围地区，如图 6-3 所示。

国外典型都市圈轨道交通网络体系里程（单位：km） 表 6-1

轨道交通体系	伦敦都市圈	巴黎都市圈	东京都市圈	名古屋都市圈	纽约都会区	马德里都市圈	首尔都市圈
地铁系统	408	217	358	93.3	368	294	317
市郊轨道交通系统	788	1525	2459	977	2520	386	782
中低运量轨道交通系统	66	104.7	298	8.9	17.8	36	99.3

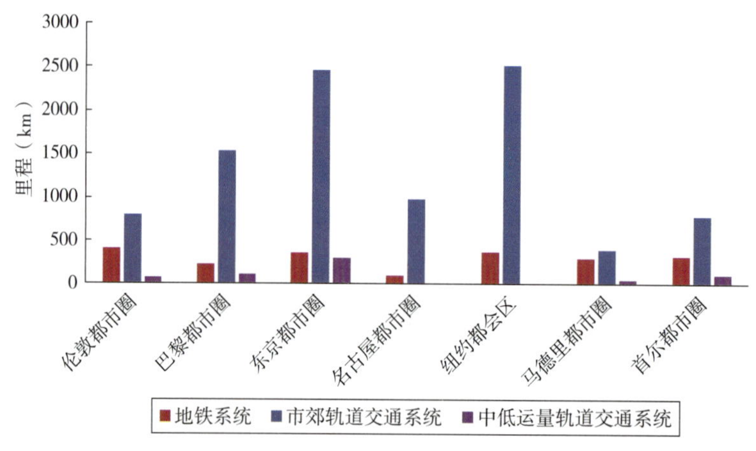

图 6-2 典型都市圈轨道交通发展现状

都市圈轨道交通系统配置取决于都市圈交通需求分布特征，而都市圈交通需求分布通常与都市圈空间结构以及人口、就业岗位布局相关，一般中心城区就业岗位溢出越多，则都市圈外围进出中心城区需求越大，对都市圈放射状的快速轨道交通系统需求越多。

2）国内网络层次体系

从我国城市群、都市圈的发展情况来看，我国已逐步形成干线铁路、城际铁路、市域（郊）铁路、城市轨道交通“四张网”。

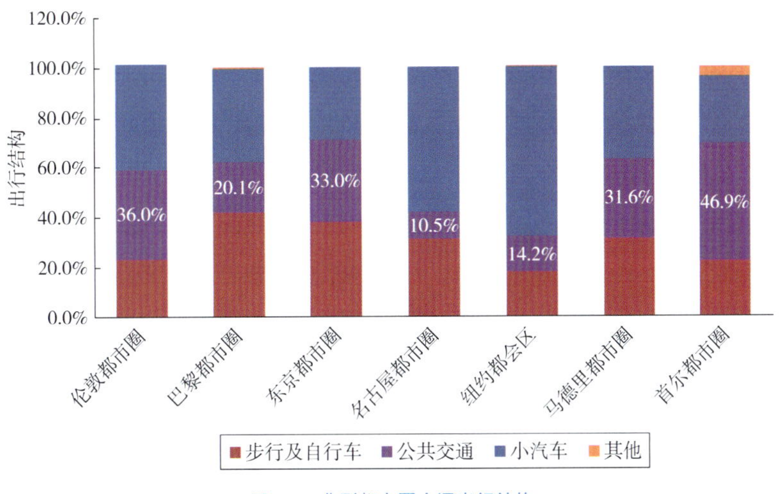

图 6-3　典型都市圈交通出行结构

从功能层次来看，干线铁路主要包括高速铁路、普速铁路等，服务于全国范围内客货运输的铁路网，在全国国土空间层面解决都市圈层对外的中长途客货运输，速度目标值一般为250km/h 以上，串联重点是城市与城市，平均出行距离超过 200km（陶志祥，2020）。城际铁路包括区域性的城际铁路和都市圈城际铁路，服务于城市群空间范围内城市间公务、商务、旅游等出行，在城市群空间下主要解决都市圈与城市群内其他城市之间的城际出行（陶志祥，2020）。其中，区域性城际铁路速度目标值一般为 200 ～ 250km/h；都市圈城际铁路速度目标值一般为 160 ～ 200km/h。市域（郊）铁路速度目标值一般为 120 ～ 160km/h，服务半径为30 ～ 70km。城市轨道交通速度目标值一般为 80 ～ 100km/h，服务半径为 5 ～ 20km。

6.2.3　网络融合规划的技术要点

根据“空间、需求、供给”理论基础，以空间和需求为导向，依据各层次网络的服务功能及技术特性，推动四张网由相对独立发展向一体化融合布局。从综合一体化的角度，对现有规划进行再优化，从“一张网”的角度统筹考虑各层次网络的组合供给，减少不同线网的功能定位重叠和重复建设，优化网络布局。在进行网络融合规划时，需要重点把握以下技术要点。

1）深度剖析空间结构

都市圈在不断发育的过程中，会形成不同空间尺度下的空间结构与空间功能，支撑其发展所需要的轨道交通系统也是不同的。单中心和多中心的都市圈结构，网络布局体系应该不一样，并不是所有的都市圈都需要构建干线铁路、城际铁路、市域（郊）铁路和城市轨道交通层次。在把握都市圈空间结构时，应该从不同的维度去思考，如在全国国土空间下，都市圈应发挥其国家中心城市或大城市引领功能，构建都市圈与其他城市群的对外交流圈；在城市群空间下，都市圈应发挥其城市群内的辐射功能，构建都市圈的城际交通圈；在都市圈通勤圈层空间下，应发挥其中心城市至外围城镇组团的同城化功能，构建都市圈市域（郊）通勤圈等。

都市圈的空间结构是伴随着城镇化发展而逐步变化的，最初出现在城镇化率较高的欧洲、美洲和日本城市，如伦敦、巴黎、纽约、东京、大阪等国际大都市；迈入新世纪，亚洲、非洲等地区城镇化加速发展，围绕特大城市的都市圈发展形态成为空间拓展的重要表现形式（图 6-4 ～图 6-7）。城市群的空间成长过程可分为 4 次扩展过程，在从城市—都市区—都市圈—城市群（大都市圈）—大都市带（都市连绵区）这样一条主线的时空演进过程中，集聚和扩散始终是推动城市群演化的核心动力。在这种集聚和扩散的共同作用下，一方面中心城市规模得以扩大；另一方面，中心城市与周围城镇的联系得以加强，中心城市向都市区过渡，宏观城市区域向都市圈和城市群过渡，体现在城市群梯度演进和多层次性结构。充分理解城市群、都市圈的结构演变规律和特征，有助于合理梳理区域网络层次，构建与区域更匹配的多层次轨道交通网络。

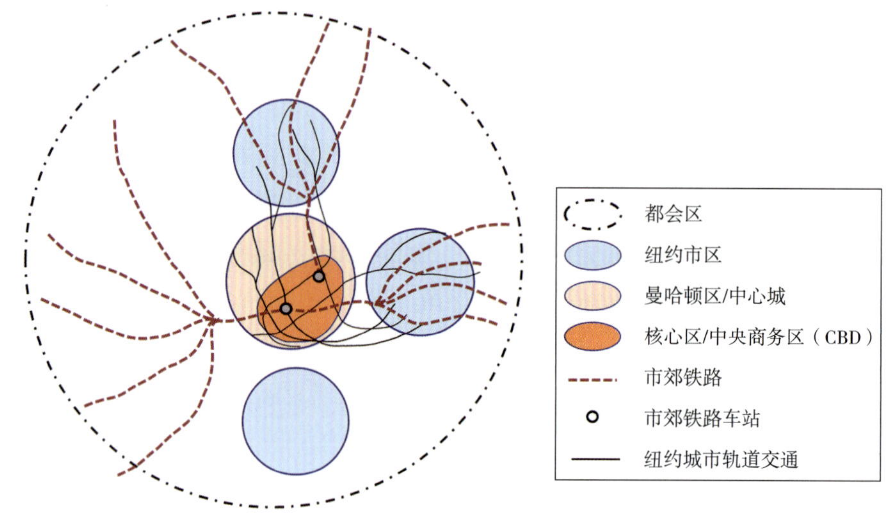

图 6-4　纽约都会区空间结构

2）量化分析组团联系

合理确定中心城区与外围组团之间的走廊量级、旅客出行特征（如出行目的、平均运距、在途时间）等指标，有助于合理确定网络的层次关系。诸如东京都市圈、伦敦都市圈和巴黎都市圈就呈现出明显不同的跨区出行特征。东京都市圈（图 6-8）客流主要集中在 30km 圈层内，超过 50km 后客流显著下降。每天进出东京各区域的客流约有 1100 万人次。东京都市圈绝大部分的客运依赖轨道交通。根据东京都市整备局的数据，东京都市圈每天上班、上学的人中，乘坐轨道交通的占到 86%，在高峰时段，这一比例更是高达 91%，居全球首位。伦敦都市圈（图 6-9）的发展半径也小于 50km，80% 以上的市民生活、工作都在大伦敦范围（20 ～ 25km），每天早高峰，77 万人从外围新城进入大伦敦、35 万人出大伦敦，每天约 408 万人次进出大伦敦。巴黎大区近 60% 的出行集中在核心集聚区范围（15km 半径），扩大至中央集聚区范围（30km 半径）则集中了近 90% 的出行，每天约 388 万人次进出巴黎核心集聚区（图 6-10）。从都市圈跨圈层交流量级可以有序地指导各个层次网络的规模配置。国内都市圈目前跨圈层交流量相较国外都市圈相对较少，所以目前我国服务于都市圈的市域（郊）铁路规模整体偏小，这也是后续发展需要重视的问题。

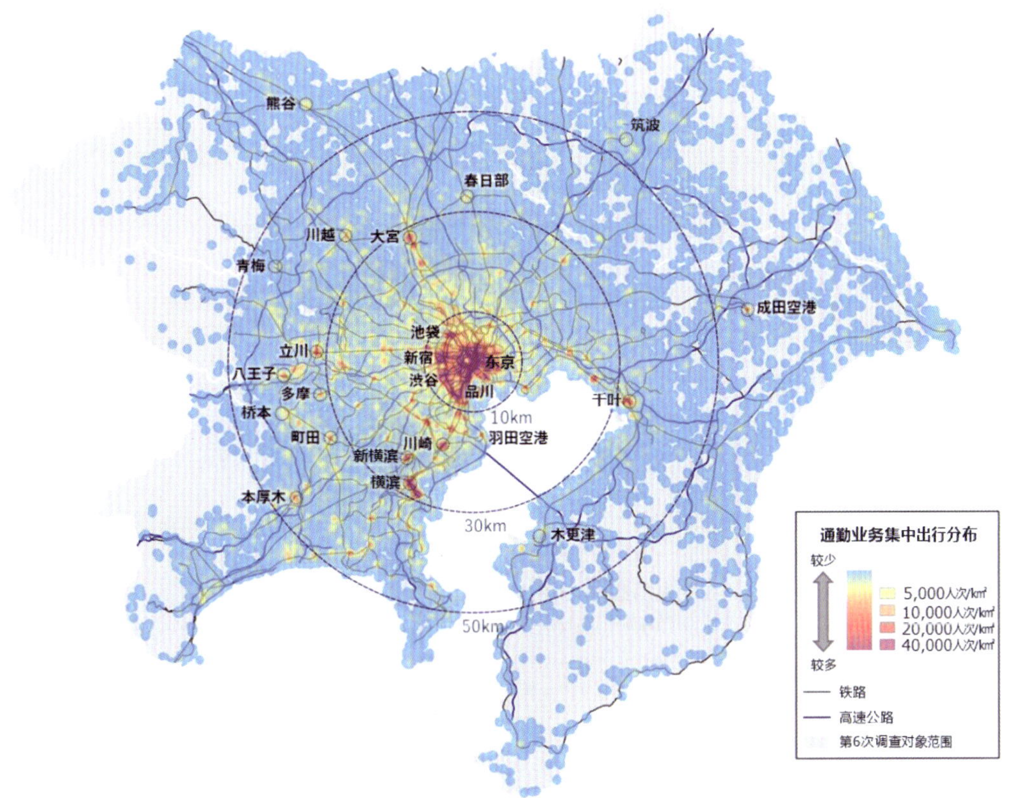

图 6-5　东京都市圈空间结构

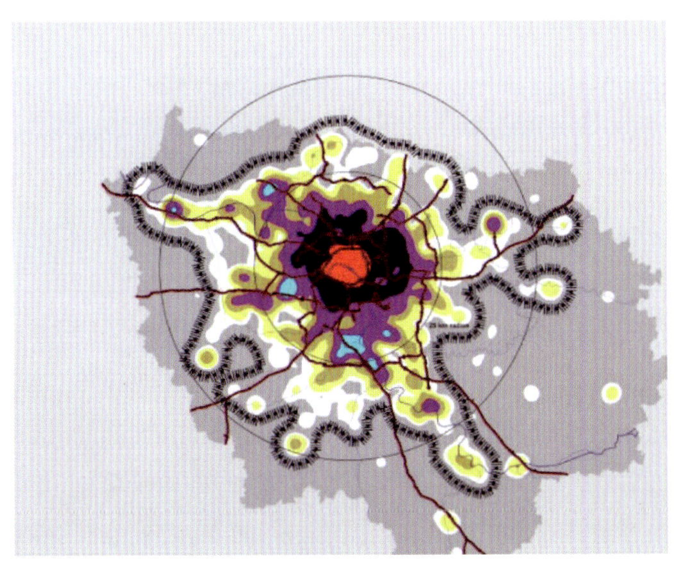

图 6-6　巴黎都市圈空间结构

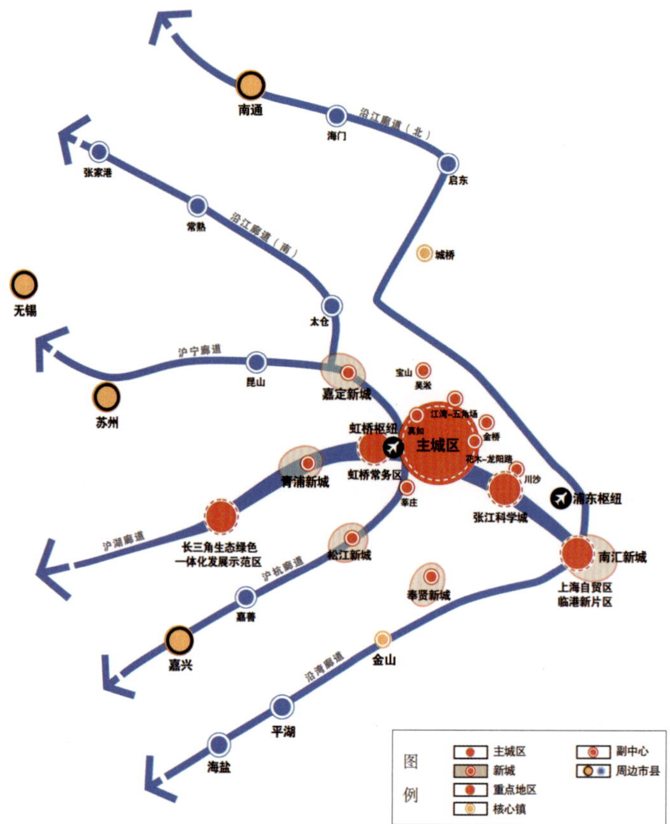

图 6-7　上海都市圈空间结构

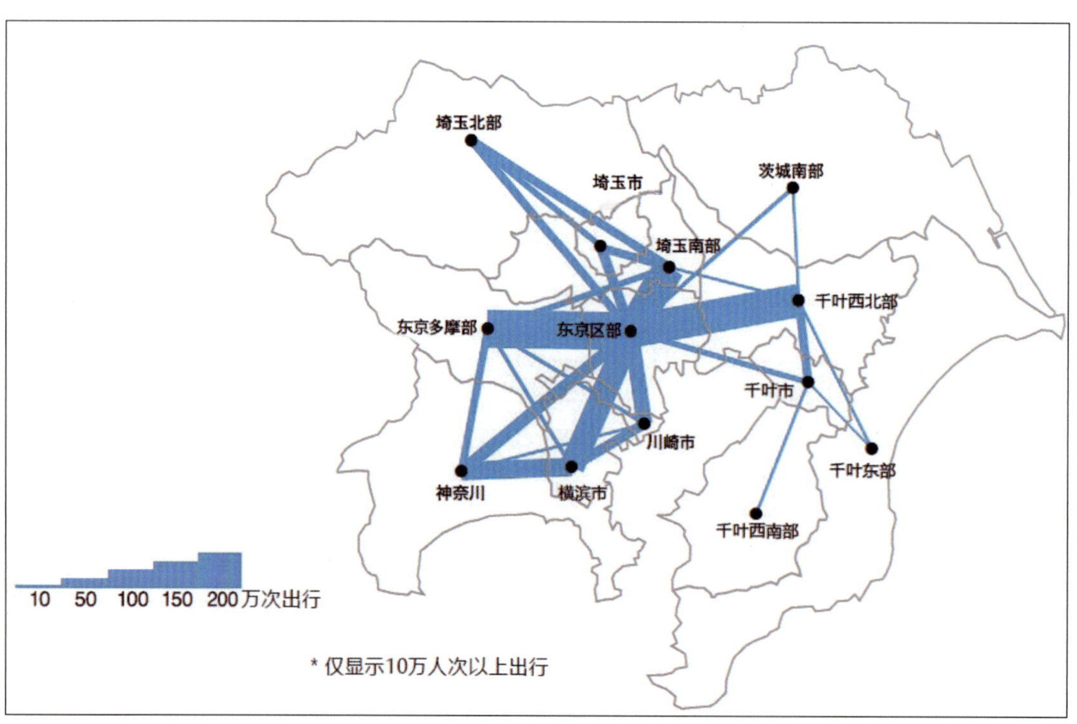

图 6-8　东京都市圈空间联系

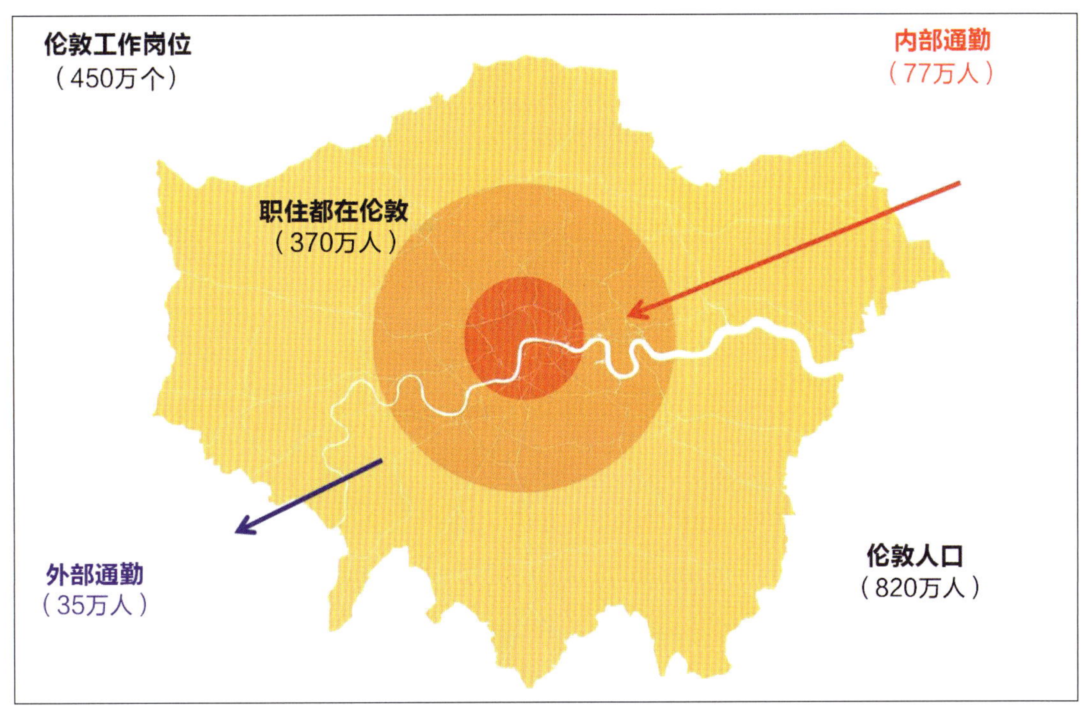

图 6-9　伦敦都市圈空间联系（2011 年）

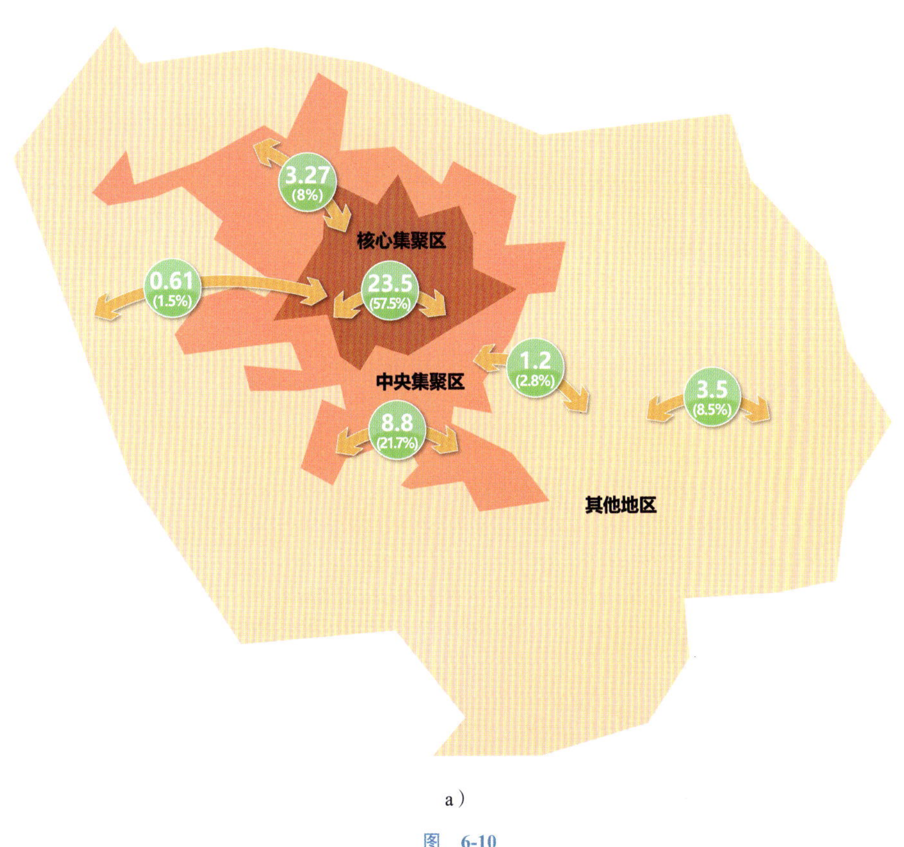

a）

图　6-10

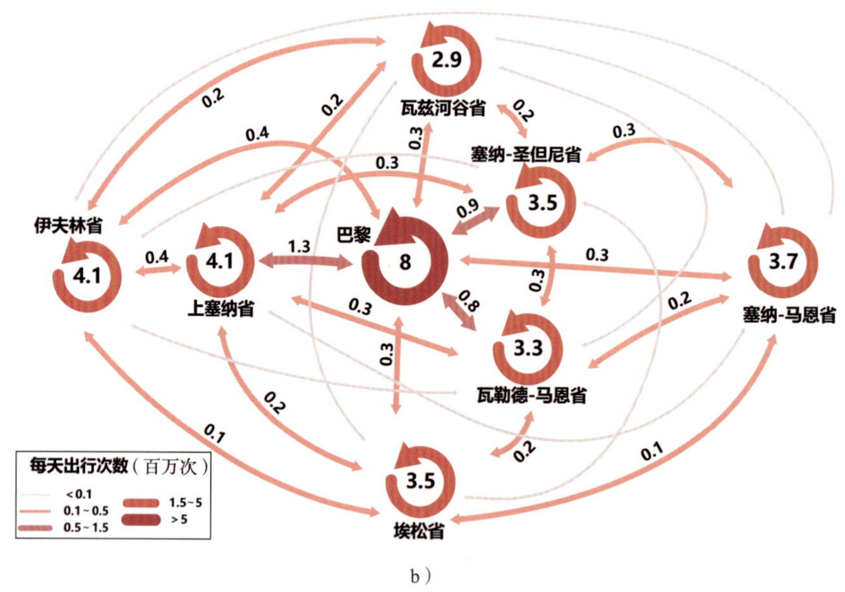

b）

图 6-10　巴黎都市圈空间联系

3）有序划分网络体系

《关于培育发展现代化都市圈的指导意见》《交通强国建设纲要》等相关指导意见都在呼吁构建“干线铁路、城际铁路、市域（郊）铁路、城市轨道交通”的四网统合体系，但是针对不同的都市圈、不同的空间尺度、不同的联系规模，网络的层次是可以变化的，有的地方可能是两网，有的地方可能是三网，甚至有的地方可以结合功能定位，进一步细分为五网、六网等。网络功能层次体系的细化如图 6-11 所示。

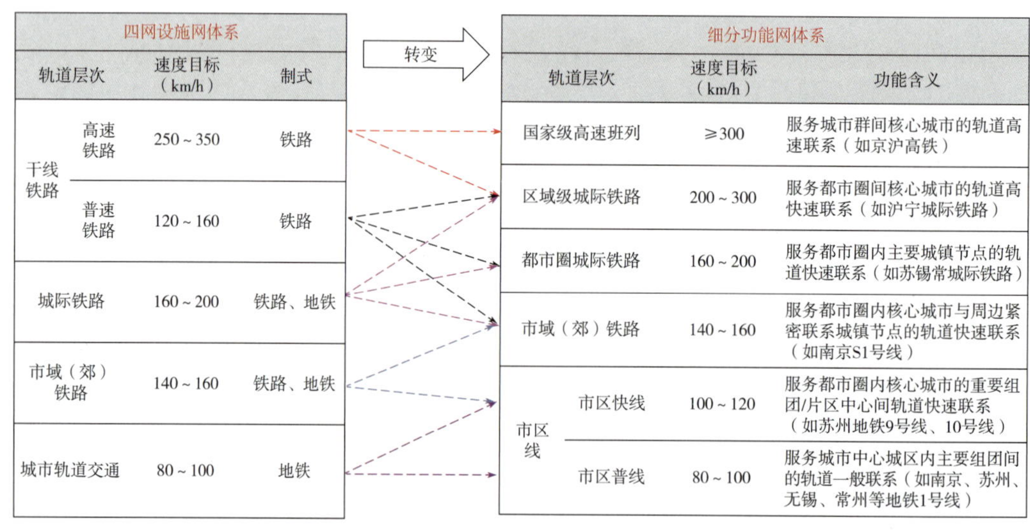

四网设施网体系

轨道层次		速度目标（km/h）	制式
干线铁路	高速铁路	250~350	铁路
	普速铁路	120~160	铁路
城际铁路		160~200	铁路、地铁
市域（郊）铁路		140~160	铁路、地铁
城市轨道交通		80~100	地铁

转变

细分功能网体系

轨道层次		速度目标（km/h）	功能含义
国家级高速班列		≥300	服务城市群间核心城市的轨道高速联系（如京沪高铁）
区域级城际铁路		200~300	服务都市圈间核心城市的轨道高快速联系（如沪宁城际铁路）
都市圈城际铁路		160~200	服务都市圈内主要城镇节点的轨道快速联系（如苏锡常城际铁路）
市域（郊）铁路		140~160	服务都市圈内核心城市与周边紧密联系城镇节点的轨道快速联系（如南京S1号线）
市区线	市区快线	100~120	服务都市圈内核心城市的重要组团/片区中心间轨道快速联系（如苏州地铁9号线、10号线）
	市区普线	80~100	服务城市中心城区内主要组团间的轨道一般联系（如南京、苏州、无锡、常州等地铁1号线）

图 6-11　网络功能层次体系的细化

总之，网络的层次体系不是一成不变的，需要结合都市圈的空间结构、交通联系予以综合研究确定，既可以增加层次，也可以减少层次。

4）合理布局融合网络

结合区域的城市空间划分，提出不同圈层采用不同的轨道交通方式：主城通勤圈主要服务于城市主城区，建议采用城市轨道交通；市域（郊）通勤圈主要服务于中心城区与外围城区、周边城镇之间的交流，建议采用市域（郊）铁路；城际交通圈主要服务于核心城市与近域周边其他城市间交流，建议采用城际铁路；对外交流圈主要服务核心城市与其他城市群之间的交流，建议采用干线铁路。从功能与需求的角度出发分析网络之间的融合性，提出完善布局方案。融合方案布局除考虑网络的层次体系外，还需要根据是否构建穿心线路、是否利用既有铁路等重点内容进行专项考虑。

6.2.4　以上海都市圈为例的网络融合规划[1]

1）上海都市圈概况

从上海都市圈核心城市人口规模发展来看，目前上海都市圈核心城市人口增长已进入相对稳定的阶段，城市日常活动范围已接近 30km 半径范围，都市圈发展与首尔都市圈 2010 年左右的发展处于类似水平。上海市规划圈层如图 6-12 所示。

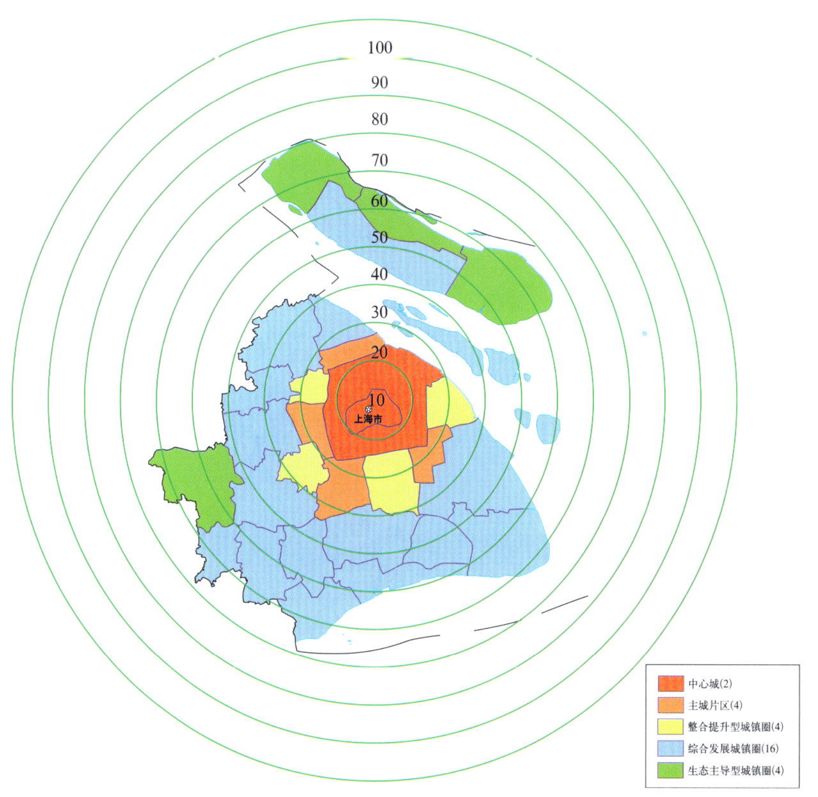

图 6-12　上海市规划圈层示意图

[1] 本规划案例基于 2018 年数据进行分析。

上海市域范围内现状（2018 年，本小节后同）人口 2418 万，47% 的人口集中于中心城内；规划人口控制在 2500 万（2035 年），人口逐步向综合发展城镇圈层（20 ～ 50km）疏解。上海市中心城区人口、岗位密度均较高。从历年手机信令大数据分析结果来看，上海中心城区的人口内部就业率（居住在中心城区且也在中心城区工作的人口比例）为 90%；岗位内部就业率（中心城区的就业岗位来自中心城区的人口比例）为 86%。根据分析，上海市中心现状岗位溢出约 95 万，即每天约 95 万人通勤进入上海中心城区。具体情况如图 6-13 和表 6-2 所示。

图 6-13 上海市人口密度分布图

上海市域圈层现状及规划人口岗位一览表 表 6-2

圈层划分	现状人口（万人）	现状岗位（万个）	2035 年人口（万人）	2035 年岗位（万个）	大致圈层半径（km）
中心城	1140	681	1100	674	15
主城片区	307	128	300	155	20
整合提升圈层	253	121	206	102	25
综合发展城镇圈	635	409	809	381	40
生态主导型圈层	84	25	86	28	50
合计	2418	1364	2500	1340	—

上海都市圈 100km 半径物理圈层人口规模分布如图 6-14 所示。从图中可以看出，2035 年，上海都市圈 0 ～ 20km 范围、20 ～ 50km 范围未来人口规模相当，约为 1300 万人；50 ～ 100km 圈层规划人口达到 2000 万人。

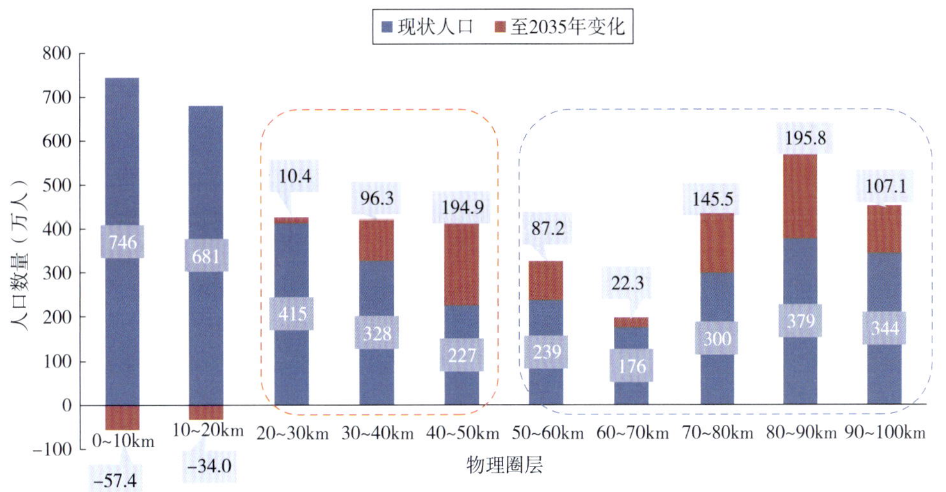

图 6-14 上海都市圈 100km 物理圈层人口规模（单位：万人）

与成熟都市圈对比可以发现：未来上海 0 ～ 20km 圈层内人口与东京、首尔相当；20 ～ 50km 圈层规划人口规模与首尔相当；50 ～ 100km 圈层规划人口规模远大于其他成熟都市圈。

2）上海都市圈空间划分

《关于培育发展现代化都市圈的指导意见》提出，都市圈是城市群内部以超大、特大城市或辐射带动功能强的大城市为中心，以 1h 通勤圈为基本范围的城镇化空间形态。

由此可见，“1h”是不同空间尺度满足主要活动的基本时间要求。该可达性要求将决定都市圈不同空间尺度所适应的轨道交通模式及功能定位。

结合“1h”出行时间约束及成熟都市圈发展经验，建议从两个层面来描述都市圈的交通圈层。

（1）通勤圈层：30 ～ 50km，通过轨道交通快线、市域（郊）铁路实现 1h“点对点”的出行目标。

（2）生活圈层：100 ～ 150km，通过都市圈城际铁路、城际铁路、高速铁路实现 1h“站到站”的出行目标。

考虑上海市域与近沪地区空间形态（图 6-15），50km 圈层可涵盖上海市域绝大部分区域以及昆山、太仓和嘉善地区。从区域轨道交通的可达性来看，“1h”通达区域基本涵盖苏州、嘉兴、南通、无锡等区域。

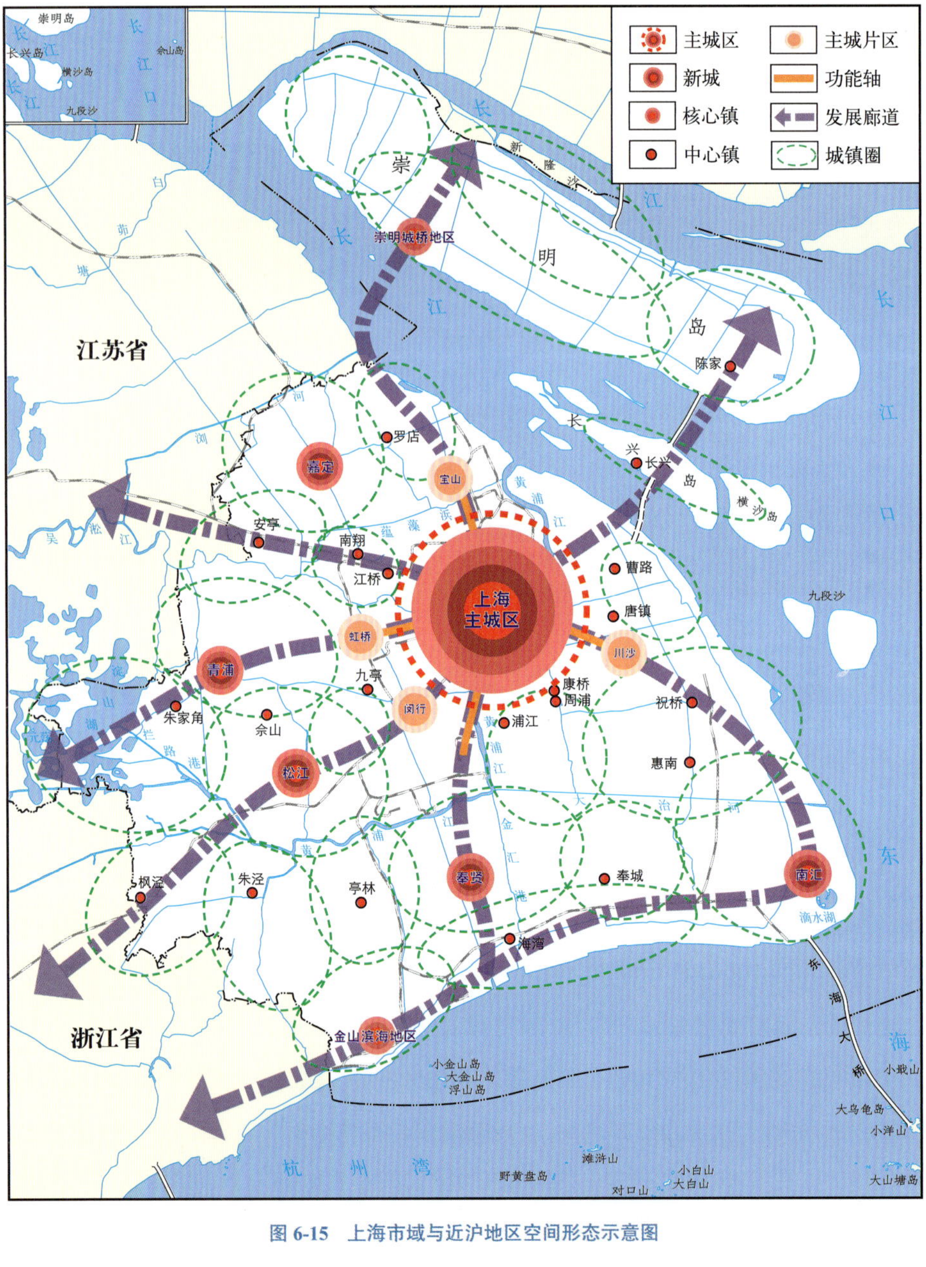

图 6-15　上海市域与近沪地区空间形态示意图

由此，建议上海都市圈交通圈层划分为通勤圈和生活圈，如图 6-16 所示。

（1）通勤圈：人民广场市级中心向外 50km 左右范围。

（2）生活圈：人民广场市级中心向外 150km 左右范围。

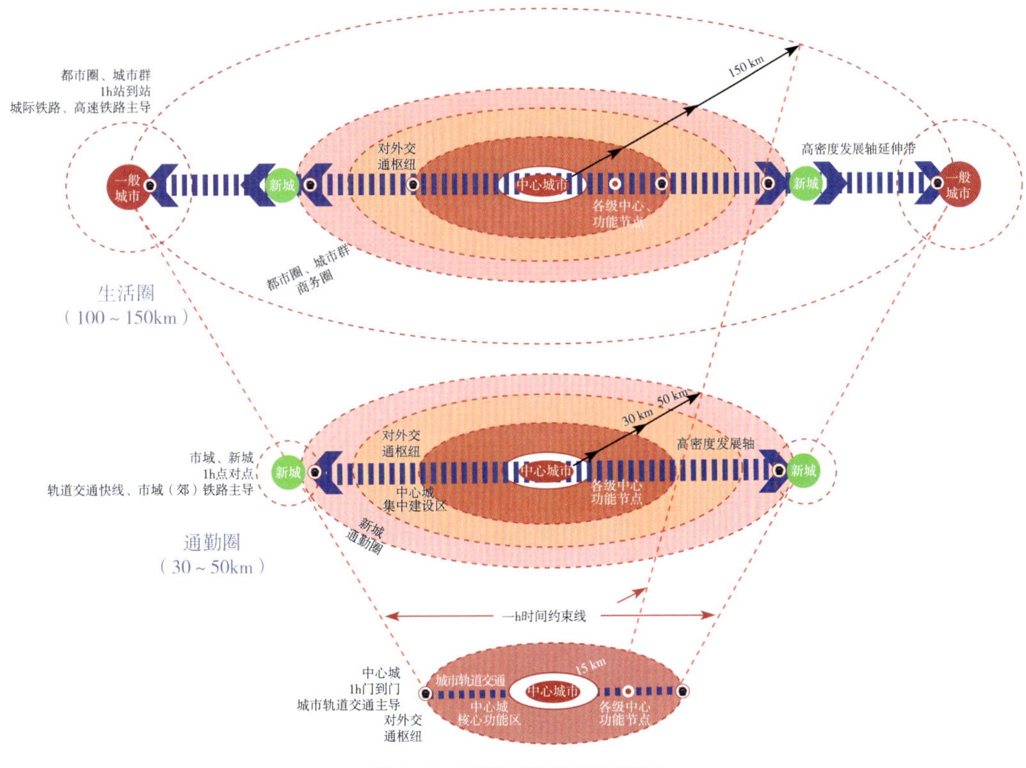

图 6-16　上海都市圈交通圈层划分

3）上海都市圈网络层次

参照国际经验，结合上海都市圈轨道交通发展情况，建议上海都市圈构建“高铁 / 城际、快线、普线、局域线”四网融合的多层次轨道交通体系。同时，结合国际经验和上海都市圈交通圈层划分，建议根据快线服务对象、服务功能的不同，进一步将快线分为轨道交通快线和都市圈城际铁路两个层次，即构建“双层次”快线。上海都市圈轨道交通层次体系见表 6-3。

上海都市圈轨道交通层次体系　　表 6-3

层次		服 务 功 能	服 务 范 围			
			中心城	主城	通勤圈	生活圈
			0 ～ 20km	15 ～ 30km	30 ～ 50km	50 ～ 150km
高铁 / 城际铁路		服务于都市圈城市之间长距离出行或都市圈内部点对点出行				60min
快线	都市圈城际铁路	服务于生活圈与中心城区、生活圈与通勤圈、生活圈内部组团之间中长距离出行			30min	60min
	轨道交通快线	服务于通勤圈与中心城区、通勤圈内部组团之间中长距离出行		30min	60min	
城区普线		服务于主城区内部中长距离出行	30min	60min		
局域线		服务于中心城区局部地区出行，接驳高等级线路，或服务局部特定功能区域（如商业 / 旅游区等）				

结合前述上海都市圈交通圈层的划分，上海都市圈各交通圈层轨道交通服务体系见表 6-4。

上海都市圈各圈层轨道交通服务体系　　表 6-4

交通圈层	空间距离（km）	轨道交通服务体系	备　注
广域范围	150 以上	高速铁路、城际铁路	—
生活圈	50 ～ 150	高速铁路、城际铁路、普速铁路、都市圈城际铁路	利用普速铁路及部分高铁、城际铁路承担生活圈服务功能
通勤圈	30 ～ 50	轨道交通快线	尽可能深入城市中心，形成多线多点换乘
	0 ～ 30	城区普线	严格控制线路长度和服务范围

从上海都市圈现状轨道交通线网规模（图 6-17）来看，轨道交通普线兼顾服务中心区与近郊地区，难以满足需求；服务于 20 ～ 50km 圈层的轨道交通快线层次缺失，服务于 50 ～ 150km 生活圈层的都市圈城际铁路薄弱，目前主要由国铁干线承担；另外，局域线规模不足。

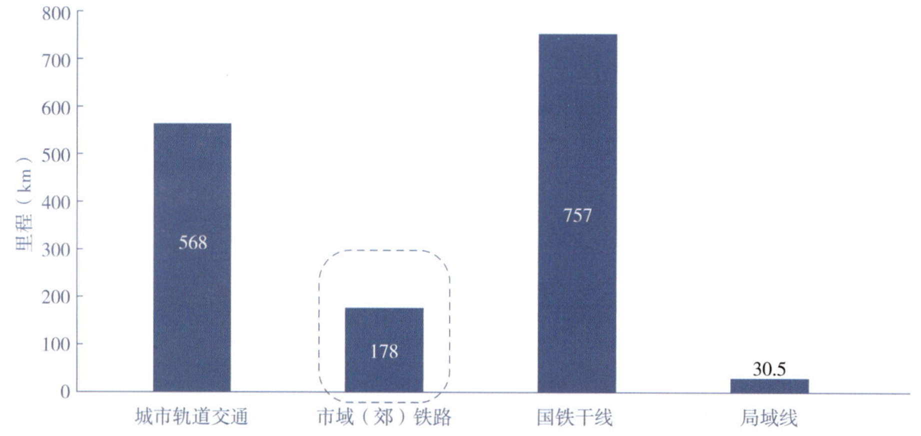

图 6-17　上海都市圈现状轨道交通线网规模

注：国铁干线统计至 150km 圈层。

4）上海都市圈网络构建概念规划

上海都市圈现状轨道交通快线层次缺失，建议结合上海都市圈人口及城镇体系分布，构建“双层次”快线（图 6-18）。

根据不同功能定位，建议：

（1）轨道交通快线实现“入城连心”服务 50km 通勤圈层，具备一定旅行速度及舒适度，宜与城区普线保持统一制式。

（2）都市圈城际铁路实现“环+放射”服务 150km 生活圈层，可充分利用既有或规划铁路，宜采用铁路制式。

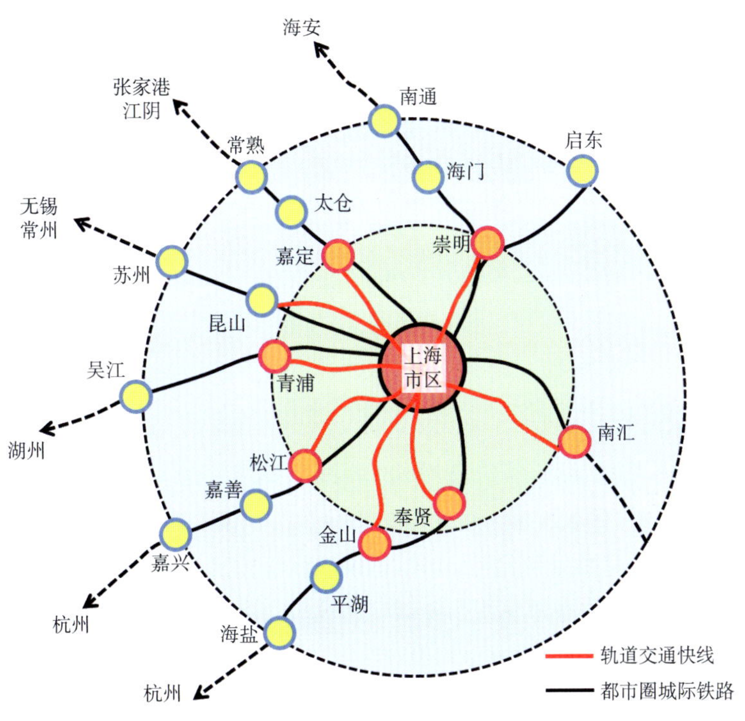

图 6-18 上海都市圈“双层次”快线示意图

6.3 通道融合规划技术

6.3.1 基于“服务功能”的通道逐层叠加融合规划法

针对国内现有通道内多层次轨道交通功能定位重叠、重复建设等问题，本节提出基于“服务功能”的通道逐层叠加融合规划法。在各层次客流均较大的通道，按不同层次分为多条不同功能的线路；在一些客流通道，若某一层次的客流不足以支撑单独的线路建设，则通过同一物理线路提供快慢车服务予以实现。

基于“服务功能”的通道逐层叠加融合规划法，包括六大关键步骤：交通廊道识别、分层次客流断面分布分析、多层次轨道交通初步规划方案、多层次轨道交通初步方案客流预测、多层次轨道交通通道叠加融合和多层次轨道交通枢纽衔接，如图 6-19 所示。

1）交通廊道识别

由于城市群、都市圈和城区范围的旅客客流出行特征、平均运距、客流量级不同，廊道识别应分区、分层综合分析确定，通过研判规划范围过往的全社会客运量发展趋势以及主要分布特征，分析轨道交通在综合交通体系中承担的功能，从量化角度研讨各通道目前的客流分布与客流特征，综合研判交通走廊。

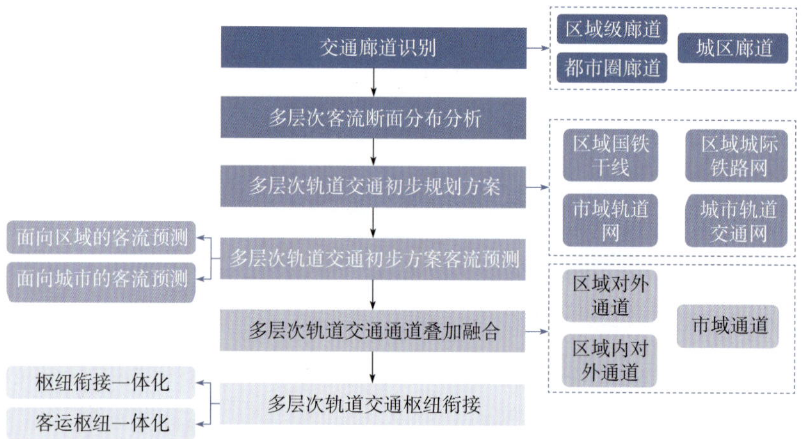

图 6-19　基于“服务功能”的通道逐层叠加融合规划法

2）多层次客流断面分布分析

各通道客流需求断面是通道内线路布局、建设时序的重要依据，对于通道融合具有极其重要的作用，需要对内、对外分层次进行分析。以广州市为例，从客流走廊构成及客流需求断面来看，广州市未来客流空间分布向网络型空间结构靠近，其中纵轴［包括核心区—花都（空港）走廊、核心区—番禺—南沙走廊、知识城—第二 CBD—南沙走廊］逐渐增强；横轴（包括核心区—知识城—从化走廊、核心区—新塘走廊、花都—空港—知识城—增城走廊）廊道显现；广州中心区以北和东形成地区网络中心。如图 6-20、图 6-21 所示。

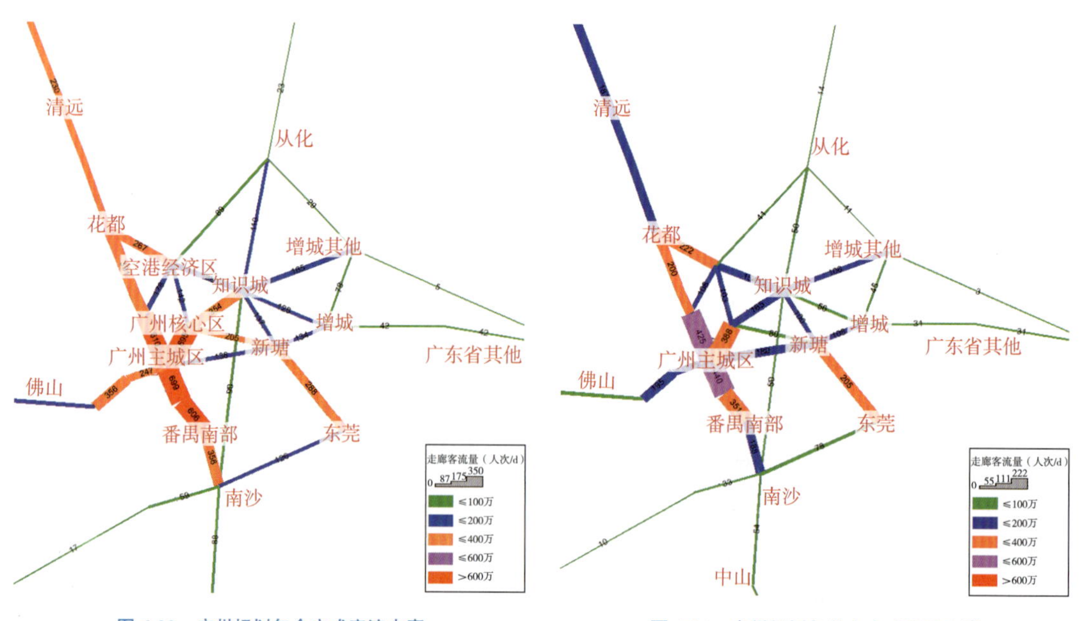

图 6-20　广州规划年全方式客流走廊

图 6-21　广州规划年公交方式客流走廊

3）多层次轨道交通初步规划方案

根据各层次轨道定位、合理分工、时间目标、覆盖目标要求，提出初步的多层次轨道交通规划方案。对已有规划方案的，根据轨道交通圈层划分原则，从综合交通角度提出优化方案。

（1）区域国铁干线网

重点结合现状路网及规划路网，根据区域规划定位和发展战略要求，分析其存在的不足，研究对外通道布局需要补充完善的重点方向，提出优化思路与方案，同时要注意路网的可实施性和可行性。

（2）区域城际铁路网

重点结合现状路网及规划路网，根据区域城镇空间布局，研究在核心城市互联、以核心城市为中心辐射等情况，分析其存在的不足，研究区域城际铁路优化完善的重点方向，提出优化思路与方案，同时要注意与国铁干线通道的关系，明确其功能。

（3）市（郊）铁路网

结合现状或规划方案，根据市域城镇空间布局和城市发展要求，以构建中心城区为核心的市域范围 1h 左右交通圈为目标，便捷各组团快速联系，分析现有规划存在的不足，研究补充完善的重点方向，提出优化思路与方案，同时要注意与国铁干线、区域城际铁路之间的关系。

（4）城市轨道交通线网

结合现状及规划方案，根据城市总体规划和城市综合交通规划等，以缓解城市交通、引导城市发展为目标，分析现有规划存在的不足，研究补充完善的重点方向，提出优化思路与方案，同时要注意与国铁干线、区域城际铁路、市域（郊）铁路网之间的关系。

4）多层次轨道交通方案客流测试

对通道内规划方案进行客流测试。重点测试不同层次路网所承担的客流性质、客流量级、平均运距、高峰断面、周转量等指标，评估方案是否具备相互兼容的可能性。

5）多层次轨道交通通道叠加融合方案

分通道研究不同层次线路两两之间融合的可能性，分析融合后的方案能力适应性、对城际功能要求的时间目标值的适应性和线路之间融合的可能性，综合确定通道融合方案。

6）多层次轨道交通枢纽衔接

规划多层次轨道交通网络三级衔接节点体系。一级节点为四网融合节点，衔接“四张网”；二级节点为三网融合节点，衔接干线铁路、城际铁路、市域（郊）铁路、城市轨道交通中的“三张网”；三级节点为两网融合节点，衔接干线铁路、城际铁路、市域（郊）铁路、城市轨道交通中的“两张网”。在三级节点分类的基础上，规划研究各类枢纽内网络之间的衔接关系，如换乘布局，同台布局、贯通运营等，尽可能发挥互联互通功能，减少不必要的换乘次数，特别是枢纽内衔接方式选取应结合网络、通道一体化规划方案，同时考虑换乘客流强度、乘客便捷性、项目可实施性等方面进行比选，合理选取枢纽内轨道交通间换乘方式，而其他交通方式与轨道交通方式的衔接则主要考虑功能片区划分及枢纽内布局。客运枢纽一体化规划重点在于形成枢纽平面布局方案及换乘流线。

6.3.2 通道融合模式

为适应城市群、都市圈空间结构，完善多层次的轨道交通网络体系，应当以城镇体系布局为基础，以功能需求为导向，分区域提供差异化的轨道交通服务；结合国内城市用地布局特点，应集约通道资源，构建复合交通走廊。

基于不同城市群、都市圈发展阶段，在部分通道，多层次网络是存在融合可能的，且在不同的时间阶段，网络功能可以上下兼容。通道融合主要分为以下几类：

1）通道内干线铁路和城际铁路的融合

干线铁路和城际铁路的融合主要是指在一些以培育发展为主的城市群地区，该区域干线铁路客流较小，线路富余能力较多，城际出行频次较低，地方经济水平尚不足以支撑构建独立的城际系统，可以利用干线铁路开行城际列车；在一些城际铁路客流不足、亏损严重、地方政府面临较大的线路运营补贴压力的区域，可利用能力富余的城际铁路承担干线通道功能，主要通过调整线路功能定位、主动融入国家干线铁路网来承担区际交通功能，以提升线路客流效益，减轻运营补贴压力。

2）通道内城际铁路和市域（郊）铁路的融合

在城市群、都市圈核心范围内，对于穿越城市核心区的城际铁路，可以承担部分外围组团到城市中心的通勤客流，甚至在部分区域，诸如粤港澳大湾区、长三角地区的核心区域，可以规划部分市域（郊）铁路与都市圈城际铁路形成多线多点换乘或跨线共轨运营，并在标准、制式等方面兼容统一。另外，针对既有铁路资源丰富，且既有铁路的富余能力能适应都市圈公交化通勤需求的地区，可利用既有铁路富余能力开行市域（郊）列车，通过优化列车开行时刻、增加高峰期发车班次、增设站点，在既有铁路枢纽增设专用进出通道、候车站台等，以适应都市圈通勤客流需求。

3）通道内市域（郊）铁路和城市轨道交通的融合

城市规模大、中心城区城市轨道交通建设需求突出，外围市郊与中心城区通勤需求量大，新建市域（郊）线路条件成熟的都市圈，可规划市域（郊）铁路与城市轨道交通多线、多点换乘或跨线共轨运营，并在标准、制式等方面兼容统一。

复合走廊轨道交通通道融合案例如图 6-22、图 6-23 所示。

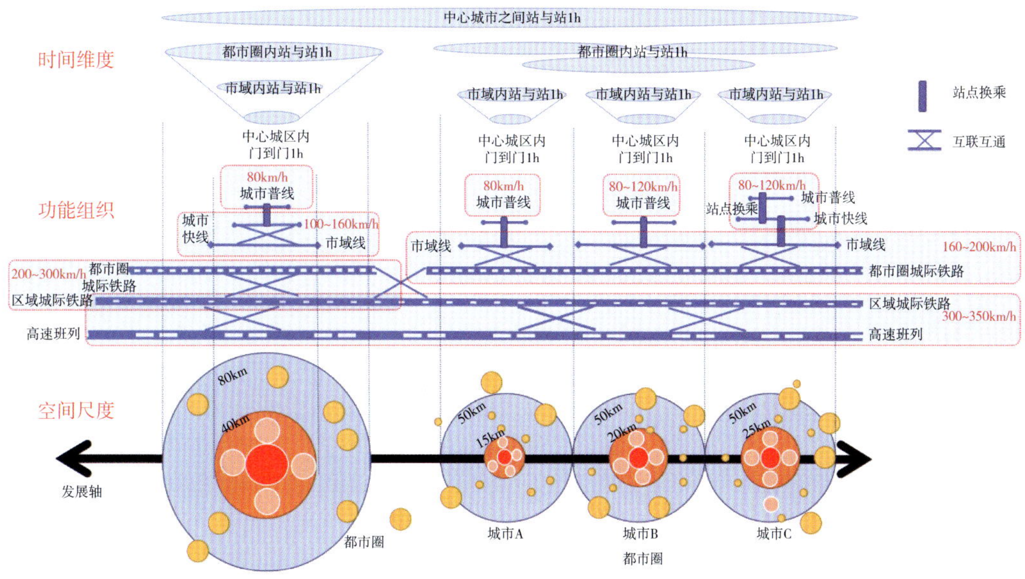

图 6-22　复合走廊轨道交通通道融合典型案例一

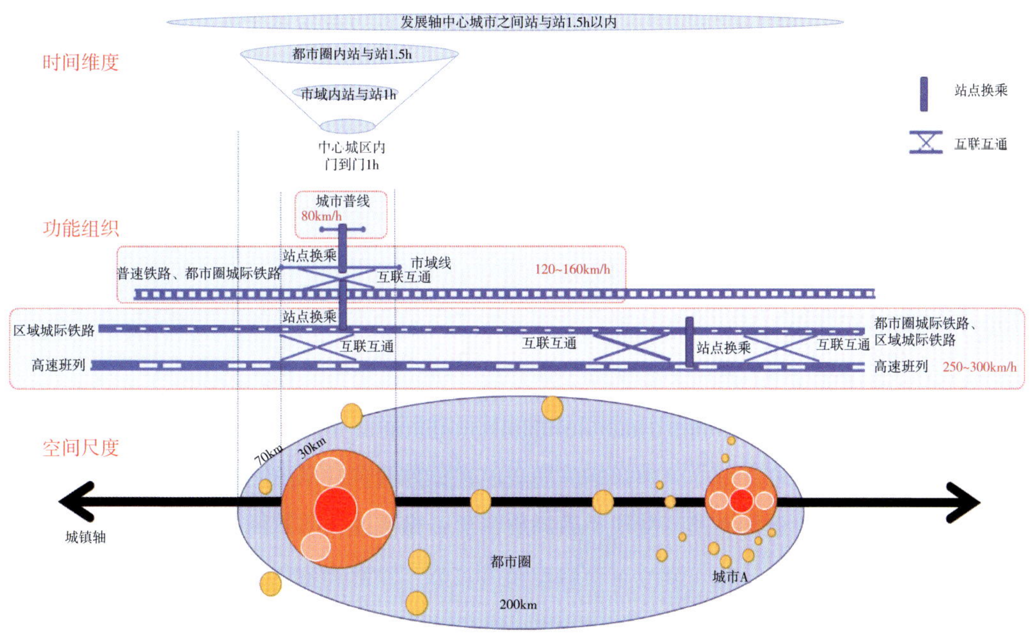

图 6-23　复合走廊轨道交通通道融合典型案例二

6.3.3　通道融合规划技术要点

1）出行需求特征的把握

需求特征的把握将决定通道内各线的分工、技术标准、项目的建设时序等，“十四五”时期是我国城市群、都市圈发展的关键期，同时也是高水平全面建成小康社会向基本实现社会主义现代化迈进的关键时期，人口结构分布将发生较大变化，老龄化程度加深，人口向城市群、都市圈地区集中的趋势更加明显，高度城市化地区中短距离城际出行、通勤出行特征逐渐显现。城市群、都市圈出行特征将从“低频次、长距离、低时间价值”转向“高频次、中短距、高时间价值”，未来都市圈内以通勤、商务为代表的高时间价值出行规模正在增加，如何服务更短的出行距离，吸引更高的铁路乘次是通道融合的要点。依据相关居民出行调查和大数据分析，未来城市群、都市圈范围内可以将居民主要的出行划分为通勤（含通学）、生活（含购物）、商务、休闲旅游、探亲访友五类，其相关特征见表 6-5。根据出行目的，合理把握相关出行特征，将有助于通道融合模式的选择。

不同出行目的需求特征　　表 6-5

<table>
<tr><th rowspan="2">出行目的</th><th rowspan="2">高峰集聚特征</th><th colspan="4">敏感因素和敏感程度</th></tr>
<tr><th>时间成本</th><th>经济成本</th><th>舒适便捷</th><th>准点可靠</th></tr>
<tr><td>通勤</td><td>明显</td><td>高</td><td>高</td><td>低</td><td>高</td></tr>
<tr><td>生活</td><td>不明显</td><td>较高</td><td>较高</td><td>较低</td><td>低</td></tr>
<tr><td>商务</td><td>分距离，都市圈内明显，长距离对外出行不明显</td><td>较高</td><td>低</td><td>高</td><td>高</td></tr>
<tr><td>休闲旅游</td><td rowspan="2">不明显</td><td colspan="3" rowspan="2">根据收入水平平衡</td><td rowspan="2">低</td></tr>
<tr><td>探亲访友</td></tr>
</table>

2）合理确定技术标准，提供相较其他交通方式更有竞争力的供给

通道融合的核心目标是提高旅客出行效率，出行效率主要应体现在“门到门”全出行链的总体效率。根据不同出行目的的空间分布特征，综合各类出行的时间服务要求，保证轨道交通较其他交通方式有竞争力，确定轨道交通全出行链时间目标，扣除两端接驳、换乘时间，估算合理的轨道交通乘车时间。

以商务出行为例。商务出行时间影响经济联系、产业分工的紧密程度，商务出行（尤其是时间价值较高、商务差旅频繁人士）的时间要求往往与商务活动的时间安排相关。为实现都市圈同城化发展，内部各中心节点间出行时间应参照城市组团间出行时间目标，全出行链出行时间宜控制为 1h。对应商务活动的时间安排，中心城区与主要经济辐射地区、城市群内其他城市间出行时间宜按照“早出晚归”或“早出午归、午出晚归”控制。对于广域范围的联系，轨道交通出行的主要竞争方式是小汽车。通常认为，对于通勤出行，公共交通全出行链时间不超过小汽车 1.5 倍时，公共交通才具有竞争优势。

通道内各线技术标准的确定，应充分考虑其他交通方式的出行时间，综合确定速度目标值、平均站间距等相关指标。

3）合理利用既有铁路，盘活闲置资源

对于通道内既有铁路资源丰富的情况，应考虑既有铁路资源与需求的匹配性，以及与规划线路的融合性，合理确定是否新建项目或者调整新建项目的建设时序。利用既有铁路开行市域（郊）列车是城市发展市域（郊）铁路的重要措施之一，投资更省、项目推进快，在满足沿线市域客流出行需求的同时，还能盘活铁路闲置资产。结合城市空间布局优化和铁路枢纽功能调整，加强对既有铁路资源利用的可行性论证，鼓励具备条件的城市内部铁路功能合理外迁，充分挖掘和释放运力，积极创造条件开行市域（郊）列车。通过优化运输组织、补强既有铁路、改扩建局部线路、改造站房站台、增建复线支线及联络线、增设车站等方式，公交化开行市域（郊）列车，是通道融合必须要考虑的因素。北京即利用北京范围内现有的铁路干线，将其改造成往来于中心城与新城之间的市域（郊）铁路（图 6-24）。

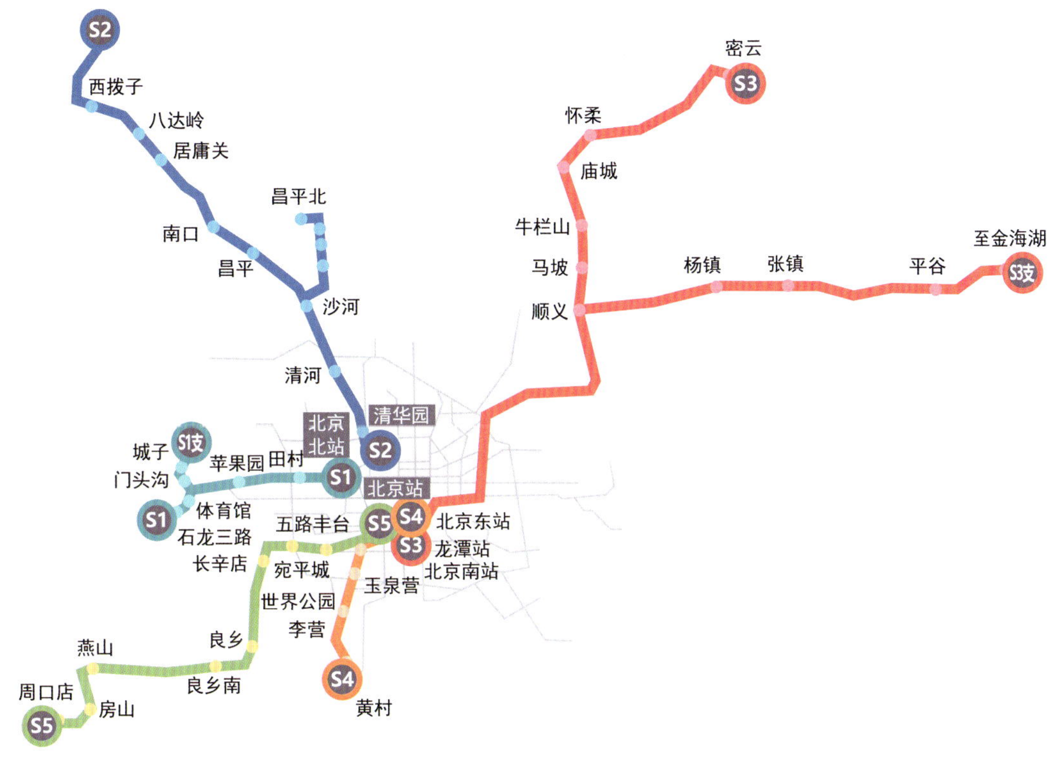

图 6-24　北京地区市域（郊）铁路网规划方案（2020 年）

4）有序划分通道各层次轨道交通分工

根据多层次轨道交通网络规划，科学、合理地研究都市圈通道内线路功能融合和资源配置，集约化提升通道服务水平。根据城市空间尺度、需求特征，合理划分不同层次轨道交通的功能定位，从发挥各自功能优势的角度，最终实现优化布局。

5）考虑差异化供给，提供网络化服务

（1）不同出行目的，对于出行的诉求有所不同。诸如通勤出行对经济成本、时长等因素敏感，早晚高峰时段聚集明显，对线路运力要求高。服务通勤功能的轨道交通，必须采用公交化的服务模式，做到快进快出、快上快下、随到随走、站内换乘，与城市交通信息联动、共同发布，与其他交通方式一体化接驳。商务出行对经济成本敏感性低，对舒适性和准点要求高，且同城化商务出行也具有较明显的高峰时段集聚特征，因此，宜设置商务车厢，与通勤客流适度分离，提升对商务客流的吸引力、服务水平和服务能力。

（2）随着都市圈范围多层次轨道交通体系的构建，不同网络层次以及同一网络层次之间是否跨线运营，是通道融合需要重点考虑的问题。特别是在都市圈轨道交通成网运营后，线路之间的走向方案、技术标准、建设方案需相互协调才能满足其运输组织网络化、公交化的要求，如互联互通的线路之间车辆选型与站台规模应相互匹配，信号系统、供电系统应相互兼容，票务系统、安检系统应实现互信。

（3）灵活的票制票价体系也是服务竞争力的一部分。定位通勤功能时，轨道交通需提供通勤出行者可接受的票价水平，采用类似城市轨道交通的定价方式；服务商务客流时，其公益属性弱，宜用者自付，可参照城际铁路定价模式；跨越多个城市时，需考虑沿线不同地区居民的收入水平差异。建议采用差异化票价和分段定价，提供多种灵活票制。

6.3.4 以沪宁通道为例的通道融合规划

1）沪宁通道概况

沪宁通道是国家京沪运输大通道的重要组成部分，位于沪宁城镇发展轴线地域范围内，沿线是长三角地区产业最发达、人口密度最高、城镇之间交流最频繁的地区，东西贯穿苏南沿江的南京、镇江、常州、无锡、苏州以及上海。该通道作为全国经济中心上海的门户，是长三角与中西部和北部地区联系的主要通道，承担了长三角“两头在外”的运输和经济联系，通道对外的客货运输总量较大，需要较高的运输保障能力。目前沪宁综合运输通道主要由沪宁高速公路、沿江高速公路、国道 312、京沪铁路、沪宁城际铁路、京沪高铁以及规划的苏锡常城际铁路等组成。沪宁综合运输通道分区段客流密度见表 6-6。

沪宁综合运输通道分区段客流密度及比例　　表 6-6

区段	客流密度（万人次 / 年）			比　例	
	公路	铁路	合计	公路	铁路
南京—常州	10064	8445	18509	54.37%	45.63%
常州—苏州	12797	8312	21109	60.62%	39.38%
苏州—上海	13587	7428	21015	64.65%	35.35%

从目前沪宁综合运输通道的线路分工来看，公路仍占主导地位，分区段占比在 54% ～ 65% 之间，主要承担了通道内部中短途旅客交流，铁路的市场份额逐步提升，占比在 35% ～ 45%，主要承担了通道内中长途的旅客交流。

2）既有沪宁铁路通道客流特征分析

目前沪宁铁路通道由京沪高铁、沪宁城际铁路和京沪铁路组成。其中京沪铁路是客货共线铁路，一方面承担通道货物运输需求，另一方面承担中长途普速客流的运输需求，暂不考虑。以下对京沪高铁和沪宁城际铁路在沪宁铁路通道中的分工进行详细分析。

（1）京沪高铁

京沪高铁是《中长期铁路网规划》中“八纵八横”高速铁路主通道之一，是世界上一次建成线路最长、标准最高的高速铁路。线路全长 1318km，设车站 24 座，平均站间距为 55km，设计的最高速度为 380km/h，目前运营速度为 350km/h，是串联长三角城市群、山东半岛城市群和京津冀城市群的南北向主要通道。

①客流性质

根据调查数据，京沪高铁客流主要由公务流、商务流、探亲流、旅游流、学生流、务工流等构成，以上各个部分客流占比分别为 44.35%、15.48%、17.26%、12.50%、3.27%、3.27%。从承担客流性质角度看，京沪高铁主要承担的客流以公务、商务客流为主，其占比达到 60% 左右。

②停站情况

目前京沪高铁沪宁段设车站 8 座，为满足中长途客流的旅行时间需求，沪宁段沿线各车站的停站率有较大的差别。其中，南京南站和上海虹桥站作为全国重要的铁路枢纽，京沪高铁开行列车均需停靠。镇江南站、常州北站、无锡东站和苏州北站作为区域重要的交通枢纽，根据各地区对外出需求，停站率在 50% 左右；其他县级市车站停站率在 10% ～ 20%。具体如图 6-25 所示。

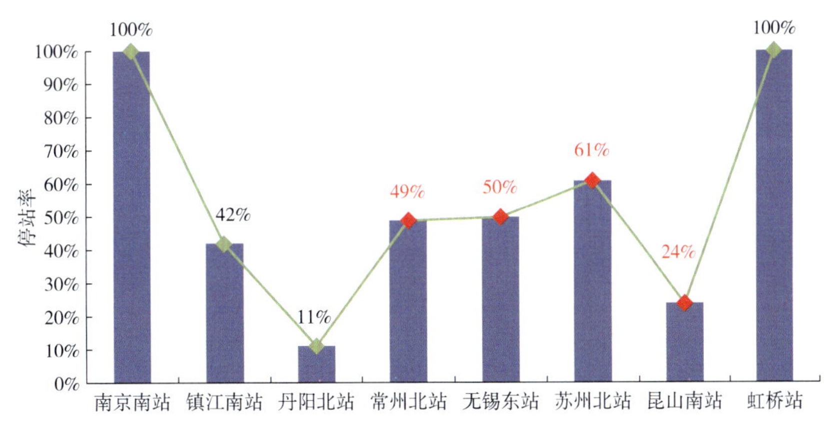

图 6-25 京沪高铁沪宁段车站停站率

从京沪高铁沪宁段沿线车站停站情况来看，南京南站和上海虹桥站停站率为 100%，而苏锡常地区主要车站停站率仅为 50% 左右，县级市车站昆山南站停站率仅为 24%。

③区段客流密度和客流空间分布

京沪高铁串联着长三角城市群、山东半岛城市群和京津冀城市群，其中沪宁段所承担的客流构成较为多样，既有南京以远至沪宁沿线的客流，又有沪宁沿线内部的旅客交流，京沪高铁区段客流密度和客流空间分布如图 6-26 所示。

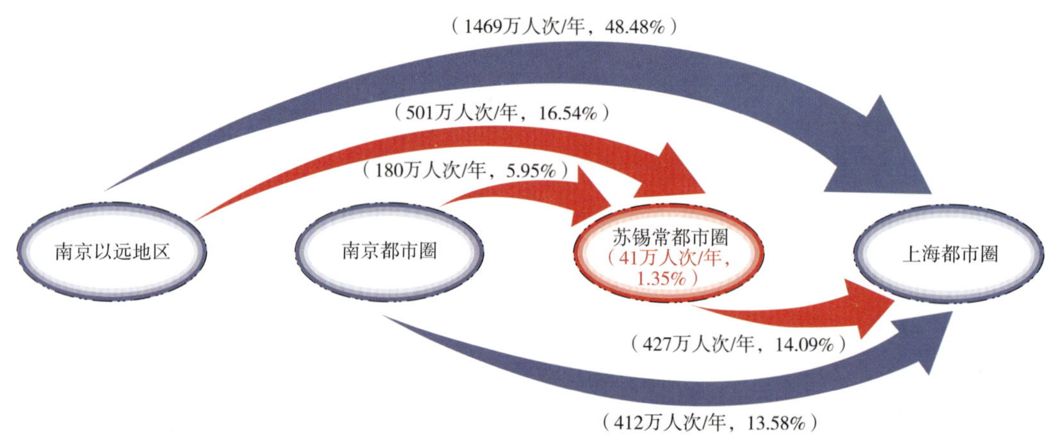

图 6-26　京沪高铁组团客流分析

根据京沪高铁承担的客流分析，南京以远地区至上海都市圈和苏锡常都市圈的中长途客流占比超过 60%，南京都市圈、苏锡常都市圈和上海都市圈之间的区域城际客流占比约为 33%，而苏锡常都市圈内部交流仅占京沪高铁客流总量的 1.35%。总体来看，京沪高铁主要承担沪宁沿线地区的对外出行需求。

（2）沪宁城际铁路

沪宁城际铁路是一条连接上海市与江苏省南京市的城际铁路，是长三角地区城际客运铁路线网中宁—沪—杭—甬“Z”形主轴骨架的组成部分。线路全长 301km，设车站 21 座，平均站间距为 14km，设计的最高速度为 300km/h，目前运营速度 300km/h。是串联沪宁主轴上上海都市圈、苏锡常都市圈和南京都市圈的重要东西向通道，主要承担沿线各个城市、主要中心城镇之间的客流，以及次中心城镇之间的客流，兼顾少量中长途跨线客流。

①客流性质

根据相关研究成果，沪宁城际铁路出行目的仍以商务公务为主，其次是探亲、旅游等生活类出行，并开始出现通勤类客流，占比约为 10%。

②停站情况

由于沪宁城际铁路承担了大量的中长途客流，平均出行距离超过 200km，沿线大多车站停靠列车较少，通过列车主要还是在苏州站、无锡站和常州站等市级车站停靠，停站率均在 80% 以上，其他沿线车站停站率均较低。具体如图 6-27 所示。

③区段客流密度和客流空间分布

沪宁城际铁路设计之初考虑以承担沿线城际交流为主，但实际运营后，随着区域路网的逐步完善，沪宁城际既是沪宁间主要的区域城际交流主通道，又成为了沪汉蓉通道的组成部分，承担了安徽沿江地区、皖中地区，长江中游地区和川渝地区与苏锡常都市圈和上海的旅客交流。沪宁城际铁路区段客流密度和客流空间分布如图 6-28 所示。

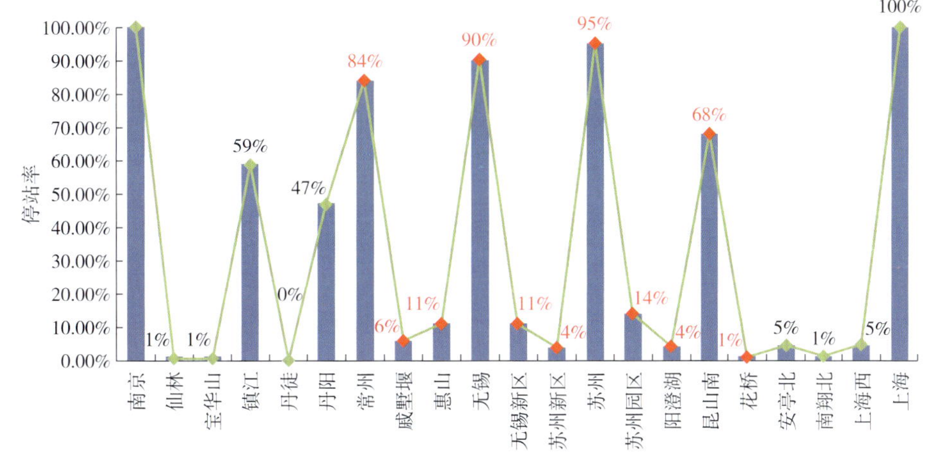

图 6-27 沪宁城际车站停站率

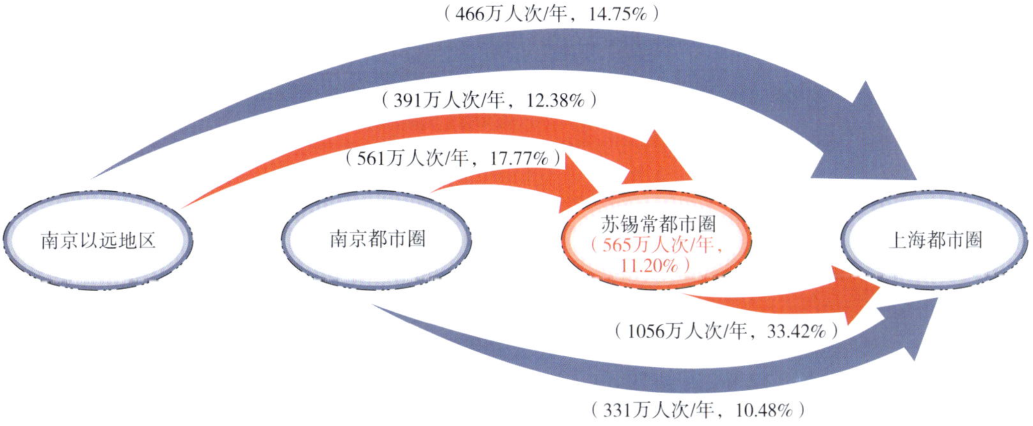

（466万人次/年，14.75%）
（391万人次/年，12.38%）
（561万人次/年，17.77%）
南京以远地区
南京都市圈
苏锡常都市圈（565万人次/年，11.20%）
上海都市圈
（1056万人次/年，33.42%）
（331万人次/年，10.48%）

图 6-28 沪宁城际铁路组团客流分析

根据沪宁城际铁路承担的客流分析，南京都市圈、苏锡常都市圈和上海都市圈之间的旅客交流占沪宁城际铁路客流总量的 60% 以上，其次南京以远地区至上海都市圈和苏锡常都市圈客流占比约为 27%，而苏锡常都市圈内部交流仅占沪宁城际铁路客流总量的 11%。从承担客流角度分析，沪宁城际铁路主要承担沪宁通道内南京都市圈、苏锡常都市圈和上海都市圈之间的旅客交流。

3）通道功能新增线路分工

基于上述分析，提出规划新线——苏锡常都市快线的通道分工。目前沪宁通道内沪宁城际铁路、京沪高铁沪宁段客车对数均已超过 130 对 /d，能力趋于饱和，从其承担客流角度分析，京沪高铁主要以中长途客流为主，苏锡常都市圈内部客流比例较低，沪宁城际铁路主要承担上海都市圈与苏锡常都市圈及南京都市圈间的区域城际交流，其所承担苏锡常都市圈内部交流占比仅为 11%。而目前沪宁通道内公路客流密度已超过 25 万人 /d，根据公路 OD 调查数据，其中苏锡常内部的短途交流占比近三成，未来仅依靠公路难以满足苏锡常都市圈内部短途交流的需求，也不符合长三角一体化战略中提出的打造“轨道上的长三角”的战略要求。苏锡常都市快线将成为沪宁综合运输通道的重要组成部分，承担苏锡常都市圈内部的旅客交流。如图 6-29 和表 6-7 所示。

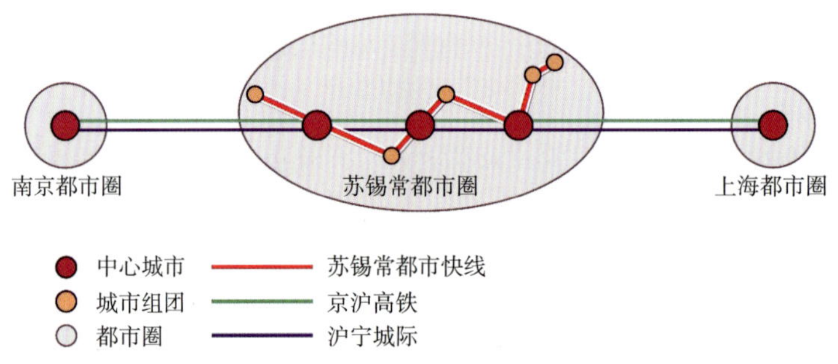

图 6-29　沪宁通道轨道交通层次图

沪宁综合运输通道分工一览表　　表 6-7

线　　路	站间距（km）	承担主要客运功能
京沪高铁	50	南京以远地区至沪宁通道沿线的中长途客流
沪宁城际铁路	15	南京都市圈、苏锡常都市圈和上海都市圈之间交流
苏锡常都市快线	6.4	苏锡常都市圈内城市间旅客交流及城市内部组团交流
通道内公路	—	沪宁通道短途旅客交流

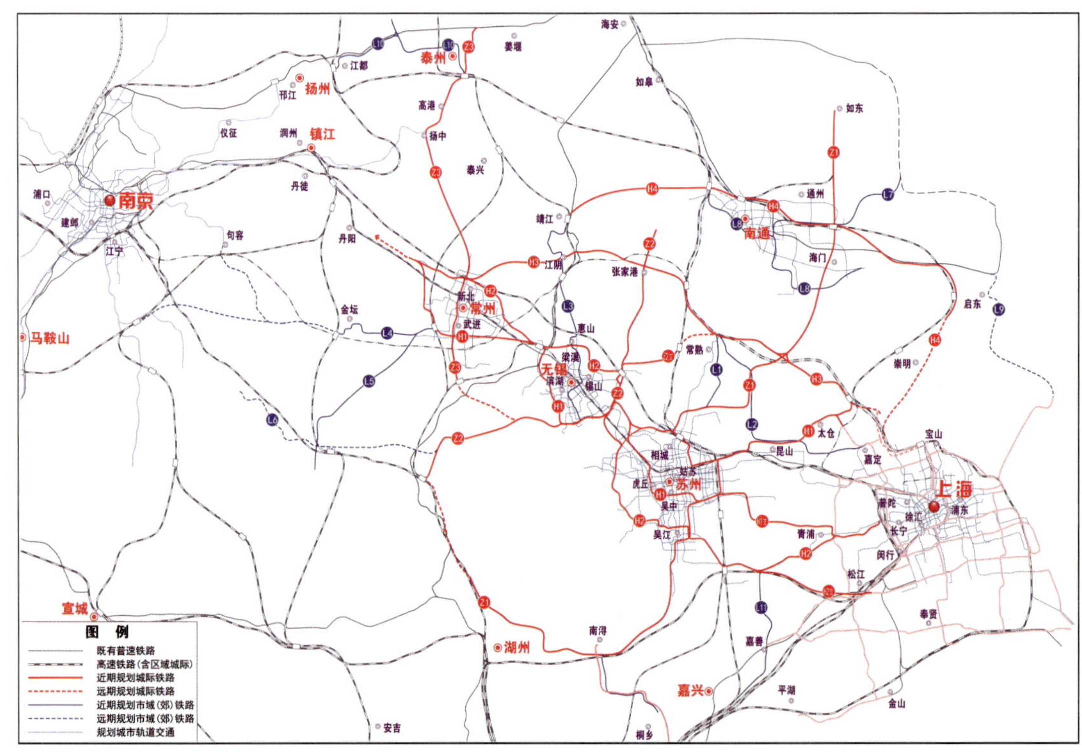

图 6-30　沪宁通道一体化融合规划方案

4）通道融合规划方案

苏锡常都市快线西起江苏省常州市新北区，向东经常州市钟楼区、天宁区、武进区，无锡市惠山区、滨湖区、新吴区，苏州市相城区、高新（虎丘）区、姑苏区、吴中区、工业园区、昆山市、太仓市终至上海市嘉定区，地处苏锡常都市圈区内，位于沪宁通道东西发展核心中轴线南部区域。同时苏锡常都市快线为苏锡常都市圈城际铁路的骨干线路，衔接常泰城际铁路、盐泰锡宜城际铁路、新长铁路南段、沪宁城际铁路；在都市圈城际铁路线网内与如通苏湖城际铁路、苏淀沪城际铁路互联互通，并与苏锡常三市的轨道交通换乘密切，结合功能分工，构建沪宁通道一体化融合规划方案，如图 6-30 所示。

6.4 本章总结

随着干线铁路、城际铁路、市域（郊）铁路和城市轨道交通的逐步发展，多层次轨道交通在网络及通道层面的融合工作迫在眉睫。本章提出网络、通道融合要以“功能融合”为基础，以“体系划分、通道分工、枢纽一体、运营融合”为重点，实现最集约利用交通廊道、最灵活共享运营组织、全过程出行链中出行时间成本最小化。本章分别探讨了网络融合规划和通道融合规划的内涵与要求、规划技术要点，并结合实际案例对相关方案进行验证分析，可以为其他区域多层次轨道交通融合规划提供参考。

多层次轨道交通融合规划方法与实践

7

多层次轨道交通枢纽节点融合规划

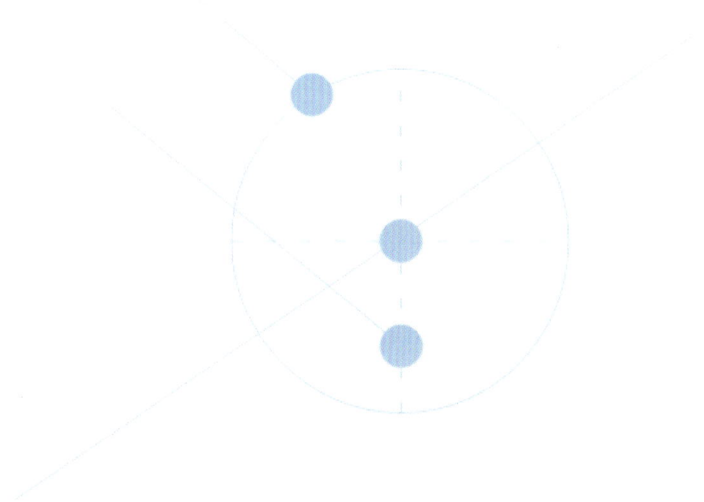

多层次轨道交通枢纽节点是衔接多种运输方式、辐射覆盖一定区域、办理轨道交通客运业务的基础设施，是发挥多层次轨道交通组合效率的关键设施，是推动多层次轨道交通融合发展的核心环节。多层次轨道交通的结合、交汇均集中在节点，节点衔接规划的原则是系统性、整合性、一体化。本章根据不同轨道交通体系的服务特征，阐述了节点的分类、不同类别节点的布局原则、多层次轨道交通的衔接模式，以及节点的布局衔接规划。

7.1 枢纽节点类型及布局原则分析

每个轨道交通车站配置的设施是根据城市特点、周边用地属性、客流特性和站点可用空间等因素决定的。不同类型的轨道交通站点对其换乘交通设施的配置也不同，合理地定位轨道交通站点类型是确定轨道交通站点换乘相关设施、规模和布局的关键。

7.1.1 枢纽节点类型定义

以多层次轨道交通体系为依托，结合各层次轨道交通的规模、功能等特征，以节点衔接轨道交通层次为参考对象，以四网叠加为基准，将多层次轨道交通枢纽节点分为三个级别。（潘昭宇等，2020）。

一级节点指四网融合节点，衔接干线铁路、城际铁路、市域（郊）铁路、城市轨道交通“四张网”。一级节点一般为城市的综合交通枢纽，也是城市对外、对内综合交通有机融合的交通中心。

二级节点指三网融合节点，衔接干线铁路、城际铁路、市域（郊）铁路、城市轨道交通其中的“三张网”，一般为干线铁路与其他三种方式中的两种衔接。

三级节点指两网融合节点，衔接干线铁路、城际铁路、市域（郊）铁路、城市轨道交通中的其中“两张网”。

7.1.2 枢纽节点布局原则

《现代综合交通枢纽体系“十四五”发展规划》明确了综合客运枢纽规划布局的要求：一是选址符合城市发展方向，与城镇体系形态和城市功能空间结构相协调；二是统筹枢纽机场、铁路客站、客运码头等各类场站，合理确定枢纽港站层次、类型与功能；三是综合考量人口分布、旅游资源禀赋及客运中转需求，合理确定枢纽港站规模；四是具备良好的集疏运条件，与城市道路网、轨道交通网、高速公路等有效衔接；五是有可拓展空间，为后续发展留有余地。

1）一级节点

（1）全国、区域性铁路主要客站

《新时代交通强国铁路先行规划纲要》提出按照“零距离”换乘要求，建设以铁路客站为中心的综合客运枢纽，强化枢纽内外交通有机衔接，促进客站合理分工及互联互通，推进干线铁路、城际铁路、市域（郊）铁路和城市轨道交通“四网融合”及与机场高效衔接，实现方便快捷换乘。《现代综合交通枢纽体系“十四五”发展规划》提出全国性铁路综合客运枢纽应实现 2 条及以上市域（郊）铁路或城市轨道交通衔接。因此，为城市群服务的区域性铁路主要客站，应在引入城市轨道交通基础上，通过城际铁路、市域（郊）铁路集散城市群、都市圈客流，打造成为城市的综合交通枢纽。

（2）国际枢纽机场、区域枢纽机场

《现代综合交通枢纽体系“十四五”发展规划》明确国际航空枢纽应实现 2 条及以上轨道交通衔接。国家发改委《关于促进枢纽机场联通轨道交通的意见》要求，根据各类轨道交通的特点，对功能定位、运输规模不同的机场分类施策，科学合理确定轨道交通的类型、建设时机和衔接方式。根据机场旅客集散需求和相关规划建设等情况，对功能定位、规模不同的机场分类施策，其中国际枢纽机场应联通干线铁路或城际铁路或市域（郊）铁路或城市轨道交通，有效辐射周边 800 ～ 1000km 范围内的地区；区域枢纽机场应尽可能联通干线铁路或城际铁路或市域（郊）铁路或城市轨道交通，有效辐射周边 300 ～ 500km 范围内的地区。

2）二级节点

（1）都市圈、市域性铁路主客站

高速铁路客运站点已经成为城市对外中长途出行的重要交通枢纽，市域性铁路主客站辐射范围主要为都市圈或市域，为充分发挥高铁主客站的功能，扩大客流吸引，增强辐射引领，应通过市域（郊）铁路、城市轨道交通衔接中心城区和郊区。

（2）大型干线机场

结合区域机场群的布局规划，大型干线机场作为国际性、区域性枢纽机场的重要补充完善，具备多层次轨道交通的引入条件。这主要体现在规划目标年预测每年旅客吞吐量可达到 3000 万人次及以上的机场，应形成干线铁路、城际铁路、城市轨道交通和城际铁路或市域（郊）铁路引入的二级节点，并充分预留形成一级节点条件，有效辐射 100 ～ 200km 范围内地区（唐怀海和潘昭宇，2020）。

3）三级节点

（1）一般干线机场

规划目标年预测年旅客吞吐量达到 1000 万人次及以上的机场，应尽可能联通市域（郊）铁路或城市轨道交通，形成三级节点，有效辐射 20 ～ 100km 范围内地区（唐怀海和潘昭宇，2020）。

（2）城市主要客站

随着城镇化的加快发展，中型以上城市将会形成两个及以上的客站布局，每个客站的作业分工的差异，使其辐射范围和吸引范围不同。而辐射范围为中心城区或片区的城市主要铁路客运站，一般应衔接城市轨道交通，形成三级节点。

（3）城市重要功能区

多层次轨道交通除在航空或铁路枢纽节点衔接外，在重要的公共服务中心、片区或组团中心，宜形成城际铁路、市域（郊）铁路、城市轨道交通之间相互衔接的枢纽节点。

7.2 枢纽节点衔接模式

本节针对国铁干线与城际铁路衔接模式、城际铁路与市域（郊）铁路、市域（郊）铁路与城市轨道交通的衔接模式进行分析。

7.2.1 国铁干线与城际铁路衔接模式

根据多层次轨道交通体系中的分工，高速铁路主要服务于城市群之间中长途客流，以商务出行为主，兼顾部分城市群内部城际客流。出行距离在300km以上，站间距为30～50km。城际铁路要服务于城市群内各城市间的城际客流，以通勤、商务出行为主，兼顾沿线城镇、卫星组团等大点间市域客流。出行距离为100～300km，站间距为10～30km。

从客流的层面看，国铁干线与城际铁路有明显的不同，贯通运营的需求不强，从两者主要技术标准上看，国铁干线的设计速度、线路平面、信号制式、车辆选型、建筑限界都存在明显差异，因此国铁干线与城际铁路一般采用换乘的方式进行衔接。

7.2.2 城际铁路与市域（郊）铁路衔接模式

目前国内城际铁路和市域（郊）铁路大多是在枢纽场站进行换乘衔接，尚未有建成投入运营的城际铁路和市域（郊）铁路过轨运行（直通运营）的先例。不过，国内已经进行该衔接模式的探索，如在建的上海机场联络线。为满足客流需求及浦东地区发展，缩短浦东与长三角地区时空距离，缓解浦东地区对外交通发展的问题，结合上海机场联络线功能定位，推荐其组织开行跨线的城际列车，采用跨线城际列车与该线市域列车共线运行的运输组织模式。

7.2.3 市域（郊）铁路与城市轨道交通衔接模式

根据市域（郊）铁路线网条件以及列车开行方式，市域（郊）铁路与城市轨道交通运营衔接模式可归结为穿越型、贯通运营、放射线型、换乘衔接模式，其中换乘衔接模式包括单点换乘式和多点换乘式。本节对各模式的适用条件进行研究，进而提出市域（郊）铁路与城市轨道交通一体化运营衔接模式的选择思路。

1）穿越型

该模式指市域（郊）铁路在中心城市的核心区穿过，两端分别衔接主要的卫星城、城市副中心和对外交通枢纽，如图 7-1 所示。该模式适用于市域（郊）铁路已穿越城市内部，或者有条件引入城市内部，客流需求方向性不明显、需求更为多样的客流，且中转客流比重不宜过大。

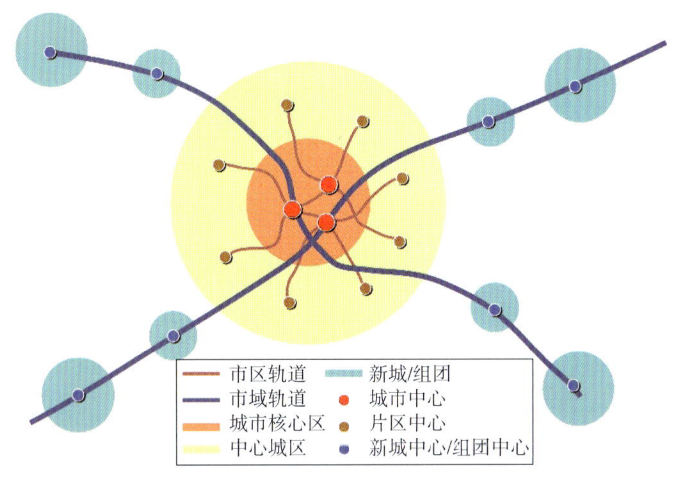

图 7-1　穿越式市域（郊）铁路规划布局模式图（杜佳文，2011）

2）贯通运营

市域（郊）铁路在车辆、线路、轨道、信号、通信和供电等方面与城市轨道交通系统兼容的条件下，为了共享走廊资源、避免重复建设，以平等互利、安全可靠为原则，市域（郊）铁路可通过车站或联络线与城市轨道交通实现互联互通，两者可共用轨道，按统一运行图进行运营，并可组织跨线列车。

3）放射线型

放射线型主要有环形 + 放射线式和多点放射式。环形 + 放射线式通常存在于具有轨道交通环线的网络中，其一端连接城市的主要卫星城、城市副中心和对外交通枢纽，另一端则终止于中心城市内部的轨道交通环线上，通过与环线的衔接进一步组织与其他城市轨道交通线路的换乘，如图 7-2 所示。由于城市在轨道交通环线沿线往往布置一些城市的副中心和交通枢纽，因此衔接到环线上也能解决一定数量的直达交通，而且与城市轨道交通线路的换乘也比较方便。

多点放射式布局方式，根据其与中心城区的衔接点位置不同，可以分为三类：一是从中心城区的城市轨道交通换乘站上放射，二是从中心城区的边缘放射，三是从中心城区的城市轨道交通线末端放射，分别如图 7-3 a）、b）、c）所示。

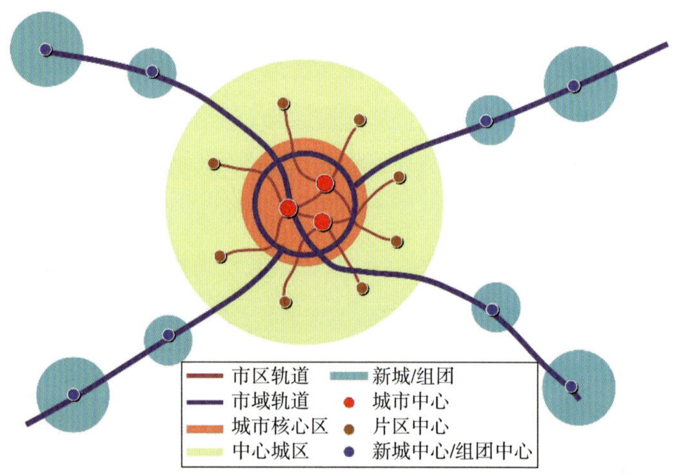

图 7-2　市域（郊）铁路环形 + 放射线式规划布局模式图（杜佳文，2011）

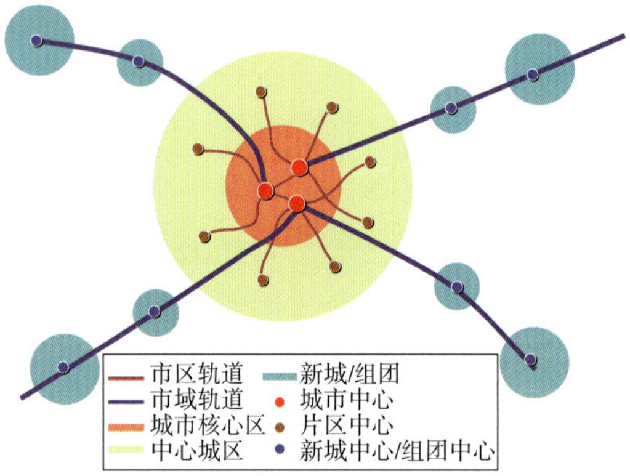

a）

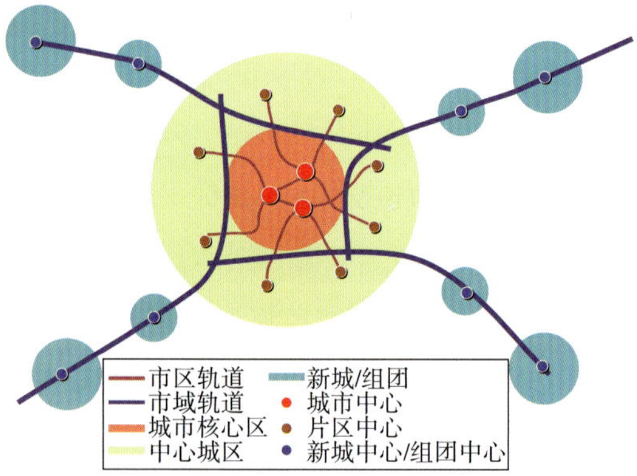

b）

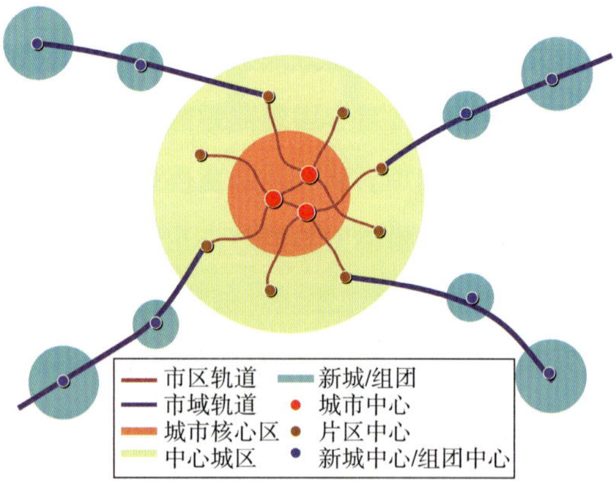

c）

图 7-3　市域（郊）铁路三类多点放射式规划布局模式图（杜佳文，2011）

（1）从中心城区的城市轨道交通换乘站上放射

采用这种形式布局的市域（郊）铁路线，其一端连接城市的卫星城、郊区组团和对外交通枢纽，另一端在市区终止于城区中心（通常是一个主要的城市功能中心）的城市轨道交通换乘站上，可以实现卫星城、郊区组团和对外交通枢纽与城市中心间的直接联系，有较好的直达性，而且城市中心处往往有密集的城市轨道交通线路，也便于组织与城市轨道交通间的衔接换乘。该模式的缺点为城市中心用地紧张，场站建设较困难，投资大。

（2）从中心城区的边缘放射

与穿过城市中心的市域（郊）铁路线不同，一些线路只以切线形式过境市区，而不经过市中心。这种线路适用于出行起讫点主要集中在郊区与郊区之间的交通需求，切线形式的线路能很好满足郊区居民的出行要求，在市区内的通道选择也比较容易，此外还补充了外围城区轨道交通线路不足的问题。由于与径向的城市轨道交通线路有较多的相交点，因此衔接换乘也比较方便。切线形式的线路一般客流量较小，因与主要客流源点之间的结合较差，当客流联系的主要方向是城市中心与新城之间时，换乘量较大。在实际中，大运量轨道交通切线形线路并不十分常见。

（3）从中心城区的城市轨道交通线末端放射

市域（郊）铁路在中心城区的外围与城市轨道交通站点（一般是起讫点站）进行衔接，通过换乘城市轨道交通进入中心城区。这种模式通常适用于客流较小的市域（郊）线路，可以根据自己的客流特点，采用具有针对性的系统制式和组织运营方案，以取得较好的运营效益。由于客流总体规模较小，所以即使绝大部分客流需要换乘，但还不至于影响到网络的整体运营效果。该模式最大的缺点为直达性差，大部分客流需要换乘，甚至需要换乘 2 ～ 3 次。

4）换乘衔接

（1）单点换乘式

①端点型。端点对接模式是指一条线路的终点站与另一条线路的终点站或中间站毗邻或直接对接，且市域列车只在对接站实现旅客乘降，该模式最为简单。

②枢纽型。该模式指市域（郊）铁路站点与城市内的客流集散点接驳换乘，包括对外交通枢纽和市内交通枢纽等客运枢纽。

（2）多点换乘式

①共通道型。市域（郊）铁路进入市区中心，在同一通道内布设城市轨道交通线路，市域（郊）铁路站间距大，设计速度目标值高；城市轨道交通线站间距小，设计速度目标值相对较低。

②外围切割型。市域（郊）铁路进入市区边缘或中心城区，以切线形式与多条城市轨道交通线路相交，形成多线多点换乘。该模式适用于出行 OD 主要集中在郊区与郊区之间的交通需求。

5）市域（郊）铁路与城市轨道交通一体化运营衔接模式的选择思路

根据上述运营衔接模式的介绍，可以得出影响市域（郊）铁路与城市轨道交通一体化运营衔接模式选择的因素，概括为城市及线网基础、技术条件、客流特征及运输组织三方面，因此，两者一体化运营衔接模式的选择思路如下：

（1）当目标城市规划完备、用地紧张，无法满足市域（郊）铁路引入或穿越城市中心城区时，若可通过技术改造与城市轨道交通形成共线区段，优先考虑共线运营模式；若无法满足技术改造要求，直接考虑换乘衔接模式，再根据换乘客流需求的大小与方向性特征，采取端点换乘或多点衔接换乘。

（2）当城市用地紧张，且城市轨道交通已成网或初具规模时，应优先考虑换乘模式，再根据换乘客流量与方向性特征决定具体类型。但技术条件、经济水平、政策扶植等各方面条件允许对现有路网进行技术改造建设共线区段时，也可考虑通过开行跨线列车的形式进行共线运营。

（3）当目标城市尚未形成详尽规划，用地宽裕时，城市轨道交通建设一般起步较晚，若市域（郊）铁路尚未引入城市中心城区，可考统一建设标准，直接修建共线运营新线，根据实际技术水平开行“双制式列车”。

（4）在目标城市尚未形成详尽规划、用地宽裕的条件下，当市域（郊）铁路可以或已经引入、穿越或外包城市时，若同方向已建有城市轨道交通，但当前城市轨道交通线网规模优势不够明显，可通过技术改造打造市域（郊）铁路与城市轨道交通共线区段；若当前城市轨道交通已成网或初具规模，再进行技术改造成本高、难度大，应优先根据换乘客流需求的大小与方向性特征采取适宜的换乘模式。

7.3 枢纽节点融合策略及建议

7.3.1 国内现状分析

1）节点的整体布局离散，未形成区域轨道交通枢纽体系

目前，我国多数区域的轨道交通枢纽体系内部的单体枢纽发展规划处于离散状态。单体枢纽以自身交通方式和服务模式发展，主要枢纽之间缺乏便捷、有效的交通联系，并且在既定的交通衔接水平下，各主要枢纽与城市交通的衔接以及枢纽之间的衔接缺乏大容量、快速的交通网络支撑，使得枢纽间的交通受道路交通影响较大，服务效率较低（单连龙，2012）。

2）节点内各种方式轨道交通衔接不畅，协同运营配合效率较低

受理念、体制、政策等因素影响，我国综合客运枢纽各种轨道交通方式的站场大多各自规划、分别建设、自成系统，接驳交通没有得到重视，导致换乘设施不足、能力不匹配。对于将连接城市内外的多种交通方式集中于同一地块的大型综合客运枢纽而言，其大多数仍局限于沿平面发展的浅层次开发，缺乏立体化的设计理念（姜玲丽，2017）。以平面布置为主来组织枢纽内部各功能空间，使得不同交通方式之间的衔接生硬，旅客的换乘走行距离普遍较长，换乘效率偏低。

此外，我国既有大型综合客运枢纽普遍缺少一体化的换乘设计，存在交通性指引不明晰、标识系统不完备的情况。大型综合客运枢纽空间体量大、出入口众多、交通设施多而分散、交通设施名称不统一、行人交通指引种类多样、关键节点处缺少醒目的交通性指引标志等不足，导致了人行流线无序，旅客换乘以及出站难（杜洪涛等，2019）。

7.3.2 国内外经验借鉴

1）通过大容量轨道交通连接单体枢纽

国外部分都市圈或城市群利用轨道交通线路将离散的轨道交通枢纽连接起来，以实现区域多个轨道交通枢纽的联合发展。山手线为东京都市圈形成了一个高效率的环状枢纽体系。现东京都市圈内各类轨道交通线路，包含不同列车共用线路的，共有 47 条与山手线存在衔接换乘关系，包括 JR 路网的东海道本线、东北本线、东海道新干线、东北新干线等 10 余条重要干线铁路，总武本线、京滨东北线等 3 条区域铁路，田园都市线、西武新宿线等 10 余条区域或市域（郊）私铁线路，13 条地铁线路以及其他各类城市轨道交通线路（王晓荣等，2013）。各条线路与山手线的关系如图 7-4 所示。

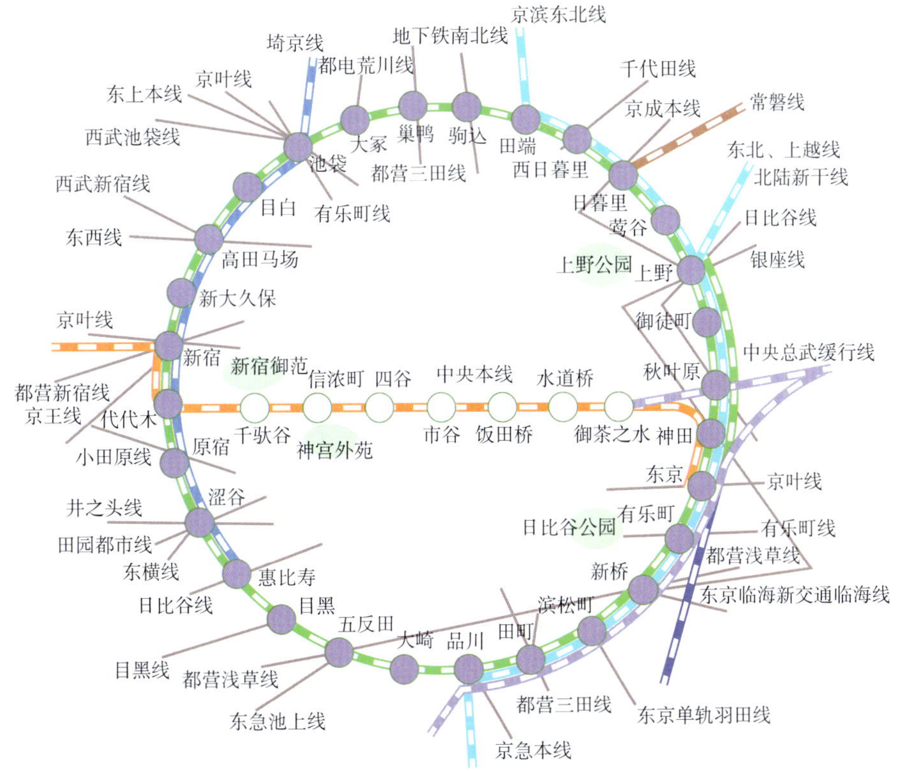

图 7-4 山手线及连接线路示意图（王晓荣等，2013）

2010年，山手线上的新宿、池袋、涩谷、东京、高田马场、新桥、品川、秋叶原8个车站位列JR东日本客流量排名前十位的车站中，并且上述车站除秋叶原外也均位列日本全国十大车站中（王晓荣等，2013）。2010年山手线主要枢纽站概况见表7-1。这些大型的综合交通枢纽，支撑着东京都市圈各类轨道交通线路交织而成、每日运送旅客近4000万人次的庞大轨道交通网络系统（余柳和刘莹，2013）。山手线上客流量最大的新宿站是东日本旅客铁道株式会社（简称"JR东日本"）相关城市铁路、地铁和区域私铁共10条线路的共用枢纽，近年来日均旅客乘降和换乘量均达300万人次以上，最高日均乘降量曾达364万人次，位居世界前列（王晓荣等，2013）。东京站目前连接了东海道、东北、山形、秋田、上越和长野共6个方向的高铁新干线，和中央本线、总武本线、横须贺线、京叶线、京滨东北线、武藏野线、东海道线等7条区域或城市铁路线，还连接了丸之内和东西两条地铁线。该站目前平日的乘降量达75万人次，换乘量达100万人次，运营列车约为3800列（王晓荣等，2013）。依托各枢纽站的区位优势与客流资源，各类相关产业在周边集聚发展，山手线上或紧邻的新宿、池袋、涉谷、上野、大崎、锦丝町、临海等地区渐成为城市副中心，与东京站一起构成了东京都"一核七心"的布局（舒慧琴和石小法，2008）。

2010年山手线主要枢纽站概况（王晓荣等，2013）　　表7-1

站名	衔接换乘的线路	日均乘降量(万人次)
新宿	山手线、中央本线、埼京线、湘南新宿、小田原线、京王线、京王新线、丸之内线、新宿线、大江户线	360
涩谷	山手线、埼京线、湘南新宿线、东横线、田园都市线、井之头线、银座线、半藏门线、副都心线	242
池袋	山手线、埼京线、湘南新宿线、池袋线、东上本线、丸之内线、有乐町线、副都心线	360
东京	东北新干线、上越新干线、长野新干线、山形新干线、秋田新干线、东海道线、东北本线、中央本线、总武本线、横须贺线、京叶线(武藏野线列车可经京叶线驶入东京站)、京滨东北线、东海道新干线、丸之内地铁线、东西地铁线	110
品川	山手线、京滨东北线、东海道线、横须贺线、东海道新干线、京急本线	93
高田马场	新宿线、东西线	89
新桥	东海道线、京滨东北线、横须贺线、临海线"百合鸥号"、银座线、浅草线	85
秋叶原	东北本线、总武本线、京滨东北线、首都圈新都市铁道筑波快线、日比谷线、新宿线	75
目黑	山手线、目黑线、南北线、三田线	93
上野	东北新干线、上越新干线、长野新干线、山形新干线、秋田新干线、东北本线、常磐线、京滨东北线、京成本线、银座线、日比谷线	56

注：按出入闸机人次计算，某枢纽站日均乘降量包含进站量、出站量，以及不同公司线路间的换乘量（需过闸机）。日均乘降量≈①+②：①JR东日本各站日均乘降量≈2010年JR东日本各站日均乘车量 ×2；②其他公司线路各站乘降量以2004年以来某一年份的日均乘降量替代。

2）实现轨道交通综合枢纽的立体化布局

国外的轨道交通综合枢纽多采用立体化布局，通过充分开发地下空间，形成地上、地面、地下分层设置的模式，客流集散和旅客换乘效率高。此外，枢纽的内部设计重视人文关怀，将换乘空间尽可能与城市公共活动区域进行一定结合，即在保证换乘的同时，为其他服务的衍生提供一定基础（姜玲丽，2017）。

1958 年规划的巴黎拉德芳斯交通枢纽是换乘空间立体化的典型案例。该枢纽分为地下四层，如图 7-5 所示，地下 1 层为公交车站层，设置了 14 条公交线路，公交车进出站的道路中央包围的是小汽车停车场；地下 2 层是售票和换乘大厅，周围附有商业及服务设施，站厅内多个显示屏能实时显示各种交通方式的时刻表，西区为郊区铁路和有轨电车 T2 线的站台层；地下 3 层是地铁 1 号线终点站的站台层；地下 4 层是 4 股轨道平行排列的 RER-A 线站台层（邱丽丽和顾保南，2006）。每层通过中部的换乘大厅建立联系，通过集中的换乘大厅可进行不同交通方式的换乘，从而实现便捷式交通。同时，该枢纽在换乘节点上通过设置电梯、自动扶梯和楼梯等垂直交通设施，将地下停车场、地铁出入口及地上的商业文化娱乐设施联系起来。巴黎拉德芳斯交通枢纽的立体换乘和一体化设计满足了高效换乘和对土地的集约利用，真正做到了交通集成、空间整合与塑造城市新形象。

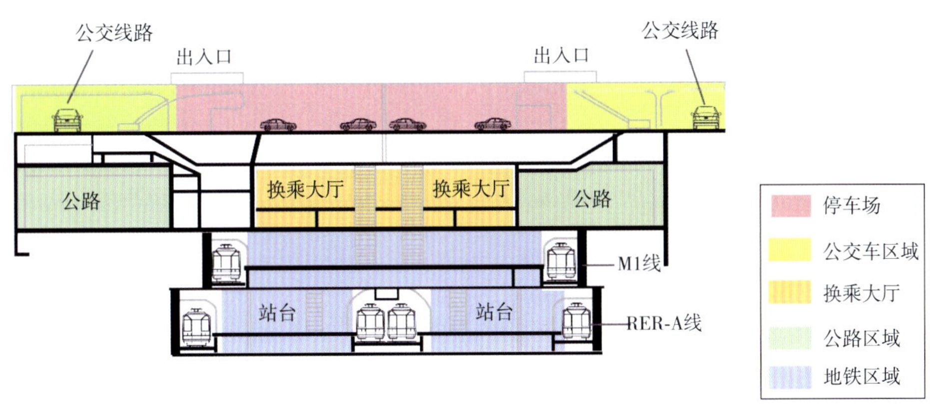

图 7-5　巴黎拉德芳斯交通枢纽剖面图（姜玲丽，2017）

3）枢纽内部采用集约化的换乘空间组织，并实现良好的空间指引

考虑到综合客运枢纽所承载的客流从“单一型”向“复合型”转变，为了使旅客能便捷地进出站、用最少的时间完成进出站过程，并努力实现“零换乘”的目的，我国大量新建的综合客运枢纽，例如北京南站、郑州东站以及武汉站都采用换乘空间集中布局的方式，即集中设计高效率的换乘层，并配合合理的流线组织来满足大量客流在短时间内向接驳交通疏散的需求。北京南站将集中的换乘空间设置在地下一层，而郑州东站和武汉站高架了轨道，留出整个地面广场层来组织各种交通方式之间的换乘。

对于枢纽内部良好的空间指引如何实现，国外许多优秀的综合客运枢纽提供了经验。这些枢纽内部的导向设计一方面借助完善的标识引导系统，另一方面借助建筑室内空间设计的处理手法，即利用墙面、天花板等装饰的质感、色彩、风格的系列化设计来表明空间场所的特征，实现明确方位的导向（王璇，2012）。例如，巴黎北站大量运用抽象图像和无饰线字体来设计其标识，以提高信息传播速度，并注重图形的利用，为不同语言的人群降低识别障碍。此外，巴黎北站还在换乘中心入口处通过细节设计的不同风格来帮助旅客分辨方向。具体而言，瓷砖墙面表示通向巴黎地铁交通网络；饰以红色涂料的横梁和柱子表示通向 RER 的中间层；木质的隔音板表示通向 RER 的 E 线（王璇，2012）。在日本车站，乘客可以根据车票的颜色，按照通道上相同颜色的指引，从而方便快捷地到达目的站台，并且站台上同样会用醒目的标志表示旅客所乘列车车厢的停靠位置（赵振，2013）。柏林中央火车站在铁轨侧面引入通高空间，使得铁轨对各层人流可见，增加空间活力（图 7-6）。我国香港的西九龙高铁站也有着独特的空间设计，其阶梯状屋顶进行屋顶绿化，形成阶梯状花园，高铁站在占据巨大城市空间的同时也将公共空间还诸公众，如图 7-7 所示。

图 7-6　柏林中央火车站空间布置实景图

图 7-7　西九龙高铁站空间布置实景图

7.3.3　节点布局衔接方法

1）节点布局衔接思路

多层次轨道交通节点布局方案应充分结合引入轨道交通的特征、功能、规模，并结合站点周边规划和土地使用，加强多种交通方式的衔接，提升换乘便捷度，发挥轨道交通的骨干运输功能，构筑一体化公共交通体系，促进地区发展和城市功能完善。良好的交通衔接主要通过提高节点衔接的换乘便利性，以及节点与城市功能的有机融合两方面实现。因此，多层次轨道交通站点交通衔接的主要思路如下：

（1）规划引领，统筹布局。坚持规划引领，按照多层次轨道交通一体化和城市国土空间规划编制要求，加强多层次轨道交通系统专项规划与地区详细规划的衔接。为方便出行换乘，交通衔接设施原则上应在距离城市轨道交通站点 50 ～ 100m 范围内布置，结合城市轨道交通站点设计方案，以及各种衔接方式的服务范围、服务对象和交通组织，对衔接设施进行统筹布局。

（2）综合开发，一体设计。从资源整合和集约用地的角度出发，对于有条件的站点可考虑结合周边地块进行综合开发，加强轨道交通衔接站点的一体化设计，尤其要注重地下空间资源的系统化开发，更好地引导城市发展。

（3）枢纽锚固，四网融合。以多层次轨道交通衔接节点为核心，构筑完善换乘枢纽体系，发挥枢纽“锚固”作用和轨道交通骨干运输功能，优化换乘衔接体系，实现多层次轨道交通的“四网融合”。

（4）以人为本，便捷换乘。在统筹考虑多层次轨道交通衔接设施布局以及周边土地综合开发的基础上，坚持以人为本，通过一定的方式合理引导换乘需求，从换乘方式和设施布局上均衡客流分布、优化交通组织，更好地满足居民出行需求，提升换乘便捷度。

2）节点布局衔接原则

对于多层次轨道交通站点交通衔接设施布局，重点考虑三方面内容：

（1）结合乘客出行需求实际和交通管理实践，综合考虑不同层次的轨道交通方式之间联系的紧密程度，以及轨道交通与城市其他交通方式（步行、公交、出租车、机动车、非机动车等）间的衔接关系，合理确定布局方案。

（2）坚持以人为本，在既有设施优化完善与资源整合的基础上，结合多层次轨道交通线路建设时机、周边地块开发和地下空间利用情况，合理确定换乘方案，优化组织交通流线，最大程度缩短换乘距离，提高换乘便捷度。

（3）推进绿色接驳、安检互认。在铁路单枢纽服务模式下，需要单个枢纽服务更大的范围和更远的接驳距离，借助于市域（郊）铁路、城市轨道交通的便捷服务，使得换乘节点的客流吸引强度和范围得以拓宽。同时，伴随着城市规模的不断扩大，以及小汽车的普及、城市道路压力和可持续发展的要求。换乘节点的接驳体系应转变为绿色交通可达性优先，节点最便捷的界面应优先服务城市轨道交通、市域（郊）铁路等绿色公共交通的接驳和集散。为更好地提供快速换乘，提供更为人性化的服务，多层次轨道交通之间应积极建立安检互认、售检票资源共享等。

3）节点布局衔接方式

综合交通枢纽内各种轨道交通方式衔接主要分为换乘和互联互通两类，其中换乘又可分为垂直换乘与同台换乘。节点衔接方式的特点及适应性分析见表 7-2。

节点衔接方式特点及适用性表　　表 7-2

<table>
<tr><th colspan="2">衔接方式</th><th>优　点</th><th>缺　点</th><th>适 用 条 件</th></tr>
<tr><td rowspan="3">换乘</td><td rowspan="2">垂直换乘</td><td>适应性强</td><td rowspan="2">换乘距离较长，对换乘客流大的换乘站可能造成较大换乘压力</td><td rowspan="2">普遍适用（换乘客流大的车站会带来一定换乘压力）</td></tr>
<tr><td>工程实施相对简单</td></tr>
<tr><td>同台换乘</td><td>换乘便捷，旅客出行方便</td><td>（1）两线相交的角度较大时不适用；
（2）换乘站是中间站时只能保证一个方向同台换乘</td><td>两条线在起点（终点）站换乘</td></tr>
<tr><td colspan="2">互联互通</td><td>旅客出行方便，换乘站压力小，网络运营组织灵活</td><td>工程实施难度较大，需要提前做好预留</td><td>换乘客流大，且已提前做好相关预留的车站</td></tr>
</table>

7.3.4 节点融合推进建议

1）构建枢纽间快速联系主骨架，强化区域枢纽体系的整体性

为满足不同枢纽间换乘便捷的要求，枢纽的交通衔接规划应与交通方式发展和城市规划相衔接，充分发挥综合交通的优势，正确处理新建设施和利用既有设施的关系。建设和完善主要客运枢纽间的快速联系通道主骨架，增强枢纽间的交通连接能力，畅通枢纽间的交通联系，便捷枢纽之间的旅客换乘。根据不同地区的轨道交通发展规划，结合该地区铁路枢纽的规划建设，按照远近结合的原则，重点布局城市轨道交通和铁路连接线路，形成多层次、多方位的枢纽交通连接通道（单连龙，2012）。此外，应该以一级节点为核心，合理衔接对外轨道交通联系，配套设置轨道交通车站、长途公路客站、地面公交站、社会停车场、出租车营运站等各类交通设施，共同形成大型综合客运枢纽。为适应都市圈、城市群区域的发展和周边地区城市互动发展的需要，依托都市圈、城市群区域的多层次轨道交通发展规划，加快构筑以一级节点为核心、与其他城市快速连接的多层次轨道网络，按方向与核心城市的客运枢纽实现合理衔接，扩大与都市圈、城市群区域其他城市的客运联系，提升不同城市间的旅客运输能力和服务水平，不断满足都市圈、城市群区域轨道交通的增长需求。

2）统一规划、统一设计、统一建设、协同管理，尽量实现枢纽的立体化布局

轨道交通综合枢纽的空间布局，应该根据建设有序化原则，立足和贴近现有枢纽的现实需求，按照"统一规划、统一设计、统一建设、协同管理"原则，由政府统一规划主导，对所有规划未建的轨道交通枢纽要求最大限度地实现立体化布局，在进行枢纽的规划控制阶段统筹枢纽内各种设施同步规划，尽可能选择完全立体式的空间布局模式；对于已建和在建的轨道交通枢纽，近期应保持现有的枢纽设施布局形式，在远期有机会改造时，应先对枢纽的建筑结构进行评估，若枢纽结构能满足设置立体式空间布局的要求，改造时将空间布局形式改造为立体式，但是若枢纽结构不能满足设置完全立体式空间布局的要求，改造时也应尽量考虑采用局部立体式的空间布局形式。例如规划的上海东站综合交通枢纽高效集约了多种交通方式，实现立体组织高效换乘，如图 7-8 所示（上海东站地区城市设计征集方案）。

3）集约化换乘空间，并配备清晰连续的标识系统，以提高旅客换乘效率

新建综合客运枢纽要强化各种交通方式功能区集中布设，按照功能空间共享、设施设备共用和便捷高效换乘要求，优化流线设计，打造全天候、多场景、一体化换乘环境。铁路主导型综合客运枢纽应紧凑布设轨道交通、公路客运、城市公交以及旅客换乘空间，促进不同运输方式客运站房主体建筑贴临建设、内部功能空间直接贯通，推动具备条件的枢纽实现各种运输方式主体功能位于同一建筑体内。推动枢纽交通导向标识统一、连续、一致、明晰。

首先借鉴我国新型大型铁路枢纽站，设置集中的交通换乘层。根据不同枢纽站的实际情况，集中换乘层的设置方式主要分为两类，一种是将其设置在主体站房的下面，例如北京南站以地下一层为集中换乘层，地面广场层主要设置步行活动区和公交车停车场，或者如武汉站和郑州东站利用高架轨道的桥下空间设置集中换乘层。另外一种是将集中的换乘空间设置在站前广场下面。此外，枢纽内的空间布局应该与交通方式之间主要的换乘关系相适应，即换乘量大的交通方式之间应配置较大的通行空间，反之则配置较小的通行空间，同时主要的交通方式应配置尺度适宜、环境舒适的人员集散空间，从而提高枢纽的换乘效率（谢志明和陈海伟，2016）。最后，为了进一步提高旅客在枢纽内部的换乘效率，我国轨道交通综合枢纽在完善空间指引方面，应该强化通用设计，设置清晰、连续的标识系统。具体而言，统一交通标志的形式，包括牌面大小、颜色、字体等；统一交通指引信息以及行人指示信息所采用的交通设施名称，使用行人通常认识或者理解的名称，并与枢纽所在地区采用的通用性名称保持一致；在枢纽内部的关键节点处增设醒目交通指引标志，综合运用形状、颜色、图案，以强化标识系统的辨识度与引导性，并利用新技术实现对旅客的主动引导，减少旅客在枢纽中无意义的移动（杜洪涛等，2019）。例如规划的上海东站综合交通枢纽空间采用多维度立体中庭塑造，引入自然光，便于旅客空间阅读及方位识别，可提升旅客的出行体验，如图 7-9、图 7-10 所示（上海东站地区城市设计征集方案）。

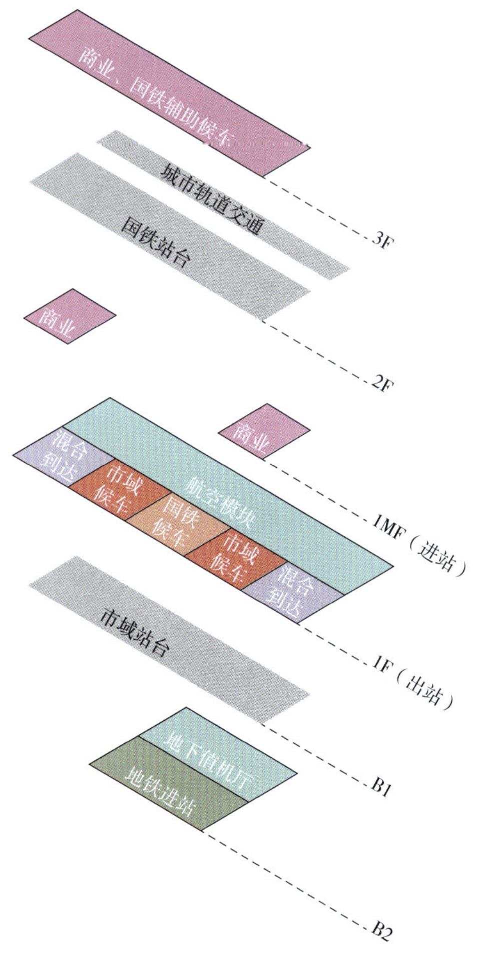

图 7-8　上海东站立体空间布置示意图

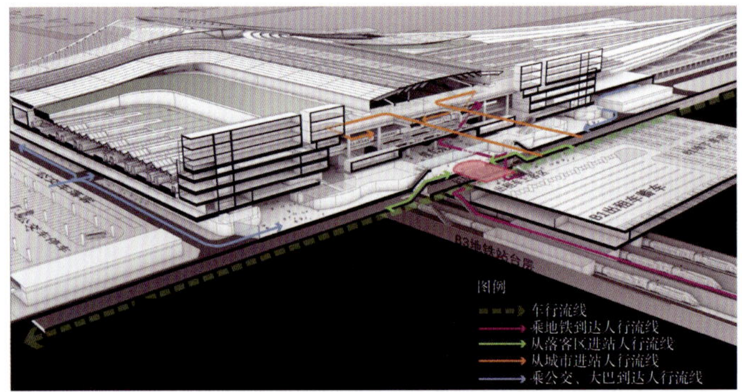

图 7-9　上海东站空间多维度立体中庭塑造示意图

图 7-10　上海东站空间多维度立体中庭塑造效果图

7.4　本章总结

本章首先提出多层次轨道交通衔接的三级节点的划分标准，并针对不同类型节点，提出其布局原则。然后，基于城际铁路与市域（郊）铁路、市域（郊）铁路与城市轨道交通衔接模式的分析，提出一体化运营衔接模式的选择思路。其次，在节点的布局衔接方面，指出大多数区域内部的多个枢纽布局离散，各主要枢纽与城市交通的衔接以及枢纽之间的衔接缺乏大容量、快速的交通网络支撑；单个枢纽内不同交通方式之间难以实现立体垂直的换乘，枢纽内部还普遍存在流线交叉严重、标识系统缺失等几点关键问题。针对存在的问题，本章在总结国内外经验的基础上，提出节点布局衔接的思路、原则以及方式特征比较。最后，本章提出几点多层次轨道交通节点衔接的建议，包括针对多枢纽布局离散的情况，应建设和完善主要客运枢纽之间的快速联系通道，以增强枢纽间的交通连接能力，便捷枢纽之间的旅客换乘；为实现各层次轨道交通在枢纽点的良好衔接，轨道交通枢纽应该实现立体化布局；在枢纽内部应该通过集约化换乘空间组织和配备清晰、连续的标识系统，来实现旅客换乘和集散的良好空间指引，提高旅客的换乘效率。

8

多层次轨道交通一体化运营

“以人为本”是交通基础设施规划、建设的出发点，适应未来城市群、都市圈多层次需求由“段式出行”向“链式出行”转变，从规划层面做好基础设施物理网络的“硬联通”和运营层面的“软联通”，构建城市群、都市圈一体化的运营体系，推动运营服务的融合畅通，实现城市群“一张票”的出行愿景。

8.1 一体化运营体系

8.1.1 一体化运营概念

多层次轨道交通的一体化运营是指通过统一科学规划、设计、建设及运营，在不同层次轨道交通系统之间形成设施“硬联通”和服务“软联通”，推动城市群、都市圈多层次轨道交通向设施布局“一张网”、运营服务“一张票”的方向转变，打造运营管理一体化、多式联运、安检互信、信息共享、资源共享的服务模式。

构建多层次轨道交通一体化运营体系，需更新理念，以旅客出行便捷为根本出发点，以系统工程为指导思想，从整个系统优化的角度进行规划、设计、建设和运营。多层次轨道交通一体化运营体系包括对内部资源充分整合及与外部发展紧密联系两个方面。

内部资源整合主要包括基础设施整合、运输组织协调及综合管理三个方面的内容。基础设施整合包括线路、站点、车辆、供电及信号系统等交通基础设施的统一布局，目的是要充分发挥多层次轨道交通基础设施的整体效益；运输组织协调不仅要保证多层次轨道交通在各自适用范围内发挥特有的优势，还要求其在通道内分工合理，更要求其衔接紧密，保证运输过程的畅通；综合管理指各层次轨道交通在政策体制、管理机制上的统一或良好协作，通过相关部门协同运作，实现信息资源共享、彼此协调、紧密衔接和安全运行（李桂桂等，2012）。

一体化运营体系与外部发展的紧密联系包括土地利用、经济、社会和环境等诸多影响城市发展因素紧密结合，从而推动城市群大、中、小城市之间协调发展。与土地利用发展相结合，不仅能发挥交通设施的最大效益，又能先期引导土地布局的形成；与经济增长相适应，通过对有限资金的合理分配，使投资能获得最大社会和经济效益；与环境相协调，使人们在清洁和舒适的交通环境享受便捷出行，减小对城市环境的负面影响；与社会进步相互促进，不仅要提高交通系统服务水平以适应居民生活质量的不断提高，而且要确保社会各阶层都能平等共享城市有限的交通资源。

本文重点研究一体化运营的管理机构、运营模式、互联互通技术等一体化融合的内部整合。

8.1.2 一体化运营体系构建

实现多层次轨道交通的一体化运营，除了体制机制保障外，从运营管理层面需要研究一体化运营的模式、“硬联通”及“软联通”；“硬联通”包括基础设施的互通、技术标准协调等，“软联通”包括一体化运营的管理组织机构、服务融合畅通的有关问题。

（1）一体化运营基本模式

多层次轨道交通一体化运营模式主要探讨市域（郊）铁路与干线铁路、城际铁路、城市轨道交通的运输组织衔接模式，开行跨线列车或直通运营的必要性及可行性，多层次轨道交通换乘衔接方式等；该部分研究重点体现在第 7 章“多层次轨道交通枢纽节点融合规划”中。

（2）“硬联通”关键技术

不同层次之间的轨道交通，根据客流需求和衔接模式，需要研究不同线路之间的跨线运营或直通运营、共线运营等，因此为了实现这个目标，需要研究基础设施物理网络层面的“硬联通”，研究设施的互联、互通、技术标准协调等内容。

（3）“软联通”关键技术

多层次轨道交通线网的各线间存在跨线客流，设备设施系统存在互联共用，在运营管理上面临着跨线运营、线网运能匹配、线网客流引导、维修综合调度、应急事件协调处理、线网运营服务信息统一发布等亟待解决的问题，拟通过设立一体化运营管理指挥中心进行协调管理、多式联运、票务统一、安检互信等。

8.2 一体化运营的基本模式

多层次轨道交通一体化运营应以方便旅客出行和充分发挥各层次轨道交通运营效能为目标。综合多层次轨道交通网络布局条件、工程技术特征、线路功能定位、客流性质、特征及运营管理模式等因素，多层次轨道交通一体化运营总体上可分为换乘和直通运营两种基本模式。

8.2.1 换乘模式

换乘模式从形式上可分为单点换乘和多点换乘。

1）单点换乘

若市域（郊）铁路仅以某一个车站与城市轨道交通衔接，即换乘仅聚焦在某一个节点（通常为枢纽）上进行，该模式可视为单点换乘模式，如图 8-1 所示。

这种单点换乘运输组织模式下，能够高效地组织不同线路旅客的发送和终到作业，且不需要统一的技术标准和站内设施设备，较大程度地节约工程投资，其运输组织也相对简单化，但单点换乘对客流集散要求较高，会给城市地面交通带来较大压力。

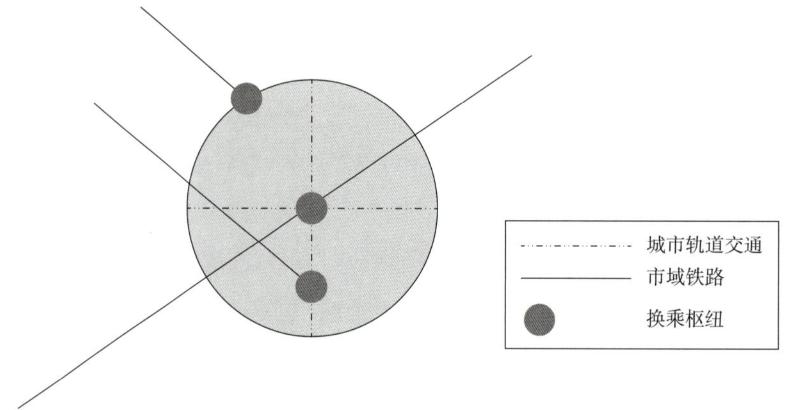

图 8-1　单点换乘模式示意图

2）多点换乘

市域（郊）铁路与城市轨道交通的多点换乘是指将市域（郊）铁路引入城市中心区，并在城市轨道交通线网中与多条城市轨道交通线路相交，形成两个及以上换乘点的模式，如图 8-2 所示。

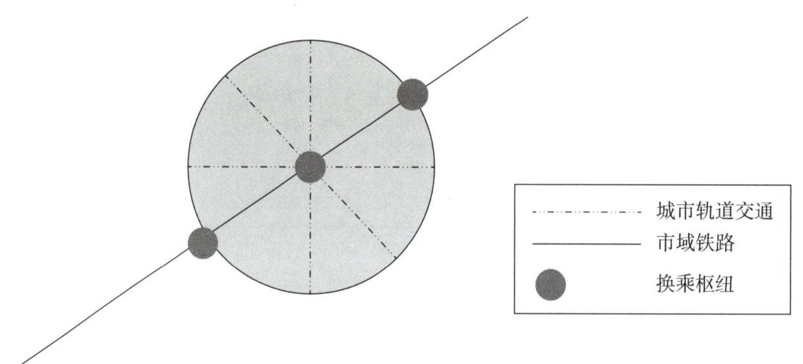

图 8-2　多点换乘模式示意图

多点换乘模式下，市域（郊）铁路列车在城市内可以多点停站，旅客可以选择就近站点进行乘降，不仅可减少旅客出行换乘总次数和缩短旅行时间，提高系统服务水平，同时由于各站点承担的集散客流量相对较少，还可减小城市地面交通压力。多点换乘模式下两套系统独立运行，相互间不存在干扰，便于运输组织和保证安全。

8.2.2　互联互通模式

互联互通模式指不同轨道交通线路在车辆、线路、轨道、信号、通信和供电等方面相互兼容的条件下，为了共享走廊资源、避免重复建设，以平等互利、安全可靠为原则，线路之间通过车站或联络线实现互联互通。

应当指出，互联互通并不等同于跨线运营。互联互通有两个层面的涵义，一是“互联”，二是“互通”。“互联”一般指轨道交通线路设施、设备的相互联通，以满足资源共享。例如城市轨道交通网络中不同线路之间修建联络线，以满足车辆检修设施共享，运营单位可利用夜间或其他空闲时间，组织非运营列车通过联络线运行至线网的大、架修基地，完成车辆检修工作。“互通”更侧重于运营层面，是指在相邻的两条或多条轨道交通线路中，列车运行交路从一条线路跨越到另一条线路，存在着两条或多条列车交路共用某一区段的情况，与跨线运营或直通运营、共线运营等概念相仿。

可见“互联”是“互通”的前提条件，“互通”是“互联”在运营层面的深入体现；“互联”是轨道交通线路“硬联通”，“互通”是轨道交通线路“软联通”。

8.3 多层次轨道交通互联互通关键技术

8.3.1 多层次轨道交通“硬联通”

多层次轨道交通“硬联通”指不同层次轨道线路之间为满足跨线运营或资源共享在物理层面的互联互通。

从国内轨道交通发展的历史沿革及实践来看，干线铁路、城际铁路、城市轨道交通三个层次的运营模式以及相互间的衔接模式已基本成熟。而市域（郊）铁路作为近年来新兴的轨道交通方式，其建设标准、运输组织模式、运营管理等尚处于探索阶段，且在多层次网络中处于承上启下的重要位置，因此市域（郊）铁路运营是多层次轨道交通一体化运营的重点。不同层次轨道交通目前的运营管理及运输组织模式见表 8-1。

不同层次轨道交通对比表　　表 8-1

<table>
<tr><th colspan="2">轨道层次</th><th>主要技术标准</th><th>运营管理主体</th><th>运输组织模式</th></tr>
<tr><td rowspan="2">干线铁路</td><td>高速铁路</td><td>（1）设计速度：≥ 250km/h
（2）车辆制式：CRH 动车组
（3）信号列控制式：CTCS
（4）供电制式：AC25kV</td><td rowspan="2">国铁集团</td><td rowspan="2">互联互通</td></tr>
<tr><td>普速铁路</td><td>（1）设计速度：120 ～ 200km/h
（2）车辆制式：普速动车组、机车牵引客车等
（3）信号列控制式：CTCS
（4）供电制式：AC25kV</td></tr>
<tr><td colspan="2">城际铁路</td><td>（1）设计速度：160 ～ 200km/h
（2）车辆制式：CRH 动车组
（3）信号列控制式：CTCS
（4）供电制式：AC25kV</td><td>国铁集团或地方政府</td><td>互联互通</td></tr>
<tr><td colspan="2">市域（郊）铁路</td><td>（1）设计速度：120 ～ 160km/h
（2）车辆制式：CRH 动车组、地铁车辆
（3）信号列控制式：CTCS、CBTC
（4）供电制式：AC25kV、DC1500V/750V</td><td>国铁集团、城市轨道交通运营公司</td><td>换乘或互联互通</td></tr>
</table>

续上表

轨道层次	主要技术标准	运营管理主体	运输组织模式
城市轨道交通	（1）设计速度：80 ～ 120km/h （2）车辆制式：一般采用地铁车辆 （3）信号列控制式：一般采用 CBTC （4）供电制式：一般为 DC1500V/750V	城市轨道交通运营公司	以换乘为主

1）基础设施联通

基础设施联通指轨道交通线路能够相互贯通，基础设施联通一般通过设置联络线或共用车场保持联通，如图 8-3 ～图 8-5 所示。

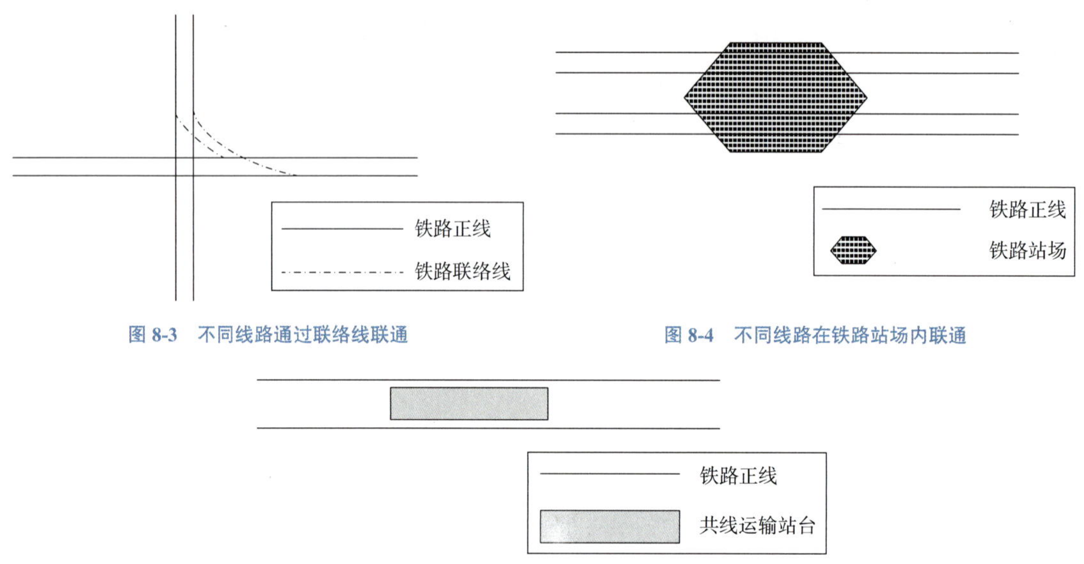

图 8-3　不同线路通过联络线联通

图 8-4　不同线路在铁路站场内联通

图 8-5　不同线路共用站台

线路联通形式多种多样，以上几种形式仅作举例参考，在实施过程中需依据列车开行方案、工程投资、工程难易程度等灵活选择。

2）技术标准兼容

为满足不同层次轨道交通互联互通，多层次轨道交通技术标准需要统一或兼容，其中较为关键的主要包括轨距、限界、牵引供电制式、信号系统、到发线有效长度、站台长度等。

（1）轨距

轨距是轨道两条铁轨（钢轨）之间的距离（以钢轨的内距为准）。现在全世界有多种不同的轨距，分为普轨、宽轨、窄轨。国际铁路协会在 1937 年制定 1435mm 为标准轨即普轨。目前我国除部分老旧铁路、口岸铁路、特种功能铁路外，绝大多数铁路均为标准轨距，即 1435mm。

（2）限界

限界是指为保证运输安全而制定的建筑物、设备与机车车辆相互间在线路上不能逾越的轮廓尺寸线。限界分建筑接近限界和机车车辆限界两种，统称铁路的基本限界，前者是位于铁路线两边的建筑物不容许侵入的轮廓线，后者是机车车辆本身及其装载的货物不容许越出的轮廓线，两者之间应留出一定的空隙。另外，在曲线地段，由于车辆两端向曲线外侧凸出，车辆中部向曲线内侧凸出，且因设置外轨超高引起车辆向曲线内侧倾斜，所以应照基本限界的横向宽度作适当加大，称作限界加宽。设定限界之后，运行中的机车车辆就不会与沿线建筑物发生碰撞。

不同层次轨道交通的限界标准是不同的，当不同层次轨道交通列车跨线运行时，建筑限界应满足列车运行的安全要求。目前关于各层次承担客运功能的铁路限界标准如下。

①《高速铁路设计规范》（TB 10621—2014）关于限界的规定

（a）高速铁路建筑限界的最大高度采用“5650+*Y*（mm）”表示，其中 *Y* 为接触网结构高度，可以根据不同设计速度所采用的不同接触网悬挂方式，确定合理的建筑限界高度。

（b）高速铁路建筑限界的宽度主要与机车车辆限界的宽度、列车运行中横向振动偏移量、轨道状态等因素有关，考虑 CRH 系列动车组的横向偏移，确定区间最大半宽为 2440mm、车站最大半宽为 2150mm。

高速铁路建筑限界轮廓及基本尺寸应符合图 8-6 规定。

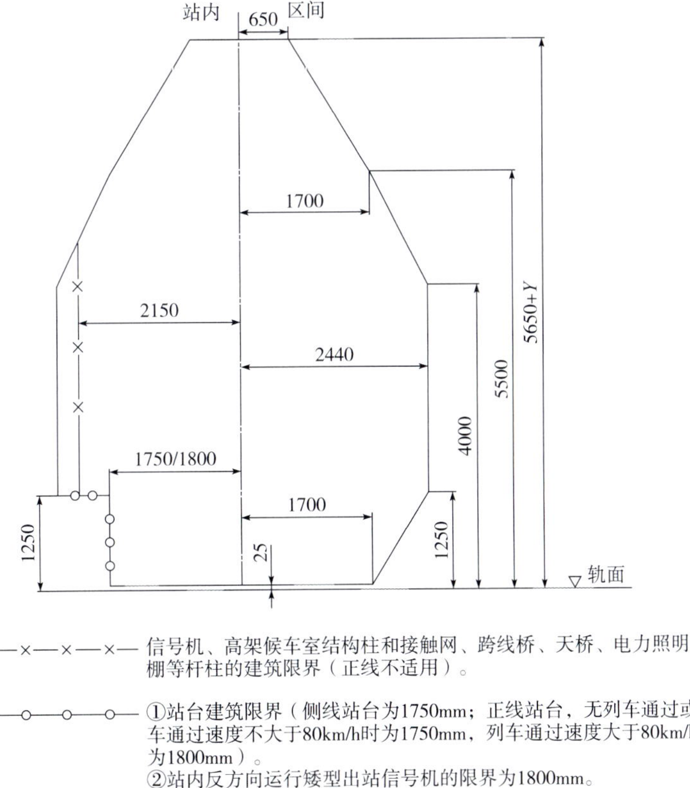

图 8-6 高速铁路建筑限界轮廓及基本尺寸（单位：mm）

②《城际铁路设计规范》（TB 10623—2014）关于限界的规定

（a）城际铁路建筑限界的最大高度采用“5650+*Y*(mm)”表示，其中 *Y* 为接触网结构高度，可以根据不同设计速度所采用的不同接触网悬挂方式，确定合理的建筑限界高度。

（b）城际铁路建筑限界的宽度主要与机车车辆限界的宽度、列车运行中横向振动偏移量、轨道状态等因素有关，考虑 CRH 系列动车组的横向偏移，确定最大半宽为 2200mm。

城际铁路建筑限界轮廓及基本尺寸应符合图 8-7 规定。

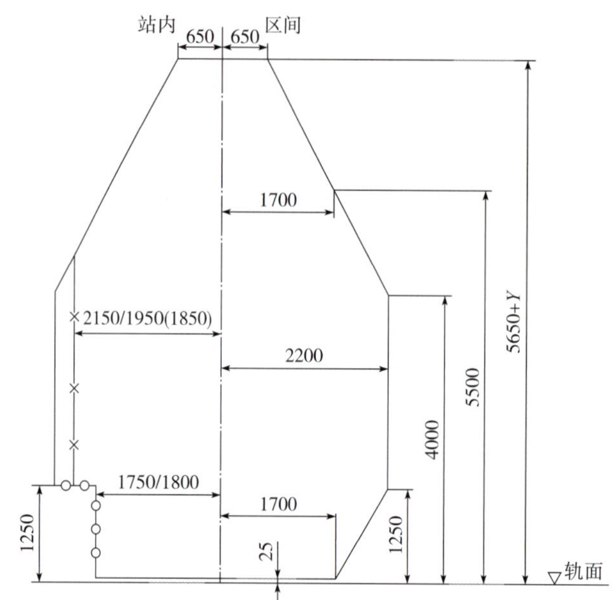

—×—×—×— ①信号机、高架候车室结构柱和接触网、跨线桥、天桥、电力照明、雨棚等杆柱的建筑限界为2150mm（正线不适用）。
②站台门的建筑限界（正线不适用）：地面车站或高架车站为1950mm，地下车站为1850mm。

—o—o—o— ①站台建筑限界（侧线站台为1750mm；正线站台，无列车通过或列车通过速度不大于80km/h时为1750mm，列车通过速度大于80km/h时为1800mm）。
②站内反方向运行矮型出站信号机的限界为1800mm。

———— 各种建（构）筑物的基本限界，也适用于桥梁和隧道。

*Y*为接触网结构高度。

图 8-7　城际铁路建筑限界轮廓及基本尺寸（单位：mm）

③市域（郊）铁路限界

a.《市域快速轨道交通设计规范》（T/CCES 2—2017）关于限界的规定：

（a）市域快轨 A、B 及 D 型车在最高运营速度为 100km/h 内运行地段，限界应按现行行业标准《地铁限界标准》（CJJ/T 96—2018）的有关规定执行。

（b）规范给出最高运营速度为 120 ～ 160km/h 的市域快轨车辆的车辆轮廓线、车辆限界及设备限界，并给出制定限界的基本参数、建筑限界的计算公式。其中，接触网导线距轨顶面安装高度及接触网悬挂系统结构高度参数见表 8-2。

接触网导线距轨顶面安装高度及接触网悬挂系统结构高度参数　表 8-2

<table>
<tr><th rowspan="3">供电方式</th><th colspan="6">接触网导线距轨顶面安装高度</th></tr>
<tr><th colspan="2">隧道内</th><th colspan="2">高架和地面线</th><th colspan="2">车场线</th></tr>
<tr><th>市域 A、B 型车</th><th>市域 D 车</th><th>市域 A、B 型车</th><th>市域 D 车</th><th>市域 A、B 型车</th><th>市域 D 车</th></tr>
<tr><td>AC25kV</td><td>5150mm</td><td>5300mm</td><td>5150mm</td><td>5300mm</td><td>5150mm</td><td>5300mm</td></tr>
<tr><td>DC1500V</td><td>4400mm</td><td>—</td><td>4600mm</td><td>—</td><td>5000mm</td><td>—</td></tr>
<tr><td></td><td colspan="6">接触网悬挂系统结构高度</td></tr>
<tr><td>AC25kV</td><td colspan="2">1400mm</td><td colspan="2">1400mm</td><td colspan="2">1400mm</td></tr>
<tr><td>DC1500V</td><td>500mm</td><td>—</td><td>1400mm</td><td>—</td><td>1400mm</td><td>—</td></tr>
</table>

b.《市域铁路设计规范》（T/CRS C 0101—2017）关于限界的规定：

（a）规范给出市域车辆限界和建筑限界。

（b）规范明确市域（郊）铁路车辆限界为静态限界轮廓，规定了车辆不同部位的宽度、高度的最大尺寸和其零部件至轨面的最小距离，确定宽体车和窄体车的车辆限界最大半宽分别为 1675mm 和 1525mm。

（c）规范针对车辆篇章确定的市域铁路车辆类型，采用动力学仿真和《地铁限界标准》（CJJ/T 96—2018）规定的方法分别计算了车辆外轮廓的动态包络线，以两种方法计算结果的大值作为制定建筑限界的参考依据。市域 D 型和 CRH 市域型车辆动态包络线最大半宽分别为 1734mm 和 1730mm，以 300mm 作为建筑限界与车辆动态包络线之间的横向安全间隙，计算得到明线建筑限界最大半宽为 2034mm，考虑会车压力波影响，取整为 2200mm。市域 A 型车辆动态包络线最大半宽为 1576mm，以 300mm 作为建筑限界与车辆动态包络线之间的横向安全间隙，计算得到明线建筑限界最大半宽为 1876mm，考虑会车压力波影响，取整为 2000mm。

（d）规范以附图形式给出建筑限界最大高度为 5650+Y，其中 Y 为柔性接触网结构高度。采用刚性挂网时，为接触网安装高度。

c.《市域（郊）铁路设计规范》（TB 10624—2020）关于限界的规定：

（a）国铁运营动车组跨线运营的车站及区间，建筑限界应符合《城际铁路设计规范》（TB 10623）的相关规定。

（b）规范给出最高运营速度为 100 ～ 160km/h 的市域快轨车辆的车辆轮廓线、车辆限界及设备限界，并给出制定限界的基本参数、建筑限界的计算公式。其中采用 AC25kV 接触网授流的市域 C、D 型车辆，接触网导线距轨顶面安装高度宜为 5300mm，最小为 5150mm；采用 DC1500V 供电接触网授流的车辆，隧道内、高架与地面线、车场线接触网导线安装高度距轨顶面宜分别为 4040mm、4600mm 和 5000mm。

（c）规范针对市域（郊）铁路 A、B、C、D 车辆类型，分别计算了车辆轮廓线、车辆限界和设备限界，并以附图形式给出建筑限界。

d.《地铁设计规范》关于限界的规定：

（a）规范给出最高运营速度为 100km/h 地铁车辆轮廓线、车辆限界及设备限界，并给出制定限界的基本参数、建筑限界的计算公式。

（b）规范给出设备限界与建筑限界之间安全间隙 c 取 50mm。

⑤多层次轨道交通互联互通限界标准建议

a. 总体原则：

（a）参照《市域（郊）铁路设计规范》（TB 10624—2020），国铁运营动车组跨线运营的车站及区间，建筑限界应符合《城际铁路设计规范》（TB 10623—2014）的相关规定。

（b）参照《市域快速轨道交通设计规范》（T/CCES 2—2017），市域快轨 A、B 及 D 型车在最高运营速度为 100km/h 内运行地段，限界应按现行行业标准《地铁限界标准》（CJJ/T 96—2018）的有关规定执行。

b. 各类限界标准建议：

（a）建筑限界高度：主要参照《城际铁路设计规范》（TB 10623—2014）及《市域（郊）铁路设计规范》（TB 10624—2020）。建筑限界高度主要考虑接触网悬挂方式、导线高度、结构高度、带电体对地绝缘距离以及施工误差等因素。建筑限界最大高度采用“5650+Y（mm）”表示。其中，5650mm 为接触导线高度（5300mm）+ 对地绝缘距离（300mm）+ 施工误差抬道影响（50mm）之和；Y 为接触网结构高度，不同的悬挂方式，高度不同。

（b）建筑限界宽度：亦主要参照《城际铁路设计规范》（TB 10623—2014）及《市域（郊）铁路设计规范》（TB 10624—2020）。其中，《市域（郊）铁路设计规范》（TB 10624—2020）限界条文说明中提出，“采用宽体车的市域铁路，车体最大宽度为 3300mm，根据计算结果，市域 D 型和 CRH 市域型车辆动态包络线最大半宽分别为 1734mm 和 1730mm，以 300mm 作为建筑限界与车辆动态包络线之间的横向安全间隙，计算得到明线建筑限界最大半宽为 2034mm，考虑会车压力波的影响，取整为 2200mm”。《城际铁路设计规范》（TB 10623—2014）亦采用此值为建筑限界宽度值。

（c）受电弓建筑限界宽度及高度：亦主要参照《城际铁路设计规范》（TB 10623—2014）及《市域（郊）铁路设计规范》（TB 10624—2020）。其中，《市域（郊）铁路设计规范》（TB 10624—2020）限界条文说明中提出，“采用宽体车的市域铁路，受电弓垂向的工作高度范围为 5150 ~ 5300mm，根据计算结果，市域 D 型和 CRH6F 受电弓 5300mm 工作高度处外边缘处横向最大偏移位置为 1257mm，考虑 300mm 的安全裕量，计算得到受电弓工作区的宽度为 1557mm，考虑与客运专线铁路建筑限界的统一，取整为 1700mm，既不增加工程量，又可进一步增加安全裕量”。《城际铁路设计规范》（TB 10623—2014）亦采用此值为受电弓建筑限界宽度值。受电弓建筑限界高度值采用《城际铁路设计规范》（TB 10623—2014）的 5500mm 高度，亦考虑其既不增加工程量，又可进一步增加安全裕量。

（d）站台高度：亦主要参照《城际铁路设计规范》（TB 10623—2014）及《市域（郊）铁路设计规范》（TB 10624—2020）。为方便旅客上下车，站台高度应与客车车辆的地板高度相适应，根据车辆技术参数，车辆地板面高度为 1260 ～ 1280mm。

（e）站台边缘距线路中心线建筑限界：亦主要参照《城际铁路设计规范》（TB 10623—2014）及《市域（郊）铁路设计规范》（TB 10624—2020）。其中，《城际铁路设计规范》（TB 10623—2014）限界条文说明中提出，“列车通过侧线站台时考虑最大侧风风速 15m/s。根据仿真计算结果，15m/s 侧风作用下 CRH 系列动车组站台高度处的横向最大偏移位置为 1736mm。参考《地铁设计规范》（GB 50157—2013），站台边缘与车厢地板面高度处的车辆限界之间的水平间隙不宜小于 10mm，现行客运专线站台建筑限界宽度为 1750mm，符合这一要求”。因地下站无须考虑侧风作用，故更能适应 1750mm 的站台建筑限界。《市域（郊）铁路设计规范》（TB 10624—2020）限界条文说明中提出，“采用宽体车的市域铁路，站台建筑限界宽度为 1750mm，站台边缘与车厢地板面高度处的车辆轮廓线之间的水平间隙均为 108mm，略大于 100mm；站台边缘与车辆限界之间的间隙为 75mm，小于 100mm”。结合目前大湾区已运营和在建线路的实际情况，1750mm 可以适应于地下站和列车过站速度不大于 80km/h 的地面车站或高架车站。《城际铁路设计规范》（TB 10623—2014）限界条文说明中又提出，“当正线邻靠站台列车通过速度大于 80km/h 时，根据仿真计算结果，当侧风风速大于 20m/s 时，车体偏移最大的 CRH2 型动车组站台高度处的车体偏移位置可能超过 1750mm，且风速达到 30m/s 时最大偏移也不超过 1795mm，因此规定正线邻靠站台列车通过速度大于 80km/h 时，正线站台限界宽度为 1800mm”。CRH2 型动车组较 CRH6 型动车组半宽多 40mm，因而 CRH6 型城际动车组在风速达到 30m/s 时最大偏移有超过 1750mm 的可能，考虑一定安全裕量，因此，列车过站速度大于 80km/h 的地面车站或高架车站为 1800mm。

（f）信号机、高架候车室结构柱和接触网、跨线桥、天桥、电力照明、雨棚等杆柱的建筑限界：主要参考《铁路技术管理规程》中客运专线铁路建筑限界规定信号机建筑限界为 2150mm。

（g）图中非越行地下站的站台门建筑限界：主要参照《市域（郊）铁路设计规范》（TB 10624—2020）。《城际铁路设计规范》（TB 10623—2014）条文说明中提出，“对于地下车站不考虑侧风作用时，CRH 系列动车组的横向最大偏移位置为 1722mm，考虑一定的安全余量，规定站线侧站台门建筑限界为 1850mm”。《地铁设计规范》（GB 50157—2013）规定“车站设置站台门时，站台门的滑动门体至车辆轮廓线（未开门）之间的净距，当车辆采用塞拉门时，应采用 130mm；当车辆采用内藏门或外挂门时，应采用 100mm；站台门顶箱与车站车辆限界之间，应保持不小于 25mm 的安全间隙”。由此可见，地铁站台门设置考虑了车辆横向偏移量及一定的安全距离，尽量减小站台门与停站车辆之间的间隙。可以看出，对于非越行站，《城际铁路设计规范》（TB 10623—2014）考虑的余量稍大，而《市域（郊）铁路设计规范》（TB 10624—2020）主要参照《地铁设计规范》（GB 50157—2013），即以车辆半宽 1650mm 加上 130mm 的净距，即 1780mm 作为非越行地下站的站台门建筑限界，结合线网车辆选型及非越行地下站的相关特点，选取此值。非越行地面站或高架站的站台门建筑限界主要参照《城际铁路设计规范》（TB 10623—2014），其条文说明提出，“根据仿真计算结果，地面车站或高架车站最大侧风风速 30m/s 时，CRH 系列动车组的横向最大偏移位置为 1826mm，考虑一定的安全余量，规定站线侧站台门建筑限界为 1950mm”。越行站站台门建筑限界需结合过站速度及对屏蔽门的影响进一步研究。

（h）曲线地段的建筑限界：应考虑曲线内、外侧的限界加宽。加宽办法如下：

· 曲线内侧加宽（mm）：

$$W_1 = \frac{l^2}{8R} \times 1000 + \frac{H}{1500} h$$

· 曲线外侧加宽（mm）：

$$W_2 = \frac{(L^2 - l^2)}{8R} \times 1000$$

· 曲线内、外侧加宽共计（mm）：

$$W = W_1 + W_2 = \frac{L^2}{8R} \times 1000 + \frac{H}{1500} h$$

式中：L——转向架中心距，m；

R——曲线半径，m；

H——计算点自轨面算起的高度，mm；

H——外轨超高，mm；

L——车体长度，m。

（3）牵引供电制式

牵引供电制式是指供电系统向电力机车或电动车组供电所采用的电流制、电压等级和供电方式。我国干线电气化铁路、城际铁路均采用单相工频 25kV 交流制式，城市轨道交通（含地铁、轻轨）均采用直流 750V 或 1500V 制式。已运营和在建的市域（郊）铁路两种牵引供电制式都有应用。

①交、直流供电制式的主要技术特点

a. 概述。

（a）单相工频 25kV 交流制：一般适用于运量大、负荷重、速度高、运输距离长的干线电气化铁路，如国铁客货共线铁路、200 ~ 250km/h 客运专线、300km/h 及以上高速铁路，并已形成不同层次的技术标准体系。部分国家的机场线或城郊快线铁路采用单相工频25kV交流制，如泰国曼谷机场联络线（线路长28.8km、最高速度160km/h、架空柔性接触网）、马来西亚吉隆坡机场联络线（最高速度160km/h、架空柔性接触网）、韩国机场高速线（最高速度120km/h、隧道内采用刚性悬挂接触网），以及我国的北京大兴机场线（最高速度160km/h、架空柔性接触网）、温州市域（郊）铁路S1、S2线（在建）（最高速度120～140km/h、隧道内采用刚性悬挂接触网）、台州市域（郊）铁路S1线（最高速度140km/h、隧道内采用刚性悬挂接触网）、香港东西铁路（最高速度160km/h、架空柔性接触网）。

（b）直流牵引供电制式：适用于列车功率不大、供电半径较小、列车密度高且启动频繁的城市轨道交通。我国各城市的城市轨道交通均采用直流牵引供电制式，供电电压等级采用750V或者1500V，如我国香港地区LAR机场联络线采用直流1500V供电（最高速度135km/h、架空接触网），北京首都机场线采用750V供电（最高速度110km/h、750V接触轨）。

（c）双制式供电：指为了实现对具备双制式受电功能的同一车辆进行供电，不同线路区段采用不同的牵引供电制式，不同供电制式的供电系统之间需要设置实现转换的过渡段或系统分离区。

我国尚无双制式供电的车辆运营经验。国外双制式供电一般是在既有线路必须与新建线路直接衔接以方便乘客出行以吸引客流时，迫于既有线改造费用过大才采用，或是干线铁路客运系统和城市交通共线运行时采用，如英法铁路，采用交（流）直（流）车欧洲之星。

b. 交、直流供电制式的主要技术特点。

交、直流供电制式的主要技术特点比较见表8-3。

交、直流供电制式主要技术特点比较表　　表8-3

项　目	单相工频25kV交流制	直流1500V供电制
供电形式	单边供电	双边供电
变电所供电范围	电压等级高，变电所供电范围为30～60km	电压等级低，变电所供电范围为2～4.5km
牵引变电设施	变电设施数量少，各种接线结构简单	变电设施数量多，各种接线结构复杂；当采用集中供电时，还需设置主变电所和环网电缆，供电工程投资较大
牵引网结构	在相同功率前提下，其电流比直流供电要小，牵引网截面积小，结构简单	复杂，牵引电流大，牵引网为满足载流量要求，截面积大
电气安全距离	牵引网电压等级高，所要求的安全防护距离较大	牵引网电压等级低，所要求的安全防护距离较小
车辆成本	高速动车组费用较高	直流制车辆电气传动系统简单，车辆制造成本较低
互联互通条件	与采用交流制式线路互联互通	与采用直流制式线路互联互通
速度目标值	120～350km/h	160km/h以下，国内无160km/h直流车或双制式车

续上表

项　目	单相工频 25kV 交流制	直流 1500V 供电制
再生制动能量吸收	牵引网分段，其中一动车组再生制动产生的能量只能被该区段的其他动车组利用，利用概率小	牵引网是一个整体，其中一动车组再生制动产生的能量被全线其他动车组利用的概率大，可进行节能坡设置
对隧道净空的影响	电压等级高，对净空要求稍大	电压等级低，对净空要求小，在盾构施工条件下，隧道开挖直径小
对电力系统的影响	产生三相不平衡和少量谐波，对系统电能质量会有一定影响	产生少量谐波，对电力系统电能质量影响较小
防护处理	需进行电磁防护，全线可通过增加架空回流线进行防护，处理相对简单	需杂散电流防护，全线需设监测系统
运营费用	变电设施少，定员少；电压等级高，电能损耗也少	主变电所多，需定员多；牵引变电所数量大，电能损耗大；电压等级低，电能损耗也大
应用情况	京津城际、沪宁城际、广珠城际、昌九城际、穗莞深城际等	广佛城际、广州地铁、深圳地铁等

②牵引供电系统互联互通

多层次轨道交通中，国铁干线、城际铁路采用单相工频 25kV 交流制，城市轨道交通一般采用直流供电方式。目前已开通的市域（郊）铁路中，以上两种制式均有应用。在综合经济比选差别不大的情况下，市域（郊）铁路若需与干线铁路列车相互跨线直通运行时，宜采用交流供电制式；需与城市轨道交通列车跨线直通运行时，宜采用直流制式。在某一制式优势明显，但与需要贯通运营的线路制式不一致时，可考虑采用双制式供电车辆。

我国重庆江跳线的牵引供电制式采用双制式供电方式，山地 As 双流制车辆采用交直流双用受电弓，具有根据不同供电制式进行动态自动切换功能，该技术目前属国内首创。

（4）信号系统

干线铁路采用 CTCS 制式，最高运行速度可适应 350km/h；城市轨道交通采用 ATC 制式，最高运行速度达到 120km/h，在选用新的无线通信系统后，速度等级还可以进一步提高；市域（郊）铁路速度等级为 100 ～ 160km/h，两种制式均有所采用。

①现有国内铁路、城市轨道交通信号系统

a. 信号系统标准现状。

我国普速铁路、高速铁路、城际铁路、城市轨道交通的技术体系均已成熟，分别有《铁路信号设计规范》（TB 10007—2017）、《高速铁路设计规范》（TB 10621—2014）、《城际铁路设计规范》（TB 10623—2014）和《地铁设计规范》（GB 50157—2013）等相应的设计规范，根据这些规范，信号系统采用的相关标准见表 8-4。

信号系统采用的相关标准 表 8-4

类型	列 控 系 统	轨道占用检查装置	闭塞方式	行车指挥系统	联 锁
普速铁路	CTCS-0 级或 CTCS-2 级	轨道电路	固定闭塞	TDCS 或 CTC	车站、线路宜用计算机联锁
高速铁路 / 客运专线	CTCS-3 级 /CTCS-2 级	轨道电路	固定闭塞	CTC	车站、线路所、动车段（所）采用计算机联锁
城际铁路	CTCS-2 或 CTCS-2+ATO	轨道电路	固定闭塞	CTC	有岔站、线路所、动车段（所）采用计算机联锁
城市轨道交通	ATC 制式（点式 iATC、基于通信的 CBTC）	计轴轨道监测装置	移动闭塞	—	设备集中站采用计算机联锁

从上表可以看出，国铁和城市轨道交通信号系统主要在列控系统和行车指挥系统上区别较大，国铁列控系统采用中国列车运行控制系统（CTCS），城市轨道交通采用了列车自动控制 ATC。国铁行车指挥设 TDCS 或 CTC，城市轨道交通不设行车指挥系统，相关功能由联锁和 ATS 实现。

b. 列控系统制式及适应性分析（表 8-5）。

城市轨道交通已采用的列控系统主要包括：基于数字轨道电路的 ATC 系统、点式 ATC 系统、环线 CBTC 系统和无线 CBTC 系统，其中无线 CBTC 系统是轨道交通主流信号系统，代表城市轨道交通信号系统的发展方向。

国铁一般采用 CTCS-0、CTCS-2、CTCS-3 级列控系统。

城际铁路采用 CTCS-2+ATO 列控系统。

主流列控系统制式适应性表 表 8-5

类 型	列控系统制式	速度适应性	追踪间隔时分	互联互通性
城市轨道交通	无线 CBTC	车地 WLAN 方式最高 120 km/h，采用 LTE 技术后可以满足 160 km/h	最小 2 min	不满足
国铁	C0 ~ C3	最高 350 km/h	最小 3 min	满足
城际铁路	C2+ATO	最高 250 km/h	最小 3 min	满足

②市域（郊）铁路规范对信号系统的规定

《市域快速轨道交通设计规范》（T/CCES 2—2017）更侧重于对地铁信号体系，并对系统功能及性能进行了规范要求;《市域（郊）铁路设计规范》（TB 10624—2020）对国铁、地铁信号体系设计架构有要求，但对系统功能性要求较少。两者的差异对比见表 8-6。

主要信号系统差异对比表 表 8-6

系 统	《市域快速轨道交通设计规范》（T/CCES 2—2017）	《市域（郊）铁路设计规范》（TB 10624—2020）
列控系统	CBTC、iATC 系统、CTCS2+ATO	CTCS、ATC
ATO 功能	应具备 ATO 功能	宜具备 ATO 功能
信号系统互联互通要求	要求满足资源共享和互联互通的基本技术要求	兼顾线网跨线列车运行

续上表

系　统	《市域快速轨道交通设计规范》（T/CCES 2—2017）	《市域（郊）铁路设计规范》（TB 10624—2020）
道岔融雪	不涉及	可设置
光电缆线路和防护	不涉及	有相关要求
防雷和接地	不涉及	有相关要求
房屋	不涉及	有相关要求

③国内市域（郊）铁路信号系统方案

a. 上海金山支线。

上海金山支线是利用既有铁路开行市域（郊）铁路的线路，现已开通运营，速度目标值最高为160km/h。信号系统采用CTCS-0级列控系统，即机车信号＋运行控制记录装置（LKJ），目前客车、货车分别采用5min、6min的运行间隔。

b. 昆明安宁至嵩明线。

市域（郊）铁路安宁—嵩明段设计的最高运营速度为160km/h。信号系统采用CTCS2+ATO列控系统。

c. 成灌市域线。

成灌线郫县—青城山段最高运营速度为200km/h，成都—郫县段最高运营速度为120km/h，成灌线车辆采用国铁CRH系列动车组，牵引供电采用AC25kV接触网供电方式，与国铁能够互联互通，开行跨线列车。信号系统采用CTCS-2列控系统。

d. 温州市域铁路S1线。

温州市域铁路S1线一期工程速度目标值为120km/h，初期列车运行间隔为4.3min，远期2.5min。2019年1月试运营，温州市域S1线属于独立运行线路，与其他线路采用换乘方式，不开行跨线列车。信号系统采用基于ETCS-1平台的点式ATC系统（ERATO系统），基本架构为ETCS1+ATO，预留CBTC的条件。ATC系统按2.5min的追踪间隔进行闭塞设计。

e. 上海机场线联络线。

上海机场线联络线为市域（郊）铁路，速度目标值为160km/h，与长三角城际铁路互联互通。信号系统按照《城际铁路设计规范》（TB 10623—2014），采用调度集中（CTC）和计算机联锁，列车运行控制系统为CTCS2+ATO。

从上述已开通运营、在建、已批复的相关市域（郊）铁路信号系统方案可知，国内市域（郊）铁路列控系统主要存在两种制式：一种是CTCS制式，如金山支线、成灌、上海机场快线；另外一种是采用城市轨道交通ATC制式，如温州市域S1线。

④ CTCS系列和ATC系列互联互通发展现状

随着当前轨道交通区域化、网络化运营的要求日益明显，市域（郊）铁路应考虑规划网内与既有城市轨道交通或者国铁制式之间的衔接。

目前国内能提供 CTCS 系列信号设备的有中国铁路通信信号集团有限公司、和利时自动化技术有限公司、中国铁道科学研究院集团有限公司等厂商，由于国铁集团、国家铁路局针对 CTCS 信号系统制定了各设备统一的技术条件、标准，明确了设备间的接口，已经建立了 CTCS 体系，实现了不同厂商的地面、车载设备互联互通。

城市轨道交通采用的 ATC 系统由于缺乏统一的技术标准，各供货商独立开发和设计，难以做到互联互通。目前国家发改委的三年行动计划将重庆轨道交通互联互通工程中的难点——CBTC 互联互通列为国家示范工程项目，重庆轨道交通二期工程中标的各信号厂商参与了重庆轨道交通 CBTC 互联互通规范编写，并依据行业 CBTC 互联互通规范及重庆地方规范，进行具有自主知识产权的互联互通 CBTC 信号系统的开发和应用。

⑤基于统一规范标准的信号互联互通设备配置

目前世界上实现城市轨道交通互联互通有四种处理方式：采用同一厂商相同制式的信号系统、加装多套信号车载设备、加装多套信号地面设备以及采用通用的信号车载设备。

市域（郊）铁路互联问题主要是解决市域（郊）铁路网互联、市域（郊）铁路衔接国铁 CTCS 制式（主要涉及 C2）和城市轨道交通 ATC 制式（主流为 CBTC）互联。参照国内外城市轨道交通互联互通的考虑，各种情况互联互通的主要原则为：

a. 市域（郊）铁路网互联互通。

若仅考虑市域（郊）铁路规划网内互联互通、资源共享的需求，则市域（郊）铁路间应采用统一或相互兼容的信号系统标准，实现线网内的互联互通，调度指挥、维护中心信息设备资源共享。

b. 市域（郊）铁路与国铁互联互通。

当在一些区域存在同国铁跨线运行、互联互通的需求，市域（郊）铁路的信号系统标准应考虑与国铁的信号系统兼容和资源整合、共享。

c. 市域（郊）铁路与城市轨道交通互联互通。

在一些区域存在同城市轨道交通互联互通、资源共享的需求，信号系统标准应考虑与城市轨道交通信号系统的兼容与适应。

d. 市域（郊）铁路与国铁、城市轨道交通同时互联互通。

市域（郊）铁路同城市轨道交通和国铁均需要互联互通时，信号系统需要考虑车载、地面设备配置的兼容性。比如说 CBTC 和 CTCS2+ATO，要实现两种制式的互联互通，有两个方案：一是可采取每条线加装能兼容 CBTC 和 CTCS2+ATO 的车载、地面设备的方式，二是采取通用的车载和地面。目前两种系统车载设备（VOBC）均通过无线通信网络与地面设备进行通信，但通信对象、实现功能和通信制式均有区别，要实现互联互通，则需要修改 VOBC，使其能区分 CBTC 和 CTCS 系列线路，且要求统一无线传输方式为 LTE 或 GSM-R；

地面应答器在报文内容、应答器部署等方面也存在较大的区别，需要对应答器报文、布置进行相应处理。

（5）到发线有效长度

①到发线有效长度计算原则

a. 采用 CTC 列控系统。

到发线有效长度除满足列车长度要求外，还需要考虑安全防护距离和附加余量。到发线有效长度主要考虑由车体长度、安全防护距离和附加余量组成，单位为 m。

（a）车体长度。

（b）安全防护距离：指停车点至第一个可能的危险点之间的距离，即司机确认停车点至出站信号机的距离，《既有线 CTCS-2 级列控系统车载设备技术规范（暂行）》（科技运〔2007〕45 号）中规定常用制动的安全防护距离为 60m,《CTCS-3 级列控系统车载设备技术规范（暂行）》（铁运〔2012〕211 号）中规定 CTCS-2 级列控车载设备最大常用制动的安全防护距离为 60m，因此，车站内列控系统安全防护距离取 60m，考虑到一定的误差，应答器组设于距出站信号机 65m 处，应答器组间距离一般取 5m。

（c）附加余量：警冲标至绝缘节的距离：根据目前第一轮对距离车头的距离最长为 4.85m，取整为 5m；为避免列控监控曲线接近零速影响司机驾驶，站台端部至应答器组之间预留 10m 的余量。

根据以上原则，采用 CTCS-2 级列控系统时，贯通式车站、尽端式车站的到发线有效长度计算分析如下：

（a）对于贯通式车站，其到发线有效长度（L）计算为：L=（5+65+5+10）×2+ 列车长度。

（b）对于尽端式车站，尽头端要考虑安全防护距离，到发线尽头需安装滑移挡车器（长度一般为 14m，最大允许撞击速度为 10km/h，在列车不超过 10km/h 进入时，通过外力迫使列车停下），发车端可以不考虑安全防护距离，将列车端头位于应答器的外方，靠近出站信号机的应答器至警冲标距离为 25m，其到发线有效长度计算为：L=（5+20+5）+ 列车长度 +（5+65+5）。受城市拆迁、地下车站、工程造价等因素控制时，可通过增设应答器，合理设置轨道电路和安全防护措施等技术手段，解决到发线长度不足、安全防护距离不足的问题。如在进站信号机处设置 A 点应答器，按一般车站的正常逻辑控制列车进站；在股道中间的适当位置设置 B 点无源应答器组，该应答器组设置及数据描述可使列车能越过原 A 点应答器组获得的控制停车点，保证列车通过该点时不超过 20km/h，正常情况下，列车不得超过股道末端的 C 点绝对停车应答器，异常情况下，保证不得大于 15km/h 越过 C 点；股道末端的 C 点绝对停车应答器距离滑动挡车器应满足 –5‰坡道时 15km/h 到 0 的紧急制动距离。CRH1、CRH2、CRH6 型车 –5‰坡道时 15km/h 到 0 的紧急制动距离均不超过 20m，仅 CRH5 型车为 28m，本次计算取值为 30m。故困难条件下，到发线有效长度计算为：L=（5+20+5）+ 列

车长度 +（5+30+5）。

目前在工程项目实施过程中，珠三角地区穗莞深城际铁路东莞至深圳段（设计速度 140km/h）、东莞至惠州城际铁路（设计速度 200km/h）、佛山至肇庆城际铁路（设计速度 200km/h）均采用 8 辆编组，站台长度 210m，到发线有效长度均为 400m。广珠城际铁路设计速度 200km/h，采用 8 辆编组，站台长度 220m，到发线有效长度为 450m，其尽头式车站——珠海站为地面站，到发线有效长度采用 325m。天津机场线的尽头式车站——机场站为地下车站，8 辆编组，站台长度 230m，到发线有效长度采用 310m，就是通过增设应答器达到减少到发线长度的目的，其股道末端的 C 点绝对停车应答器距离阻挡信号机按照紧急制动距离不小于 20m 进行控制的。

到发线有效长度示意图如图 8-8 和图 8-9 所示。

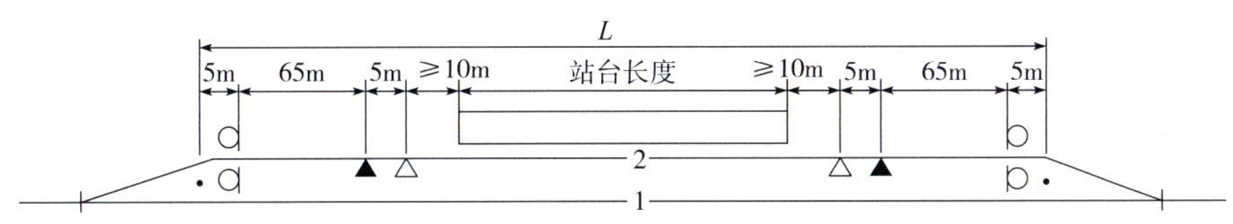

图 8-8　贯通式到发线有效长度示意图

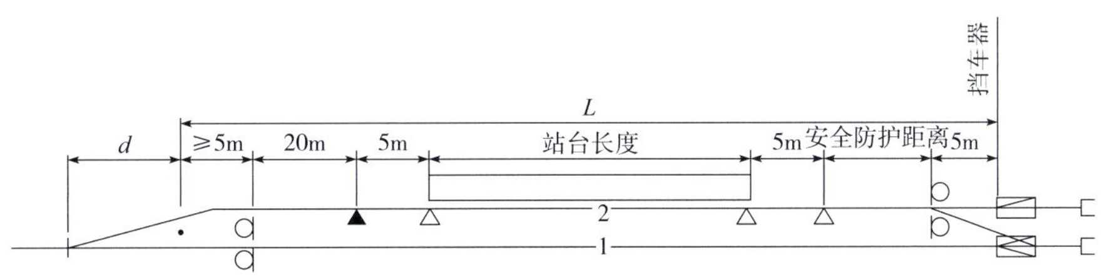

图 8-9　尽端式到发线有效长度示意图

双方向使用到发线有效长度为线路一端的警冲标至另一端的警冲标距离，或线路一端的警冲标至另一端有效长计算点的距离，或线路一端的有效长计算点至另一端有效长计算点的距离。

尽头式到发线有效长度为出站端警冲标至尽头端滑移挡车器起点的距离。

b. 采用 CBTC 列控系统。

CBTC 列控到发线有效长：L=8+ 列车长度 +8。

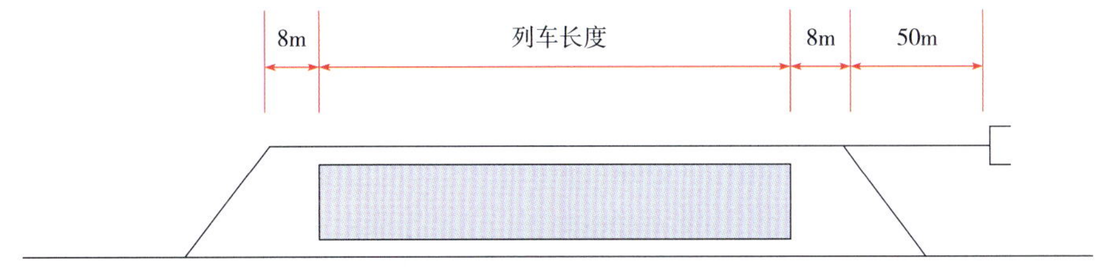

图 8-10　尽端式到发线有效长度示意图

（6）站台长度

①车站站台长度

车站站台长度应满足列车停靠站台，乘客上下列车、司机上下车的需求，车站长度是控制车站规模的重要指标。

站台长度分为两种，一种为站台公共区（安全门内区域），供乘客上车下车区域，定义为站台计算长度。站台计算长度应为列车首末两节车辆尽端客室门外侧之间的长度和车门外侧候车空间长度。另一种定义为站台长度，站台长度应为车辆编组总长度与停车误差之和。

《城际铁路设计规范》（TB 10623—2014）规定："站台长度应根据列车编组长度和停车误差计算确定。8 辆编组时站台长度可按 220m 设置。"规范中站台长度为有效站台长度。《地铁设计规范》（GB 50157—2013）规定：站台计算长度应采用列车编组数的有效长度加停车误差。

《城际铁路设计规范》（TB 10623—2014）11.4.2 条规定："站台的设计应符合下列规定：1. 站台长度应根据列车编组长度和停车误差计算确定。8 辆编组时站台长度可按 220m 设置。"

《地铁设计规范》（GB 50157—2013）9.3.1 条规定："站台计算长度应采用列车最大编组数的有效长度与停车误差之和，有效长度和停车误差应符合下列规定：

（a）有效长度在无站台门的站台应为列车首末两节车辆司机室门外侧之间的长度；有站台门的站台应为列车首末两节车辆尽端客室门外侧之间的长度。

（b）停车误差当无站台门时应取 1m ～ 2m；有站台门时应取 ±0.3m 之内。"

控制车站规模及影响站台使用的主要空间为计算站台内空间，车站计算站台的长度应满足乘客候车及上下车的需求，有效站台长度应满足司机上下车的需求。

站台长度应为车辆编组总长度与停车误差之和；计算站台长度应为列车首末两节车辆尽端客室门外侧之间的长度加候车宽度加停车误差。多种车型时，按较大计算结果确定。

②多层次轨道交通互联互通线路站台长度标准建议

（a）站台长度应为车辆编组数总长度和停车误差之和。

（b）计算站台长度应为列车首末两节车辆尽端客室门外侧之间的长度加候车宽度加停车误差。

（c）车站站台长度应根据互联互通要求和线路系统标准，采用适应不同车型和列车编组停靠的要求。多种车型时，按较大计算结果确定。

（d）停车误差当无站台门时应取 1 ～ 2m；有站台门时应取 ±0.3m 之内。

（e）根据粤港澳大湾区都市圈快线与城际铁路所采用的市域 D 型车和 CRH6 型车的车辆参数及编组推算，市域 D 型车的站台长度应为 186+0.6=186.6m，CRH6 型车的站台长度应为 201.4+0.6=202m。

8.3.2 多层次轨道交通“软联通”

指不同层次轨道交通线网之间或不同运营主体之间为提供一体化运营服务在管理层面的协同。

1）一体化运营管理机构

（1）一体化调度指挥中心逻辑架构图

为适应多层次轨道交通互联互通，建议进行顶层设计，构建一个统一的调度指挥协调中心。中心负责协调多层次轨道交通线网，针对不同层级轨道交通调度指挥中心、枢纽衔接站点和资源共享设备，进行线网级的监控、协调、指挥管理和信息共享；实现多层次轨道交通各条线路之间的协调和协同运营管理。在突发、紧急事件发生时，采集各线行车和运营数据以及视频等信息，通过有线 / 无线等通信手段，进行应急指挥。通过一体化运营管理指挥中心与其他交通系统、公安、消防、气象等部门保持联系，实现各种交通的协调、指挥。其逻辑架构如图 8-11 所示。

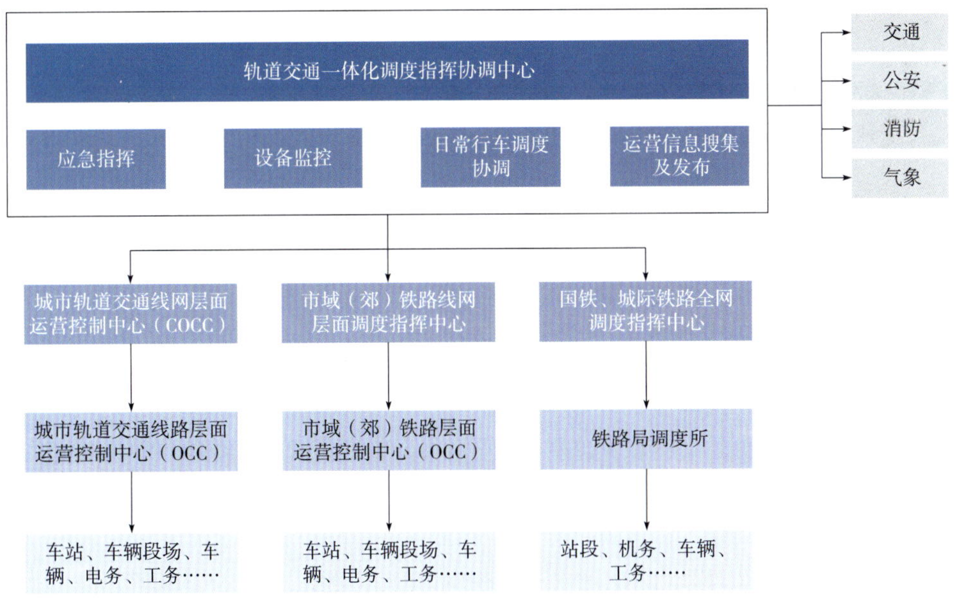

图 8-11 一体化调度指挥中心的组织架构设想

一体化调度指挥协调中心可以对整个区域内各轨道交通的运营调度情况进行监视，评估各中心上报的调度计划，在紧急情况下协调各下属轨道交通的应急调度指挥以及必要的协调外部工作。各中心根据实际情况需要，将各自调度总体情况或部分数据上传至一体化调度指挥中心，各区域轨道交通的具体运营调度、指挥控制及具体的应急实施都由各区域轨道交通调度指挥中心自行负责。

除基层（站、段、所）外，调度指挥架构主要分为一级中心、二级中心和三级中心。其中，一级中心即一体化调度指挥协调中心、二级中心即国铁、市域（郊）铁路、城市轨道交通网络级调度指挥中心。三级中心即国铁、市域（郊）铁路、城市轨道交通线路级（或多线共用）调度指挥中心。

（2）各级调度指挥中心功能定位

①一级中心功能定位

一体化调度体系一级中心的功能是负责城市群各层次轨道交通网络级别层面的运营计划的总制定、总协调、总监督，资源的总调配以及应急总指挥。具体包括：掌握一体化线网总体状况，调配全局资源；统筹各线网列车开行方案，监督列车运行；汇总外部及二级中心需求，运营总体协调；组织施工计划落实及实施，协调施工天窗；应急情况下确认执行预案，适请组织处置；负责对外信息通报，发布全局客服总信息。

②二级中心功能定位

各个二级中心在保证原二级中心功能不变的前提下，实现与一级中心的数据共享和信息互传。接收执行一级中心的指令，对管辖范围内线路进行运营管理和调度指挥。

③三级中心功能

各个三级中心在接收二级中心的指令下，对具体线路的运输计划进行编制和执行。

2）"一站式"出行信息服务

（1）车站运营信息共享平台

车站运营信息共享平台集成了各子信息系统车站一级的信息。对于轨道交通枢纽客站，车站内可能有干线铁路、城际铁路、市域（郊）铁路、城市轨道交通等不同层次轨道交通的客流，容易造成旅客错乘、漏乘、上下车混乱等。因此，有必要搭建车站运营信息共享平台，使全站的各子信息系统成为有机整体，从而实现车站一级的运营信息共享。即通过广播、标识、标牌、电子屏、电视等静态和动态的方式，实时预（确）报到达列车种类、车次、方向，设置充足、清晰明了的引导标志，保证旅客乘车的正确性，避免其错乘、漏乘。

车站运营信息共享平台通过进行数据的统一处理、抽取、格式转换，将整理后的数据统一存储到信息共享平台的共享数据库，可供指挥中心各业务系统（包括信息采集与显示系统、应急平台应用系统）访问（曹鸿飞，2011）。

（2）中央运营信息共享平台

中央运营信息共享平台位于综合监控中心，直接与各轨道交通的各子信息系统的监控中心及车站运营信息共享平台相联系。所涉及的运营信息资源来自各子信息系统的监控中心和车站运营信息共享平台。具体而言，车站运营信息共享平台通过网络的连接设备与中央运营信息共享平台互通信息，将收集到的车站中的运营信息传送到中央运营信息共享平台，并从中央运营信息共享平台的集成数据库中读取本系统所需的数据，接收中央运营信息共享平台的指令和请求。车载子系统是指车辆段、轨道交通沿线、列车上的旅客信息服务设备，主要由车载节目播控设备、显示设备、无线通信系统等构成。

（3）车载子系统

车载子系统获取信息的来源通常有三种方法，即在列车上播放预先录制节目的光盘，在固定的地点，如车辆段通过有线或无线的方式向列车传输信息，以及通过车载无线集群系统向列车传送信息。运营信息共享平台的信息对外发布和集成是信息共享的最终目的。输出的设备包括大屏幕显示器、可变信息板、互联网、车载机信息显示、个人移动设备等。

一体化的信息共享平台能够实现以下功能（李桂桂，2012）：

①作为国家综合运输信息系统的一部分，为全国综合运输管理部门提供决策支持的传输平台，并接受监督和管理。

②与其他城市的综合信息管理部门相互连通，为其提供综合运输信息交换平台，实现信息资源的共享。

③为不同的轨道交通方式运营管理部门提供综合的信息交换平台，为各种轨道运输方式间的枢纽换乘和共线运营提供行业管理指导的信息传输平台，为车站提供信息汇集、处理、发布的运作平台。

④为企业、旅客等信息需求者提供运输信息平台，为动态查询、信息咨询、旅客出行等提供快速、方便、准确、功能齐全的“一站式”服务。

⑤通过建立运营调度信息平台，使得城市轨道交通线网、铁路线网运力相互协调，缓解路网交通压力。

3）多式联运服务协同

多层次一体化运营其协同运输服务标准包括运营服务时间协同服务标准、运输能力协同服务标准、客运服务协同服务标准。

（1）运营服务时间协同服务标准

多层次轨道交通运营时间的协同服务标准主要包含干线铁路、城际铁路、市域（郊）铁路与城市轨道交通在换乘站首末班车的协同服务标准和各条轨道交通线路的运营时长两部分。衔接线路的首末班车时间设置应匹配乘客出行特征，尽量满足乘客出行需求，具体为首班车尽量满足干线铁路、城际铁路、市域（郊）铁路乘客前往市区方向的出行需求，末班车尽量满足市区乘客返回郊区的出行需求；同时考虑与各自线网其他线路的协调匹配。运营时间协同服务标准见表 8-7。

运营时间协同服务标准　　表 8-7

首末班车时刻表衔接	应保证地铁末班车在枢纽站发车时间与干线铁路、城际铁路首班车发车时间、末班车到达时间差控制在 5 ～ 10min
运营服务时长	一般线路的运营时间应在 05：00—23：00 之间根据具体线路的客流特点安排，全日运营时长不宜小于 16h。对于一些联通重要枢纽和商业区的骨干线路，尽量保证 24h 运营

（2）运输能力协同服务标准

线路运力配置原则上要与客流特征相匹配，同时兼顾衔接线路间的换乘匹配：一是在高峰时段按“以需定运”原则安排运力，当运能不能满足乘客需求时，按照设备能力安排运力；二是非高峰时段在满足客流需求同时兼顾运输成本安排运力；三是在列车运行计划编制时应考虑衔接线路的换乘匹配，协调换乘站列车到、发时刻，缩短乘客的换乘时间，提高换乘乘客的出行便捷性和乘客服务水平。具体运输能力协同服务标准体系见表 8-8。

运输能力协同服务标准　　表 8-8

发车间隔	高峰时段	高铁、城际列车发车间隔为 4 ～ 10min；地铁列车发车间隔为 2 ～ 3min
	平峰时段	高铁、城际列车发车间隔为 5 ～ 20min；地铁列车发车间隔为 3 ～ 6min
换乘标准	平均换乘时间	5 ～ 10min
	平均换乘距离	220 ～ 300m

（3）客运服务标准

①导向协同服务标准

衔接换乘站的导向标识设置以“谁先开通，谁主导”为原则，尊重旅客已形成的视觉习惯，以先开通车站部分所属城市导向标识标准设置。

②乘客咨询标准

乘客咨询包括人工问询服务和信息系统查询服务。人工问询服务需要服务工作人员具有较好的业务素质及沟通能力，从而积极与旅客交流并解决相关问题；信息系统查询功能需要具有一体化的全时网上服务平台，用于帮助旅客提前了解出行信息。

③乘客投诉处理标准

投诉回复率需要达到 100% 并规定统一的投诉响应时间。一体化综合交通枢纽应保障乘客投诉渠道的多样性，建立一体化投诉平台，便于旅客反映运输服务质量。结合邮箱投诉方式（国家铁路局局长信箱、地铁运营公司企业邮箱）、网站投诉方式（12306 铁路网站、地铁运营官网）、电话投诉方式（铁路局的路风监察部门、地铁运营客服热线、全国消费者协会投诉热线）等多种投诉渠道，不断拓展“两微一端”、App 等多种投诉方式。

4）安检互信

多层次轨道交通一体化运营条件下的安检互认标准应该是：不同城市的地铁、地铁与城际铁路之间的安检应该互认，乘客不用出站，能够在付费区实现换乘。

立足于多层次轨道交通枢纽整体功能发挥和多层次轨道交通枢纽一体化联动发展，在最大限度提升轨道交通枢纽旅客换乘方便性和设施服务效率性的基础上，确保实现一体化安检区域“安全、有序、便捷、高效”的目标。总体思路如下：

一是统筹考虑，分步实施。轨道交通综合枢纽一般涉及多种交通方式，如航空、铁路、长途、轨道、公交、出租车等多种交通方式于一体，涉及主体多，区域分布广，采取分步实施策略。先期可以实施部分方式间的换乘一体化安检，实施低级别安检单向认高级别安检等，待时机成熟，在逐步扩大到整个枢纽的一体化互动发展。

二是各方协同，统一标准。轨道交通综合枢纽内外换乘一体化安检涉及机场、铁路、长途、地铁等多部门，各部门协同联动管理，做好信息互通、管理互动、引导连贯一致等，相关部门单位按照各自职责分工，责任落实。在安检标准上，相互信任，形成统一标准。

三是精细管理，强化保障。考虑铁路到发、地铁进出站以及其他穿行交通流的时空特征，并针对日常工作日、双休日、节假日等不同工况对封闭区进行差异化管理，针对铁路到达高峰，对地铁高峰运营间隔、站台管理与进出站引导等进行精细化组织与设计等。

按照分步实施策略，可以先期启动部分方式间的换乘一体化安检。根据服务客流最多以及安检标准就高不就低的原则，选择铁路到达乘坐地铁的单向换乘先期实施。设置一体化安检区域，分析进出、穿行一体化安检区域客流特征以及存在风险影响。

以天津站为例，2018 年天津站实现铁路、地铁双向安检互认，即“一次性安检”。旅客乘坐地铁至北广场后可直接进站乘车，乘火车至天津站北广场后也可直接换乘地铁，极大地方便了旅客出行。为完成好这项工作，有关部门和单位投入 3800 余万元，采用技术水平国内领先的安检设备，将北广场原有安检点位全部调整至负一层公共区域，安检点位由原有的 9 个调整为 8 个，高质量完成了“一次性安检”改造工程。同时，还修订颁布了《天津市轨道交通安全检查操作规范（试行）》，统一了地铁和铁路的安检标准，为实施双向互认的“一次性安检”奠定了基础。

再如北京南站，地铁北京南站位于北京南站火车站的地下层，2018 年地铁北京南站已经取消进站安检，旅客到达北京南站地下层后若想换乘地铁，在闸机处刷卡就可直接进站，无须再次安检。负责地铁安保的工作人员身穿印有“安全引导员”标识的红缎带，引导乘客顺序通过金属探测门。金属探测门后，也没有安检人员手持金属探测器对乘客进行逐一检查。乘客迅速通过后，可直接进入地铁站台，以往需要排队等候安检的站口已无人员滞留现象。省去了进站安检环节后，旅客换乘地铁的效率得到明显提升。为缓解二层候车大厅候车压力，早在 2016 年 9 月，北京南站就对进站、候车、安检等多处进行了调整。其中，二层候车大厅北厅的 4 个安检仪全部挪至地下一层，乘客从停车场和地铁出来后不用再到二楼安检，直接在地下一层就能完成。

5）票务管理一体化

目前不同层次轨道交通分属不同运营部门管理，如国铁、城际铁路一般由国铁集团运营管理，市域（郊）铁路、城市轨道交通则由各地方城市地铁集团公司运营管理，因此，在票务方面上的管理也存在较大的区别。当分属不同层次轨道共线运营时，双方的列车开到对方的线路上，而旅客并未在过轨站进行再次购票、检票上车，因此这必然涉及两个系统间票务收入的分配问题，与此同时，两者在车票的发售、定价、票制等方面也存在很多不同，因此必然需要构建统一的票务系统来满足共线运营的需求，真正实现乘客“一票到底”。而且随着城市轨道交通线网规模的扩大，线路运营管理主体也将趋于多元化。因此，为了体现“一体化”中的“以人为本”。无论是采用共线运营，还是采用枢纽换乘的运营组织模式，不同部门、不同线路、不同运营公司之间都难免产生“一票制”的出行述求。

对旅客而言，一体化的票务系统可减少换乘时间，提高出行效率，方便在各交通方式间的换乘、跨线；对交通运营单位而言，可以便于协调各方式间的发展，促进城市公共交通事业的发展，提高整个城市交通效率。为了实现乘客出行“一票到底”的需求，如何构建部门间的票务系统以及两部门（不同运营公司）间的客票定价和收益分配，是实现一体化票务系统的关键问题。

（1）票务系统构建

①票制制定

由于市域（郊）铁路客流和城市轨道交通客流出行的经常性，对此类乘客可采用非接触式 IC 卡付费方式。对于偶尔乘坐的乘客可采用单程票。

②票务系统架构

城市轨道交通票务系统可按区域中心清分系统—市域（郊）铁路清分系统 / 城市轨道交通清分系统—线路清分中心—车站票务中心四级架构进行设置，如图 8-12 所示。

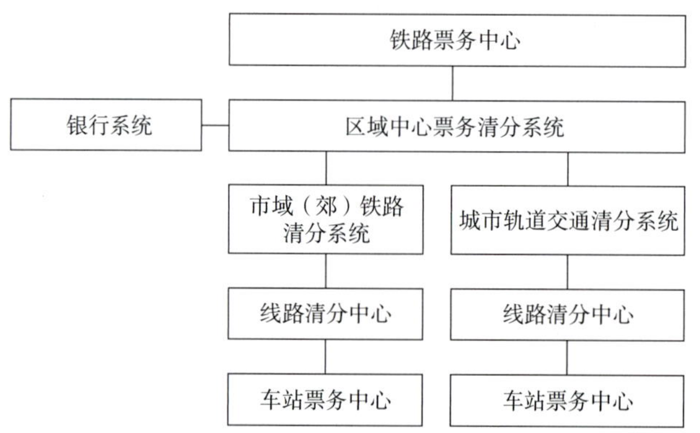

图 8-12 车站票务中心四级架构

（2）收益分配

对于乘客某次出行的换乘车站和起讫车站，可以通过自动售检票（AFC）系统终端设备内记录的票据信息来确定，进而确定出行径路和所涉及的运营线路，然后根据运营里程得到涉及的各条线路在本次出行中所占的运营比例。

线路运营公司与线路的对应关系是固定的，无论是多对一还是一对一，都可通过经由线路确定唯一的线路运营公司。因此，当经营核算实体为线路运营公司时，可通过线路确定唯一的经营核算实体。一次出行中的各线路的运营比例即各运营公司的贡献比例可以结合相应的车票票面金额，算出各运营实体的应得票款。

8.4　一体化运输组织实践

8.4.1　既有铁路开行市郊列车

1）上海金山铁路

原金山铁路由上海市新桥镇通往金山区金山卫镇，主要为上海石化总厂服务，以货运为主、客运为辅，属于上海铁路局资产并由其负责运营管理。

为加快推进上海城乡一体化建设，改善城镇居民的出行条件，原铁道部和上海市共同出资改建金山铁路，由上海金山铁路有限责任公司负责该线路的建设及资产管理，运营管理则委托上海铁路局负责。

改造后的金山铁路全长 56km，设客站 9 个，设计速度为 160km/h，成为一条由上海南站通往金山卫站的快速市郊铁路，并纳入上海市轨道交通网络。金山铁路每天开行客车 38 对，该线采用“上海南至金山卫一站直达”和“站站停”两种运营模式。其中，上海南至金山卫间开行一站直达列车 14 对，全程运行时间 32min；站站停列车全程运行时间 1h，列车每跳停一次可节约 5min 时间，一站直达列车的节时效果十分明显（图 8-13）。全程票价为 10 元，票价率为 0.18 元 / 人公里，该线路同时还兼顾货运，运营状况良好。项目按城市公交的费用标准计费，上海市每年补贴路局约 1.7 亿元，上海金山铁路有限责任公司自行购买 CRH 动车组。

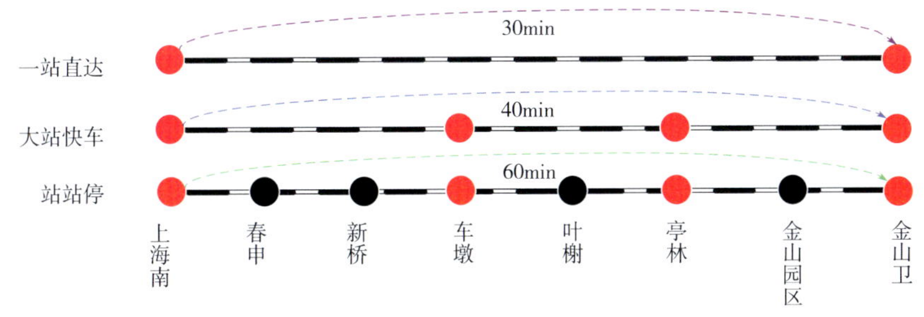

图 8-13　金山铁路行车交路及列车运行时分示意图

2）宁波至余姚城际铁路

宁波至余姚城际铁路是浙江省宁波市的市郊铁路。线路起自宁波站，利用既有萧甬铁路抵达余姚站，运营长度 48.7km，全程耗时 35min。二期规划从蜀山站西端新建 36.9km 线路向北通过高铁余姚北站，终于慈溪市境内的杭州湾站。宁波至余姚城际铁路于 2017 年 6 月 10 日开通试运营，运营范围起于宁波站，途经丈亭、慈城、庄桥等车站，止于余姚站，共 5 站，线路利用萧甬铁路，线路允许最高运营速度为 120km/h。列车采用新型 CRH6F 型城际动车组、8

辆编组，列车最高允许速度为160km/h，列车定员载客量达1470人（按4人/m^{2}站席标准）。目前每日开行8对，列车全程运行时间35min，采用站站停单一交路模式。宁波至余姚城际铁路运营初期全程票价10元，票价低于高铁和普通旅客列车。车票不通过铁路客户服务中心网站出售，可在车站使用自动售票机和人工售票购票，也可使用宁波市民卡、甬城通、余姚公交卡等智能卡刷卡进站。

宁波至余姚城际铁路开通以来，在促进两地乘客的交流方面起到了积极作用，但是也面临着客流不足、上座率较低等现状。据统计，2017年6月17日—2018年8月31日（含试运营免费人数），该线日均客流2601人次，平均上座率31.88%。

8.4.2 市域铁路兼顾国铁列车下线运行

机场联络线是上海城市总体规划确定的轨道交通市域铁路的重要组成部分，连通了“两场三站”，主要包含以下三大功能：

一是通过国铁网络的互联互通，实现沪宁铁路通道和沪杭铁路通道向浦东地区延伸，增强浦东综合交通枢纽对长三角区域的服务功能，支撑全球城市核心功能的发挥。

二是虹桥和浦东两大综合交通枢纽的快速通道，枢纽之间的运行时间可控制在40min，进一步整合航空、铁路等对外交通资源。

三是上海市东西主轴内的市域快速通道，是城市轨道交通网的重要组成，是张江科学城、国际旅游度假区等重点地区与两大综合交通枢纽的快速联系通道，提升重点发展地区的轨道交通服务水平。

上海机场联络线（图8-14）采用国铁城际列车与上海市域列车共线运营的模式，其中城际列车采用CRH6型动车组（8辆编组），市域列车采用市域D型车（初近期为4辆编组，远期预留8辆编组）。

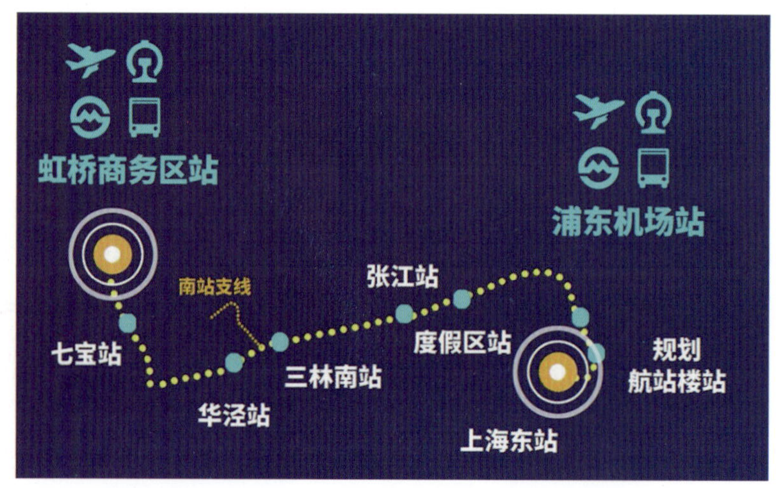

图8-14 上海机场联络线线路示意图

上海机场联络线承担的城际客流，主要是浦东与长三角其他区域间城际客流及对外的长途客流，采用大站停靠的运输组织方式，满足客流快速直达的要求。根据线路在枢纽内与国铁的衔接方式，城际列车的主要运输路径为：沪宁城际、沿江城际等方向列车经虹桥综合场→沪昆线→李莘联络线→上海南→三林南→本线→上海东站；沪杭客专方向列车经沪杭客专→上海南→三林南→本线→上海东站。如图 8-15 所示。

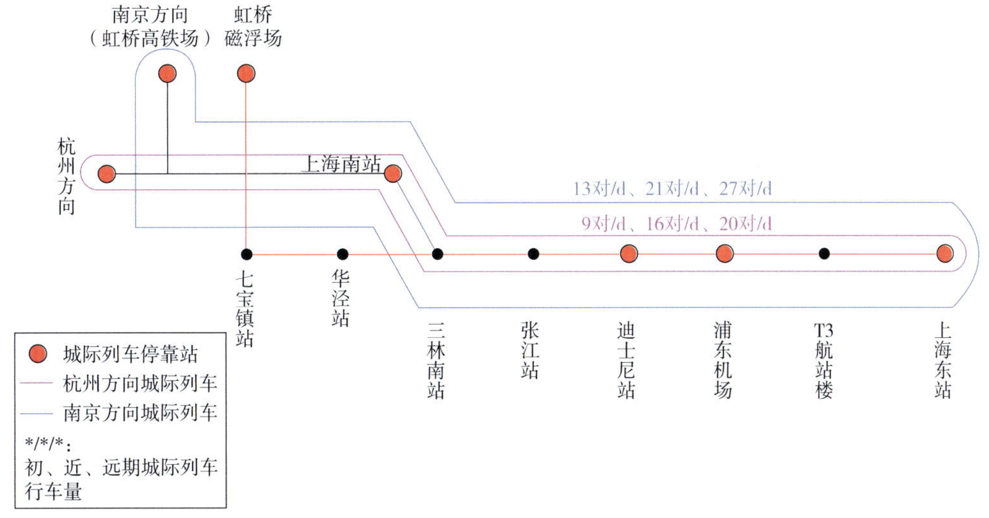

图 8-15 城际列车行车交路

机场联络线承担的市域客流主要为沿线经济据点之间的交流，市域列车采用快慢车运输组织模式，开行大站快车及站站停列车，大站快车越行站站停列车。如图 8-16 所示。

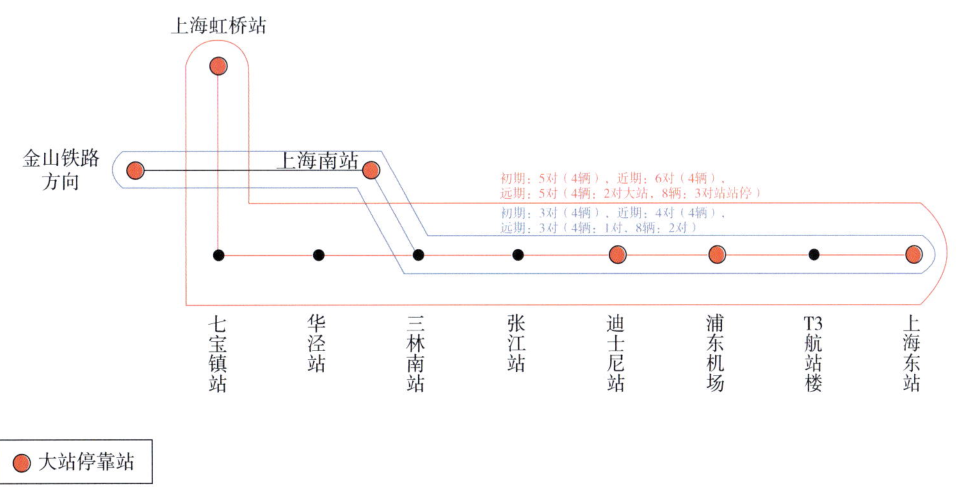

图 8-16 市域列车行车交路

8.4.3 城际铁路兼顾市域服务功能

根据 2018 年 12 月 26 日国家发改委正式批复的《江苏省沿江城市群城际铁路建设规划

（2019—2025 年）》，区域城际和都市圈城际江苏省境内规划总里程约 980km。

长三角都市圈城际铁路串联、衔接沪、苏、浙两省一市，是解决城市群内部城际客流出行的骨干运输通道，兼顾沿线各城市市域内部客流。其中苏锡常都市快线、苏淀沪城际铁路、如通苏湖城际铁路均是近期建设的都市圈城际铁路项目。

随着国家发改委对《长江三角洲地区多层次轨道交通规划》的批复，网络内以苏锡常城际、如通苏湖城际等以承担都市圈内部交流的线路，逐渐谋求独立自主的运营管理方式，独立组网运营趋势初显端倪。

1）苏锡常都市快线

苏锡常都市快线为苏锡常都市圈城际铁路的骨干线路，衔接京沪高铁、常泰城际铁路、盐泰锡常宜城际铁路、沪宁城际铁路、沪通铁路；在都市圈城际铁路线网内与如通苏湖城际铁路、苏淀沪城际铁路互联互通；同时与无锡市域（郊）铁路 S1、S2、S3、S4 线，苏州市域（郊）铁路 S1 线，上海市域（郊）铁路嘉闵线构成良好衔接关系；还与常州城市轨道交通 1、2、3、4、6、7 号线，无锡城市轨道交通 1、3、4、5、6、7、8 号线，苏州城市轨道交通 1、2、3、5、6、8、21、23 号线形成无缝换乘衔接。项目设计速度为 160km/h，采用 CRH6F 型动车组，初期 4 辆编组，近期 4/8 辆编组混跑，远期过渡到 8 辆编组。

线路采用的运输模式为：与国铁线路换乘衔接；与都市圈网络其他城际铁路互联互通；与市域（郊）铁路根据客流情况及工程条件，与无锡 S2 线、嘉闵线互联互通，与无锡 S3、S4 线换乘衔接；与城市轨道交通线路换乘衔接。线路采用快慢车越行模式，开行大站快车及站站停列车，设计开行 6 个交路。

（1）交路 1：奔牛机场—胡桥村—太仓火车站，联系常州—无锡—苏州—太仓，主要满足沿线各组团之间的客流交换，初、近期高峰小时开行列车 2 对 /h，远期考虑到与如通苏湖铁路共线段（现代大道—桑田岛站区间）能力问题，高峰小时暂不开行本交路。

（2）交路 2：奔牛机场—胡桥村—徐泾东，联系常州—无锡—苏州—上海，利用与苏淀沪铁路互联互通，满足苏锡常都市圈与上海地区的组团客流，远期高峰小时开行列车 5 对 /h。

（3）交路 3：胡桥村—徐泾东，为促进苏锡常都市圈对接上海、对接长三角一体化发展示范区，远期高峰小时开行 2 对苏州新区至虹桥站的小交路列车。

（4）交路 4：华山站—胡桥村—长虹北路，考虑到苏锡常都市圈三个中心城市之间的客流交换量占总客流量的 58.8%，远期高峰小时开行 2 对常州城区至苏州城区小交路列车。

（5）交路 5：鸿山站—苏州北—太仓火车站，考虑到苏州北与工业园区与昆山、太仓的交流，利用苏州北联络线、如通苏湖城际与本线，开行苏州北部与昆山、太仓地区之间的交路。

（6）交路 6+ 交路 7：昆山太仓地区与嘉闵线贯通交路，为满足苏州北、昆山、太仓地区与嘉定地区的客流交换，与嘉闵线开通两个方向的贯通运营交路。

苏锡常都市快线高峰小时列车交路如图 8-17 所示。

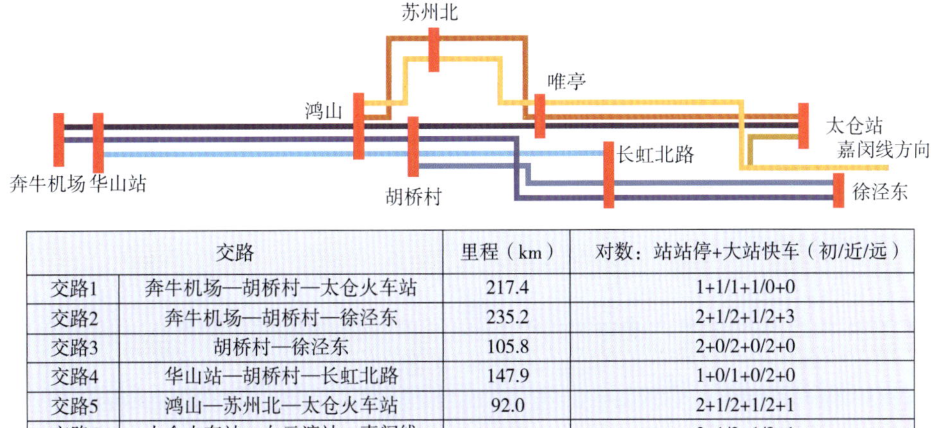

交路		里程（km）	对数：站站停+大站快车（初/近/远）
交路1	奔牛机场—胡桥村—太仓火车站	217.4	1+1/1+1/0+0
交路2	奔牛机场—胡桥村—徐泾东	235.2	2+1/2+1/2+3
交路3	胡桥村—徐泾东	105.8	2+0/2+0/2+0
交路4	华山站—胡桥村—长虹北路	147.9	1+0/1+0/2+0
交路5	鸿山—苏州北—太仓火车站	92.0	2+1/2+1/2+1
交路6	太仓火车站—白云渡站—嘉闵线	—	2+1/2+1/3+1
交路7	鸿山站—板桥站—嘉闵线	—	2+1/2+1/3+1

图 8-17　苏锡常都市快线高峰小时列车交路图

2）如通苏湖城际铁路

项目设计速度为 160km/h（部分 200km/h），采用 CRH6F 型动车组，初近期 4 辆编组，远期过渡到 8 辆编组。

线路采用的运输模式为：与国铁线路换乘衔接；与都市圈城际铁路互联互通；与市域（郊）铁路根据客流情况及工程条件，与南通 S2 线预留互联互通条件，与无锡 S3 线、苏州 S4 线换乘衔接；与城市轨道交通线路换乘衔接。线路采用快慢车越行模式，开行大站快车及站站停列车，设计开行 6 个交路，如图 8-18 所示。

（1）交路 1：开行如东站至常熟站的全线贯通交路，主要满足沿线城市内部客流兼顾城市间的交换客流，近 / 远期高峰小时开行列车 5 对。

（2）交路 2：考虑本线与沪通城际交换客流量较大为促进南通、常熟地区对接上海，远期高峰小时开行 6 对南通市区至上海的跨线交路列车。

（3）交路 3：服务于苏州城市内部交流，近 / 远期在常熟至吴江范围开行 4 对小交路列车。

（4）交路 4：考虑无锡 S2 线、苏锡常都市快线、如通苏湖城际铁路组成围绕太湖的环湖交通，沿线旅游景点众多，可组织开行环太湖交路，主要服务于沿线旅游客流，近 / 远期高峰小时开行列车 2 对。

（5）交路 5：为促进湖州市对接长三角一体化发展示范区，近 / 远期高峰小时开行 1 对湖州市至一体化示范区的跨线交路列车。

（6）交路 6：为促进湖州市融入杭州都市圈，加快湖嘉一体化建设，近 / 远期高峰小时开行 1 对湖州市至一体化示范区的跨线交路列车。

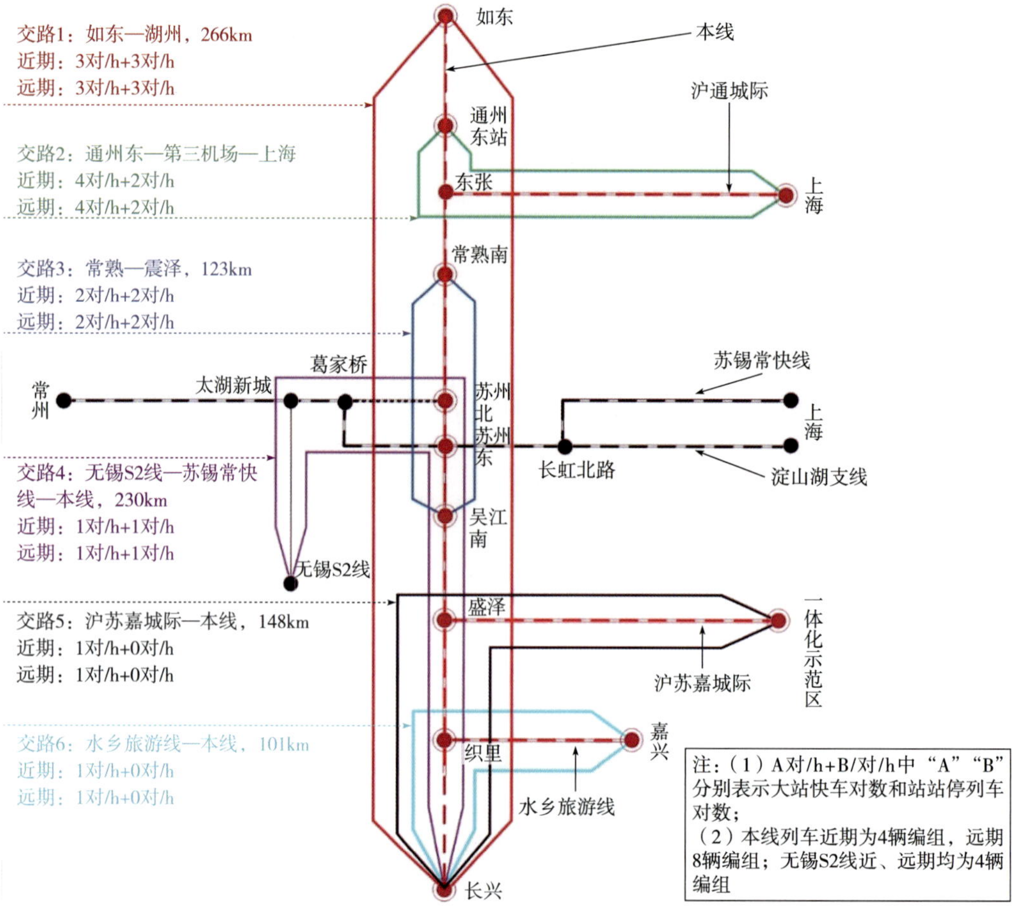

图 8-18　如通苏湖城际铁路列车运行交路方案示意图

8.4.4　市域铁路与城市轨道交通互联互通

为满足周边城镇组团快速进城需求，重庆市规划 11 条都市快线（市域铁路），实现主城都市区各区之间 1h 通达，毗邻地区半小时通达的时空目标。

市郊铁路跳磴至江津线（以下简称江跳线），是“十三五”国家成渝城市群城际铁路路网规划中重庆“三线四段”的重要组成部分，是江津区连接重庆中心城区的一条便捷、快速客运通道，也是重庆市政府加快新型城镇化发展的重要交通设施。

江跳线起于轨道交通 5 号线跳磴站（不含），止于江津区圣泉寺站，全长约 28.22km。新建 6 座高架车站，分别为石林寺站、九龙园站、双福站、享堂站、江津高铁站、圣泉寺站，平均站间间距 4.39km。通车后将连通江津、九龙坡、高新区、大渡口等区域，与 5 号线贯通运营，与 7 号线、17 号线和江津高铁站实现便捷换乘，如图 8-19 所示。

江跳线通车后，江津区市民 30min 可抵达重庆中心城区，将极大缓解江跳线沿线交通压力，给附近居民出行带来极大便捷，对加快主城新区发展，实现轨道交通引领城市发展具有重要意义。

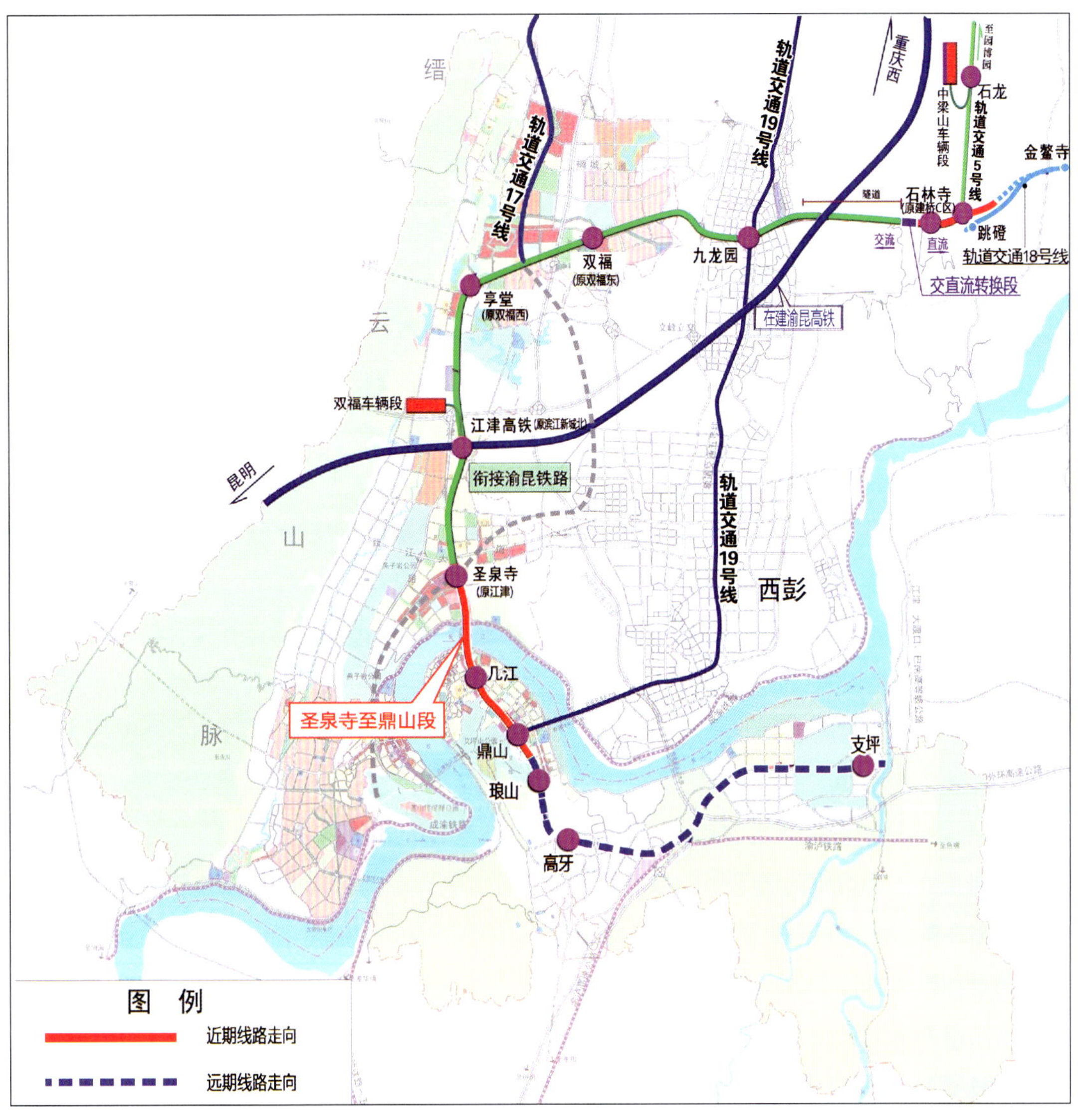

图 8-19　江跳线线路方案示意图

江跳线牵引供电制式采用双制式供电方式，山地 As 双流制车辆采用交直流双用受电弓，具有根据不同供电制式进行动态自动切换功能，能同时满足城市外围线路运行速度快、站间距大的 25kV 交流需求和城市内部线路站间距小、快起快停的 1500V 直流需求，平稳实现与轨道交通 5 号线贯通运营，该技术目前属国内首创。

此外，江跳线将采用新型快速轨道交通车辆，最高运行速度 120km/h，速度较传统地铁有较大提升。车体材质采用高速动车组使用的铝合金材质，具有高强度、轻量化特性，有效降低了车辆重量。同时，将高速动车组一系列先进减振降噪技术成功嫁接，提高车辆密封性，使其既有城际列车高速及舒适性，又具备地铁车辆快起快停、公交化运营的特点。

8.5 本章总结

本章主要对多层次轨道一体化运营技术进行了梳理和分析，通过统一科学规划、设计、建设及运营，可在不同层次轨道交通系统之间形成衔接有序、分工合理、资源共享的一种交通运营模式。多层次轨道交通一体化运营总体上可分为换乘和直通运营两种基本模式。从国内外多层次轨道一体化发展看，多层次轨道“硬联通”和“软联通”是一体化发展的基础，一体化体制机制是发展保障。

轨道交通运营一体化必须坚持从乘客的角度出发，以减少乘客换乘次数和缩短出行时间为目标，在加强各级管理部门相互协调的基础上，实现不同轨道交通间的信息共享和衔接有序。在设置集中调度指挥中心，实现统一指挥不同轨道交通协同运输组织调度的基础上，建议：①签订共同经营协议或建立统一管理机构，为实现轨道交通运营一体化提供保障；②搭建不同轨道交通网络运营信息共享平台，实现运营信息实时共享；③大力推进票务“一卡通”和安检互认，提高乘客换乘效率；④丰富列车运行组织模式，实现列车时刻表协调配合；⑤建立联动的事故、灾害应急处理机制。

9

多层次轨道交通资源共享

随着多层次轨道交通路网规模越来越庞大，推动各层次轨道内部以及多层次轨道交通之间的资源综合共享，对于提升轨道交通整体效益、节约集约利用土地资源等具有重要意义。多层次轨道交通资源共享规划主要解决土地及空间资源共享、检修设施及设备资源共享、运力资源调配及互补等问题。

9.1 土地及空间资源共享

城市的土地资源非常有限，而且地价越来越昂贵，因此土地及空间资源应尽可能地共享和综合利用。轨道交通设施中占地“大户”应尽可能地考虑多线合建，这样不但可以实现土地资源共享，同时有利于降低造价和运营成本。轨道交通建设部门与国土空间资源规划部门需要依据城市形态与客流特征进行网络形态规划、线位选择，同时应用资源共享的原则考虑与城市其他交通方式的衔接，考虑控制中心、车辆基地、主变电所的选址。

9.1.1 轨道交通控制中心土地资源共享

控制中心是轨道交通运营管理、行车、供电、环境控制、防灾报警的指挥中枢，对保证行车安全、提高服务质量具有重大作用。随着多层次、多运营商的轨道交通网络运输格局形成，为保证多层次轨道交通线网的安全、集约、高效运营，满足多投资主体、多运营商、网络化运营条件下轨道交通线网的统一管理、信息共享以及更好地为乘客提供优质服务，多层次轨道交通网络运营需要进行统一的调度指挥，实现调度指挥中心建设、运营组织协调、资源信息共享、突发事件应急处置和网络对外协调统筹规划和统一管理。

以粤港澳大湾区为例，目前湾区内现有广铁调度中心、深圳市轨道交通网络运营控制中心（NOCC）和广州市轨道交通网络运营控制中心（COCC）等调度 / 控制中心，其中广铁调度中心负责广州铁路局管辖国铁线路（含广珠城际铁路、广深城际铁路等城际线路）的调度指挥，深圳 NOCC 和广州 COCC 分别负责广州地铁线网和深圳地铁线网的调度指挥。

为适应大湾区城际铁路、都市圈城际等交通制式的互联互通，拟构建一个统一的调度指挥中心，除基层（站、段、所）外，调度指挥架构主要分为一级中心、二级中心和三级中心。其中，一级中心即大湾区一体化调度指挥及运营管理中心、二级中心即广州 COCC、深圳 NOCC、其他城市地铁线网运营指挥中心及城际调度指挥中心。城际调度指挥中心按照线路调度中心规划又可分为广州城际调度指挥中心和深圳城际调度指挥中心。三级中心即珠三角城际调度指挥中心、都市圈城际调度指挥中心、地铁线路 OCC 等。其逻辑架构如图 9-1 所示。

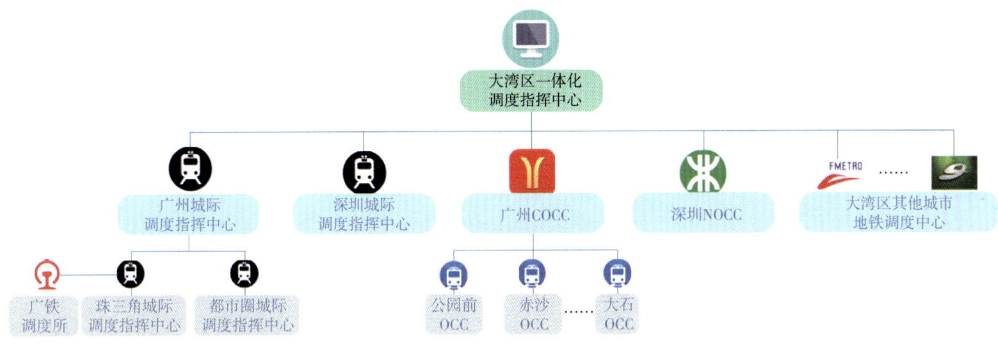

图 9-1 粤港澳大湾区一体化调度指挥体系架构图

这里主要探讨广州城际调度指挥中心（二级中心）的设置方案。

2021 年 12 月 29 日，广州地铁集团正式承接珠三角城际轨道交通（广州都市圈）建设项目及广东珠三角城际轨道交通有限公司。广州都市圈城际轨道交通与珠三角城际铁路均被定义为“城际线路”，均由城际运营公司运营管理，且二者之间互联互通、关系密切。但两种运输方式归根结底属于两种不同的交通制式，采用不用的技术。要实现二者之间的互联互通，需要设置上层的业务和系统集成管理平台，即“广州城际调度指挥中心”，实现二者互联互通的协调管理和调度指挥。

从节约成本，充分利旧的角度考虑，可考虑广州城际调度指挥中心、珠三角调度指挥中心、都市圈城际调度指挥中心同址建设，方便运营单位对管辖线路的集中管理和统一调度指挥。

9.1.2 车辆基地土地资源共享

轨道交通车辆基地往往占地面积较大，以满足车辆基地各项设备、设施的布置要求，通常在 30.00 公顷左右。随着经济社会的发展，城市建设用地越来越紧张，要求车辆基地的平面布置更加紧凑、合理，以节约土地资源。段场合建资源共享，是指线网中规划的不同线路的车辆基地合建在一起，有条件实现车辆基地运用、检修设施的共用，并在段场内建设相对低成本的地面联络线实现线路间联通。多层次轨道交通线网规划中应尽量增加段场合建的数量，以利于车辆基地设施的资源共享。

对于同类型轨道交通的车辆基地而言，在进行线网规划时，一个车辆基地应尽量同时承担多条线路的检修任务，使各条线共享大架修设备。

不同类型轨道交通车辆基地土地资源共享现在比较难以实现，因为车辆综合基地资源共享体现在车辆及车辆厂修、架修、试车线等设施，机电设备维修设施资源和工程维修等方面，不同类型轨道交通的这些方面有所差异。此外，对于不同类型的轨道交通网络其车辆基地的选址地点是不同的。考虑到大型枢纽站点可能融合了多种类型的轨道交通，这为建设不同类型轨道交通共同车辆基地，实现车辆基地土地资源的共享提供了条件，在换乘站点附近可以建设多条不同类型轨道交通线路的车辆基地，但是相关设施仍分别布置。德国柏林、慕尼黑等城市的整个轨道交通网络只设 1 ～ 2 座车辆基地，实现了城市轨道交通与市域（郊）铁路车辆综合基地资源的共享和综合利用（朱军和宋键，2003）。

9.1.3 变电站土地资源共享

轨道交通主变电站不仅设备投资大、电源引入费用高，而且用地和用房面积较大。轨道交通线路变电站如果按单线建设模式考虑，变电站数量将大大增加，不仅造成轨道交通供电资源、城市电力系统资源的严重浪费，而且需要建设大量的从供电电源点至轨道交通受电点的电力通道以及消耗大量土地资源，对城市规划和市政建设带来诸多困难。因此，在满足轨道交通供电性能和可靠性要求的前提下，应对轨道交通主变电所的布局综合考虑、多点优化，尽量减少变电站的设置，最大限度地减少对市政建设、规划的影响。

同类型轨道交通需要在满足各轨道交通线路功能要求的条件下，将主变电站设在相关线路交汇处附近，力求两线或多线合用或合建，实现土地资源共享和综合利用。轨道交通主变电站的资源共享，不仅可以节约设备投资和电源引入费用，而且可以减少用地和用房面积。

对于不同类型轨道交通而言，如果某几条轨道交通线路的供电制式相同，则在保证每条线路电力充足的前提下，应当考虑让这几条线路共享一个或两个牵引变电站。但是目前考虑到轨道交通线网运行的可靠性，一座主变电所的主供线路不宜超过 3 条。

9.2 列车检修设施及设备共享

多层次轨道交通一体化运营条件下车辆基地（包括车辆段、停车场）资源共享目的是通过线网统筹建设，并借助系统资源优化手段，合理布局车辆基地与建设规模，在实现不同制式下安全生产与运营的同时，最大限度地避免或减少重复建设，最大程度地发挥轨道交通网络化综合优势。在满足车辆检修维保的功能需要的同时，节省投资并提高资源使用效率。

9.2.1 车辆检修生产组织模式

（1）国铁动车组检修生产组织模式

国铁动车组的检修生产组织模式为区域性维修。

我国高速铁路由国铁集团统一运营管理，全网配属的动车组检修运用也由国铁集团统一组织。全路的设计建设遵循互联互通、一体化运营的一张网原则，承担动车组检修运用需求的生产力设施全网统筹、协调布局。

合理借鉴国外高速动车组维修经验，而且充分立足我国国情及普速网维修体系，在动车组的维修机构设置上，遵循“集中检修、分散存放”“优势设备相对集中”的基本原则，避免交叉作业和重复投资，设置了动车段、运用所和存车场三种不同功能的维修机构，检修基地设置在主要的交通枢纽，根据运输组织需要，以检修基地为中心设立若干运用所和存车场，形成了维修能力的梯次结构，并区分维修任务，进行科学组织。

（2）地铁车辆检修生产组织模式

地铁车辆的检修生产组织模式为单线性维修。

城市轨道交通采用单线独立运营的行车组织模式，线网中各条线路不开行跨线交路，车辆的检修整备均由各线的生产力设施相应承担。

由于各条线路的车辆选型可能差异性较大，在线网层面的生产力设施共享往往体现在车辆的部件检修，在大修合修制的城市可以实现同一车型的集中检修。

（3）城际线网检修生产组织模式

以粤港澳大湾区为例，城际铁路采用互联互通运营的行车组织模式，在既有的珠三角城际铁路线网基础上与广州、深圳两大都市圈城际铁路融合，形成粤港澳大湾区内互联互通、一体化运营的“一张网、一张票、一串城”的格局。系统制式、车辆选型、设施设备在线网内部均具有较高统一性和兼容性，因而其检修生产组织模式应遵循国铁的区域性思维。

9.2.2 车辆基地资源共享

1）车辆基地资源共享原则

（1）统一相同系统制式的车辆检修制度。检修制度主要包含车辆的修程、检修周期以及检修内容三个基本要素，统一检修制度有利于实现区域车辆基地检修设施设备的配置标准化、均衡化利用。

（2）大架修（高级修）车辆基地宜多线资源共享。应结合区域既有车辆大架修模式及大架修综合维修基地布置情况，综合比选车辆大架修合修制、分修制的适用性，确定区域车辆检修资源共享制式。

（3）定修及以下（一二级修）车辆基地宜各线独立设置。对于周月检、临修（一二级修）等列车日常维护设施，其设施的投资较低而利用率一般较高，而且占用每日的运营时间及检修周期也较短。如在轨道交通线网中共享这些设施，由于大批量的列车转运会造成线路与线路间的干扰，不但会增加运营成本，同时也给运营组织计划带来不便，干扰正常运营。因此，该类资源宜各线独立设置。

（4）车辆基地布局规划宜共址合建。对于跨区域的轨道交通线路，应结合线路长度、建设时序、行车需求等特点，从全线角度出发，合理配置段场数量、优化段场分布位置，以提高运营组织效率。在用地条件具备的情况下，可在几条线路的交汇处设置车辆基地，几条线的运用设施设置在一块用地内实现共用的办公、生活实施的资源共享。

（5）做好线网联络线规划统筹设置。应结合线网车辆检修转运、多线共用的大型工程车调配转运及物资设备运输通道等需求，对线网各线之间联络线设置进行统筹规划，为区域线网车辆基地资源共享及互联互通提供条件。

2）多层次轨道交通车辆基地资源共享可行性

车辆基地包括车辆段、综合维修中心、物资总库、培训中心和必要的办公、生活设施，是轨道交通系统各项设备、设施维修保养、配件检验试验、材料器材管理、开展科研技改工作的重要基地。车辆基地往往需要占用大量土地和配置众多维修设备，如果能从线网的角度统筹分工布局和建设，做到资源共享，在满足车辆检修需要的同时，还可以减少投资和占地，提高资源使用效率。

然而检修资源的共享也不可不加区分，应根据车辆基地的功能定位、检修级别和服务内容综合制定一体化布局方案：

1）日常检修设施不宜资源共享。

2）车辆基地高级修（大架修）宜集中设置。

3）线网中相同车型线路的车辆高级修（架大修）应相对集中设置，以提高高级修（架大修）设施和设备的利用率，节省用地和投资。

4）车辆基地的高级修（架大修）规模，应以承担线网资源共享线路的远期配属列车数进行控制，并宜适当预留高级修（架大修）规模的扩建余地，以适应原规划共享线路的调整而引起高级修（架大修）规模变化的需要。

5）高级修（架大修）作业主要是将列车解体，在高级修（架大修）库内进行架车作业，对各主要部件进行分解、清洗、检测、试验。厂房及设备投资大，对工作人员技术水平要求高。

6）培训中心负责线网中运营维护维修人员的岗位技能培训工作，应考虑全线网统一设置的原则，共享培训资源。

7）对于专业化程度较高，适合集中共享维修的专业应进行考虑设置专业化的集中修理场地，提高检修能力及人员的共享配置。

8）对于作业不频繁的特种车辆应进行多线或多专业共享配置，减少设备投资。

9.2.3 综合维修资源共享

（1）综合维修资源共享原则

在多层次轨道交通一体化运营总目标下，既要充分尊重既有现状，又要全盘统筹不同线网层级、不同建设时序和不同运营主体的总体形势。研究过程中要力求将既有设施的资源利用率最大化，要力求合理协调不同运营主体间的共享需求，要力求有效满足线网融合各阶段的发展需要。为此制定以下研究原则：

1）充分考虑现状原则，包括维修管理事权、管理机构、设施布局等方面；

2）效率原则，以构建高效的管理架构为目标；

3）市场化原则，考虑部分自管，部分交由成熟的市场；

4）分步综合原则，首要解决城际、市域铁路的维修设施一体化，其次解决地铁的维修设施一体化，最终实现多层次轨道交通一体化。

（2）多层次轨道交通综合维修资源共享可行性

综合维修资源共享是将线网中基础设施的维修资源在线网联通的前提下实现管理、检测和维修的集约化生产，进行协同作业管理。

轨道交通系统组成按照系统的主要形态可分为移动设备和固定设施两大部分。移动设备主要指车辆及其维护系统。固定设施是除了车辆之外所有设施的统称，包括路基、桥梁、隧道、轨道、牵引供电（含接触网、电力）、通信、信号、信息、给排水、房屋、环保设施等。应遵循以下思路进行共享：

（1）为充分实现综合维修资源共享（包括管理机构、人员、设施、设备），应统筹考虑综合维修主管部门，负责制订多层次轨道交通维修技术标准、技术政策，组织制定和发布设备检修标准和规则，对基础设施检测中心、大机段、基础设施维修段进行业务指导，核备固定设备大修、计划修维修计划，开展重大突发事故紧急救援的协调和组织。

（2）统筹区域性基础设施检测中心，统筹负责城际、市域、地铁网基础设施动态检测，并通过技术手段逐步替代人工检测，实现检、修分离，形成监督机制。

（3）统筹区域性大型养路机械运用维修基地，负责城际、市域、地铁网大型维修设备运用与检修，以及设备大修工作。

（4）按线网规模分片区设置基础设施维修段，分别负责区域内的城际、市域、地铁网的基础设施日常养护、维修，维修段内部按检、修分离模式搭建机构，下设检测车间、综合维修车间，车间下设工区，工区下设各专业工班。

（5）线上设施设备的维修按线路别、专业化原则进行管理，主要包括工务、供电、通信、信号系统。

（6）线下设施设备的维修按区域化、市场化原则进行管理，主要包括建筑、环控、给排水、电扶梯、站台门、信息系统。

（7）综合维修车间以线上设施维修为主导，线下设施维修机构结合线上设施维修机构的分布进行分区域设立，原则上管辖范围不受线路别及线路技术标准差异限制。

9.2.4 联络线设置

联络线设置的两大目的：一是为了实现动车基地的资源共享，线路之间需联通，以方便车辆进入动车基地进行检修任务；二是为了提高运营效率，网络可采取灵活多变的运输组织模式，各线之间根据客流需求，设置线与线的互联互通。

根据上述互联互通联络线设置的作用，多层次轨道交通联络线设置的基本原则如下：

（1）以功能定位为指导，解决城市间以及中心城区与外围组团及其他城市间的联络。

（2）以交换客流为导向，某方向的交换客流支撑开行适量对数列车时，综合考虑设置该方向的跨线联络线。

（3）结合联络线的工程实施条件，原则上联络线不在地下区段实施。利用网络在外围互联互通。

（4）同时满足网络内动车检修资源共享的需要。

9.3 车辆（运力）资源调配及互补

车辆段和停车资源共享的实现，使得车辆资源也有条件共享。车辆是轨道交通中确保系统安全、正点、高效运行的关键设备，车辆购置费在项目建设投资中占有相当大的比例，车辆的运营管理维修费用也较大。如果轨道交通运营网络中的车辆资源能够实现跨线运行和共享，将提高车辆的利用率。各条运营线路有其自身的客流特征，客流高峰出现时间不尽相同，合理调配线路间的车辆可以提高车辆的平均载客率，有效疏散高峰时段的客流。车辆资源的共享能够方便乘客出行，提高运输效率。不同线路间实现一定程度上的联运后，将减少乘客乘坐轨道交通出行的换乘次数，增加轨道交通的可达性。

对于相同类型的轨道交通而言，如果轨道交通网络采用统一的牵引供电制式，车辆资源在轨距、限界、信号等方面具备兼容性，就可以进行调配和互补，实现互通运营。因此相同类型轨道交通车辆资源的共享要根据实际情况出发，考虑轨道交通新线与既有线路的衔接，对资源共享的方式和程度也要综合考虑，使共享方案有利于提高资源利用效率，有利于提高运输能力并且具有较高的可操作性和较低的共享成本。

对于不同类型的轨道交通车辆资源的共享，由于轨道交通车辆与供电、信号、通信、综合监控、土建、线路及轨道等专业有密切联系，彼此之间相互影响，因此不同类型的轨道交通车辆资源的共享从线路规划设计、车辆招标采购等环节就要加以考虑（顾保南和叶霞飞，2007）。为了便于各线列车相互调配，更好地实现车辆共享，各有关设备接口方面需一致，在通信、信号、供电等制式相兼容的条件下，合理地设置联络线，可实现不同线路间车辆的调配使用，大大提高车辆利用率。

目前广州市已经初步实现了四种轨道交通网络中的部分车辆资源共享。干线铁路采用交流 25kV 供电系统，选用 CRH 系列动车组及复兴号中国标准动车组，由国铁集团统一运营管理。通过统一的技术标准，保证供电系统、列控系统等相互兼容，从而实现车辆在全路网互通互联、跨线运行，给运营组织带来了极大方便，大大提高了运用效率。珠三角城际铁路采用交流制式，车辆选型为基于高铁交流动车组平台针对速度等级、运营特点进行适应性改造后得到的 CRH6A（200km/h）和 CRH6F（160km/h），因此具备了与高铁线路互通互联跨线运行的条件。对于市域（郊）铁路而言，车辆选型主要有 CRH6 或者市域 D 型车。这些车辆的供电及重要参数与 CRH6 型动车组基本一致，为与城际线路互联互通创造了良好的条件。

9.4 本章总结

对于整个多层次轨道交通网络来说，其建设初期由于线路规模较小，投入运营的线路相对分散，资源共享程度较低。随着网络建设的不断发展，线网不断加密，各线相互联络功能增强，资源共享的条件也就越好，资源共享的程度自然越来越高。总的来看，目前多层次轨道交通资源共享的实践主要面临两方面困难：一方面不同轨道交通线路建设存在时序差异，即不同线路建设时间不同，这使得共享设施的规划与预留实施存在困难，不同轨道交通土地建筑与设施设备的资源共享也是相互关联的；另一方面，不同类型轨道交通由于系统制式不同、产权不同等问题，实现资源共享的难度较大。

因此，从资源共享角度探讨多层次轨道交通网络化运营的协调与优化是一个长期的战略课题。首先，要在规划阶段对资源共享方案有比较充分的研究与论证，从城市规划与土地利用等角度确保轨道交通空间规划方案具有较强的可操作性。其次，强化资源共享规划成果在设计与建设阶段的指导作用。最后，在运营管理阶段要树立效率意识，加强轨道交通发展服务及管理信息资源的共享。

多层次轨道交通融合规划方法与实践

10

多层次轨道交通站城融合

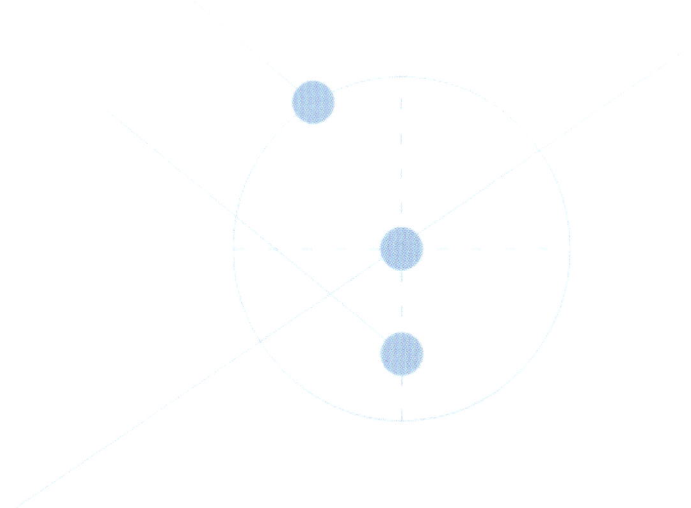

10.1 站城融合先进理念

10.1.1 站城融合的概念

随着城市空间的变革和轨道交通的发展，车站的交通功能与城市功能逐渐融合，车站与城市的一体化发展形成居民出行、购物和活动的新中心，站城联系日益紧密，站城关系得到深入发展。“站城融合”的轨道交通车站应运而生，是轨道交通迅猛发展背景下车站与城市协调统一发展的新方向和趋势。站城融合是基于新型轨道交通车站建设发展上提出的，以满足城市公共交通为导向的发展（Transit-Oriented Development，TOD）和都市经济圈的发展为出发点，将交通功能（换乘衔接）与城市功能（商业、办公、休闲等）有机融合的一种开发模式（邓荟，2019）。实施站城融合既是轨道交通时代下车站发展的新方向，又是推动当代城市可持续发展的积极举措。

10.1.2 站城融合的内容

轨道交通车站作为重要城市子系统，在城市可持续发展中发挥着重要作用。“站城融合”立足于站和城之间的整体关系，从城市、区域、节点等层面引导二者系统融合、有机协调，涉及紧凑城市、站城一体开发、车站规划设计等内容。紧凑城市通过提高城市密度来控制其规模，依托完善的交通建设以构建良好的交通服务体系，以助力城市高效、健康发展。站城一体开发通过站点及沿线地区的综合开发以带动社会经济活动，满足紧凑城市发展需求。车站的规划设计已不再局限于对单一功能的过度关注，而是综合交通、社会、环境等要素共同构建其功能体系，成为助力站城一体开发、紧凑城市建设的重要引擎（崔叙等，2015）。交通作为主导要素贯穿于站城整体关系，而车站作为城市交通网络、站城一体开发、紧凑城市设的关键节点，通过交通整合、功能对接、环境协调等方式，引导站城在交通、社会、环境等方面良好协同，成为站城融合的核心要素。

10.1.3 站城融合推动要素

城市化推进与交通建设推动了城市空间的革新与城市内外交通的完善发展，为实施站城融合提供了重要支撑。总体来看，在宏观层面上，建设紧凑城市亦需要合理控制城市规模、集约利用城市土地、混合布局城市功能，并依托高效、完善的交通系统强化城市内外交通联系，为站城融合提供了充足的发展空间；在中观层面上，城市内外交通的完善发展改善了城市交通环境，优化了城市交通网络，以 TOD 模式为主导的开发建设推动了城市综合开发，为推动站城融合提供了必要的交通资源与建设平台；在微观层面上，随着城市化发展，车站的设计定位与功能系统亦发生改变，通过结合交通、社会、环境等要素以重塑车站功能体系，引导车站从交通节点转为城市触媒，成为站城融合的核心引擎，为构建“城市—车站—人”的整体协同关系提供重要支撑，助力当代城市可持续发展。推动站城融合的要素关系分析如图 10-1 所示。

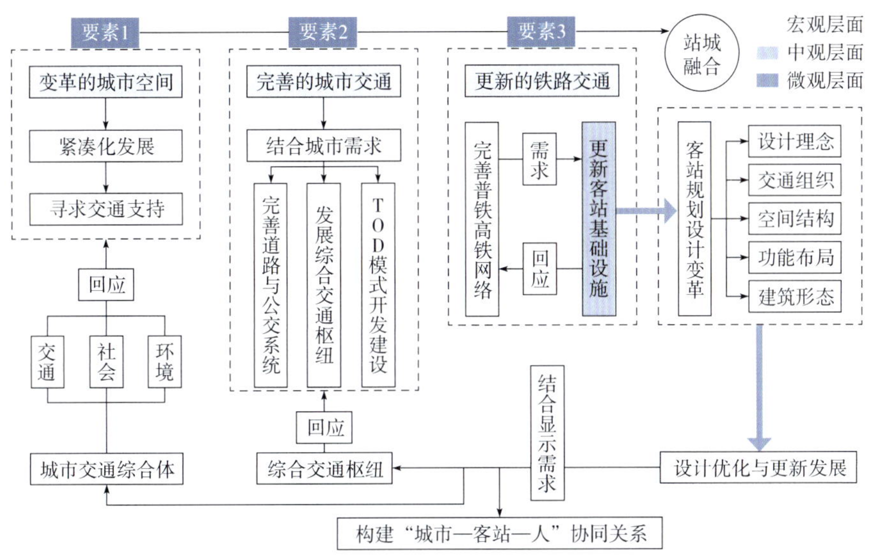

图 10-1 推动站城融合的要素关系分析（靳聪毅和沈中伟，2019）

10.1.4 站城融合机制解析

基于轨道交通车站的发展现状，结合站城融合的特征，站城融合机制包含了内在融合和外在融合，两者几乎是同时进行、相互交叉作用的，共同促进城市与轨道交通客运的发展。根据站城融合定义，其核心是交通功能（换乘衔接）与城市功能（商业、办公、休闲等）的有机融合。车站与城市的内在融合是指轨道交通车站与交通运输系统的融合和与城市功能的融合。因此，本项目提出的内在融合可以分为交通功能的自我完善以及交通功能与城市功能的融合。其中交通功能的自我完善是指轨道交通车站与轨道交通客运系统以及城市交通系统的融合发展。从车站的交通功能出发，轨道交通车站的交通功能包含对外交通功能和交通枢纽功能，即轨道交通车站不仅需要与其他对外交通协调，还需要与城市交通协调。交通功能与城市功能的融合是指集多种运输方式为一体的轨道交通车站的交通功能与城市功能的融合（邓荟，2019）。从城市功能出发，随着轨道交通车站在城市地位的提高，具有高可达性的轨道交通车站使车站周边聚集了多种辅助轨道交通车站的商业服务空间，或带来具有高经济效益的商务功能空间等，使轨道交通车站的城市功能多元化，轨道交通车站对城市功能的体现主要集中在城市文化和经济上。

根据轨道交通车站选址与城市空间发展的历史演变，轨道交通车站在城市空间的区位可以作为一个点来看，其外在融合则是通过点与邻接区的融合达到与城市整体空间形态的融合，即首先达到点与面的融合，再达到点与域的融合。因此，铁路客站与城市的外在融合是指轨道交通车站与站点邻接区和城市空间环境的融合。通过轨道交通车站与城市发展之间不断地适应与调节，促使车站与城市更好地融合发展。

10.2　站城融合典型模式

根据国外轨道交通站城融合发展经验，站城融合主要分为三种典型模式，包括：以轨道交通枢纽站为核心的高度复合集聚型模式、以不同轨道交通站点为中心的分级综合开发模式以及与轨道交通线路建设同步的便捷配套沿线型模式。

10.2.1　以轨道交通枢纽站为核心的高度复合集聚型模式

1）模式特征

以轨道交通枢纽站为核心的高度复合集聚型模式包含五个特征。

第一个是效率性，主要是通过车站步行圈内土地的高复合利用，促进城市建设（社会资本投资）的高效化。枢纽站周边土地利用容积率设置较高，充分利用轨道交通用地容积将全面提高车站步行圈内具有高附加值的容积率，轨道交通上空和地下也存在着巨大潜在使用面积。同时，由于城市活动集中在便利性较高的场所，高复合土地利用亦将增加车站步行圈内房地产收益，加快房地产项目资金回收，提高城市建设的效率。还可以通过轨道交通车站和其他交通方式、商业等设施的一体化建设来提高空间利用率，如图 10-2 所示。

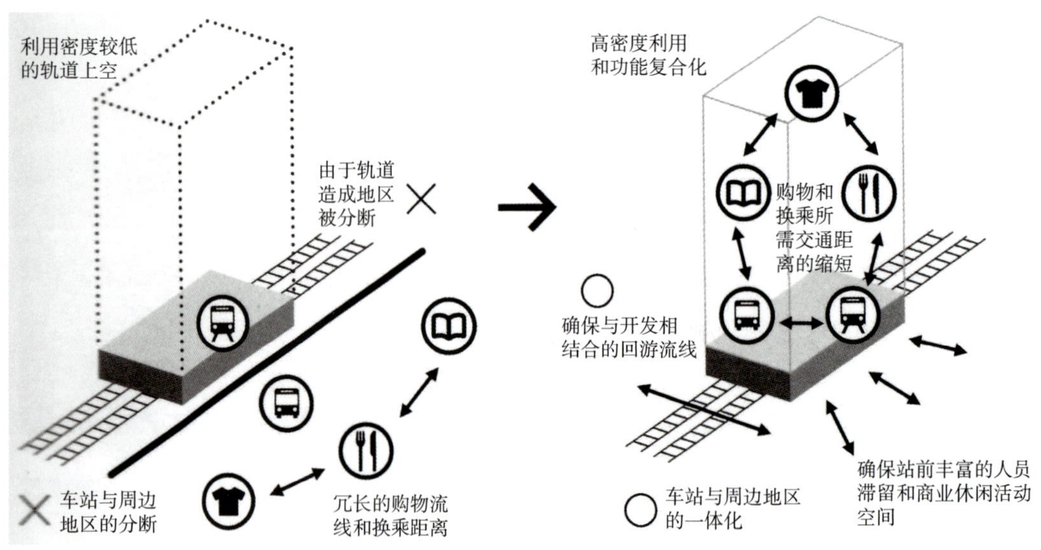

图 10-2　车站和其他交通方式、商业等设施的一体化（日建设计站城一体开发研究会，2014）

第二个特征是便利性，主要是通过车站及周边区域的多功能化提升轨道交通利用者的生活便利性，并设计简明的客流流线使交通设施的利用更方便。枢纽站中不同轨道线路、公交车、出租车等的换乘流线经常相互影响，可以通过将不同设施在同一区域立体布置，使不同流线达到最大程度畅通（宋冰晶，2011）。

第三个特征是舒适性，主要是通过复合开发提供第三滞留空间，提升使用者的生活品质。在轨道交通车站内部和车站步行圈内建设生活便利设施，如生活用品零售商店等，可以使步行、利用轨道交通出行和日常生活有机结合。此外还可以将车站和其他交通设施和城市设施相连接，打造一体化“生活—出行”环境。

第四个特征为业务性，由于轨道交通建设投资方通过参与城市综合开发，加快回收投资并增大投资回报。如图 10-3 所示，近年来日本轨道交通公司业务包括：轨道交通、公交车、出租车等；房地产开发租售；大型商贸和零售；宾馆、休闲娱乐以及文教（宣传设施、活动等）。

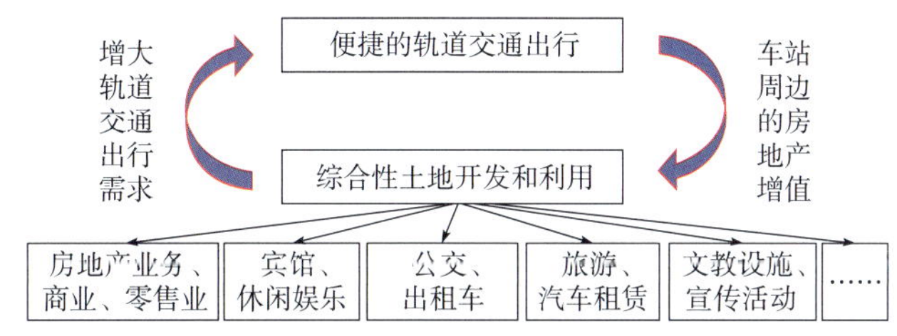

图 10-3　轨道交通公司业务与出行关系

最后一个特征为象征性，轨道交通站点不仅仅是一个具有交通功能的空间，而且是城市的门户。车站空间形象的塑造、站内商业设施的配置、停留空间的设计、车站相邻区域内文化设施的导入等都将影响车站的综合环境。总体而言，通过拓展不同业务以及对车站周边进行集约型开发，来提升城市地区整体形象。成功的以轨道交通枢纽站为核心的高度复合集聚型开发具有强有力的地区辐射和带动作用。

2）模式思路

以轨道交通枢纽站为核心的高度复合集聚型模式的基本思路包括：针对不同城市区位规划多样性土地利用和提高土地利用强度，最大化车站周边区域土地开发价值；增加便捷的步行空间和舒适的停留空间，方便乘客在不同交通方式和线路之间换乘和在不同空间之间移动以及随时进行休憩、进餐、购物等（曾霞，2019）；加强乘客从下车至离开车站周边区域以及从进入车站周边区域至上车的整体流畅性，从而提升车站周边区域土地价值；高度复合化城市功能和交通设施使城市的主要出行方式转向以轨道交通为首的公共交通方式，从而达到减少环境负荷的效果；作为经济引擎的象征来吸引投资，形成城市对外宣传和形象展示的窗口。

3）模式分类及案例分析

结合上述案例以及国外轨道交通站城一体化的经验，可以将枢纽站的综合开发类型总结为三种。

（1）类型 1：车站与城市交通基础设施层叠布置型

车站建筑的枢纽作用为实现轨道交通、地铁、公交、出租车等不同出行方式在空间上形成多层面的便捷换乘。车站建筑可以与周边街区建筑 / 设施多层面直通，使乘客不必一定经由地面。车站建筑可以与商业和服务设施充分融合，满足乘客在出行过程中随时进行购物、休憩、娱乐等需求。将站前广场和铁路车站以车站大厦的形式叠加，减小站前广场所需必要面积，缩短进出站距离，改善步行环境。例如西铁福冈站，总建筑面积约为 130564.2m^2，乘降乘客数约 29 万人次 /d。站点内部建筑在多个层面尽可能多地与周边建筑物直通，甚至将车站的运输业务延伸至周边建筑内。如图 10-4 所示，4 层以上包括商业设施 + 容量为 460 辆的停车场，4 层为出租车乘降区，3 层为公交中心，2 层为火车站，1 层为向市民开放的步行广场及商业设施，地下两层为商业设施，可以直通附近的天神地下商业街内部和地铁车站内部以及商场内部。这种设计在实现了车站建筑的枢纽作用的基础上，将车站建筑与周边街区建筑多层面直通，使得车站建筑与商业和服务设施充分融合。

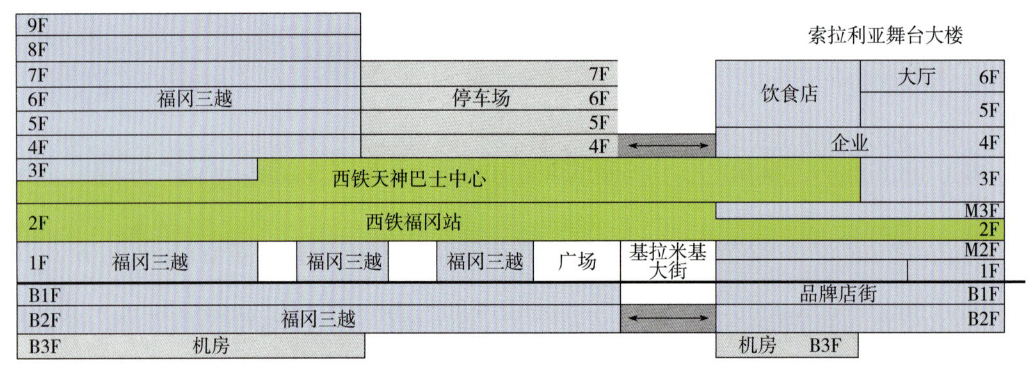

图 10-4　西铁福冈站纵面建筑图示（日建设计站城一体开发研究会，2014）

（2）类型 2：车站与城市建设紧密连接型

此类型枢纽车站是在类型 1 的基础上，将车站空间与具有部分城市机能的公共开放空间相结合，提供了更加便捷的宜居步行环境。此类型车站一般采用半地下 / 地下形式与城市建筑物相结合，用中庭、下沉式庭院等象征性空间连接下方的车站和上方的城市核心设施，车站拥有城市的光和空气，由此来创造车站和城市的关联性。例如六本木一丁目地铁站（泉水花园大楼）。六本木一丁目轨道交通车站检票口设有大厅，直通车站上方大楼内的商业区和办公区；城市走廊利用倾斜的地形，通过自动扶梯和台阶，连通车站周边三个层面的餐厅、店铺等；大部分城市走廊可做到“雨天不打伞，直通周边区域”。车站与城市的光和多层次绿结合，将光和绿逐步导入车站大厅，为步行者提供车站与立体广场一体化的综合环境。如图 10-5 所示。

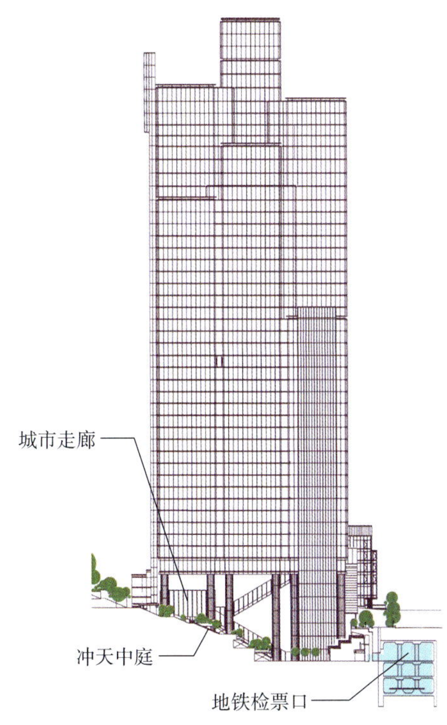

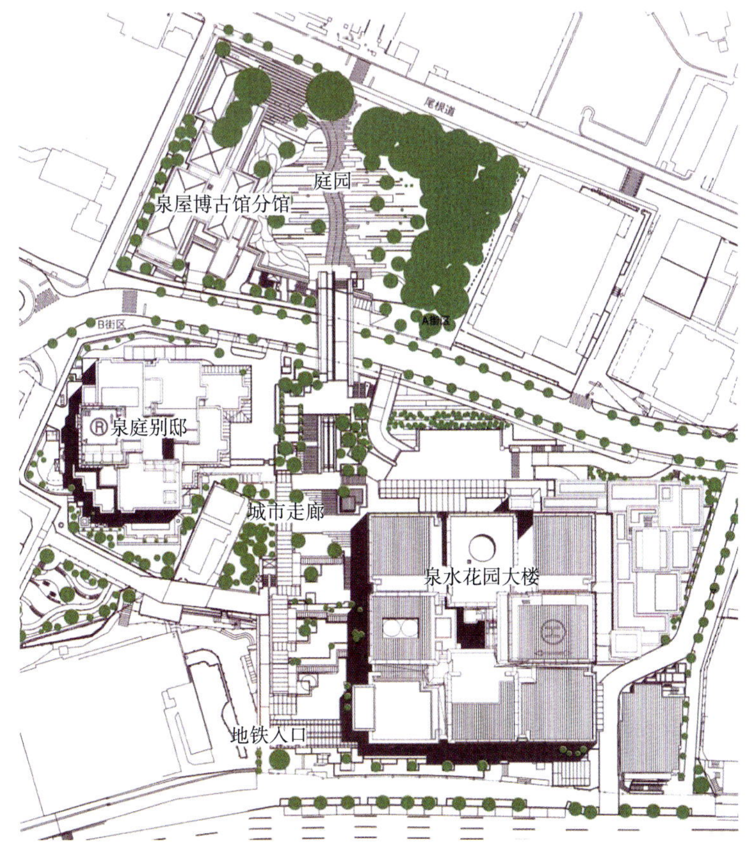

图 10-5 泉水花园大楼及周边布局（日建设计站城一体开发研究会，2014）

（3）类型 3：车站和城市一体化再生型

此类型枢纽车站是在前两种类型的基础上，不局限于车站周边区域，而是着眼整个城市的不同机能在空间上的合理配置，同时解决车站综合开发和城市建设 / 改造统筹规划。此类型开发的重点是统筹考虑长期和阶段性任务，遵守并按步骤切实推进实施规划。例如日本汐留站，占地面积约 31 公顷，拥有超高层大楼 20 栋，总建筑面积约为 160 万 m^2，街区数为 11 个，其建筑容积率近乎大于 12。汐留地区已建成与机动车流线完全分离、四通八达的多层（地下、地面、空中）立体步行网络体系。如图 10-6 所示，在步行网络体系中，不同层面的步行网络既相互独立并完整，又便捷相通，且能够实现区域内的火车站、地铁、公交、地面、人行天桥、停车场等在每个层面相互直通。这种类型在实现了车站建筑的枢纽作用，将车站建筑与周边街区建筑多层面直通，使得车站建筑与商业和服务设施充分融合的基础上，还建立了多层立体步行网络体系，并进行了站城一体化推进及后续管理。

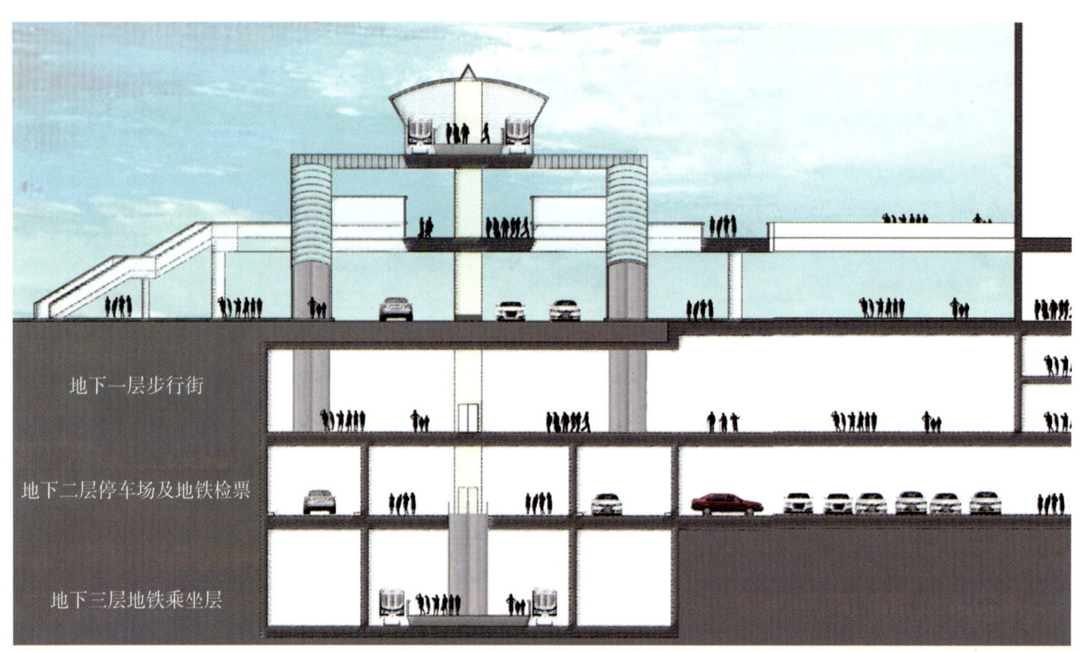

图 10-6　汐留站站内空间结构图

10.2.2　以不同轨道交通站点为中心的分级综合开发模式

1）模式特征

以不同轨道交通站点为中心的分级综合开发模式，其主要特征是将不同的轨道交通站点进行分级，实行差异化综合开发，实现轨道与城市功能的耦合，促进轨道交通对城市的引领与支撑作用（曾霞，2019）。该模式需要依据站点区域周边城市功能及站点自身辐射能力的不同，结合土地资源，将站点周边 800m 区域用地划分一、二、三级发展区。将城市高密度高且土地开发价值大的区域划分为一级发展区，一级发展区站点进行高强度的混合开发，打造舒适和可识别的片区，促进站城融合。将城市密度中等且具有一定土地开发价值的地区划为二级发展区，二级发展区站点控制开发强度，加强公交接驳系统，引导公交出行。其他片区划分为三级发展区，三级发展区站点周边土地采用低强度进行开发，限制城市无序蔓延。

该模式需要在中心体系、产业、站点能级这三个主导要素下进行的站点分级，能较好地与城市空间结构耦合，发挥轨道交通对城市发展的引领和支撑作用，促进轨道与城市的良性互动。根据站点分级，在用地布局、周边功能、城市形态、地下空间、慢行接驳等方面实行差异化开发并用于引导站点开展一体化城市设计。站点核心影响范围内以商务商业、行政办公为主，外围以居住、公服设施用地为主，用地性质的公共性与开放性从站点中心向外围逐渐递减，开发强度以站点为中心向外围逐渐递减。总体来说，站点等级越高，其平均开发强度越高；站点应根据分级对地下空间实现不同程度的开发，确定地下通道的联通范围，促进土地的集约利用及站城一体开发；轨道交通站点地下、地面以及地上的慢行系统应高度互联互通，从以人为本的需求出发，实现立体化联系；为促进绿色交通出行，轨道站点周边应提供采用轨道 + 公交 / 慢行出行的便捷条件（盛来芳，2012）。

2）模式思路

通过对国内外轨道站点综合开发的做法进行剖析，发现这些以不同轨道交通站点为中心的分级综合开发模式主要关注以下四个方面。一是差异化的综合开发，通过轨道交通站点分级或分类区别化地开发，避免城市无序蔓延。二是混合开放的城市功能，通过用地功能混合来提升城市的活力，提升城市内在发展动力。三是高效、集约地进行用地开发，提高土地利用效率，发挥轨道交通辐射带动作用。四是品质舒适的空间环境，以人为本，构建便捷的慢行和接驳系统，营造良好的轨道 + 公交 / 慢行出行环境，实现美丽宜居城市的目标（曾霞，2019）。

3）典型案例分析

（1）多摩田园都市分类开发

20 世纪 90 年代，东京人口密度剧增，城市难以开发。东京急行电铁株式会社（简称“东铁电铁”）针对这一状况，提出“多摩田园都市”的构想。东急电铁在开发多摩田园都市项目时，根据不同区域的地域特点，有针对性地按照高中低不同密度的 TOD 模式进行开发（表 10-1），具体包括低密度开发的多摩广场站（建成）、中密度开发的二子玉川站（建成）和高密度开发的涩谷站（在建）。

东急 TOD 开发类型　　表 10-1

站点	类型	规模	容积率	开发模式
涩谷站	城市中心区	高	≥ 10	办公、商业、娱乐等
二子玉川站	城市近郊区	中	3 ～ 5	办公、商业、住宅
多摩广场站	城市远郊区	低	2 ～ 3	住宅、商业

数据来源：王宇宁和范志清，2016。

多摩广场站为老站改造项目，主要解决南北地区发展不均衡的问题。通过一体化商业，成功实现南北区域的联通。同时，通过无障碍天桥等交通设施，加强与周边建筑的衔接，有效促进城市客流与铁路客流之间的转换。如图 10-7 所示。

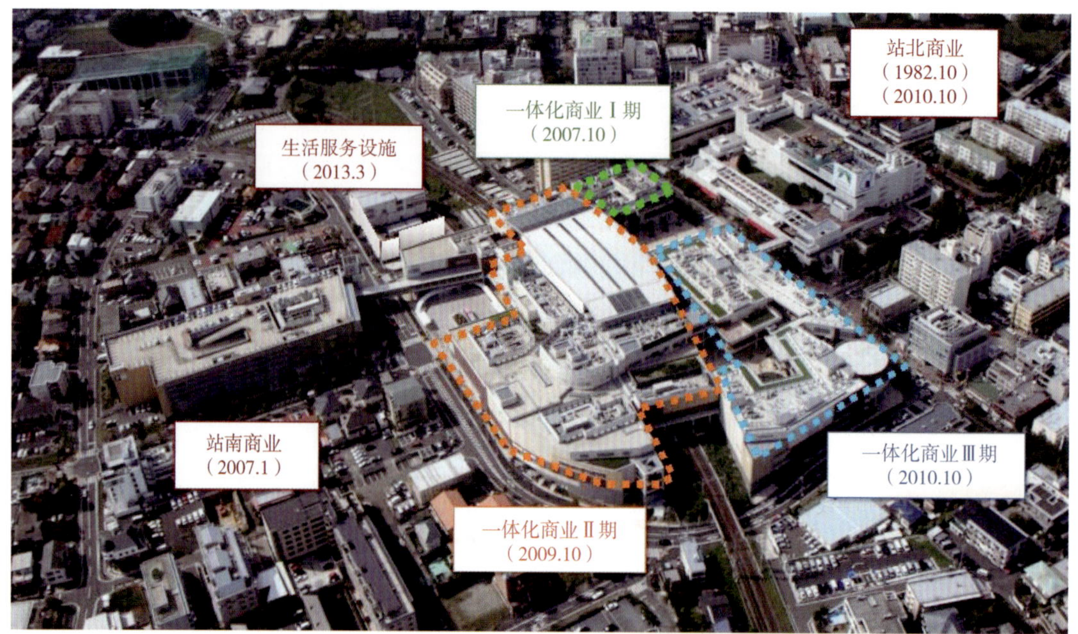

图 10-7 多摩广场站商业开发项目（方弘毅和姚敏峰，2016）

中密度综合开发的东急二子玉川站位于东京都世田谷区，为东急电铁田园都市线和大井町线站点，于 2015 年建成，为车站、商业、住宅综合体，开发面积达到 423154m^2，站点乘客数约日均 121000 人次。规划强调建筑与交通、自然的融合，从枢纽核心区到外围地区依次布局商业办公、住宅和公园，根据业态分别营造活力动感、休闲娱乐、平稳舒适、自然放松为主题的环境。如图 10-8 所示。

涩谷站是东急东横线、东急电铁田园都市线等八线换乘的世界第二大交通枢纽，其日均客流量超 300 万人次，仅次于新宿站（325 万人次）。涩谷站位置及日本车站乘客数排行情况如图 10-9 所示。

（2）东京轨道交通分级开发

东京根据轨道交通站点所处城市区位、周边城市功能、土地利用、站点辐射能力等因素的不同，将轨道站点分为四个等级。一级中心站点一般位于山手线上功能复合的城市中心或副中心，皆为多线换乘站，轨道交通辐射能力极强。站点周边承担国际性商务金融中心、商业文娱中心、轨道交通枢纽功能，商业商务用地高度聚集，如东京、新宿等站。二级中心站点为片区级城市中心，轨道交通辐射能力较强，如上野等站。三级中心站点一般为组团级的商业中心或居住组团中心，轨道交通辐射能力一般，如中野等站。其余剩下站点为其他一般站点（曾霞，2019）。

图 10-8　二子玉川站（东急电铁，2015）

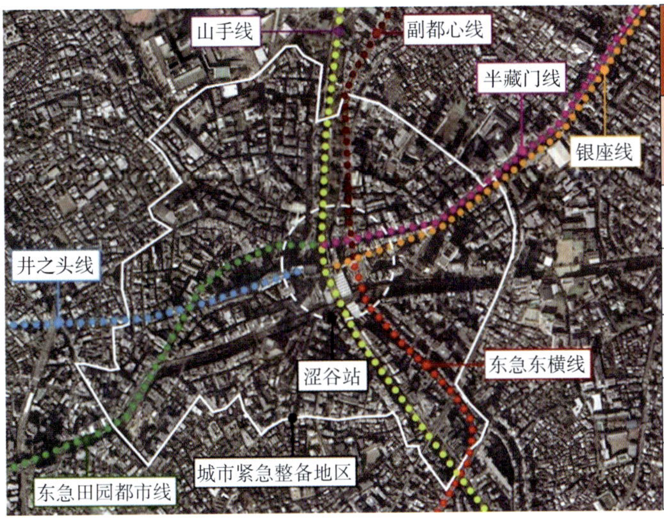

东京都市圈车站乘客数排行（日均客流量）	
站名	客流量（万人次）
新宿站	325
涩谷站	300
池袋站	250
横滨站	173
东京站	92

图 10-9　涩谷站位置及日本车站乘客数排行（吴春花等，2015）

东京轨道交通站点周边土地开发覆盖范围充分结合站点等级来进行确定，等级越高的站点周边，其周边综合开发覆盖范围越大。一级中心站点开发范围覆盖站点周边 1200m，范围内商业商务用地高度聚集，外围布局居住及配套服务。二级中心站点综合开发范围覆盖站点周边 800m 范围，布局商务商业、城市公共服务中心、教育文化中心及配套服务。三级站点开发范围覆盖站点邻近两个街区，布局商业服务及公共服务设施用地。

10.2.3　与轨道交通线路建设同步的便捷配套沿线型模式

1）模式特征

这种沿着轨道交通线路的配套模式包含三个特征。

第一个特征是效率性，实现轨道交通建设与沿线城市 / 区基础设施配套建设同步推进，以提升居住环境为目标，以轨道交通为骨架，沿线建设公园和绿地，形成连接沿线街区、公园、绿地的网络型城市 / 区群。

第二个特征是便利舒适性，轨道交通沿线相关业务全方位开展以及沿线地区发展带来的生活便利性的提高，可以在车站周边配套高水准生活服务设施，进一步吸引民间投资兴建娱乐、医疗等设施。此外，可以进行线路平行化，包括地铁和铁路在内的不同轨道交通公司的线路互相直通运营，形成更加快捷的轨道交通网络，吸引潜在客源。轨道交通也可以与公交结合，扩大车站周边的开发区域，突破车站步行圈范围的局限。车站周边住宅开发一般在以车站为中心，半径约 800m（徒步 10min）的步行圈范围内，但是轨道交通公司可以以车站为基地，开发和建设公交线路，提供便捷的公交服务，可突破步行圈范围的一般限制，从而在更大范围内开发城市居住区。如图 10-10 所示为多摩田园都市的车站势力圈、巴士圈的分布，通过多个车站势力圈串珠状重叠，形成车站步行圈城市。

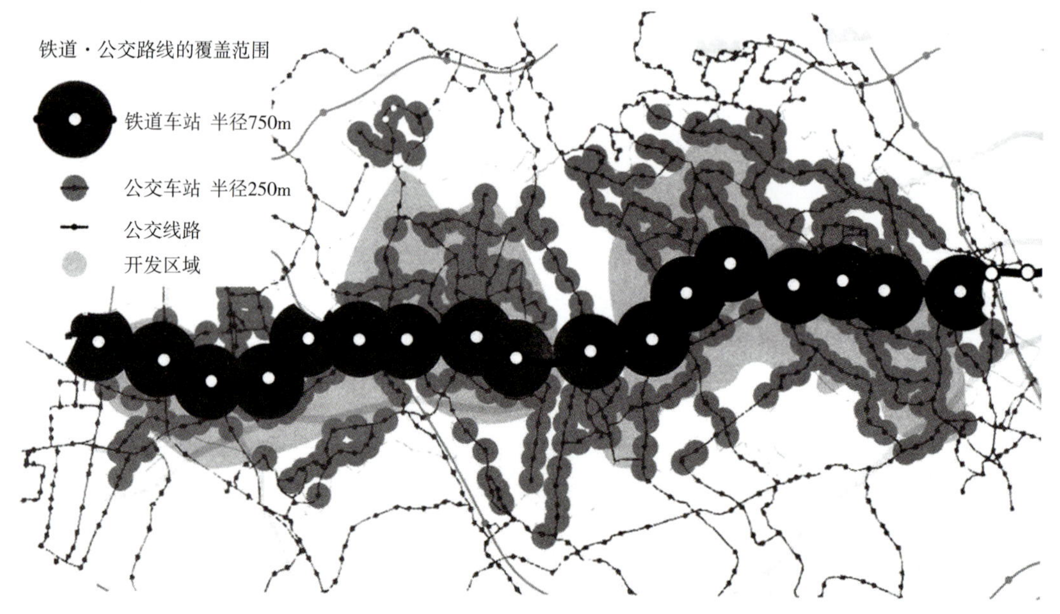

图 10-10 多摩田园都市车站影响范围（日建设计站城一体开发研究会，2014）

最后一个特征是业务可行性。需要确保稳定的双向轨道交通客流量，因为制造通向大城市以外 / 郊外的客流量是提升轨道交通收益的关键。此外还需要重视来自非轨道交通业务的利益产出，随着轨道交通的发展和沿线高品质生活配套设施的完善，沿线土地价值的上升必将为初期同步于轨道交通开发的房地产开发带来高额回报。除房地产外，其他与轨道交通发展同步的相关业务均可涉足。

2）模式思路

这种模式的基本思路包括以轨道交通建设以及沿线住宅建设和销售为基础，将城市 / 区开发和轨道交通建设同步推进；通过轨道交通沿线整体规划来制定沿线综合用地性质，从而促进双向轨道交通客流的产生；通过在沿线提供就业和可持续的城市管理，使居住人口增加，确保轨道交通收益；通过沿线整体的开发控制，使沿线地区能够顺应时代和潮流的变化，维持和提升沿线房地产价值和品牌效应（齐亮，2012）。如图 10-11 所示，该模式的核心实际上也是以办公、居住和交通基础设施一体化为目的的城市综合开发。

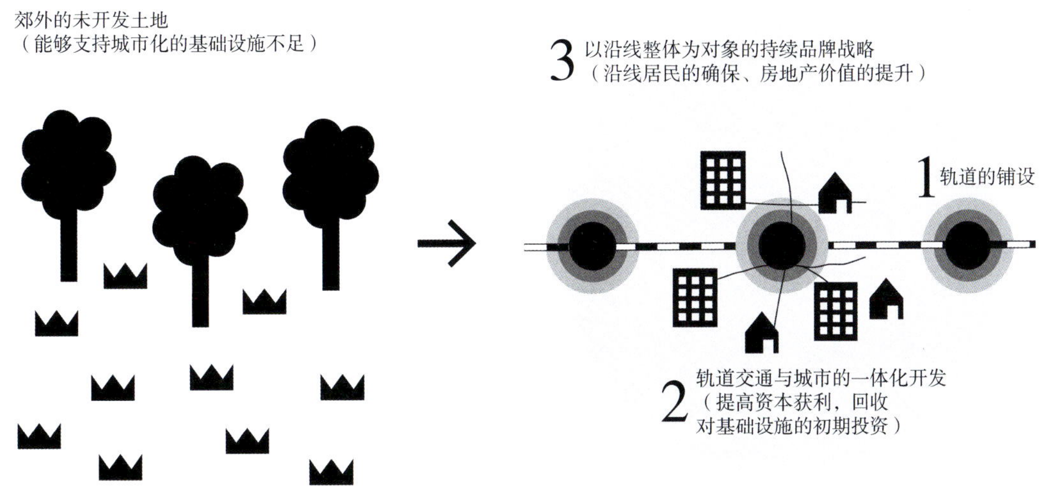

图 10-11　轨道交通沿线整体开发图示（日建设计站城一体开发研究会，2014）

3）典型案例分析

这种站城融合模式主要来源于以日本关西的阪急电铁株式会社（简称“阪急电铁”）和关东的东急电铁为首的沿线开发手法中产生出来的“沿线价值”概念。与以解决沿线节点（较大/较重要城市）和节点之间的交通联系为主要目的的轨道交通线路传统开发建设和运营管理不同，“沿线价值”强调以轨道交通沿线节点间的各中间站（地处小城镇/郊区）为核心，沿线开发居住区域、商业区域等，使其与轨道交通开发相辅相成。这种沿线开发模式以阪急电铁创始人小林一三的名字命名，即“小林一三模式”。

“小林一三模式”成功的关键在于创造和提升了城市周边沿线土地的整体价值，该模式以轨道交通建设为基础，进行沿线住宅、生活设施综合开发，并伴随着绿化和营造宜居环境，还在包括地铁在内的不同轨道交通线路间实施直通运营，将轨道交通与公交紧密结合，从而实现轨道交通与城市的互相融合。

10.2.4　各类站城融合模式的适用范围

（1）以轨道交通枢纽站为核心的高度复合集聚型模式可以表示为位于大城市核心区的轨道交通枢纽站或者可进行多条轨道线路间换乘的车站与其周边城市街区一体化开发的模式。由于此类车站周边的城市区域大多已基本建设完毕，能够用于站城一体化开发的土地资源较少，因此需要通过高度复合的土地利用规划以及政府和民间的联合开发方式开辟出所需的开发用地。

此模式适用于中心城区的换乘枢纽站点，周边土地开发较为完备，主要目的是对城市中心密集区域进行土地更新改造。城市改造区主要是以旧城区为主的城市已建成区，旧城区一般存在用地功能混乱、交通问题突出、公共服务设施不足等问题。但旧城区一般公共交通网络密度较高，只是交通规划及用地不合理，因此应在公共交通资源的合理范围内提高用地强度、增加或合理化各地块的功能类型，并在规划时预留公共服务设施所需场地，协调好再开发与现存风格保护的关系，对旧城区的改造有助于恢复城市中心活力，减少城市无序蔓延（孙翔和田银生，2010）。

（2）以不同轨道交通站点为中心的分级综合开发模式主要是指需要根据轨道交通站点所处的城市区位来进行不同强度的分级开发来实现站城融合。该模式需要结合不同城市的发展实际，以城市中心体系、产业布局、站点能级为主要分级影响因素，多维度综合确定轨道交通站点分级。例如为实现站点综合开发差异化规划管理及技术引导，成都以城市功能与轨道交通功能为主要分级影响因素，结合发展实际，将轨道交通车站分为城市级、片区级、组团级和一般站点四级。并对以站点为中心，一般站点半径 500m，换乘站点半径 800m 以及车辆基地周边综合开发范围内的土地资源进行梳理整合。

此模式大多适用于城市内部轨道交通沿线区间的中间小站，根据站点所在区位不同，对中心城区或城市边缘地区未利用的土地进行功能配套的密集立体化开发，最终引导城区的协调发展。城市未利用区主要是指土地因资金或功能矛盾等问题闲置，或在已开发地块中被忽略的区域，这类区域一般没有成熟完整的道路系统，靠与其邻近区域的城市设施发展。所以，应合理分析此区域土地的区位条件及发展潜力，通过公共交通的引导，及时填补此类土地的城市功能空缺。

（3）与轨道交通线路建设同步的便捷配套沿线型模式主要针对大城市郊区及其周边的小城市。这是一种主要应用在郊区的，将轨道交通建设和沿线城市建设一体化进行的开发模式。能够在新的轨道交通线路建设的过程中实现其建设与沿线城市 / 区基础设施配套建设同步推进，以提升居住环境为目标，以轨道交通为骨架，沿线建设公园和绿地，形成连接沿线街区、公园、绿地的网络型城市 / 区群。

此模式适用于城市周边及远郊即城市新开发区域内的轨道交通新线路的站点及其沿线的土地开发，目的是以不同新建轨道交通车站为中心，发展成为郊区的新城。城市新开发区域主要是以新建产业园区、市郊工业园区、大学城、高密度住宅小区等的城市新开发区域，一般位于城市边缘，由于此类区域周边多为非建成区，交通条件不成熟，若土地利用与公共交通服务无法满足城市居民需求，则容易导致居民出行的机动化趋势。

10.3 站城融合的发展思路

参考国外多层次轨道交通站城融合的发展经验以及国内轨道交通发展的实际情况，城市群多层次轨道交通站城融合可以按照以下三种典型模式开展规划。

10.3.1 以轨道交通枢纽站为核心的高度复合集聚型模式

（1）功能混合、立体复合、生态宜居

建议轨道交通车站可以通过建立空中步行走廊、开发地下商业环境、建立复合型建筑等手段，充分发挥城市空间的多维度性，实现立体化、复合化的土地利用形式。在确保轨道交通功能需求和站点主要业务空间相对独立的前提下，车站主体建筑及其周边土地开发须以为乘客创造安全、便捷、舒适的综合环境为目的，对轨道交通场站及周边土地实施立体开发。探索综合用地规划和土地复合利用方式，体现“功能混合、立体复合、生态宜居”的规划理念，与地区发展整体联动，进一步提高土地集约利用水平。规划部门通过立体化设计，将轨道交通站点地上和地下的空间有效地结合在一起，开发有规模的商业空间，实现城市立体空间打造，在城市内形成交通、商业办公、住宅一体化发展的现代化城市综合中心；通过提高土地利用的多样性和开发强度，最大化车站周边区域土地开发价值；通过增加便捷的步行空间和舒适的停留空间，方便乘客在不同交通方式和线路之间换乘和在不同空间之间移动以及随时进行休憩、进餐、购物等。

（2）换乘空间组织集约化和功能复合化

建议在轨道交通站点上应尽量采用统一、集约的规划模式，把各类轨道交通方式的用地统一到相同地块内、集约在一个立体空间里，合理规划交通进出流线、换乘流线和商业流线，使各类枢纽内的出行换乘方式既便利又互不干扰，实现立体无缝衔接。打破各轨道交通网络建设运营部门的条块分割，优化枢纽站点布局，立体整合枢纽功能，缩小枢纽用地规模是切实方便乘客出行的关键。例如在建设轨道交通站点时，减小站点的交通候车空间面积，增加枢纽的换乘空间面积，增加商业空间面积，复合化利用站点的不同功能空间。在进行枢纽交通线路整合与换乘空间布局时，除应考虑枢纽自身交通功能组织外，还应考虑枢纽布局给周边城市公共空间带来的影响，包括交通线路组织对城市公共空间的影响、换乘空间的组织、如何与城市公共空间体系对接等。

10.3.2 以不同轨道交通站点为中心的分级综合开发模式

（1）明确站点的城市功能定位

目前，我国轨道交通站点周边用地的开发与车站的类型和功能定位不相符，缺乏相应的城市功能，使乘客必需的社会活动不能在车站附近得以完成，降低了车站周边的土地利用率。站城融合规划须明确车站的功能定位、在城市中的区位、地区经济情况和服务的人群等，这些因素在很大程度上决定了车站的类型和周边的用地特征。

建议根据对车站的功能定位，对轨道交通站点地区的用地规划进行相应的布局规划。根据轨道交通站点地区的功能变迁模式，将其分为交通节点型和城市据点型两大类。我国轨道交通站点多数以交通功能为主，站点地区用地限制较小，发展空间大，应加大规划调整力度，使轨道交通站点地区按照合理的用地开发模式建设。有建设条件的轨道交通站点地区应考虑到向城市据点型发展，提高土地的混合度和开发强度，使其成为地区发展的中心和动力。

轨道交通的整个布局必须与城市布局相结合，与城市形态发展相一致。建议其线路走向、网络布设、站点设置必须根据城市土地利用格局，通过政府引导、市场导向进行合理规划。对于城市中心区，因为站点功能设施比较完善，对土地利用性质进行大规模调整是不现实的，因此可以对轨道交通站点周围的土地进行局部调整，将部分客流分散到郊区和城市外围区；而对于城市外围区，由于其是正在开发的或是新开发区，可以对轨道交通站点及沿线周围的土地进行合理规划，结合轨道交通线路及站点，建立 TOD 土地利用发展模式，在主要轨道交通站点周围地区实施高强度开发，使之成为集公共交通枢纽、住宅、商业和娱乐设施为一体的新市区，逐渐发展成为城市的副中心和卫星城。

（2）建立联合开发机制

为解决轨道交通一体化的建设、投融资问题，建议建立轨道交通效益返还机制，研究“资源变资产、资产变资本”的方法和措施，对轨道交通沿线车站的土地进行整合和开发，使土地资源转化为轨道建设的资本金，结合商业、广告、物业及沿线一体开发等轨道交通资源综合利用，以多方投资和土地开发相结合的方式进行融资。

建议借鉴国外重大基础设施建设中的政府和社会资本合作（PPP）模式，加强政府与社会的合作，在政府部门和轨道交通建设及运营企业之间建立合理的风险分配机制、科学的补偿机制和新型的政企关系，实施轨道交通建设和沿线的物业开发相结合的策略，一方面为轨道交通建设筹集资金，另一方面进一步增加轨道交通的客源，这也是轨道交通在长期建设运营中盈利和资金筹措的可行途径。通过联合开发的策略，带动轨道交通站点之间沿线物业的发展，促进旧城改造，同时通过房地产开发活动形成良好的商住环境，吸引公众居住、消费，从而保证和增加轨道交通的人源，提高轨道交通收益。

10.3.3 与轨道交通线路建设同步的便捷配套沿线型模式

（1）做好轨道交通站点之间的沿线土地配套规划

目前，国内很多城市宏观土地市场未能有效控制轨道交通站点的土地供应量，从而造成土地资源浪费、竞争不公、投机现象严重。以优惠政策批出的大量土地对轨道交通站点之间沿线物业的土地开发造成巨大冲击，直接影响轨道交通从土地得到收益的预期目标。除此之外，由于政府资金与社会资本难以统筹，市场在都市圈轨道交通一体化建设和经营中的作用没有被充分利用。

建议轨道交通规划部门与土地规划部门相互协调，制定与轨道交通发展相适应的土地储备供应计划，有序地引导轨道交通站点及沿线的土地开发行为，公平竞争，提高土地利用效率。将轨道交通车站建设与周边土地开发结合，可使车站及沿线物业成为该地区的中心，为轨道交通增加稳定的乘客量，保障了轨道交通的运营质量及效益，同时沿线土地的升值，使沿线地区的土地价值得到了最大化的体现。轨道交通发展与城市土地开发利用相互促进，在增进轨道交通经济效益的同时，给城市带来明显的社会效益。

（2）加快联合开发相关政策及法规的制定和配套

我国轨道交通建设已进入由传统政府单一投资建设向市场化运作转型时期，出现了多样化的经营管理模式，为此需要各级政府制定相关政策来适应我国轨道交通发展的需要。建议都市圈内建立与政策配套的投融资体制，实施发行“城市基础设施长期债券”政策；系统地建立“轨道交通建设基金”；制定合理的票制票价，建立可行的投资回报机制；拓宽投融资渠道，规范投融资标准，在用地、税收、政府贴息和担保等方面建立系统化和长期有效的政策法规。由于不同轨道交通网络的建设投资巨大，政府部门也应给予初始的财政支持，实施联合开发相应补贴和税收减免政策。除此之外，不同轨道交通网络的建设运营还需要法规的制定和配套来保障落实。不同网络轨道交通建设运营需要尽快明确对站点及沿线土地开发的控制原则和要求，并制定明确的法规政策，并逐步完善相关法律体系（如房地产税法体系等），对联合开发行为进行规范。

10.4　本章总结

不同轨道交通网络站点区域是具有交通枢纽地段特征的城市门户，它是展示城市形象的窗口，是交通换乘组织的中心，也是城市活动聚集的重要场所。因此，对轨道交通枢纽的规划应摆脱就“站点”设计“站点”的传统思路，应综合考虑城市功能布局，形成与公共活动和服务功能相统筹的一体化设计思路。城市规划设计是将轨道交通站点地区作为综合体进行研究、开发的最有效的手段之一。城市规划设计的机制就是城市要素三维形态的整合，可以使地下和地上不同功能、不同业主、不同特征的城市要素整合成有机的城市体系（郑明远，2006）。

综合而言，做到站城融合与轨道交通一体化开发需要从以下四个方面进行考虑。

（1）进行不同轨道交通网络车站的综合功能定位及其周边地块的土地利用类型、规模、强度的综合规划，做到与城市规划相融合、与城市机能相衔接，实现真正的站城融合。

（2）考虑进出站乘客在站内外综合环境中每个环节可能的服务需求，优化其在不同空间位置的服务链条，实现换乘空间组织集约化和功能复合化，使乘客出行顺畅和方便。

（3）加强政府部门与轨道交通建设及运营企业的合作，进行土地联合开发，建立不同轨道交通网络站点建设运营中各参与方的组织架构、土地资源流转的运作机制，形成及时、有效的沟通渠道和统一的执行主体。

（4）构建综合开发及后续运营不同轨道交通网络利益主体的利益清分机制，加快实现安检系统一体化与票制票价一元化，使各方形成充分合力，避免多头管理、各自为政。

11

多层次轨道交通一体化体制机制探索

11.1 现行体制机制

11.1.1 规划编制及审批

（1）干线铁路

干线铁路的规划建设主要依据国家发布的《中长期铁路网规划》，由国家发改委组织编制，国务院审批。2004年，国家第一次发布了《中长期铁路网规划》，2008年进行了修编，2016年第二次发布《中长期铁路网规划》，规划的颁布实施极大促进了我国铁路快速、高质量发展。国务院批准的区域、专项规划明确规划建设的铁路项目，也可作为项目的上位规划。2015年国家发改委印发的《关于调整铁路建设项目审批程序的通知》规定，对国家中长期铁路网规划和国务院批准的区域、专项规划明确规划建设的铁路项目，不再审批项目建议书，即预可行性研究报告，直接审批可行性研究报告。其他项目需审批项目建议书。

（2）城际铁路

城际铁路建设的上位规划主要依据为以城市群为单元编制的城际铁路线网规划、建设规划或多层次轨道交通线网规划。通常不跨省级行政区的城际铁路规划由省发改委组织编制，由国家发改委批复；跨省级行政区的由国家发改委组织编制、印发。最早的城际铁路线网规划，《环渤海京津冀地区、长江三角洲地区、珠江三角洲地区城际轨道交通网规划》由国家发改委组织编制，2005年由国务院审议并原则通过。此后，国家发改委先后批准了《珠江三角洲地区城际轨道交通网规划（2009年修订）》《中原城市群城际轨道交通网规划（2009—2020）》《武汉城市圈城际轨道交通网规划（2009—2020年）》《长株潭城市群城际轨道交通网规划（2009—2020年）》《环渤海地区山东半岛城市群城际轨道交通网规划（2011—2020年）》，2020年批复《粤港澳大湾区（城际）铁路建设规划》，2021年印发《长江三角洲地区多层次轨道交通规划》。以上规划的实施，规范、促进了我国城际铁路的发展。

早期的城际铁路建设项目，主要由原铁道部和地方政府合资建设，其可行性研究报告由原铁道部和省发改委联合批复；目前城际铁路为地方出资建设，由省发改委对可行性研究报告进行审批。

（3）市域（郊）铁路

2017年6月，国家发改委发布的《关于促进市域（郊）铁路发展的指导意见》（以下简称1173号文）对规划编制和审批主体作出了规定：拟发展市域（郊）铁路的城市，城市政府应会同有关方面深入研究市域运输需求、路网布局、规划衔接等问题，单独编制市域（郊）铁路发展规划或统筹纳入相关规划。规划范围原则上应为城市所辖市域，可统筹市域周边具有一体化倾向、通勤需求较高的毗邻区域。利用或改造既有线路的，应充分征求铁路企业意见。确需规划新建线路的，应符合城市总体规划要求，与铁路网规划、综合交通运输体系规划等相关规划做好衔接，并充分考虑综合开发需求，形成布局合理的规划方案。通过规划的编制，摸清有效需求，建立项目储备库，明确建设重点，积极有序推进建设。利用既有铁路发展市域（郊）铁路的规划由省级政府会同铁路总公司（现为“国铁集团”）统筹研究确定，改扩建项目审批按照现行规定实施；新建市域（郊）铁路的规划应按照项目功能定位、标准制式等纳入相关线网及建设规划，并在规划方案、建设规模、标准制式等方面与国家有关部门做好衔接，按现行规划管理相关规定报批。市域（郊）铁路新建项目由省级政府审批，批复文件抄送国家发改委、住房和城乡建设部、交通运输部、国家铁路局等相关部门。

2020 年 12 月，国务院办公厅发布的《关于推动都市圈市域（郊）铁路加快发展意见的通知》（国办函〔2020〕116 号文），对组织编制和审批主体做了进一步明确：都市圈所在地城市政府是发展市域（郊）铁路的责任主体。对符合市域（郊）铁路功能定位和技术标准相关要求的市域快轨、市域快线、市域铁路等，统筹纳入市域（郊）铁路规划管理。全面放开改造既有铁路开行市域（郊）列车的项目实施条件，城市政府和铁路企业协商决策后即可组织实施。都市圈所在地城市政府依据国土空间总体规划和交通等相关规划，会同相关方面在深入研究运输需求、功能定位、规划衔接、生态环保要求等基础上，坚持利用既有线路与新建线路相结合，合理确定线网布局，科学编制市域（郊）铁路建设规划，明确发展目标、建设规模与时序、系统制式、敷设方式、衔接换乘、资金筹措等，同步做好沿线及站点周边土地综合开发规划方案。规划范围主要在城市行政区域内，对具有同城化趋势、通勤需求较高的毗邻城市（镇）可予以延伸覆盖。跨越城市行政区域的规划编制及实施由省级发展改革部门做好统筹。都市圈市域（郊）铁路建设规划的报批和审核，比照城市轨道交通建设规划管理的相关规定执行，并做好与国土空间规划等衔接。市域（郊）铁路建设项目为地方出资，由省级发改委对可行性研究报告进行审批。

（4）城市轨道交通

城市轨道交通线网规划由市发改委、自然资源和规划局等部门组织编制，由市人民政府审批。城市轨道交通建设规划由市人民政府组织编制，由国家发改委审批。纳入建设规划，作为城市轨道交通项目建设的法定依据，其可行性研究报告由省级发改委进行审批。

11.1.2 行业标准制定

铁路、城际铁路、市域（郊）铁路的行业标准由国家铁路局批准发布。城市轨道行业标准一般由中国城市轨道交通协会批准发布，相关国家标准由住房和城乡建设部批准发布。

11.1.3 投资建设

干线铁路一般由国铁集团代表国家出资建设，或由国铁集团和地方政府共同出资组建合资公司进行建设。城际铁路早期建成的线路主要由地方政府和原铁道部共同出资组建合资公司进行建设。后期城际铁路的建设主导权下放，改由地方政府负责其投资和建设，建成后项目委托铁路局集团公司进行运输管理。

市域（郊）铁路、城市轨道交通主要由沿线地方政府负责投资、建设。

11.1.4 运营管理

干线铁路的运营管理由国铁集团负责。

城际铁路由项目公司委托国铁集团下设的铁路局集团公司进行运输管理。在珠三角地区，随着地方轨道交通公司运输管理能力的增强，目前部分城际铁路已移交地方轨道交通公司自管自营。

市域（郊）铁路目前有利用既有铁路改造和新建线路两种模式，利用既有铁路改造的项目由于仍承担一定的铁路客货运量，一般由项目公司委托铁路局集团公司进行运输管理。新建线路由地方轨道交通公司负责运营管理。

城市轨道交通由城市轨道交通运营公司负责运营管理。

目前各层次轨道交通规划、建设、运营体制机制见表 11-1。

目前各层次轨道交通规划、建设、运营体制机制表　　表 11-1

<table>
<tr><th>轨道交通层次</th><th colspan="2">组织编制</th><th>规划审批</th><th>行业标准制定</th><th>投资建设</th><th>运营管理</th><th>备注</th></tr>
<tr><td>干线铁路</td><td>中长期铁路网规划</td><td>国家发改委</td><td>国务院</td><td>国家铁路局</td><td>以国铁集团和地方政府共同出资组建合资公司为主</td><td>委托国铁集团运营管理</td><td>—</td></tr>
<tr><td>城际铁路</td><td>线网规划或建设规划</td><td>除城际铁路线网规划外，由国家发改委、省级发改委组织编制</td><td>国务院、国家发改委</td><td>国家铁路局</td><td>早期以地方与原铁道部共同出资组建合资公司为主，目前由地方出资</td><td>委托国铁集团或地方轨道公司自管自营</td><td>—</td></tr>
<tr><td>市域铁路</td><td>线网规划或建设规划</td><td>市政府、省发改委</td><td>国家发改委</td><td>国家铁路局</td><td>地方出资为主</td><td>地方轨道交通公司自管自营</td><td>目前仅有温州市域铁路建设规划获国家发改委批复，其余均为纳入以省或城市群为范围的城际铁路建设规划或城市轨道交通建设规划并获国家发改委批复</td></tr>
<tr><td rowspan="2">城市轨道交通</td><td>线网规划</td><td>地方政府发改委等部门</td><td>地方政府</td><td rowspan="2">住房和城乡建设部、国家市场监督管理总局</td><td rowspan="2">地方出资为主</td><td rowspan="2">地方轨道交通公司自管自营</td><td rowspan="2">—</td></tr>
<tr><td>建设规划</td><td>地方政府</td><td>国家发改委</td></tr>
</table>

11.2 存在问题

受跨行政区域、跨部门等因素的制约，我国轨道交通一体化发展仍处于初始阶段，亟需创新机制、破除体制束缚，建立轨道交通一体化规划、建设和运营管理框架。本章从机构设置、部门协同、资金统筹、法律法规体系和分配机制及考核办法这五方面具体说明我国轨道交通一体化发展存在的体制机制问题。

（1）缺乏不同类型轨道交通统筹规划建设执行机构

不同类型轨道交通隶属于不同责任主体（蓝宏，2019），各部门在编制规划和实施建设时缺乏及时的沟通与对接。不同类型的轨道交通缺少一个中间机构从一体化发展的角度对轨道交通系统进行统筹规划建设。这将造成各轨道交通项目的规划编制和设施建设相互独立、自成一体，发展策略与措施难以协调一致，不同类型轨道交通资源整合难度大。这种各行其道的发展模式不仅会浪费大量资源，还会增加乘客换乘难度、降低运输效率。

（2）政府部门多头管理、职责交叉、协调困难，轨道交通企业自主经营权力小

由于我国历史国情及体制因素，不同类型轨道交通的运营管理系统不同，且各运营管理系统尚未兼容。从机构设置来看，轨道交通的运营管理涉及多个政府部门，例如交通运输部、国家发改委、国家铁路局、国务院安全生产委员会、国家市场监督管理总局等。交通运输部综合规划司负责拟订轨道交通发展战略、政策和规划，并提出轨道交通固定资产投资规模和方向、国家财政性资金安排意见并监督实施。在准入监管和运输监管方面，国家发改委是轨道交通投资准入、运价和成本监管的主管部门，同时授权国家铁路局对部分运输价格实施监管（付建烁，2015）。国家铁路局负责起草铁路监督管理的行业标准、法律法规、规章草案，履行行业的运营准入、安全和健康监管、服务质量监督管理等职能，并参与研究轨道交通发展规划、政策和体制改革工作（付建烁，2015）。国务院安全生产委员会协调和监督相关部门对轨道交通的安全监督工作、特别重大事故的调查处理和应急救援工作以及进行安全生产专项督查和专项整治工作（卢喜招，2013）。国家市场监督管理总局总体负责轨道交通相关标准化工作和认证认可工作。

由此可见，交通运输部、国家发改委、国家铁路局、国务院安全生产委员会和国家市场监督管理总局均涉及对轨道交通的监管。交通运输部综合规划司和国家铁路局均参与轨道交通发展规划和政策制定工作。轨道交通运营管理存在多头管理现象（陈琦辉，2014）。尽管各政府部门的工作都是为了轨道交通的一体化发展考虑，但由于考虑的立场和角度的局限性或者各自利益的牵制，往往没有做到从区域协调的角度考虑轨道交通发展，容易出现政出多门、职责交叉的现象。另外，由于机构设置的原因，部分政府部门属于同级部门。各政府部门协调困难，

难以实现通力合作，容易出现工作盲区。

此外，在轨道交通规划、建设和运营管理的各个阶段，政府始终处于举足轻重的地位，尤其是运营管理。虽然城市轨道交通、市域（郊）铁路由城市轨道交通运营公司负责运营，以往的城际铁路和干线铁路通常由国铁集团负责运营（王明志等，2018），但由于轨道交通在经营管理过程中离不开政府的政策支持和资金扶持，政府对轨道交通企业业务干预较多，继而导致轨道交通企业自主经营权力小（杨伟威，2018）。没有自主经营权的轨道交通企业基本不可能维持较高的经营水平，不可能实现较高的经济效益。再者，在政企分开后，虽然政企模式关系从表面上看已从直接管制模式转变为间接引导模式，但政府与企业的地位仍不平等，仍未实现协作互助（杨伟威，2018）。真正统一有效的协同运行机制还有待形成。

（3）投资主体较单一，不同来源的资金难以统筹使用

干线铁路和城际铁路建设资金主要来源于国家预算内资金、铁路建设基金、地方政府投资、铁路建设债券和银行贷款；市域（郊）铁路、城市轨道交通建设资金主要来源于地方政府投资、交通企业投资和社会资本（李桂桂，2012；左大杰等，2016）。轨道交通建设资金仍主要依靠政府投资，投资主体较单一。市场化融资程度低将进一步造成轨道交通中长期负债规模的不断加大，继而增加轨道交通企业信用风险，进而加剧社会资本投资轨道交通的顾虑，最终进一步加大市场化融资难度。此外，"一路一公司"的轨道交通投融资模式的采用，虽然能充分权衡客流情况、盈利能力、建设必要性等因素，但未从区域一体化的角度发展轨道交通，不利于集约利用人力、物力资源，难以协同不同类型轨道交通方式（曲海锋，2018）。

另外，轨道交通作为公共交通，具有一定的公益性。这使得通常情况下，轨道交通项目财务可持续性较差，政府须对轨道交通运营进行补贴。例如，曾被称为"破冰之旅"的衢常铁路是中华人民共和国成立后的第一条干线铁路，浙江光宇集团以占股 32.50% 的身份参与建设（陈先华，2016）。但由于建成后经营亏损严重，衢常铁路最终以民资撤资、被转让给政府投资平台的方式告终，未能形成可复制推广的成熟范例。虽然轨道交通项目能够通过联合开发模式，极大地提高站点周围土地价值，并利用物业开发收益补贴交通运营，降低交通融资压力。但在交通与土地系统规划与法规约束下，联合开发需协调各部门权限、责任和收益，以克服相关政策约束（林雄斌等，2016）。此外，由于缺乏统一的资金协调机制，若各投资主体追求自身利益最大化，将使得包括政府投资与社会资本在内的不同来源的资金难以统筹使用，在不同主体之间分摊困难，从而极大地降低财政资金使用效率。因此，我国需不断进行投融资体制创新，才能促进轨道交通的进一步发展。

（4）缺乏完备的一体化轨道交通规划、建设、运营法律法规体系

完备的法律法规体系是保障轨道交通一体化发展的重要因素，也是保证规划能有效实施的重要手段。此外，轨道交通项目投资量巨大，一体化规划、建设和运营工作既复杂又自成体系。在规范和保障轨道交通一体化发展这一问题上，传统的法律法规已不能满足规范管理的要

求。而国家层面对轨道交通规划、建设、运营目前还没有制定全国统一的法律法规，只有行业主管部门出台的一些技术规范和部门规章，从而给轨道交通规划、建设、运营等工作的开展造成很大障碍，经常处于无法可依、无据可查的尴尬境地，易出现地区之间、部门之间相互推卸责任等问题，为轨道交通一体化发展增添了障碍（殷凤军，2016）。法律规范建设滞后也同样阻碍监管目标实现。例如，针对轨道交通建设领域，我国尚未出台专门性的监管法律和建立完善的配套制度，对监管主体、监管对象、监管原则、监管范围、监管方式等，始终模棱两可，进而使政府部门监管权责不明、监管范围冲突，易出现多头监管或者监管缺位的现象（李爽，2016）。

（5）现行分配机制及考核办法未能充分调动各方积极性，一体化发展效果不佳

由于轨道交通提供城市公共交通服务，尽管政府向轨道交通企业提供财政补贴，但其仍然面临政策性亏损（宋元胜，2013）。轨道交通建设作为影响土地增值的重要外部因素，能显著改善站点周边与沿线地区的可达性，引导土地利用转变，并带来土地价值的溢出（林晓言和王慧云，2015）。然而，在现实的土地收益分配中，轨道交通建设产生的土地增值却大部分被地产开发商等土地使用者获得。轨道交通站点周边土地开发收益未能按照合理的比例分配给轨道交通企业。与此同时，轨道交通企业除承担国家规定的公益性运输任务外，在站、车客运服务过程中需要保证旅客运输安全。且轨道交通的一体化发展以及车速提升对轨道交通企业的安全管理提出了越来越严格的要求。这使得各轨道交通企业容易以不出事为运营目标，对于提高轨道交通运营服务质量和运营效率缺乏动力和积极性。

此外，已运营的轨道交通普遍采用的是运营收入加政府购买的投资回报机制（甄小燕和臧文义，2015）。由于缺乏政府补贴与考核结果联动机制，政策性和经济性亏损补贴无法区分，无法起到促进运营主体提高服务质量的作用，降低了轨道交通运营企业创新和发展的积极性（李爽，2016）。这既损害了乘客利益，又使企业自身亏损严重，制约了城市经济和社会快速发展，最终造成轨道交通一体化发展效果不佳。

11.3 国内外经验借鉴

11.3.1 成立一体化轨道交通统筹规划建设机构

随着城市群的发展，当以更大区域作为规划发展对象时，有必要对区域整体需求进行分析，统一整合现有各层次轨道交通资源，继而进行统一规划建设。对此，美国成立了一个独立的专业机构，即区域规划协会（Regional Plan Association，RPA）负责纽约都会区不同类型轨道交通的一体化规划建设，即将已有的纽约都会区内的市区地铁、通勤铁路和城际铁路进行资源整合，并在此基础上进行新线与枢纽规划，使其形成一个完整的多层次轨道交通系统，促进

区域的协调发展（武廷海和高元，2016）。

区域规划协会在制定区域规划的同时也会举办与规划相关的论坛与会议。这些论坛或会议的内容包括区域规划协会近期规划的实施情况报告、对某一具体规划的讨论、与规划相关的展览以及规划的发布等。目前，区域规划协会已经完成了针对纽约都市区的四次规划。这四次区域规划的内容对于我国轨道交通区域协调发展的工作重点、方式、面临的问题和未来可能出现的挑战都有重要参考意义（孟美侠等，2019）。

11.3.2 建立分工清晰、权责明确的协同运行机制

日本的交通运输行政管理体制的历史演进可被分为三个时期，即分散管理时期、集中管理时期和协同发展时期。第二次世界大战前的很长一段时期，日本的轨道交通运输行政管理从中央到地方分散在多个政府职能部门。政出多门、多头管理的弊端严重妨碍了各轨道运输方式之间的有机联系和协调发展。1943 年，日本成立运输通信省，下设铁道总局、海运总局、汽车局、航空局、港湾局等专业机构，把相关职能进行了归拢，将不同运输方式集中在一个部门进行管理，但不同运输方式之间的统一协作和综合协调等方面并没有真正实现统一管理。2001 年，日本进行轨道交通运输行政管理体制改革，强化不同轨道交通方式的集中、统一管理，将原运输通信省与建设省、国土厅及北海道开发厅合并成立国土交通省，实现中央一级统筹管理、各种轨道交通方式协调衔接的行政管理体制（樊东方和石静远，2013）。在组织机构上，国土交通省下设本省和外局，如图 11-1 所示。此次体制改革是日本历次轨道交通运输管理体制改革中幅度最大的一次，真正在管理上实现了“超大交通”，为不同类型轨道交通方式之间的战略规划、基础设施、标准规范等方面的衔接提供了体制保障。原来在轨道交通运输管理中存在的诸如部门之间职能交叉、不同运输方式之间衔接不畅等协调难题得到了有效解决。虽然日本在轨道交通运输管理上实施大部制，即通过国土交通省实现中央一级统筹管理，但并不影响地方职权的行使（童剑，2015）。

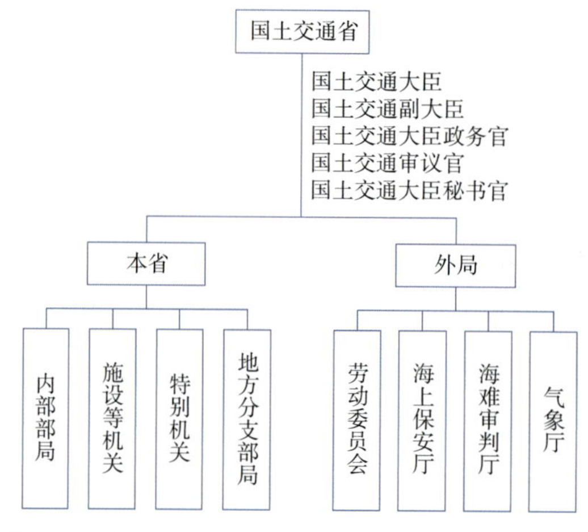

图 11-1　日本国土交通省的组织机构（樊东方和石静远，2013）

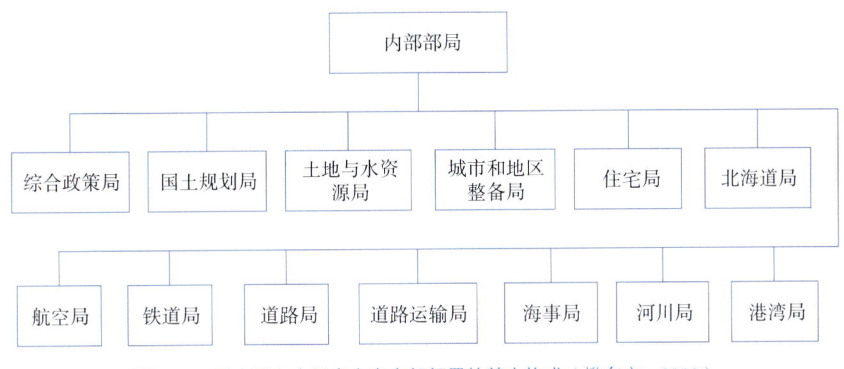

图 11-2　日本国土交通省本省内部部局的基本构成（樊东方，2008）

11.4　我国轨道交通一体化体制机制的探索

11.4.1　协调机制层面

针对不跨区域的多层次轨道交通，建议采取“自上而下式双层”政府协调机制（陆瑶，2007）。这种协调机制内通常是由区域内最高一级行政组织，即在省政府的介入与领导下，按照固有的行政级别，从高至低地形成多层次的协调组织。在这种政府协调机制下，政府间有统一正规的组织结构、稳定合法的财政支持，各级政府的职能分工明确（达来，2012）。省级政府是各个成员城市的共同上级，由省级政府牵头，在区域内建立一个负责多层次轨道交通规划、建设和运营管理的综合性权威协调机构。该机构由省级主要领导担任负责人，同时由交通运输部、国家发改委、国家铁路局等的领导和轨道交通相关方面的专家参与。这样做的目的是保证省级政府在区域轨道交通一体化规划、建设及运营管理协调中的权威性。其主要负责制订科学合理的多层次轨道交通一体化规划，对规划实施进行全过程监督，协同运输技术标准，实现轨道交通行业标准化、规范化发展，深入研究轨道、车辆、供电、通信信号等跨制式设施设备的共性技术，实现区域轨道交通资源共享，加强换乘衔接连续性，合理组织换乘客流。

针对跨省的城市群、都市圈，建议采取“城市联盟式”政府协调机制（陆瑶，2007）。它是一个类似于联邦的灵活的联合体，成员政府彼此让渡出部分公共权利，制定具有法律效力的区域运营管理，明确规定职责内容与管辖范围，在共同的事务管理领域内享有唯一的权威性，而在超出此范围外则无权干涉各地方事务。比如，类似长三角的江、浙、沪、皖在上海成立了“长三角地区协作办公室”，负责统筹跨省的基础设施协调、推进等。城市群在形成或发展的初、中期阶段，在中央政府的指导下，可以成立一个城市群轨道交通运营管理协调办公室之类的过渡性协调机构（陆瑶，2007）。各城市相关职能部门相应设联络办公室，推进区域内城市之间、部门之间以及政府、企业等相互沟通（陆瑶，2007）。区域轨道交通运营管理协调办公室最主要的职能是对区域内的多层次轨道交通线路的规划建设、使用、收益的分配方式以及相应的调度指挥模式进行协调运营管理，从而使得各层次轨道交通运营主体从原有的竞争关系变成合作关系，切实加强各层次轨道交通线网间的衔接互通。当不同层次轨道交通协调管理逐步深入到一定程度，满足实施一体化统一管理的条件时，政府部门及铁路部门将通过成立都市圈轨道交通运营管理组织机构，实施一体化管理，提升区域总体运能和乘客服务质量。

轨道交通行业政企关系的调整应从两个方面着力。一是全面规范政府的行政边界，放松对运价、财务清算和生产经营指标的管制，使政府更加专注于政策保护、资金扶持、安全监管等方面，成为创设良好环境和提供法治保障的“扶持之手”，并通过主动下放权力，赋予轨道交通企业充分的自主经营权和决策权，实现政府与企业间由行政隶属关系向市场交易关系的根本转变。二是要培育能独立面向市场的商业化经营企业。在市场的规律、机制和价格反馈中，促使企业在政府的政策引导、资金补贴和法律规制下，形成能自主经营、自我发展、自负盈亏的现代市场经济主体，以适应政府放松规制、下放权力后职能承接的需要。反过来，政府将根据市场运行状况，通过动态调整政策和调控手段，支持和指导轨道交通企业发展。凡是市场能自我管理、自我服务、自我调节的事务，政府不再进行直接管理（马祥军，2009）。

早期建成的珠三角地区的广珠、佛肇、莞惠以及国内京津、沪宁、成灌等城际铁路均由国铁集团主导、地方政府合资建设，运营管理模式采用由相关铁路集团公司委托代管模式，城际铁路公司仅负责资产管理、财务核算等业务。随着铁路投融资体制改革不断深入，按照铁路分类建设原则，国铁集团将逐步退出地方城际铁路建设，城际铁路自主运营被越来越多地方政府提上日程，广东省率先取得突破。2020 年底投入运营的广清城际、新白广城际 2 个项目已实现广州地铁集团自主运营，已运营的佛肇城际铁路以及在建的其他城际铁路等也将逐步交由广州地铁集团或深圳地铁集团自主运营。

江苏省 2021 年 9 月发布的《江苏省“十四五”铁路发展暨中长期路网布局规划的通知》则提出，依托既有省、市铁路或城市轨道等市场主体，组建专业化、市场化运维管理团队，推进城市群城际铁路、都市圈市域（郊）铁路独立成网、自主运营。在“十四五”期间，自建自营取得突破，新增自主运营城际铁路和市域（郊）铁路。

11.4.2 法律法规层面

借鉴日本轨道交通立法特点，我国应进一步完善轨道交通一体化相关法律法规。此外，合理的轨道交通规划编制体系是保障轨道交通统筹规划的基础。轨道交通一体化发展推进必须通过制定健全的交通规划编制体系，明确各阶段、各层次交通规划的定位、编制理念、任务与要求、编制内容等。前期设计考虑不周造成的建设标准过低将会导致后期改造难度大和资源浪费严重的后果。因此，轨道交通建设、运营和管理相关规范文件的出台，能够切实加强不同类型轨道交通线网间的衔接互通，实现不同类型轨道交通之间的无缝衔接和跨线运营（李名良等，2018）。

对于多层次轨道交通一体化而言，所需要的法律基础有三个层面。一是建立立法协调机构。以长三角地区为例，为解决长三角区域立法冲突，建议应建立长三角统一的立法协调机构，签订《长三角区域协作立法协议》。立法协调机构的组织形式可命名为长三角法治工作协调委员会（张翔，2017）。二是建立区域立法协调机制，在中长期立法规划、年度立法计划的制定以及立法决策的过程中，加强信息交流、沟通、意见征询等，力求法律政策的协调、统一。三是建立执法协调机制，通过经验交流、沟通情况，实现不同地方同一领域执法部门间执法标准、尺度、规范的协调，避免同类行为在不同地方处理上的畸轻畸重，与此同时要加强行政协助，共同营造协调的执法环境（丁智国，2018）。

11.4.3 建设、运营服务标准

目前，我国多层次轨道交通融合规划、建设、运营、服务标准等方面缺乏统筹的标准。市域（郊）铁路、城际铁路缺乏统一的运营服务标准，运营单位往往参照城市轨道交通或干线铁路的运营服务标准进行对标运作。因此，有必要按功能需求对不同层次轨道交通进行一体化建设和运营管理，做好多层次轨道交通的有效衔接和互联互通，合理制定轨道交通的技术标准，整合好现有轨道交通资源，充分发挥一体化整体交通的效益。

不同层次轨道交通的建设规划需要考虑区域内不同层次轨道交通线路的功能定位，即是否与其他轨道交通线路实现互联互通。若要实现互联互通，则除设备系统应满足互联互通的技术体系外，土建工程也要满足互联互通运营，为各层次轨道交通的互联互通运营提供条件。因此，有必要出台区域轨道交通一体化规划、设计、建设和运营管理相关规范文件，在车辆技术、站距要求、申建条件、安全检查、票制票价、运营规范等方面建立标准体系，引导不同层次轨道交通一体化融合，实现不同层次轨道交通资源共享。

实现不同层次轨道交通间的互联互通需要协调组织各轨道交通方式。调度指挥是列车运行安全和协调运营的前提和保障，我国尚无统一指挥不同层次轨道交通协同运输组织的调度机构。因此，应考虑设置不同层次轨道交通集中调度指挥中心，协调各层次轨道交通的列车运行计划编制、停站方案、跨线列车调度工作，保障各层次轨道交通列车的运行安全、到发站时刻的良好衔接和运力的合理匹配，提高整体运营效率和综合调度指挥能力。集中调度指挥中心应建立在各层次轨道交通调度指挥中心之上，实施统一的管理标准，遵循统一的规章制度，对各层次轨道交通网络进行总体监控，实现在不同层次轨道网络信息实时共享情况下的统一指挥调度。

11.4.4 法定规划的地位

目前，我国多层次轨道交通规划的制定和实施缺乏法律的保障，规划制定机构没有法律明确其地位，规划制定的流程、实施过程中的监督以及责任的承担都没有法律作出相应的规定，给轨道交通规划工作的开展和轨道交通一体化发展带来很大障碍。

通过法律对多层次轨道交通一体化规划进行规范，能够明确制定规划所遵守的原则、主体及流程，减少规划制定的盲目性、滞后性，使规划在制定与实施过程中有法可依，增强规划的权威性。日本包括都市圈规划、建设和管理在内的一切活动，均以法律为依据，日本政府通过立法，将权力下放至各大都市圈，保证地方政府能够根据自身特点，明确城市功能定位，更好地发挥比较优势。在日本轨道交通一体化发展过程中，政府根据发展阶段的不同，及时制定、调整和完善相应的法律法规体系，从而实现在法律方面保障轨道交通的改革、规划、建设、监管、运营等各个环节的顺利过渡和衔接。

借鉴日本轨道交通立法特点，我国轨道交通立法应在国家及区域层面针对多层次轨道交通一体化规划、建设、运营等各个阶段分别制定相应的法律法规，使得轨道交通一体化发展过程中的各个阶段有法可依、有据可查。

综合交通规划作为国土空间规划体系中专项规划的重要组成部分，是支撑与促进国土空间开发、保护与建设的重要环节。都市圈轨道交通一体化规划又是省域或跨省域综合交通规划中重要的交通专项规划，因此，它应与相应层级的国土空间规划同步编制，体现轨道交通规划对国土空间规划的支撑与保障。

11.5 本章总结

受跨行政区域、跨部门等因素的制约，我国不同类型轨道交通的规划、建设和运营均涉及多个部门。各部门多头管理、职责交叉、协调困难的现象较为普遍。同时，我国轨道交通建设与运营资金主要依靠政府投资，市场化融资程度低。这也导致政府对轨道交通企业业务干预较多，轨道交通企业自主经营权力小。此外，由于轨道交通一体化相关法律法规体系不够完善，容易导致不同地区、部门间权责不清。现行分配机制及考核办法未能充分调动各方积极性，导致一体化发展举措多流于表面。为实现不同类型轨道交通的融合发展，我国轨道交通亟需创新机制、破除体制束缚。①由政府作为牵头者和统筹者，成立一体化轨道交通统筹规划建设机构，突破行政区域和行政部门的利益阻力。②建立分工清晰、权责明确的协同运行机制，合理界定中央政府、地方政府与企业在轨道交通一体化发展过程中的责任。③完善多元化融资渠道，统筹使用轨道交通一体化发展资金，提高财政资金的使用效率。④建立国家及区域层面的一体化轨道交通发展机制及实施办法，为轨道交通一体化规划、建设和运营提供法律保障。⑤创新利益分配机制，建立科学的考核办法，充分调动各方积极性，激活资本的逐利本质。

12

多层次轨道交通融合规划典型实践案例

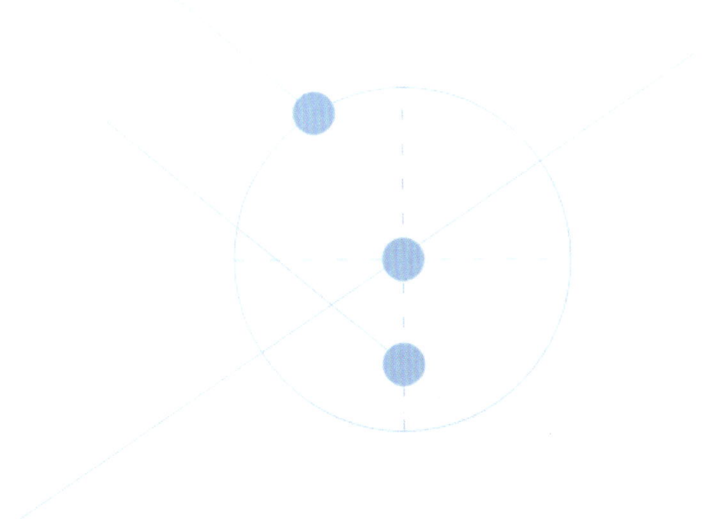

12.1 长三角城市群

12.1.1 沿江城市群城际铁路规划研究

1）总体思路

（1）区域城际铁路规划思路

根据《江苏省城镇体系规划（2015—2030）》中提出的“一带两轴，三圈一极”的紧凑型城镇空间布局和区域需求特征，从城市群区域层面和都市圈层面，分别构建城市群区域城际铁路网和都市圈城际铁路网。其中，区域城际铁路网规划方案紧密结合城市群城镇网络化布局特点，区域城际铁路网规划布局应建立支撑空间布局、区域战略节点和产业发展方向的城际客运网络，依据城市群城镇、产业、交通三要素特征分析，按照“区域联通、强心放射、对接周边”的理念规划布局城市群区域城际铁路网。

区域联通：畅通南京都市圈、杭州都市圈、合肥都市圈、苏锡常都市圈之间的联系，促进多圈联动发展；注重区域城际铁路与国铁、城市轨道交通之间的联通，与综合交通网之间的互联互通，在区域内部形成多条横向与纵向通道，实现区域通道的均匀覆盖，实现各个走廊的聚合发展，进一步聚集城市群的人口、经济、金融、产业等要素，优化提升城市发展带，提升发展轴带上的交通支撑与引导功能。

强心放射：首先发挥南京龙头带动的核心作用和区域中心城市的辐射带动作用，构建核心城市南京与区域中心扬州、泰州、宣城、淮安之间的城际铁路主轴线，打造世界级城市群核心城市，提升南京全球城市功能；其次发挥苏锡常都市圈的放射作用，增加该区域的直接对外辐射能力，形成与周边的南通、宜兴、泰州、盐城等城市的直接联系和跨江融合。

对接周边：加强城市群对其周边的苏北、皖中部、浙北部及中西部地区的辐射，推动人口经济布局更加合理，区域发展更加协调。

（2）都市圈城际铁路规划思路

按照“分层次相互融合，分区域各有侧重，分阶段逐步实现”的网络布局理念，响应“高标准、一体化、全融合”的总体策略，构建以南京都市圈和苏锡常都市圈为中心的放射状都市圈网络，实现区域城际铁路与都市圈城际铁路的合理分工与协作，实现江苏沿江八市“内筑网络、强心聚轴、区域一体”的总体发展目标。

分层次相互融合：针对区域内重大走廊，梳理不同走廊内部的需求层级和需求量级，依据不同诉求，规划多层次、相互融合、廊道功能复合的综合供给廊道，进而实现区域的高效衔接和融合发展。

分区域各有侧重：针对不同圈层人口岗位布局，考虑通勤和商务、旅游等非通勤廊道的合理分工，结合不同的圈层特征，各有侧重地制定区域的不同覆盖目标、走廊的融合目标、走廊的时间目标等。

分阶段逐步实现：按照成熟一个建设一个的原则，在相应时期内实现需求与供给的动态平衡，分阶段地实现规划目标。

2）规划目标

根据江苏沿江地区经济社会发展趋势和需要以及长三角城市群发展战略要求，确定江苏沿江地区城际铁路发展总体目标：构建以轨道交通为主体的综合交通运输体系，铁路发展水平总体上达到世界级城市群水平，铁路营业里程将达到5000km左右。具体目标如下：

（1）2025年目标

到2025年，沿江地区“三横四纵”区域城际铁路网建成，实现“区域连通、强心放射、对接周边”的规划理念；都市圈城际铁路网中“固心、强轴”线路建成，为“一体化、全融合”的城市群发展策略打下基础。

①实现长三角城市群“2h城际交通圈”，沿江八市与沪宁杭1h列车可达，南京与省内设区市1.5h可达，沿江八市与长三角地区其他城市2h列车可达，区域城际铁路基本实现对20万人口以上城市的覆盖。

②南京都市圈、苏锡常都市圈公交化城际铁路客运网基本建成，都市圈中心城市与中小城镇时空距离有效缩短，跨江融合得到有效支撑。

③持续提升城际主通道能级，服务多级多类客流走廊，逐步实现国家铁路主通道客流与城际客流分线运行。

（2）2035年目标

轨道交通成为综合交通体系的主体，主要走廊轨道交通分担率超过50%。形成以国铁干线为骨架、区域城际铁路为补充、都市圈城际铁路为延伸的多层次、一体化的轨道交通网体系，各层次轨道布局完善、衔接顺畅、快捷高效，为沿江城市集群发展、融合发展提供坚实基础和保障条件。

①沿江地区轨道交通网总规模达到5000km左右，构建的网络层次和功能可有效服务多层次、多中心、多走廊集聚态势的空间布局结构，能较好地满足不同出行特征、出行需求的需要。

②完善南京都市圈辐射通道、苏锡常都市圈带状线路，构建都市圈“0.5～1h城市通勤圈”，提升核心城市和外围地区的交通可达性。

③支持扬镇城市组群、苏锡常都市圈澄张靖城市组群、常泰城市组群与昆太城市组群的发展，建设联系城市组群内部及对外辐射的城际铁路，进一步加强都市圈城市间的沟通联系。

3）规划方案

（1）区域城际网络方案

江苏沿江地区区域城际铁路网规划紧密结合城市群城镇网络化布局，根据城市群城镇、经济、产业、交通特征，建立支撑空间布局、区域战略节点和产业发展方向的城际客运网络系统，按照“区域联通、强心放射、对接周边”的规划理念，形成以“三横四纵四联通”为骨干、网络连接线为补充的区域城际铁路网，南京市未来将形成“八向十四线”的对外格局，支撑中心城市首位度和辐射力。

规划期末，江苏沿江地区区域城际铁路网共15条线路，沿江地区范围内规模2263km，其中，既有及在建城际铁路6条共741km，规划城际铁路9条共1522km。本次规划新增346km。沿江地区区域城际铁路网构成见表12-1。

沿江地区区域城际铁路网构成　　表12-1

序号	线　路	江苏省里程（km）	沿江范围里程（km）	备　注
一、区域城际铁路网骨干线		2483	2103	—
1	沪宁城际铁路	269	269	城际功能为主；既有铁路
2	南沿江铁路	280	280	城际功能为主，已纳入国家中长期网
3	北沿江铁路	385	385	兼顾城际功能，已纳入国家中长期网
4	盐城至南通铁路	157	67	兼顾城际功能；在建铁路
5	通苏嘉铁路	155	155	兼顾城际功能，已纳入国家中长期网
6	盐泰锡宜铁路	302	230	城际功能为主，已纳入国家中长期网
7	连淮扬镇铁路	305	175	兼顾城际功能；在建铁路
8	镇宜铁路	118	118	兼顾城际功能，已纳入国家中长期网
9	南京至淮安铁路	163	75	城际功能为主；规划新增
10	宁宣铁路	111	111	城际功能为主；规划新增
11	宁杭铁路	150	150	兼顾城际功能；已建成
12	宁安城际铁路	35	35	城际功能为主；既有铁路
13	宁滁蚌亳城际铁路	8	8	城际功能为主，已纳入国家批准的皖江城际铁路网规划
14	合宁铁路	45	45	兼顾城际功能；既有铁路
二、区域城际铁路网连接线		160	160	—
15	宁扬宁马铁路	160	160	城际功能为主；规划新增
三、区域城际铁路网总规模		2643	2263	—
16	既有及在建规模	961	741	—
17	规划规模	1682	1522	—

（2）都市圈城际铁路方案

①南京都市圈城际铁路网布局

根据南京都市圈城镇轴、城镇拓扑关系及客流需求分析，南京都市圈为单核心城镇结构，因此，应以南京为核心，打通南京与都市圈内核心城市、中小城镇交往通道，快速覆盖县级以上节点，并兼顾沿线城镇组团，构建放射状都市圈城际网，提升特大城市南京能级。首先，构建宁镇扬同城化快速通勤线，形成快速沟通南京—扬州—镇江的三角形都市圈城际；其次，强化南京快速联系周边县级节点，实现与南京主城的快速通勤联系，形成以南京中心城区为核心的放射线。南京都市圈城际铁路网布局如图 12-1 所示。

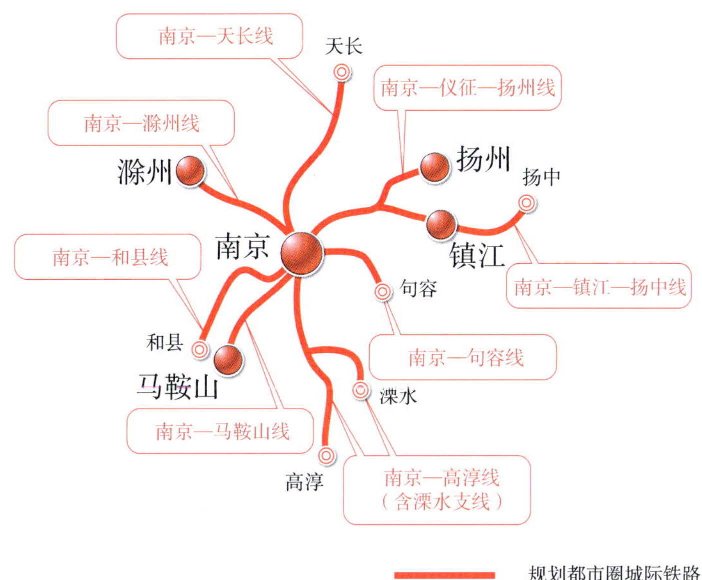

图 12-1　南京都市圈城际铁路网布局

南京主城区是南京都市圈的核心，并形成共 2 个圈层的城镇空间结构，规划南京都市圈城际线网以放射线为主，实现南京主城区与次中心城市扬州、镇江主城区 1h 通道，并实现南京与都市圈核心圈层、紧密圈层重点城镇间 0.5 ～ 1h 到达目标，能较好适应和满足宁镇扬同城化及构建南京都市圈核心圈层城镇空间布局的需要。沿江地区线路总里程 396km，其中既有及在建里程为 201km，本次规划新增里程 80km，见表 12-2。

南京都市圈城际铁路网构成　　表 12-2

序号	线路		全线里程（km）	沿江地区里程（km）	备注
1	南京—高淳线	南京南—禄口机场段	36	36	已建成
		禄口机场—高淳段（含至溧水线）	83	83	在建铁路
2	南京—马鞍山线		16	5	上轮规划
3	南京—和县线		68	37	建成一期

续上表

序号	线　路	全线里程（km）	沿江地区里程（km）	备　注
4	南京—滁州线	42	6	上轮规划
5	南京—仪征—扬州线	60	60	上轮规划
6	南京—句容线	44	44	上轮规划
7	南京—天长线	72	45	建成一期
8	南京—镇江—扬中线	80	80	规划新增
合计		501	396	

②苏锡常都市圈及周边地区城际铁路网布局

规划苏锡常都市圈城镇形成由多个核心地域、区域空间节点及发展轴构成的网络状空间布局形态，核心地域由苏州、无锡、常州三个中心城市构成。因此，苏锡常都市圈城际铁路网规划形成以常州、无锡、苏州为中心的多中心、网络状线网，苏州、无锡、常州三中心城市之间联系主要由区域城际铁路（目前连接三主城之间的区域城际主要有京沪高铁、沪宁城际铁路以及京沪铁路）承担，三中心城市与周边县级市沟通主要由都市圈城际铁路承担。

a. 以苏锡常都市圈的核心城市苏州、无锡、常州为核心，加强跨江联动发展，沿城镇主轴布设分别以苏州、无锡、常州为中心的连接线与放射线，促进核心城市与周边县级市、重点城镇与中心城市的同城化发展。

泰兴—常州线：加强常泰跨江城镇组团联动发展，兼顾沿线重点城镇的交通联系，线路里程约 68km。

无锡—江阴—靖江线及无锡—宜兴线：上轮规划线路，加强无锡核心城区对靖江、江阴、宜兴南北两翼的辐射带动作用，推进澄靖跨江城镇组团联动发展，无锡—江阴—靖江线为 52km，无锡—宜兴线为 68km。

苏锡常都市快线：支撑长江经济带快速立体综合交通走廊建设，增强硕放机场、奔牛机场两大机场的辐射能力；承担苏锡常城镇密集地区中短距离的交通需求；与苏州—淀山湖—上海线一起，对接上海规划的市域铁路，增加入沪通道。线路里程约 197km。

b. 全面对接长三角地区核心城市——上海，对接上海规划市域线；发挥苏州、南通示范引领作用和区域带动力，强化轨道交通与机场枢纽衔接，全面提升基础设施互联互通水平。

硕放机场—常熟—太仓—上海线：加强常熟等长江沿岸城市与无锡机场以及苏州中心城区的交通联系，增强硕放机场对周边辐射带动性，沿江城镇与都市圈中心城市的交流，线路里程约 98km。

苏州—淀山湖—上海线：强化苏州与周边城镇及上海的联系，串联规划苏州民航机场，加强与上海规划市域线的衔接，衔接上海规划市域吴江支线，线路里程 49km。

如东—南通—苏州—吴江—湖州线：加强苏州、南通城市间紧密沟通联系，推进跨江融合发展，承担通苏城镇密集地区中短距离的交通需求，规划南通至吴江段新建线路长约131km，沿江地区里程约131km。

南通（启东）—上海（崇明）线：加强上海都市圈圈层城市南通与上海对接，与上海规划市域线沪崇线的衔接，规划南通（启东）—上海（崇明）都市圈城际铁路，线路里程20km。

综上所述，苏锡常都市圈及周边地区都市圈城际铁路里程约747km，其中继承上轮规划里程188km，本次规划新增里程559km。苏锡常都市圈及周边地区城际铁路里程布局分别见表12-3和图12-2。

苏锡常都市圈及周边地区城际铁路里程　　表12-3

序号	线　路	全线里程（km）	沿江地区里程（km）	备　注
1	泰兴—常州线	68	68	上轮规划
2	苏锡常都市快线	197	188	规划新增
3	无锡—宜兴线	68	68	上轮规划
4	无锡—江阴—靖江线	52	52	上轮规划
5	硕放机场—常熟—太仓—上海线	98	98	规划新增
6	苏州—淀山湖—上海线	49	26	规划新增
7	南通（启东）—上海（崇明）线	20	20	规划新增
8	如东—南通—苏州—吴江—湖州线	251	227	规划新增
合计		803	747	

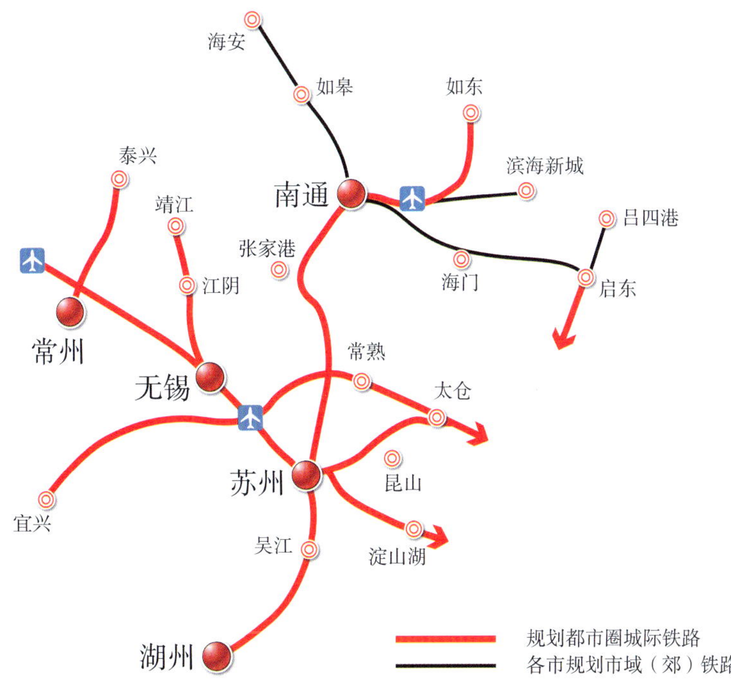

图12-2　苏锡常都市圈及周边地区城际铁路布局

4）规划效果

（1）网络规模

江苏沿江城际铁路网规划分为两个层次：区域城际铁路网与都市圈城际铁路网，区域城际铁路网由国铁干线兼顾城际功能线路和城际功能为主线路共同组成；都市圈城际铁路网由南京都市圈城际铁路网与苏锡常及其周边地区都市圈城际铁路网组成，总规模为3349km。

①区域城际铁路网：由15条铁路组成，沿江地区总规模2263km，本次新增南京至淮安铁路、宁扬宁马铁路、宁宣铁路3条城际铁路，沿江地区规划新增规模346km。

②都市圈城际铁路网：都市圈城际铁路网由16条城际铁路构成，总规模为1142km；其中南京都市圈城际网由8条城际铁路组成，线网规模为396km，本次新增南京—镇江—扬中线，新增规模80km；苏锡常及其周边地区都市圈城际铁路网由8条城际铁路构成，线网规模为747km，本次新增规模559km。

区域城际铁路网与都市圈城际铁路网覆盖了江苏沿江八市主要的城镇带及两大都市圈，规划期末，沿江地区铁路总里程达到5054km，其中，国铁及区域城际铁路里程3912km，都市圈城际铁路1142km，线网密度为9.8km/100km^2，人均铁路网密度1.0km/万人。

（2）覆盖水平

沿江地区县级及以上行政区实现了全覆盖，现有人口20万以上的城镇覆盖率达到95%，现有人口为5万以上的城镇覆盖率达到60%。

（3）时间效应

实现南京至省内设区市城市“1.5h高铁交通圈”，由南沿江、北沿江高铁，沪宁城际铁路构建高铁环线，促进中心城市高效一体，构筑“1h城际交通圈”，实现高速铁路设区市全覆盖。加密布局城际铁路，完善快速路网，打通中心城市与中小城镇交往通道，实现快速铁路县级以上节点城市全覆盖，形成“0.5～1h城市通勤圈”，并率先在宁镇扬、苏锡常等一体化先行区建成公交化城际铁路客运网。

12.1.2 长江三角洲地区多层次轨道交通规划

1）总体思路

为贯彻落实《长江三角洲区域一体化发展规划纲要》战略部署，紧扣一体化和高质量两个关键词，加快构建功能定位精准、规划布局合理、网络层次清晰、衔接一体高效的现代轨道交通系统，大幅提高路网覆盖广度、深度及轨道交通一体化、网络化水平，全面提升轨道交通运输服务品质，高起点、高标准、高水平打造轨道上的长三角，推动构建现代化综合交通运输体系，为推动区域一体化发展提供坚强支撑。

2）规划目标

到2025年，基本建成“轨道上的长三角”，形成干线铁路、城际铁路、市域（郊）铁路、城市轨道交通多层次、优衔接、高品质的轨道交通系统，长三角地区成为多层次轨道交通深度融合发展示范引领区，有效支撑基础设施互联互通和区域一体化发展。轨道交通总里程达到2.2万km以上，新增里程超过8000km，高速铁路通达地级以上城市，铁路联通全部城区常住人口20万以上的城市，轨道交通运输服务覆盖80%的城区常住人口5万以上的城镇。

（1）干线铁路营业里程约1.7万km，其中高速铁路约8000km，骨干通道能力全面提升，对外构成以上海、南京、杭州、合肥、宁波为枢纽节点，以“三纵三横”干线通道为主骨架，面向北、西、西南3个方向的放射状铁路网络，形成长三角与相邻城市群及省会城市3h区际交通圈。

（2）城际铁路营业里程约1500km，长三角地区相邻大城市间及上海、南京、杭州、合肥、宁波与周边城市形成1～1.5h城际交通圈。

（3）市域（郊）铁路营业里程约1000km，上海大都市圈以及南京、杭州、合肥、宁波都市圈形成0.5～1h通勤交通圈。

（4）城市轨道交通营业里程约3000km，上海、南京、杭州、合肥、宁波等城市轨道交通成网运行，一批城市建成城市轨道交通主骨架，城市轨道交通占公共交通出行比例不断提高。

（5）建成一批多种轨道交通一体衔接、高效换乘的综合交通枢纽，部分枢纽实现多种轨道交通方式贯通运营，新建枢纽基本实现同台或立体换乘，不同轨道交通系统最长换乘时间不超过5min，轨道交通站场与大型机场、公路客运站实现同站布局或快速直达，城市内重要枢纽间基本实现半小时通达。

（6）轨道交通市场化投融资改革迈上新台阶，不同轨道交通建设标准、规范、政策等顺畅衔接，一体化运营管理机制取得重大突破，轨道交通可持续发展能力和运输服务品质明显提高。

到2035年，建成高质量现代化轨道上的长三角，实现干线铁路、城际铁路、市域（郊）铁路、城市轨道交通设施布局一张网、枢纽衔接零换乘、运营服务品质优，长三角成为轨道交通网络化、一体化、智能化、绿色化发展的样板区，轨道交通全面引领推动区域一体化发展。

3）规划方案

把握多层次运输需求，统筹干线铁路、城际铁路、市域（郊）铁路、城市轨道交通规划布局和一体衔接，打造四网融合、覆盖充分、内畅外通的轨道交通网络。其中，干线铁路网依托国家铁路，主要服务中长途客货运输，兼顾城际功能；城际铁路网，主要服务区域节点城市之间及节点城市与邻近城市间的城际客流；市域（郊）铁路网，主要服务城市中心城区和周边城镇组团之间通勤客流；城市轨道交通网，主要服务城市中心城区通勤客流。

（1）干线铁路网

以强化战略支撑为重点，坚持高速与普速并重、新建与改造同步，加快贯通骨干通道，持续优化基础网络，构建“三纵三横”、多点放射的区域干线铁路网络，加强长三角与全国铁路网的衔接联通，进一步增强长三角区域辐射、带动、引领能力。

①构建多向通达高速铁路通道。面向北、西、西南三个方向，以国家“八纵八横”高铁通道中的沿海、京沪、京港（台）三个纵向通道，以及陆桥、沿江、沪昆三个横向通道为主骨架，加密客流旺盛、发展急需、财力支撑地区的路网，补强繁忙干线路段，对内紧密串联重要都市圈和节点城市，对外快速通达重点城市群和省会城市。北向以沿海、京沪、京港（台）3条高铁主通道为依托，加快贯通上海至南通铁路太仓至四团段等项目，规划建设南通经苏州嘉兴至宁波、南京至滁州至蚌埠、新沂至淮安等项目，多路径高铁直达京津冀、山东半岛等北向地区。西向以沿江、陆桥2条高铁主通道为依托，加快建设上海经苏州至湖州等铁路，规划建设沿江高铁上海至南京至合肥至武汉段、上海经乍浦至杭州等项目，实现与中原、关中、长江中游、成渝等西向地区互联、互通。西南向以沪昆、沿海、京港（台）3条高铁主通道为依托，加快建设南昌至景德镇至黄山、安庆至九江、杭州至绍兴至台州、杭州至温州等铁路，规划建设沿海高铁宁波至温州至福州段等项目，远期布局衢州至黄山、金华至台州等铁路，强化与粤港澳、福建、北部湾、滇中等西南向地区快速联系。

②全面拓展提升普速铁路网络。进一步完善普速铁路设施布局，加快填补路网空白，推进瓶颈路段、卡脖子路段扩能改造，鼓励升级改造既有普速铁路开行动车组，强化集装箱、重载等运输网络，打通以铁路为骨干的多式联运最后一公里，推动普速铁路设施能力和基础服务广泛覆盖。加快建设衢州至宁德、宁波至金华等铁路，规划建设三门峡至亳州至宿州、杭州湾货运铁路等项目。结合运输需求和既有线能力等，研究实施新沂至长兴、南京至芜湖等铁路扩能改造。积极推进铁路专用线建设，推动长江干线和沿海港口铁水联运设施联通，全面实现铁路干线与重要港口、大型工矿企业、物流园区等高效衔接。积极开行开好沿江货运班列，探索沿江等有条件的主要运输通道推行客货分线及双层集装箱通道建设。

（2）城际铁路网

以推进互联通达为重点，优化城际铁路规划布局，充分挖潜既有干线铁路城际功能，加快建设沪宁合、沪杭、宁杭、合杭甬等轴带城际铁路及区域连接线，构建轴带通达、节点辐射的城际铁路网络，强化上海、南京、杭州、合肥、宁波等主要节点城市之间及与周边城市的高效联通。

①轴带通达。依托轴带建设大能力城际运输通道，串接重要节点城市和沿线城镇。沪宁合轴，依托既有京沪高铁、京沪铁路、合宁铁路、宁启铁路、沪宁城际铁路、在建的南沿江城际铁路及规划建设的沿江高铁、镇江至马鞍山铁路等，规划建设苏州至无锡至常州等城际铁路，远期布局扬州至镇江等城际铁路。沪杭轴，依托既有沪昆铁路、沪杭高铁和在建的上海经苏州至湖州铁路，以及规划建设的上海经乍浦至杭州铁路等，规划建设上海至杭州等城际铁路，远期布局苏州至杭州等城际铁路。宁杭轴，依托既有宁杭高铁以及规划建设的宁杭二通道、盐城至湖州铁路等，远期布局镇江至杭州等城际铁路。合杭甬轴，依托既有商合杭铁路、

萧甬线、杭甬高铁和规划建设的杭州至临安至绩溪铁路，加快建设湖州至杭州西至杭黄铁路连接线等项目。

②节点辐射。以上海、南京、杭州、合肥、宁波为中心，有序推进城市群、都市圈城际铁路建设，强化中心城市紧密联系，打造 1 ～ 1.5h 城际交通圈。规划建设苏州经淀山湖至上海、合肥至池州、如东经南通苏州至湖州等城际铁路，积极支持客运需求旺盛、经济活跃度高的邻近大城市建设城际铁路，与干线铁路贯通衔接成网，扩大路网覆盖，提高服务品质。

（3）市域（郊）铁路网

以优化通勤供给为重点，突出市域（郊）铁路对都市圈主要功能区的支撑引导，串联 5 万人及以上的城镇组团和重要工业园区、旅游景点，打造中心城区与周边城镇组团间 0.5 ～ 1h 通勤网，引领上海大都市圈和南京、杭州、合肥、苏锡常、宁波都市圈同城化、一体化发展，促进大中小城市和小城镇布局优化。

①优先利用既有资源。全面放开改造既有铁路开行市域（郊）列车的项目实施条件，推广上海金山、宁波至余姚、诸暨至杭州东等市域（郊）铁路示范经验，鼓励通过优化运输组织、补强既有铁路、改扩建局部线路、改造站房站台、增建复线支线及联络线、增设车站等方式，充分挖掘和释放既有运能，公交化开行市域（郊）列车，提供便民、惠民、利民的便捷运输服务。

②有序推进新线建设。支持重点都市圈规划建设市域（郊）铁路，鼓励市域（郊）铁路与干线铁路、城际铁路、城市轨道交通多线多点换乘，推动具备条件的跨线直通运行。市域（郊）铁路可向具有同城化趋势、通勤需求较高的毗邻城市（镇）适当延伸覆盖。规划建设上海嘉闵线（含北延伸）、上海南汇支线、上海南枫线、金山至平湖、南京市域 18 号线、南京至马鞍山、句容至茅山、杭州至德清、杭州下沙至长安、宁波至象山、温州市域 S3 线一期、台州市域 S2 线调整、合肥新桥机场 S1 线、黄山市域旅游 T1 线一期等项目。支持杭州至海宁铁路延伸至文正街站。远期布局沪崇启、南京至和县二期、南京经乌衣至滁州、扬州经扬泰机场至泰州、徐州至萧县、徐州至贾汪、杭州至诸暨、绍兴至嵊州至新昌、金华至武义至永康至东阳、台州市域 S3 线、湖州至安吉、合肥至巢湖、合肥至庐江、黄山市域旅游 T2 线一期、马鞍山至郑蒲港等项目。

（4）城市轨道交通网

以强基提质增效为重点，统筹财力支撑和发展需要，因城施策，有序推进项目建设。聚焦服务城市中心区，发挥城市轨道交通绿色安全、便捷高效和大能力运输优势，提升运输服务品质和可持续发展能力。完善优化上海、南京、杭州等超大、特大城市轨道交通网络，推进合肥、宁波、苏州等城市轨道交通成网运行，有序推进无锡、常州、徐州等具备条件的城市轨道交通建设，加强城市轨道交通与城市重要交通枢纽高效衔接，强化城市轨道交通在现代大城市公共交通中的骨干作用。

（5）打造优衔接枢纽体系

强化枢纽与城市功能布局的协调，完善衔接不同层次轨道交通系统的枢纽功能及规划布局，推动轨道交通枢纽与机场、公路客站等其他交通方式枢纽规划建设、运营服务衔接协调，推进重要枢纽间 0.5h 互通直达，构建层次清晰、衔接高效的轨道交通枢纽体系，实现不同轨道交通系统功能协同、设施衔接、服务一体、深度融合。

Ⅰ型枢纽。以重点大型铁路客站和枢纽机场等城市内外交通汇聚集散的场站为载体，推动干线铁路、城际铁路、市域（郊）铁路、城市轨道交通至少“三网”及多条骨干轨道交通线路高效衔接、便捷换乘，力促枢纽内任意方式间换乘最长行走时间不超过 5min。总结借鉴上海虹桥枢纽经验，打造上海南站、南京南站、杭州东站、合肥南站等枢纽，推进新建枢纽内各种轨道交通统筹布局、协同建设、同步投产、一体服务，近期不具备同步实施条件的应做好规划或工程预留。

Ⅱ型枢纽。依托铁路主客站或城际客站等，紧密衔接干线铁路、城际铁路、市域（郊）铁路、城市轨道交通中的“三网”或多条骨干轨道交通线路，力促枢纽内任意方式间换乘最长行走时间不超过 3min。加快建设上海东站、南京北站、杭州西站、新合肥西站、苏州北站、嘉兴南站等枢纽，并为枢纽发展预留空间。优化枢纽内部功能布局和交通流线，有序推进衔接通道换乘改造为立体换乘，积极推动具备条件的轨道交通方式间同站台换乘。

Ⅲ型枢纽。以地级市铁路客站和中心城市重要公交场站为重点，高效衔接干线铁路、城际铁路、市域（郊）铁路、城市轨道交通中的“两网”，力促两种方式间行走 2min 内可完成换乘。推动南通站、温州南站、六安北站等枢纽建设，探索推进旅客接续换乘比重较高的不同轨道交通方式直通运营，支持不同轨道交通方式在不同层级枢纽上多点衔接换乘。强化枢纽与公交、慢行、停车系统接驳，提高集疏运能力和水平。

4）规划效果

以多种轨道交通多网融合带动综合交通一体化发展，依托信息技术革新加速轨道交通智能化升级，构建高水平互联互通基础设施体系，实现轨道交通对区域发展轴带和经济节点的强力锚固，支撑引领区域经济社会发展。

加强无缝化衔接。强化各种轨道交通系统在规划建设、运营管理、政策支持等方面深度对接、全面衔接，推进设施共建、资源共享。同一通道内做好线路走向、站点覆盖、建设时序、功能分工的协调，共同接入站点上强化线路制式、运力分配、运输组织、服务水平的衔接，拓展提升综合交通枢纽集散和辐射功能，以轨道交通一体化引领综合交通基础设施互联互通，强化综合交通系统性和协调性。

推进一体化服务。打破地域空间限制、行政区划束缚和行业管理分割，在各种轨道交通设施互联互通的基础上，推动信息互联、票务互认、安检互信、支付互容、管理互通，加快统一标识信息、信息平台、服务标准和评价体系，逐步实现一体运营、一体管理、一体服务。积极打造轨道上的长三角运输服务品牌，选择相关线路开展不同轨道交通系统贯通运营和一体化运输服务试点示范。大力发展多式联运和铁路现代物流。

加快智能化变革。加强新一代信息技术在轨道交通领域应用推广，加快5G、物联网、云计算、人工智能、区块链、大数据、北斗通信等技术与轨道交通深度融合发展，推动基础设施与运输工具的数字化、网络化，提升运营调度、运行控制智能化水平。实施既有轨道交通基础设施、管理控制系统的智能化升级，拓展手机等终端应用，推动运输组织方式和服务模式创新。

促进融合式发展。强化轨道交通对区域城镇空间有序拓展、人口合理分布、产业布局优化等方面的基础支撑和先行引领，加强轨道交通沿线及站点土地综合开发。优化配置、高效合理利用轨道交通站点枢纽、停车场、车辆段的地上、地下空间，统一规划、统筹建设、协同管理，打造轨道交通站城综合体，拓展轨道交通综合服务功能，推动站、城、产、人、文融合发展，提高整体效率和综合效益。鼓励地方和铁路企业依托轨道交通沿线和站点，打造一批具有特色的“轨道交通街道”“轨道交通微中心”和“轨道交通社区”，合理疏解超、特大城市非核心功能，打造内涵式轨道上的长三角。建立“轨道＋物业”机制，通过综合开发收益反哺轨道交通建设和运营，实现轨道交通与城市发展良性互动和多方共赢。

12.2 粤港澳大湾区

12.2.1 粤港澳大湾区城市群轨道交通网络化规划研究

建设粤港澳大湾区是习近平总书记亲自谋划、亲自部署、亲自推动的国家战略。粤港澳大湾区城市群为四极中的重要一极，是我国开放程度最高、经济活力最强的区域之一，在国家发展大局中具有重要战略地位。

为贯彻落实习近平总书记建设粤港澳大湾区重要批示精神，构建高质量综合立体交通网，推进粤港澳大湾区城市群、都市圈内部交通运输一体化发展，促进轨道交通多网融合、有序发展，加快“轨道上的粤港澳大湾区”目标的实现，特对粤港澳大湾区城市群轨道交通网络化规划开展研究。

1）发展特征

（1）现状特征

①经济社会

对比国内发展极：经济实力雄厚、人口聚集能力强，人均生产总值、人口密度是四大发展极之最。粤港澳大湾区以占全国0.6%的面积，承载了全国5.2%的人口，创造了全国生产总值的11.7%，承担了全国进出口总额的33.5%，经济体量大，是国家举足轻重的经济支撑区。人口密度1274人/km^2，是全国的8.8倍，人口高度聚集。

对标国际湾区：人口、面积居首，经济总量与东京湾区并列第一，人均生产总值较弱，发展潜力巨大。粤港澳大湾区面积和人口规模位居四大湾区（粤港澳大湾区、东京湾区、纽约湾区、旧金山湾区）首位；地区生产总值与东京湾区并列第一，均为 1.8 万亿美元；人口密度 1274 人 /km^2，低于东京湾区的 2708 人 /km^2，高于纽约湾区的 1102 人 /km^2 和旧金山湾区的 427 人 /km^2；但粤港澳大湾区人均生产总值低于其他三个国际一流湾区，因此粤港澳湾区仍具有巨大发展潜力。

②城镇化

粤港澳大湾区常住人口城镇化率从 2013 年的 83.8% 增长至 2019 年的 88.0%，成为我国城镇化水平最高的区域之一。粤港澳大湾区各市城镇化率如图 12-3 所示。

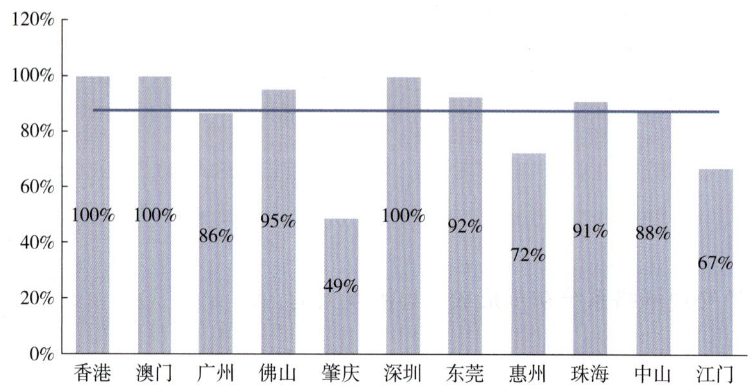

图 12-3　粤港澳大湾区各市城镇化率

大湾区对外吸引集聚能力强，是我国的门户枢纽，人口加速流向大湾区。粤港澳大湾区位于丝绸之路经济带和 21 世纪海上丝绸之路的交汇点上，是我国与海丝沿线国家海上往来距离最近的经济发达区域，是海上丝绸之路的重要发源地。粤港澳大湾区是我国人口吸纳最强的地区之一。2010—2020 年，珠三角九市常住人口增量 2183 万人，约占全国增量 7206 万人的 30%。

大湾区内部空间尺度紧、城镇分布密集，形成城镇连绵发展区。粤港澳大湾区城镇空间主要集中在以广州市为中心的 150km 半径范围内，特别是在以广佛、港深、澳珠为中心形成半径 100km 左右的城镇连绵发展区。如图 12-4 所示。

大湾区都市圈化与区域网络化并存。粤港澳大湾区产业和城市功能方面都已明显分工，广州门户城市特征明显，深圳经济中心城市特征突出，两中心城市间及与港、澳的联系强度大，同时珠江西岸地区发展潜力明显。粤港澳大湾区已成为多核心强联系的城市群。

③综合交通

综合交通运输体系完善。粤港澳大湾区是我国交通运输最发达的地区之一，铁路、公路、民航、水运在综合交通运输体系中相互协作、合理竞争，共同承担大湾区对外、内部客货运输。目前各市区内的干线铁路、城际铁路及城市轨道交通已初步成网，基本形成以广佛、深港为中心，各城市、重要城镇、重点客货集散点为节点，运输方式齐全、运输能力逐步提高的综合交通运输体系。世界级的机场群、港口群拓展了大湾区对外合作空间；高速公路成扇形向外辐射；国家“八纵八横”高速铁路主通道以及普速干线拓展了大湾区与内地的合作空间；珠三角城际铁路网已初具规模，大湾区内部主要节点间快速联系已初步建立。

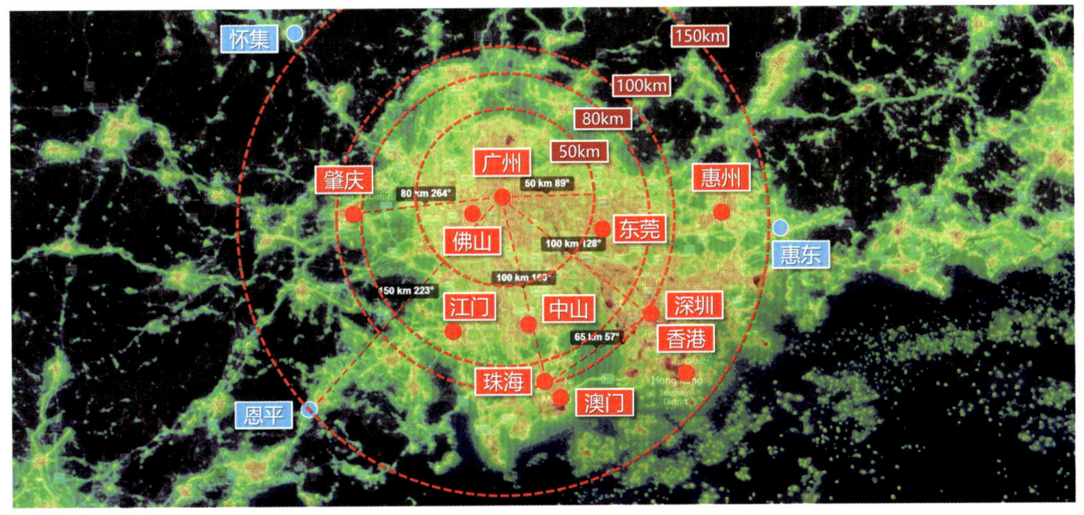

图 12-4 粤港澳大湾区城市群空间尺度示意图

多层次轨道交通网络系统初步形成。粤港澳大湾区已初步形成由高速铁路、城际铁路、普速铁路组成的多层次轨道交通网络系统，基本形成以广州为中心，联通广东省内粤东西北各区域，辐射华东、中南、西南地区的放射型路网格局。铁路通车总里程达 2098km，高铁里程 907km。城际铁路里程 508km。10 万人口以上的城镇覆盖率达到了 67.8%。

④运输需求

粤港澳大湾区铁路（含城际）客运量处于逐年上升趋势。大湾区铁路客运量 2015—2019 年增长率为 11.3%，预测 2019—2035 年铁路客运增长率为 8.5%。出行强度：大湾区铁路出行强度由 2015 年的 3.7 次，增长至 2019 年的 5.2 次，至 2035 年增长至 15.6 次，增长近 3 倍。如图 12-5、图 12-6 所示。

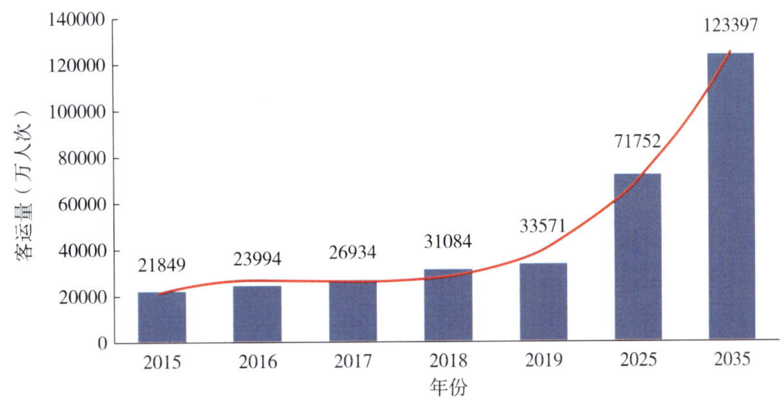

图 12-5 粤港澳大湾区铁路客运变化趋势

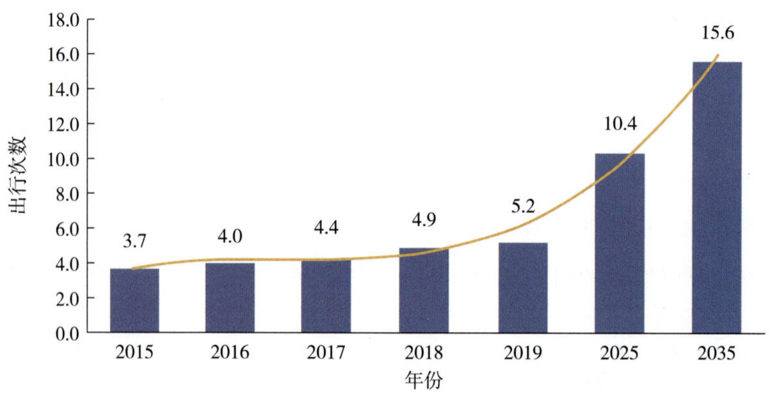

图 12-6 粤港澳大湾区人均铁路出行次数

内外出行比例：随着大湾区城际铁路网的完善，现状内部铁路客运量逐年上升，至 2019 年占比达到了 53.2%；预测 2035 年内部出行量占比将进一步提升至 70%。

粤港澳大湾区对内客流高频次、多中心网络化。出行量及强度：大湾区内部铁路客运量 2015—2019 年年均增长 16.7%。研究年度年均增长 10.4%，出行强度是现状 4 倍左右。如图 12-7、图 12-8 所示。

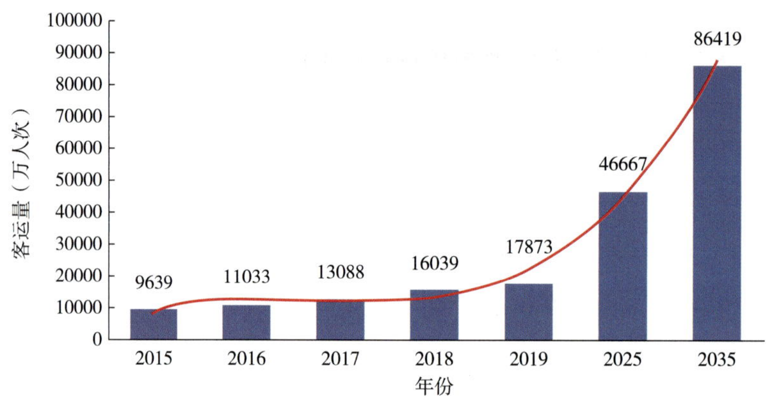

图 12-7 粤港澳大湾区内部铁路客运变化趋势

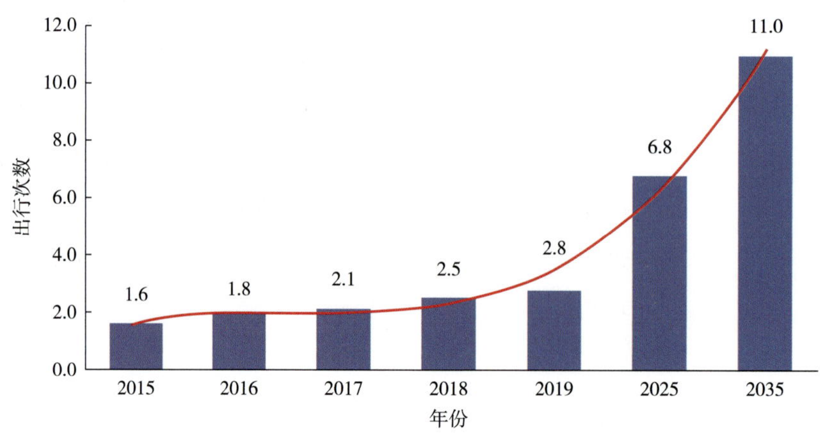

图 12-8 粤港澳大湾区内部铁路出行次数变化趋势

出行分布：以广佛、深港、珠澳三大发展极为中心，形成空间尺度 100km 内三极三轴紧密网络化格局，同时以三极三轴为中心对周边放射。广州、深圳都市圈 50km 通勤圈，在 100km 内主轴紧密圈层内实现联通，城际客流与通勤客流叠加。

（2）发展规划

规划构建极点带动、轴带支撑网络化空间格局。①极点带动：发挥香港—深圳、广州—佛山、澳门—珠海强强联合的引领带动作用，深化港深、澳珠合作，加快广佛同城化建设，提升整体实力和全球影响力，引领粤港澳大湾区深度参与国际合作。②轴带支撑：依托以高速铁路、城际铁路和高等级公路为主体的快速交通网络与港口群和机场群，构建区域经济发展轴带，形成主要城市间高效连接的网络化空间格局。粤港澳大湾区网络化空间格局如图 12-9 所示。

（3）存在问题

对外铁路通道联系需要进一步加强。粤港澳大湾区与部分相邻城市群出行时空距离长、部分线路能力紧张；粤港澳大湾区与粤东、西之间铁路标准不高。

对内路网布局不均衡不充分。湾区西翼铁路建设相对滞后，尤其是广珠澳轴内缺乏高速铁路；跨珠江轴内暂无直接联通的铁路，珠海、中山至东莞、深圳需绕行广州；广佛、深港、澳珠三大发展极服务水平差异明显，既有铁路资源过于集中。

未能形成高效衔接轨道交通网络。城际铁路网络效应不足，不利于城际铁路交通网络化运营；较多的车站远离城镇中心，短期客流吸引能力低；原有珠三角城际铁路运营、票务、信息服务不利于城际功能的发挥；多层次轨道交通一体化运营尚未形成，大湾区核心城市间的出行时长与规划目标尚有差距。

2）轨道交通发展战略

（1）功能层次

依据大湾区空间、需求、供给特征，对于轨道交通供给服务功能存在不同要求：①全国国土空间下，客运需要提供速度在 250km/h 以上的高速铁路服务，满足 3 ～ 6h 的对外交流圈出行；②城市群空间下，需要提供速度在 160 ～ 250km/h 城际铁路服务，满足 1 ～ 3h 城际交流圈出行；③都市圈中心至外围的通勤圈空间下，需要提供速度 100 ～ 160km/h 的市域（郊）铁路服务，满足都市圈 1h 的通勤交流圈出行；④都市圈主城区通勤圈层，需要提供速度 80 ～ 100km/h 的城市轨道交通服务，满足 0.5 ～ 1h 日常通勤生活出行。粤港澳大湾区城市群不同空间、不同需求下轨道交通供给需要明确各自功能定位，为“一体化融合发展”提供基础。粤港澳大湾区轨道交通功能层次情况见表 12-4。

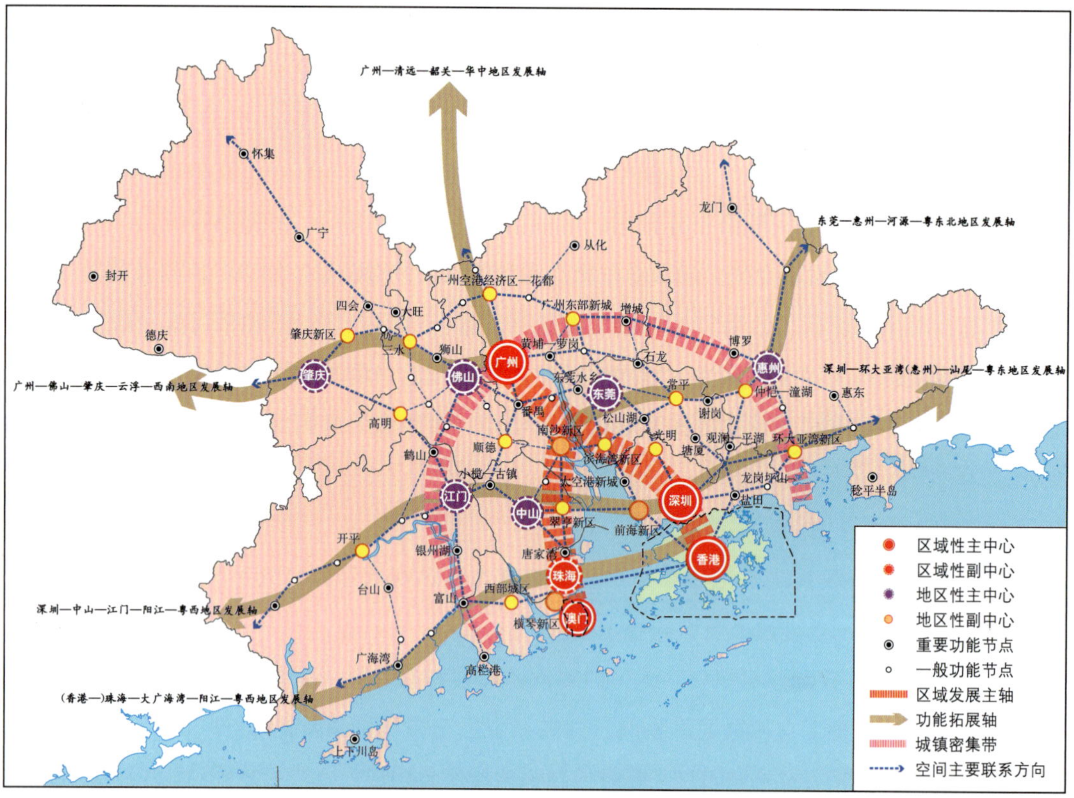

图 12-9　粤港澳大湾区网络化空间格局示意图

粤港澳大湾区轨道交通功能层次情况　　表 12-4

空间圈层	需求特征		对轨道交通系统的要求					
	空间尺度（km）	出行目的排序	时空要求	串联要求	舒适度要求	票价敏感性	频率要求
国家层次	＞150	商务公务、其他、生活	相邻半日可达	城市到城市	高	低	低
粤港澳大湾区层次	50～150	商务公务、生活、其他	1h	市区到市区	高	低	较低
都市圈层次	30～50	通勤、商务公务、生活	1h	片区到片区	较低	较高	较高
主城通勤圈层次	＜30	通勤、生活、商务公务	1h	门到门	低	高	高

（2）规划思路

本次规划研究思路做好“四个坚持”：一是坚持轨道交通规划建设与城市群发展阶段相匹配。加强对外铁路通道，巩固提升国家发展战略引领；进一步完善对内多层次轨道交通网络，支撑引领大湾区城市群空间一体化发展水平。二是坚持按照功能定位、技术经济性特征分层布局，形成干线铁路、城际铁路、市域（郊）铁路、城市轨道交通“四张网”。三是坚持稳定高速铁路网、依托城市轨道交通网布局城际铁路网。从建设粤港澳大湾区国际一流湾区和世界级城市群为目标，构建与“极点带动、轴带支撑”空间格局相适应的铁路网络布局，统筹高铁通道、都市圈市域（郊）铁路及城市轨道交通，布局形成粤港澳大湾区城市群城际铁路网，支撑高质量、一体化发展。四是坚持合理布局枢纽节点融合四张网。规划突出枢纽一体化理念，即构建综合交通枢纽节点为锚固点融合多层次网络。

（3）规划目标

①规模目标。规划至2035年城际总规模约4800km，其中利用干线铁路开行城际列车的线路约2500km和新建城际铁路2315km。

②覆盖目标。利用高速铁路、城际铁路开行城际列车，构建区域城际网，区域内县级以上城市全覆盖，10万人口城镇基本全覆盖。

③时空目标。大湾区至相邻省会城市3h通达；大湾区至省内地级城市2h内通达；大湾区主要城市间主要节点1h内通达。

④结构目标。2035年城市群内城际铁路出行占比达30%以上。

3）轨道交通规划方案

（1）网络布局

①网络化供给特征

本次研究按照“空间、需求、供给”的思想，以空间定层次、以需求布网络、以功能谋供给、以服务促融合。

高铁网对外强辐射、对内高集聚。粤港澳大湾区是国家四大增长极之一，辐射聚集力强，对外应构建四向拓展高速铁路网络化通道，高速对接国家增长极；对内支撑大湾区内三大发展极点和发展主轴，构建三极三轴高速铁路骨架网。

城际铁路多中心网络化。以广佛、深港、珠澳三大极点为中心，打造多中心网络化城际铁路，支撑城市群网络化格局。大湾区城际铁路网络化兼顾部分都市圈跨区通勤，城际铁路与市域（郊）铁路存在融合条件。

构建大湾区多层次轨道交通体系。①高速铁路：国土层次150km以上，250km/h以上，服务中长距离出行。②城际、市域（郊）铁路（大湾区尺度内存在物理叠加）：城市群50～100km、都市圈30～50km尺度，速度120～200km/h，服务中短途商务、通勤出行。③城市轨道交通：主城区30km以内，速度120km/h以内，服务短途商务、通勤、生活出行。

②网络形态

围绕“三极三主轴、六发展轴带”多中心网络化空间，按照“极轴放射”的布局理念，构建“三轴线两网络”城际铁路网。其中：三轴，在广佛、深港、珠澳（江中珠澳）三大发展极之间构建三条“极轴”；两网络，在三条轴线的基础上，增加“放射”线路，构建广州、深圳为中心与周边城市快速通达的放射性区域城际网络。

本次研究粤港澳大湾区城际铁路规划方案规模合计4788km，其中利用线路里程合计

2473km，含既有 907km，在建 568km，规划 998km；城际铁路里程合计 2315km，含既有 476km，在建 295km，规划 1544km。具体规划示意如图 12-10 所示。

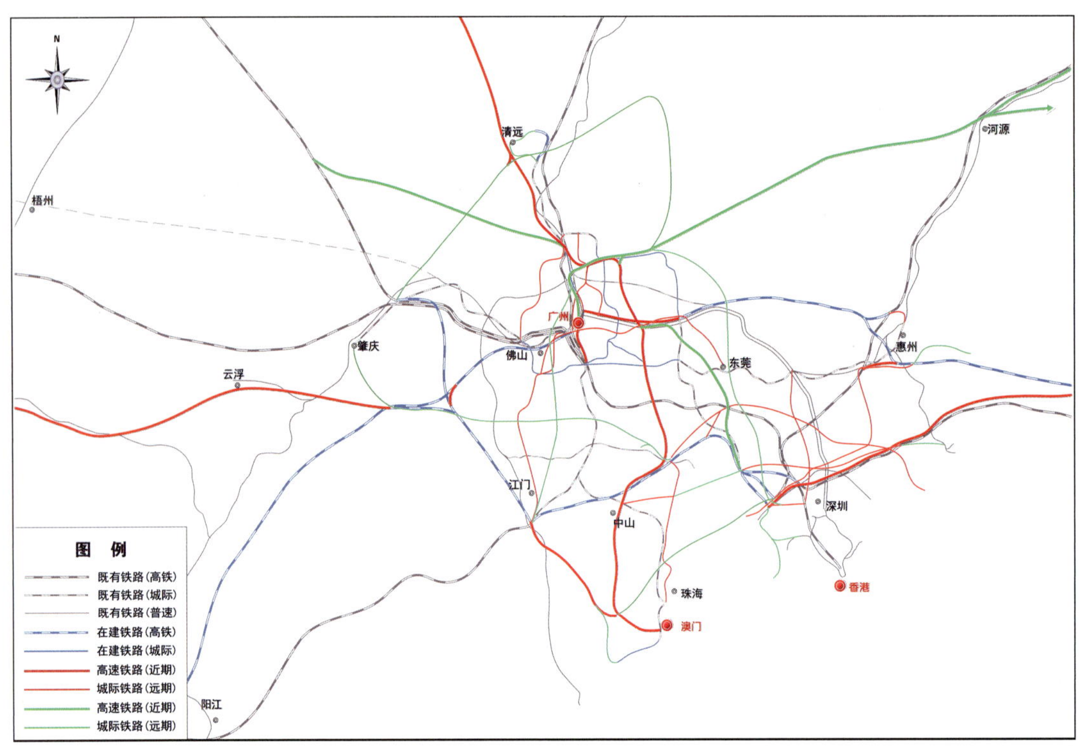

图 12-10 粤港澳大湾区城市群轨道交通网络化规划示意图

（2）节点布局

粤港澳大湾区城镇节点打造形成多中心网络化格局。在高铁与城际铁路换乘节点层面，除既有及在建的广州站、广州南站等 17 座节点车站外，规划形成广州东站、南沙站、深圳北站、西丽站等 21 座节点车站，规划年度内节点车站将增至 39 座。其中，广州站、广州南站、广州北站、新塘站、佛山西站、高明站、东莞中心站 7 座车站可实现铁路干线与城际铁路间的互通，其余 32 座车站均以换乘方式相衔接。其中，国家级节点共计 29 个。如图 12-11 所示。

4）规划效果

（1）近远期实施方案

2025 年实施方案。高速铁路："十四五"期间续建规模 568km；新建深汕高铁等 8 个项目，湾区内里程 604km，湾区内投资 2228 亿元。城际铁路："十四五"期间续建规模 295km；新建中南虎城际等 14 项目，湾区内里程 785km，湾区内投资 4475 亿元。

2035 年实施方案。高速铁路：新建广河高铁等 3 个项目，湾区内里程 394km，湾区内投资 969 亿元。城际铁路：新建肇顺南城际等 10 项目，湾区内里程 759km，湾区内投资 2539 亿元。

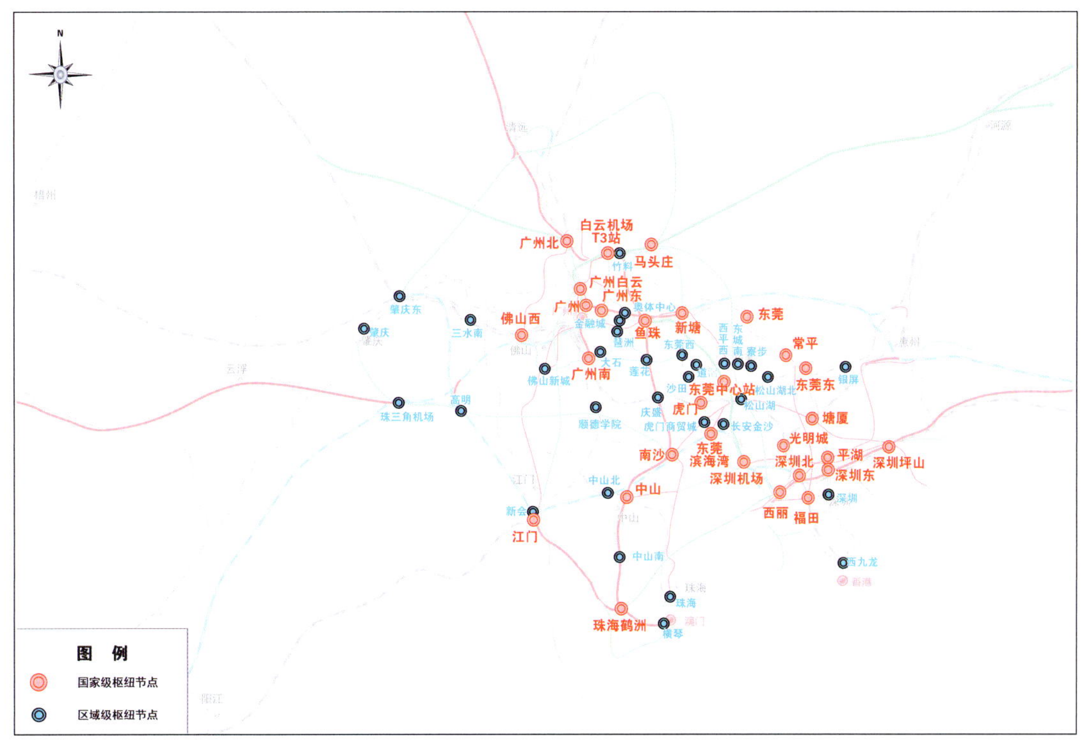

图 12-11 粤港澳大湾区城市群轨道交通网络化节点布局示意图

（2）规划实施效果

规划实施后，将实现粤港澳大湾区高速铁路、城际铁路、城市轨道交通等多种轨道交通网络融合发展、高效衔接，实现“轨道上的大湾区”，支撑粤港澳大湾区建设国际一流湾区和世界级城市群。

路网通达明显增强，构建大湾区内外 1 ～ 3h 通达圈。如图 12-12 所示。

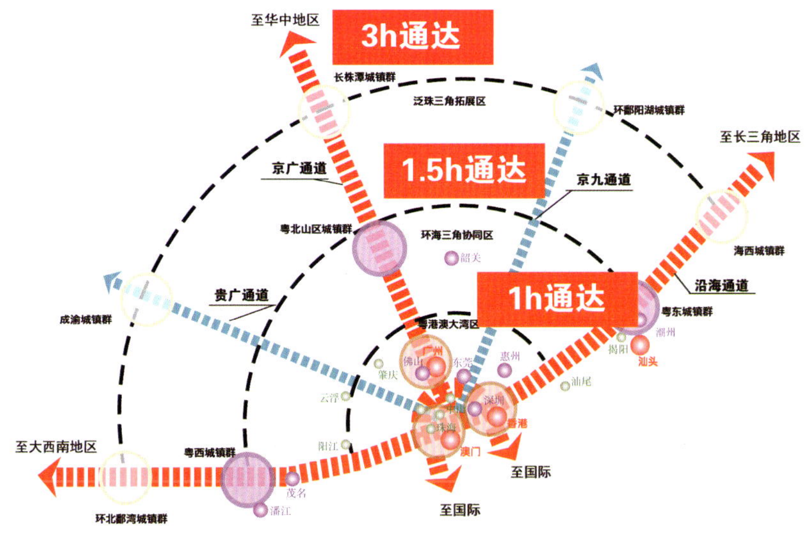

图 12-12 粤港澳大湾区多层次轨道交通通达效果示意图

路网覆盖不断提升。2035 年规划路网形成后，粤港澳大湾区高速铁路实现对地级以上城市 100% 覆盖，以及 50 万人口及以上城市 100% 覆盖，20 万人口以上城市 100% 高铁或城际铁路覆盖，10 万人以上城市节点高铁或城际铁路覆盖将达到 80% 以上。

多网融合便捷服务。按照便捷衔接、“零距离”换乘的多层次轨道交通一体化融合理念，在粤港澳大湾区城市群内规划形成 39 个枢纽节点，为粤港澳大湾区城市群旅客提供便捷出行服务。

12.2.2 广州都市圈轨道交通网络化发展规划研究

《中华人民共和国国民经济和社会第十四个五年规划和 2035 年远景目标纲要》提出“加快城市群和都市圈轨道交通网络化”。《国家综合立体交通网规划纲要》提出“构建高质量综合立体交通网，推进城市群、都市圈内部交通运输一体化发展”。打造广州大都市区，借鉴国际大都市区发展经验，广州市与周边城市深度融合发展的关键支撑之一是打造“多层次、多模式”的轨道交通体系。其国铁网、城际铁路网、城市轨道交通网已逐步完善，但从全域覆盖、多方式辐射等方面分析，市域（郊）铁路层次还存在不足，轨道线网的层次还不完善，是广州都市圈交通网络发展的短板，是本次研究的重点内容。

1）发展特征

（1）现状特征

①经济社会

区位优势显著，战略位置关键。广州都市圈以广州市为核心引领，处于海上丝绸之路所包含的“东边连接亚太经济圈，西边进入欧洲经济圈”之“两个圈”的接合部，是中国实施“一带一路”倡议的重要支点，一直保持着长盛不衰的国际影响力。2019 年，广州社会消费品零售总额达到 411649 亿元，商品进出口总额达到 9996 亿元，常年位居福布斯中国最佳商业城市榜榜首。广州及周边城市生产总值情况如图 12-13 所示。

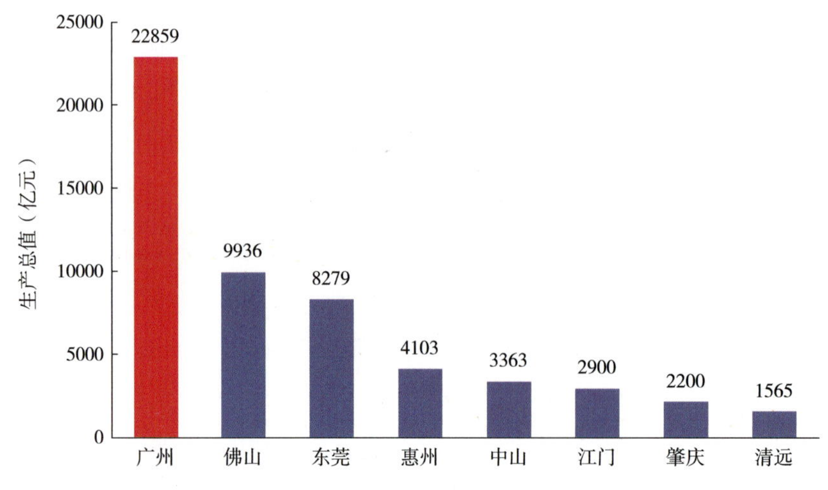

图 12-13　广州及周边城市生产总值

社会经济实力雄厚，城市一体化发展。广州都市圈生产总值占全省的1/3以上，人均生产总值是全省的1.2倍，其极强的社会经济实力，具有带动周边、引领全省，辐射、影响华中、西南的能量。广州正结合粤港澳大湾区城市群建设，协调周边城市，深入推进同城化、一体化发展，打造广州都市圈，建设成为具有国际影响和竞争力的全球城市。广州都市圈空间尺度如图12-14所示。

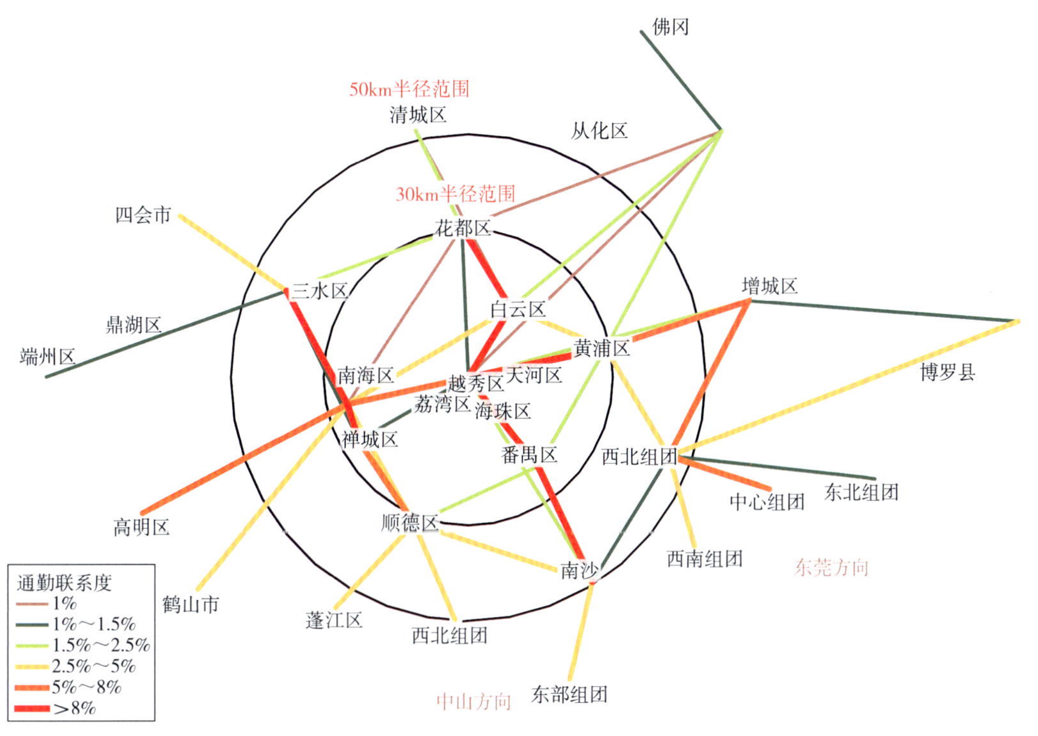

图12-14 广州都市圈空间尺度示意图

②城镇化

广州都市圈常住人口城镇化率为75.3%，其中广州市城镇化率达到86.4%，具有较高的城镇化水平。广州都市圈同城化程度已处于较高水平，城市间跨城通勤需求强烈。广州与毗邻佛山、东莞、中山、清远等城市间每日出行总量超500万人次，占比总对外出行约70%。广州跨城通勤最大的广佛间每日高达163万人次，相对少的广清间通勤量每日亦有10万人次。

③综合交通

国铁路网建设取得长足发展，铁路发展步入高铁时代。路网密度是全国平均水平的3.1倍，高铁衔接9条铁路沟通各个方向，实现了与各省会城市之间的铁路连通，在广州都市圈对外交流之中扮演重要角色，对支撑广州市社会经济发展中具有重要作用。

城际铁路逐步开通，发挥了极强意义。城际铁路的开通使广州都市圈至大湾区珠澳增长极的时空距离大大缩短，加强了广佛地区与深港江中珠澳地区的经济联系。

城市轨道交通在公交出行中地位愈加显著。以广州市为例，最新居民出行调查结果显示，在出行量方面，全市公交出行量占机动化出行总量的48.7%；其中，城市轨道交通出行量占公交出行总量的43.7%。

公路、航空等交通功能日益加强。公路重大枢纽发展迅速，承担着对外辐射和对内衔接的双重任务；2019年白云机场晋升至世界“七千万级机场俱乐部”行列，旅客吞吐量达到7338.6万人次，排名全球11位。

④运输需求

从出行量来看，广州与周边城市交流密切，主城区与外围间出行需求旺盛。现状广州与毗邻城市的交流239万人次/d，占对外客流的66.2%。主城区与外围及外围之间的客流1890万人次/d，占全市出行量的45%。规划年度远期广州与毗邻城市的交流为527万人次/d，占对外客流的69%，增幅115%。主城区与外围及外围之间的客流占比由45%增至53%，达到3287万人次/d。

从通勤客流来看，广州人口外溢明显，对外通勤大幅增加。通勤占对外出行比例由现状的22%提高至29%。其中，广佛之间日均通勤出行163万人次，占两地出行总量的50%；广州与东莞通勤出行约38万人次/d，占两地出行总量的39%；广州与清远通勤出行约10.1万人次/d，占两地出行总量的25%；广州与中山通勤出行约11.2万人次/d，占两地出行总量的28%。

从客流走廊布局来看，广州都市圈客流出行廊道呈现以广州为中心的网络化发展态势（图12-15、图12-16）。现状出行呈现“十字主轴”的放射形态，南北向为花都（空港）—白云—主城区—番禺—（南沙），东西向为（佛山）—主城区—黄埔—增城。规划年度出行分布由“单中心”逐步向“多中心＋网络化”过渡，走廊形态由“十字主轴”放射形态转变为“十字主轴＋网络拓展加强”。十字主轴为南北向清远—花都—主城—番禺—南沙，东西向为佛山—主城—黄埔—增城；网络拓展加强包括东北向以知识城为节点向从化、增城方向拓展加强，东南向以新塘为节点向东莞拓展，南向以南沙为节点向东莞、顺德、中山方向拓展；外围轴形成花都—空港—知识城—增城。

（2）发展规划

广州都市圈重点打造广州主城区与南沙副中心“一核一极”，发挥广州国际大都市的核心功能，提升作为粤港澳大湾区区域发展核心引擎的功能；外围组团、新型城镇、重要功能区“多点支撑”，承接主城区人口和功能疏解、产业转移，形成城市新的发展动力源和增长极。广州都市圈空间结构如图12-17所示。

从发展结构来看，空间拓展形态呈现如下特征：①主城区的核心功能持续加强，南沙副中心的聚集功能大幅提升，外围组团、新型城镇、重要功能区的承载力扩大，周边城市融合程度加强。②拓展形态总体呈现“一纵一横”主骨架、“多向放射”指状拓展、“编织成网”外围串联的网络型。

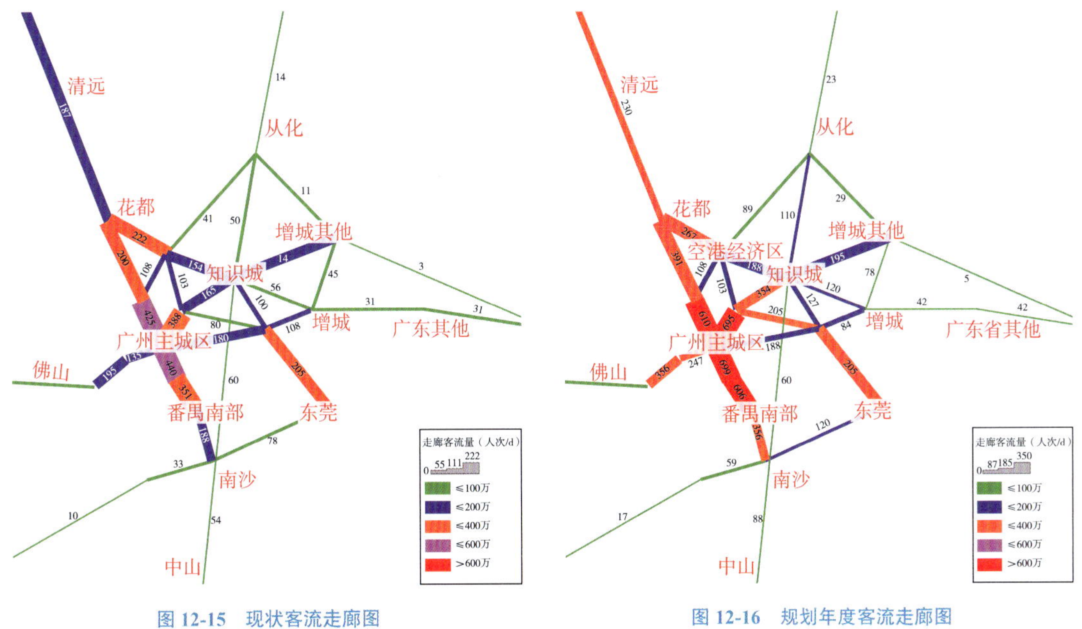

图 12-15　现状客流走廊图

图 12-16　规划年度客流走廊图

（3）存在问题

①多层次轨道交通网络结构不尽合理。类比国际大都市，广州都市圈规划年度每日进出主城核心区的出行量与东京现状相当，高于巴黎现状，外围轨道覆盖水平远低于东京、巴黎，广州都市圈规划年度每日 526 万人进入主城核心区，东京现状每日 545 万人进入主城核心区，巴黎现状每日 194 万人进入主城核心区，因此广州都市圈亟需加强外围通勤圈层轨道交通体系覆盖规模。

②城市轨道交通无序蔓延。从覆盖范围来看，广州都市圈城市轨道交通快线主要服务于 30km 范围内；从标准及时效来看，大部分地铁线路技术标准为 80 ～ 120km 之间；就主城区与外围城区的联系来看，4 号线全程 60min、14 号线全程 69min、21 号线全程 60min，时效偏低，对都市圈的通勤联系支撑力有限。

2）轨道交通发展战略

（1）功能层次

根据国际经验，广州都市圈目前正面临空间体系重塑，对轨道交通体系的支撑提出了新的要求，要求重新构建轨道交通体系。广州都市圈空间分为主城通勤圈、市域（郊）通勤圈、大湾区城际交通圈、大湾区对外交流圈，基于各圈层的空间尺度、需求特征等对轨道交通体系供给存在各自要求。按照需求特征及要求，广州都市圈轨道交通体系划分为干线铁路、城际铁路、市域（郊）铁路、城市轨道交通（分为普线、快线），区域内按各个层次网络打造“1h”交通圈，服务不同的空间圈层及客流对象，市域（郊）铁路主要服务于广州都市圈层次，提供通勤化、公交化服务。如图 12-18 所示。

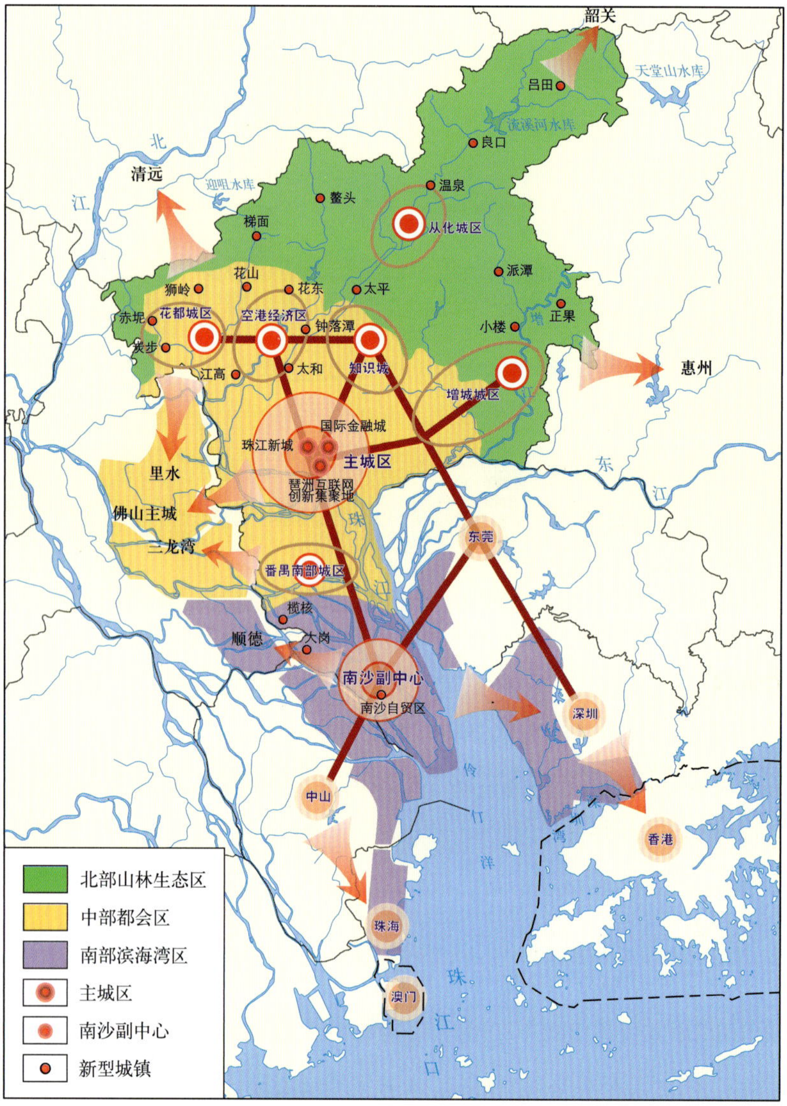

图 12-17　广州都市圈空间结构示意图

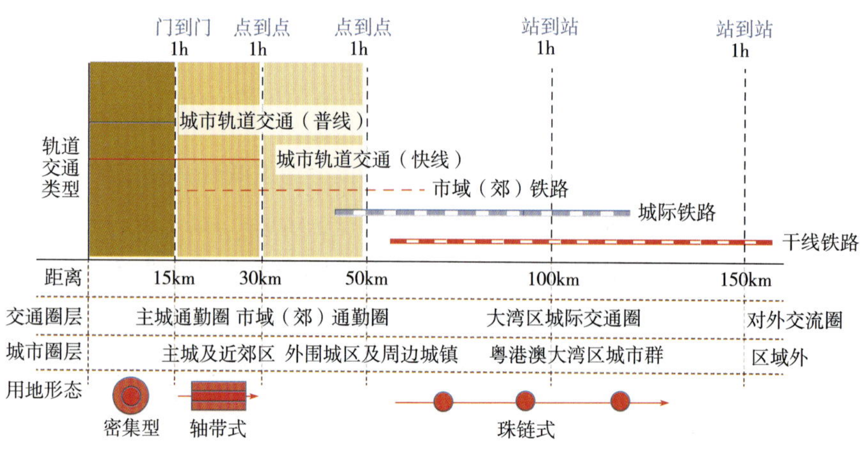

图 12-18　广州轨道交通系统层次划分示意图

（2）规划思路

按照“支撑空间、满足需求，利用既有、规划新线，融合现有、提升效率，近远结合、适当展望”的总体思路，规划结合广州都市圈铁路资源情况、空间格局及客流出行特征，基于利用既有铁路富余能力开行市域列车研究之后，提出新建市域（郊）铁路方案，满足广州主城区与外围城（镇）的 1h 都市圈通勤联系。

（3）规划目标

规模目标。规划年度市域线网总体规模 750km 以上，其中利用铁路 150km 以上，新建市域（郊）铁路 600km 以上。

覆盖目标。基本实现 5 万人口以上大部分城镇轨道交通站点覆盖，促进城乡统筹协调发展。

时空目标。外围城镇与主城区之间 0.5 ～ 1h 到达；周边城镇与广州主城区之间 0.5 ～ 1h 到达。

结构目标。都市圈内轨道交通客流占全方式客流的比例 40%；市域客流占轨道交通全网客流的比例 30%。

3）轨道交通规划方案

（1）网络布局

①网络化供给特征

综合广州都市圈空间结构、城镇结构、产业分布特征、综合交通布局特征，规划确定的广州市域（郊）铁路规划新建线路网络格局为：

a. 十字主轴：城市整体呈南北狭长形态，城市拓展自然呈东西走向，纵穿南北、横贯东西中轴支撑城市发展主骨架。

b. 四象放射：实现主城区与外围联系全象限覆盖，助力城市多中心拓展，培育新兴发展极。

c. 外围加强：增强外围重要城区间联系，支撑构建枢纽型网络空间格局。

结合城市发展、客流需求、相关网络规划建设情况分析，外围加强轴线应作为远景展望发展轴线，规划年度线路布设主要针对“十字主轴、四象放射”轴线进行了研究，远景展望外围编织加强成网。

②网络形态

a. 利用既有铁路开行市域（郊）列车方案。

广州都市圈既有铁路资源丰富，充分利用既有高速铁路富余能力适当增开少量短途列车，缓解广州都市圈出行日益增长带来的压力，重点解决高峰服务频率和旅客出行问题。东北外绕线。开行广州北至新塘近期 12 对，远期 15 对；广州北至新塘近期 4 对，远期 5 对。南沙港铁路。开行南沙港至鹤山近期 35 对，远期 45 对。

经研究，东北外绕线、南沙港铁路均有能力开行一定数量的市郊列车，而且投资少、见效快，可以作为公共交通系统的重要补充。但是覆盖节点及其重要性有限，可以承担客流量不大，开行列车对数有限，服务频率偏低，影响客流吸引力及开行效果。故应针对新建市域（郊）铁路进行深入研究。

b. 新线规划方案。

规划形成“十字主轴锚固、四象多点放射”的新建市域（郊）铁路网，由 9 条线路组成，线网总规模 799.91km。

广州都市圈市域（郊）铁路网络化布局方案见表 12-5。广州都市圈轨道交通网络规划示意如图 12-19 所示。

广州都市圈市域（郊）铁路网络化布局方案　表 12-5

线网构架	项　目	速度目标值（km/h）	里程（km）	投资（亿元）	制式	状态	备注（利用既有及规划的铁路等）
十字主轴	S1（南北快线）	160	172.39	894	铁路	广州东至南沙段在建	在建地铁 18 号线延伸
	S3（东西快线）	160	149.32	808	铁路	规划	新建
四象放射	S2（穗莞快线）	160	76.76	444	铁路	芳村至番禺广场段在建	在建地铁 22 号线延伸
	S4（空铁快线）	160	53.93	343	铁路	规划	新建
	S5（广从快线）	160	101.7	477	铁路	规划	新建
	S6（广顺快线）	160	47.88	266	铁路	规划	新建
	4 号线	90	60.03	—	轨道	既有	—
	14 号线	120	76.3	—	轨道	既有	—
	21 号线	120	61.6	—	轨道	既有	—
利用既有铁路	利用东北外绕线开行市郊列车	120	88	12	铁路	规划	利用既有铁路
	利用南沙港铁路开行市郊列车	120	80	21	铁路	规划	利用既有铁路
合计			967.91	3265	—		
利用既有			168	33	利用既有铁路		
新建市域（郊）铁路			601.98	3232	采用铁路制式新建的市域（郊）铁路		
市域快线			197.93	—	采用城市轨道交通制式，含既有和新建		

（2）节点布局

规划广州都市圈市域（郊）铁路“十字主轴，四象放射”的各线引入了重要枢纽节点，广州铁路枢纽“五主四辅”客运站广州站、广州东站、广州南站、白云（棠溪）站、佛山西站、广州北站、新塘站、南沙站、鱼珠站等 9 座车站均有规划市域（郊）铁路引入，其余衔接点还有庆盛站等车站，共同构成了市域（郊）铁路与城际铁路及国铁的衔接节点；同时，市域（郊）铁路还与城市轨道交通形成了多个衔接节点。如图 12-20 所示。

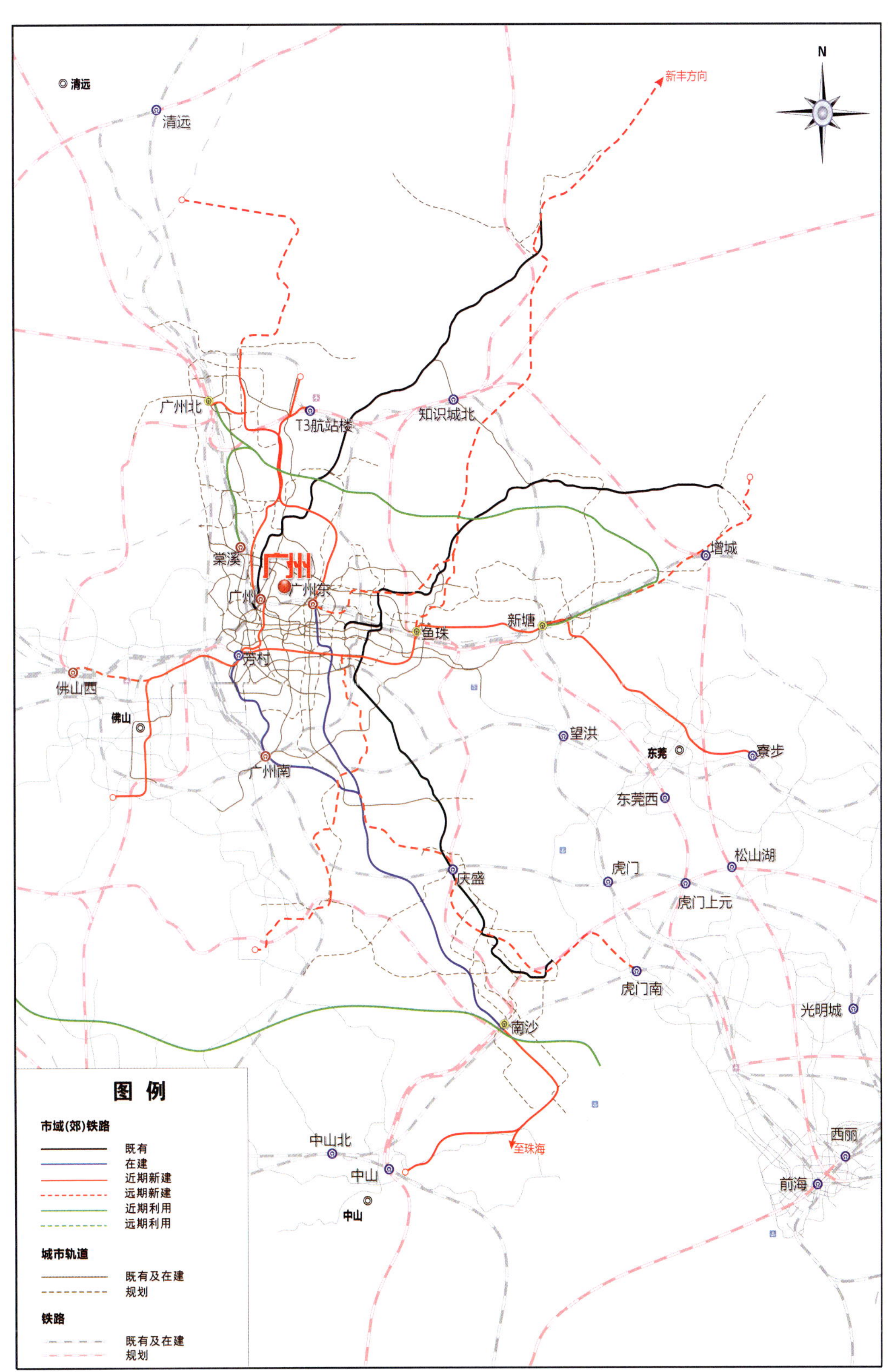

图 12-19　广州都市圈轨道交通网络规划示意图

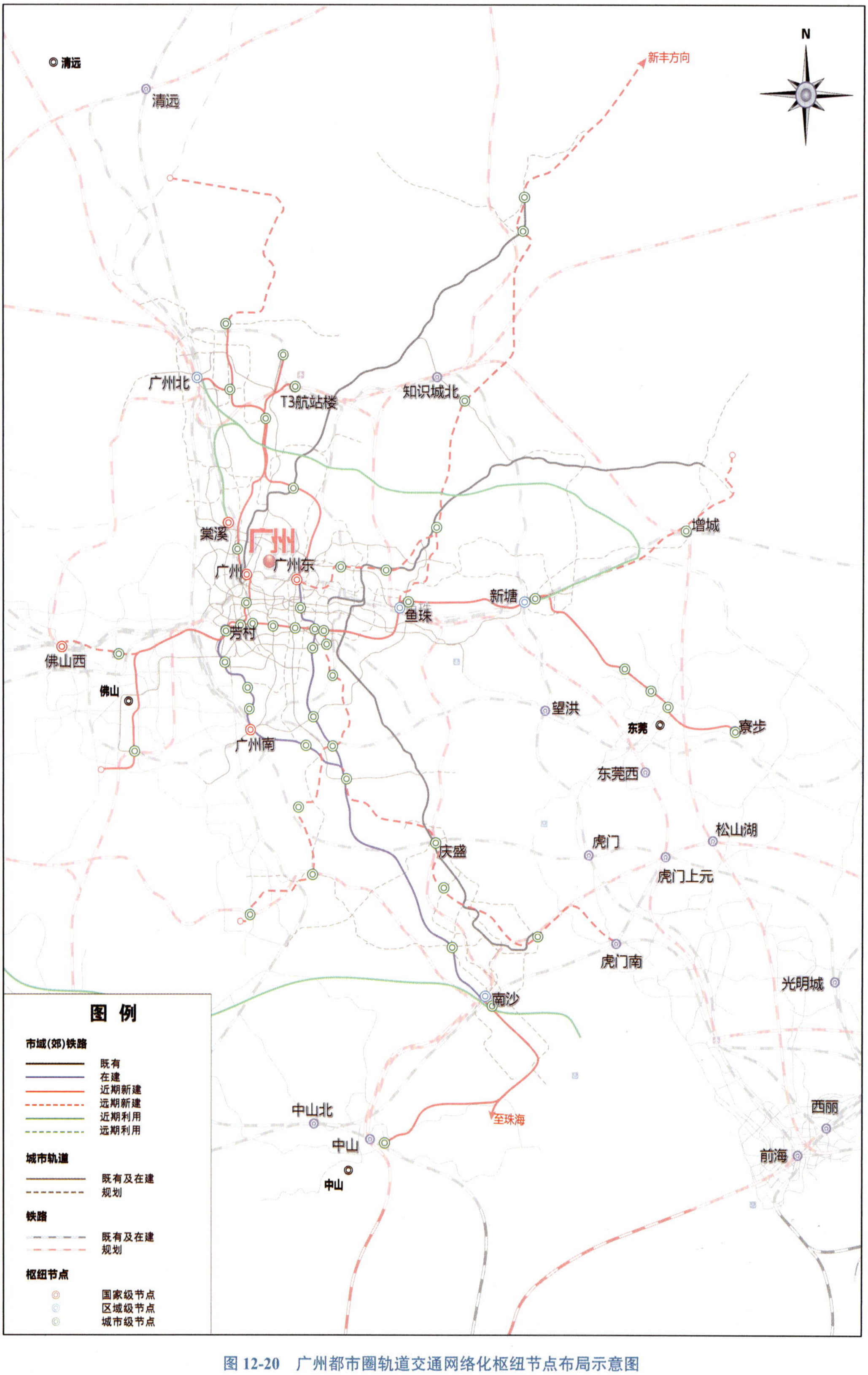

图 12-20　广州都市圈轨道交通网络化枢纽节点布局示意图

4）规划效果

（1）近远期实施方案

①近期实施

在建项目：S1 线南北快线广州东至南沙段 60.903km、S2 线穗莞快线芳村至番禺广场段 29.415km 分别作为地铁 18 号线、22 号线纳入《广州市城市轨道交通第三期建设规划（2017—2023 年）》，总里程 90.318km，全部位于广州境内。

“十四五”期间项目推荐按十字主轴建设。建设 S1 线南北快线南沙至中山段 32km、广州东至机场 38km；S3 东西快线佛山西至新塘段 83km，并由新塘向东莞延伸 33km。加强重要战略枢纽与主城的联系，建设 S5 线广从快线广州东（鱼珠高铁站）至知识城段 51km，S4 线空铁快线天贵至广州南段 59km。

② 2035 年实施方案

继续加强主轴建设，持续完善放射线路推进，建设 S3 线新塘至增城段、S4 空铁快线清远延伸段、S2 广莞快线番禺广场至南沙客运港至东莞延伸段、S5 广从快线知识城至从化段、S6 广顺快线，项目总规模 180km。

（2）规划实施效果

网络结构。规划实施后，将实现广州都市圈高速铁路、城际铁路、城市轨道交通等多种轨道网络融合发展、高效衔接，实现“轨道上的都市圈”，支撑广州建设全球城市，提升广州都市圈全球资源配置能级。

空间支撑。网络贯穿了都市圈城镇发展的东西、南北主轴，串联了整个都市圈城镇空间发展的核心地区，空间规划中明确的市级中心、区级中心、接壤的城市中心，基本上均有轨道交通服务，支撑空间发展战略。

功能覆盖。基本实现了重要功能点轨道网络覆盖，都市圈核心有两横一纵 3 条快速轨道贯穿，南沙极核有纵向 3 条轨道通达，外围组团均有 1 ～ 2 条市域（郊）铁路覆盖，周边佛山、中山、东莞、清远也均有 1 ～ 2 条轨道联系。

出行时效。轨道出行时间基本接近或实现了时空距离的要求，广州都市圈核心与邻穗城市中心的出行时间在 30 ～ 60min，市域主城区与外围城区中心的出行时间在 30 ～ 60min，核心客运枢纽的出行时间在 30 ～ 60min。

12.2.3 深圳都市圈轨道交通网络化发展规划研究

深圳都市圈是大湾区的核心引擎，深圳市作为经济特区、全国性经济中心城市和国家创新型城市，旨在努力建成具有世界影响力的创新创意之都。为充分发挥深圳都市圈在大湾区乃至全国的重要引领作用，构建深圳都市圈高质量综合立体交通网，推进都市圈内部交通运输一体化发展，促进轨道交通多网融合、有序发展，特对深圳都市圈轨道交通网络化发展进行深入的规划研究。

1）发展特征

（1）现状特征

①经济社会

深圳都市圈的经济发展居全国领先地位，产业结构逐步优化，各市发展路径各具特点，区域发展不平衡、不协调。深圳都市圈以占广东省20.6%的面积，承载了全省28.6%的人口，创造了全省39.7%的生产总值，承担了全省进出口总额的33.0%。深圳都市圈经济发展在广东省乃至全国均处于领先地位，经济体量大，是粤港澳大湾区举足轻重的经济支撑区。人口密度890人/km^2，是广东省的1.4倍，人口高度聚集。接待旅游人数23000万人次，占广东省的43.3%，旅游品牌效应明显。

②城镇化

深莞惠经济圈已形成以深圳为核心，东莞、惠州为次中心，重要发展廊道为依托的多中心点轴发展格局。2010年，深莞惠共建“坪新清”产业合作示范区，这一片区位于深圳市龙岗区坪地街道、东莞市清溪镇和惠州市惠阳区新圩镇间，是三市接壤处。2019年深圳都市圈城镇化率达84.5%。

③综合交通

a. 综合交通运输体系较为完善。

深圳都市圈是粤港澳大湾区交通运输最发达的地区之一，铁路、公路、民航、水运在综合交通运输体系中相互协作、合理竞争，共同承担都市圈对外、内部客货运输。目前都市圈内的干线铁路、城际铁路及城市轨道交通已初步成网，基本形成以深圳市为中心，其他城市与周围重要城镇、重点客货集散点为节点，运输方式齐全、运输能力逐步提高的综合交通运输体系。世界级的机场、港口拓展了都市圈的对外合作空间；高速公路呈扇形向北、东、西方向辐射；国家“八纵八横”高速铁路主通道以及普速干线拓展了都市圈与内地的合作空间；都市圈内城际铁路正有序建设，都市圈内部主要节点间快速联系已初步建立。

b. 多层次轨道网系统初步形成。

深圳都市圈已初步形成由高速铁路、普速铁路、城际铁路、城市轨道交通组成的多层次轨道交通网络系统，基本形成以深圳市为中心，北联东莞、广州，东至汕头、海峡西岸，东北至惠州、河源的放射型路网格局。

④运输需求预测

a. 都市圈现状出行特征。

出行总量：深圳市现状对内对外机动化出行总规模为2141万人次/d，其中，对外机动化出行总量为295万人次/d，市内机动化出行总量为1846万人次/d。

对外机动化出行客流中，都市圈范围内有152.8万人次/d，占比51.8%；广东省内都市圈以外范围约为 90.3 万人次 /d，占比 30.6%；广东省外的客流约为 51.9 万人次 /d（包括国、境外客流），占比 17.6%。如图 12-21 所示。

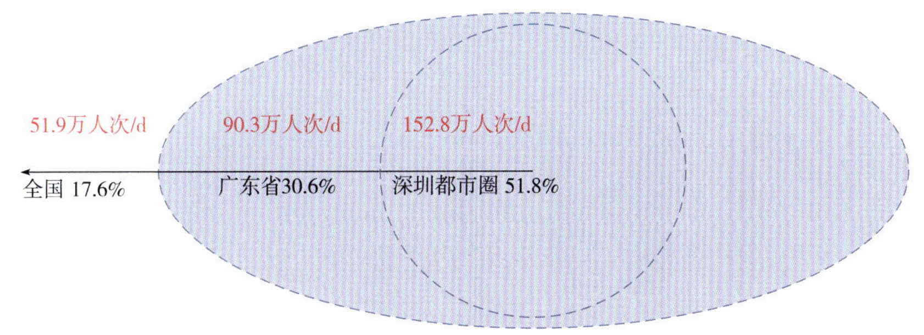

图 12-21 深圳都市圈现状对外客流结构

都市圈内出行特征：深圳对都市圈各城市出行量中，与东莞的出行量最大，达到了 105.9 万人次，占比高达 69.3%，其次是惠州，出行占比达到了 27.9%。这主要因为三地毗邻，且交通便利、发展密切，深莞惠同城一体化程度较大，尤其是深圳与东莞同城化趋势尤为明显。其次是与汕尾的客流，客流量达到了 3.21 万人次，占比 2.1%。这主要是由于两者间虽然相距较远，但有便利的铁路联系，且深汕合作区的建设使得两地之间的交流也日益紧密。与河源的客流最小，这与两地相距较远、交通不便捷有关。如图 12-22 所示。

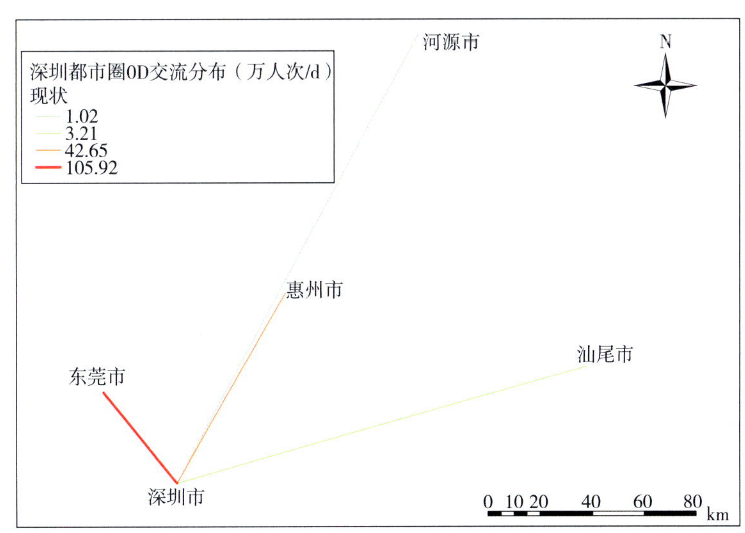

图 12-22 现状深圳对都市圈各城市出行量分布图

从交通方式比例中可以看出，深圳与都市圈内部各城市之间的联系均以公路为主，铁路占比有待于提高。深圳与东莞、惠州联系密切且临近，道路出行是最方便快捷的方式，轨道交通在出行比例都在 10% 以下；而对距离较远的城市，因此铁路出行比例有所上升，铁路出行占比达到了 30% 以上。

b. 市域出行特征。

出行量和出行率：现状全市内部机动化出行需求达到 1846 万人次 /d，占全市机动化出行总量的 89%。全市居民出行机动化出行率约为 1.41 次 /d，流动人口机动化出行率 2.2 次 /d。如图 12-23 所示。

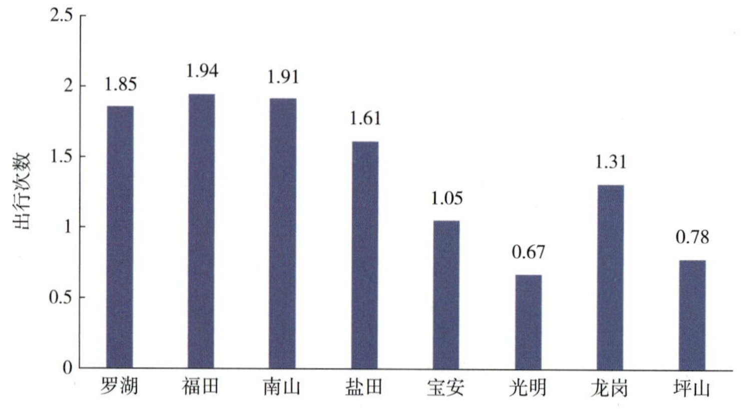

图 12-23 深圳各区机动化出行次数

出行分布：城市内部出行分布呈现三纵四横的交通走廊格局。

纵向三条：经新城、南头、同乐、白芒关口通往宝安中西部方向的西部交通需求走廊；经梅林、福龙关口通往龙华及其以远方向的中部交通需求走廊；经清平、清水河、布吉、沙湾关口通往布吉及以远方向的东部交通需求走廊。

横向四条：特区横向需求走廊、特区外机荷高速以南需求走廊、机荷高速以北需求走廊、东部沿海横向需求走廊。

深圳市主要客运走廊断面见表 12-6。

深圳市主要客运走廊断面 表 12-6

客运走廊		客运需求（万人次 /d）	比重
皇岗断面		240	—
二线关	西部	157.9	37%
	中部	128.2	30%
	东部	127.8	30%
	沿海	12	3%
	合计	425.9	100%

注：表中客流走廊数据为双向。

出行结构：深圳机动化出行方式共包括常规公交、轨道交通、出租车、小汽车、单位班车及其他。2017 年全市居民机动化出行结构中，常规公交占 25%，轨道交通占 17.0%，出租车占 8%，小汽车占 41%，单位班车占 6%，其他方式占 3%。如图 12-24 所示。

都市圈需求预测。出行总量：经预测，远期 2035 年深圳市机动化出行总量为 3913 万人次 /d，其中深圳市内部机动化出行总量为 3374 万人次 /d，占比 86.2%，深圳对外机动化出行总量 538 万人次。对外出行中，深圳都市圈内部各城市出行总量 273.8 万人次 /d，占比 50.9%；

与广东省都市圈外各城市出行总量达到了 170.5 万人次 /d，占比 31.7%；深圳对省外中长途客运量达到了 93.6 万人次，占比 17.4%。如图 12-25 所示。

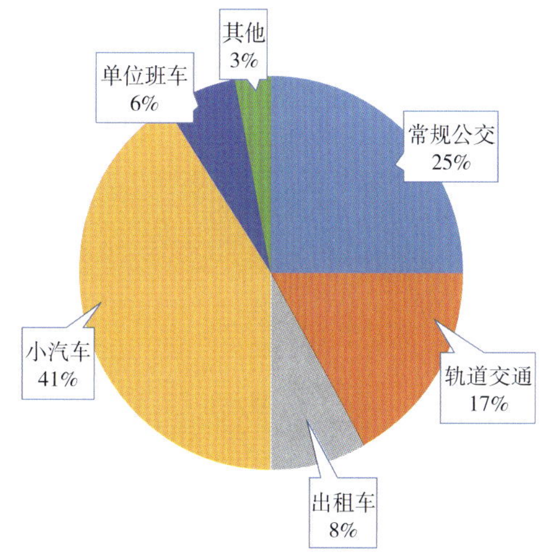

图 12-24　现状出行比例

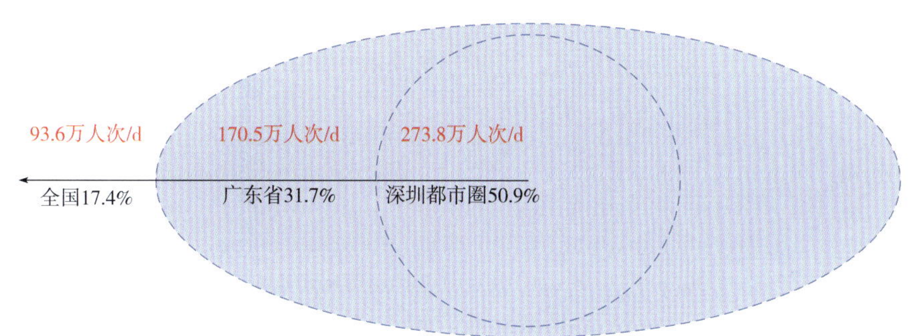

图 12-25　深圳都市圈远期对外客流结构

都市圈内出行预测：根据客流预测，近期深圳市对都市圈内各城市机动化出行总量达到了 219.4 万人次 /d，远期达到了 273.8 万人次 /d，年均增速 3.3%。深圳对都市圈内各城市出行中，与东莞、惠州的交流依然是最大的，占比略有下降，远期占比依然高达 91%，且随着莞惠深各层次轨道交通体系的进一步完善，轨道交通的分担率快速提升。其他城市中，与汕尾的出行量占比进一步提升了至 6.8%，这与深汕合作区的进一步开发建设有很大关系。与河源的交流也快速增加，尤其是铁路出行量快速增长。深圳与都市圈内各城市的出行量见表 12-7。

深圳与都市圈内各城市的出行量（单位：万人次 /d）　　表 12-7

城市	现　状		2025 年		2035 年	
	全方式	铁路	全方式	铁路	全方式	铁路
东莞	105.92	4.93	147.6	11.5	170.9	28.36
惠州	42.65	1.62	62.2	3.6	78.3	8.22
汕尾	3.21	1.36	7.4	3.5	18.6	9.72
河源	1.02	0.35	2.3	0.9	6.0	2.76

深圳市域出行预测。出行量和出行率：远期全市出行规模为 3374 万人次 /d，增幅 83%。全市平均机动化出行率 1.8 次 /d。其中，原特区内出行总量为 1038 万人次 /d，占全部出行比例的 36%。与现状出行相比，呈现内部增长趋缓、外部增长迅速的变化规律。深圳市各片区出行量见表 12-8。

深圳市各片区出行量（单位：万人次 /d）　　表 12-8

范　围	现　状		近　期		远　期	
	出行量	比例	出行量	比例	出行量	比例
原特区内	720	39%	848	36%	1038	31%
原特区内外之间	425	23%	510	22%	685	20%
原特区外	701	38%	975	42%	1650	49%
合计	1846	100%	2333	100%	3373	100%

出行分布：出行空间分布呈现以前海—南山、罗湖—福田为中心向外辐射的通勤特征，且前海—南山中心强于罗湖—福田中心，轴向上形成南山—宝安，南山—福田，南山—龙华，南山—龙岗，福田—龙华、福田—龙岗、罗湖与龙岗的多个放射轴线。整体“强中心 + 强轴”结构明显，向心聚集交通趋势显著。如图 12-26 所示。

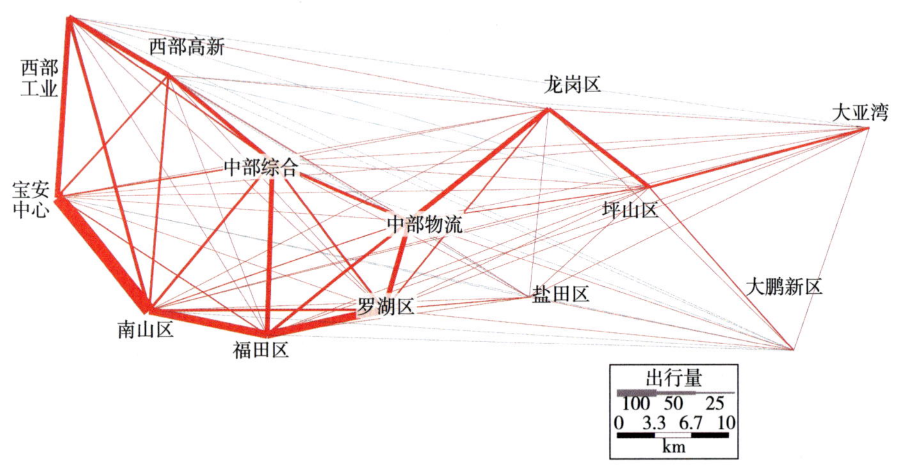

图 12-26　深圳都市圈远期全方式机动化出行分布

通过出行分布预测，近远期出行分布依然呈现三纵四横的交通走廊格局，且客运量进一步加强，尤其是三个纵向断面。以南山和福田为中心，北向客流快速增长。如图 12-27 所示。

（2）发展规划

深圳都市圈规划构建“一主、两副、三圈、四轴”的都市圈总体空间布局，推动形成中心引领、轴带支撑、圈层联动的都市圈发展格局。其中“一主”为强化深莞惠大都市区的核心引领作用；“两副”为培育发展河源都市区、汕尾都市区；“三圈”为形成圈层联动的区域功能格局；“四轴”为形成轴带支撑的区域空间骨架。如图 12-28 所示。

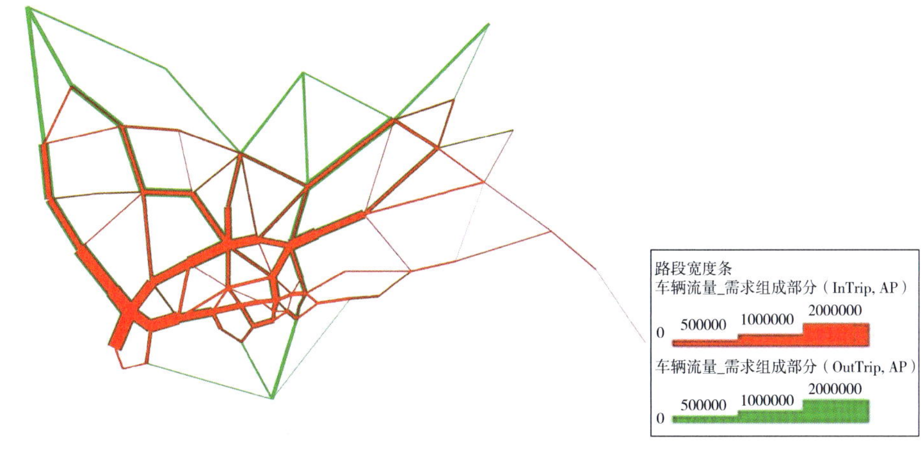

图 12-27 深圳都市圈远期全天客流走廊图

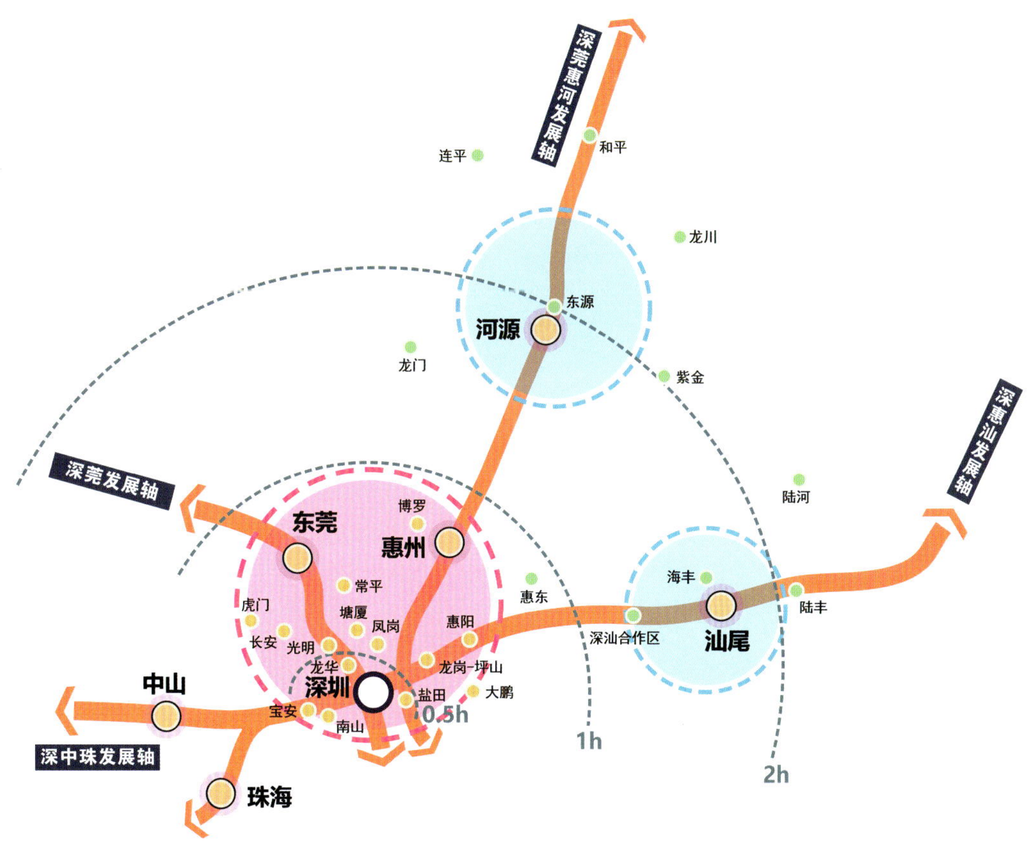

图 12-28 深圳都市圈规划空间结构

（3）存在问题

①网络功能层次划分不够清晰、结构不尽合理：目前，深圳都市圈尚未进行专门的市域（郊）铁路的规划建设工作，从都市圈轨道交通层次划分看，由于缺少市域（郊）铁路功能层次，辖区规划的城际铁路功能层次略显模糊，网络结构不尽合理。

②市域（郊）铁路线网规模偏小，总体建设进度滞后：深圳市目前的市域（郊）铁路规

划建设进度明显滞后，已开通运营的轨道交通普线有 9 条合计 367.8km，而市域（郊）铁路仅 6 号线、11 号线两条合计 101.3km，规划的深大、大鹏支线等都市圈城际铁路均未开工建设，与城市轨道交通线网既有的规模相比，市域（郊）铁路线网规模明显偏小，总体建设进度滞后，市域（郊）功能层次是深圳都市圈轨道交通发展的短板。

③都市圈城际铁路建设标准偏高：深圳都市圈规划建设的城际铁路多沿用珠三角城际铁路标准，主要参照现行《城际铁路设计规范》（TB 10623—2014）。深圳市内的都市圈城际铁路市域（郊）铁路功能明显，若继续沿用珠三角城际铁路的建设标准，与项目所经通道高度发达、建筑密集、多采用地下敷设且埋深很大的特点不相适应，会造成地下线路、车站规模过大，工程投资增幅过高等问题。

④轨道交通设计客流预测准确性有待进一步提高：客流预测指标偏大会造成初期配属车数冗余、列车满载率低、输送能力浪费；客流预测指标偏低会造成初期配属车数及乘务人员不足、运能及车公里增长过快、车辆段存检能力不足等诸多问题。深圳都市圈城际铁路、城市轨道交通项目，设计阶段的客流预测准确性均有待进一步提高，影响客流预测准确性的主要因素是经济基础数据不实、城市规划未落地实施或发至新的变化、政策法规等。

⑤建设与运营介入轨道交通规划设计机制有待进一步完善：从深圳都市圈城市轨道交通发展经验看，在建设规划一、二、三期线路中，由于规划设计阶段缺少建设及运营的深度介入，设计没有更好地融入运营、行车组织经验及教训，导致规划设计阶段埋下诸多隐患。如 3 号线设计客流明显偏小导致选择了 B 型车，造成早高峰运能瓶颈的硬伤；11 号线设计客流预测偏小，配车数不足等。

⑥站城融合略显滞后：相对于国外成熟的实例以及 TOD 的发展而言，国内轨道交通 TOD 综合开发尚处于探索发展阶段，略显滞后。“站城一体”理念已成为国内客站设计的主流指导思想，但由于刚刚兴起，还需进一步优化发展。深圳市在辖内国铁干线、都市圈城际铁路、城市轨道交通的规划建设中，已充分认识到 TOD 模式和理念的重要性，并大力推行站城一体化的设计理念及 TOD 综合开发，如对西丽站的站城融合概念设计方案进行了招标，征集西丽综合交通枢纽概念设计及主体建筑设计方案。整体来看，深圳都市圈城市轨道交通站点及周边的 TOD 开发已进行大量探索与尝试，并取得了可喜成效，但国铁、都市圈城际铁路的站城融合之路尚处于起步阶段，略显滞后。

2）轨道交通发展战略

（1）功能层次

结合大湾区都市圈划分标准以及深圳都市圈人口、联系度分布特征，并借鉴国外都市圈轨道交通层级划分，以深圳市为核心，将深圳都市圈划分为四个圈层（表 12-9）。

深圳市轨道交通层次划分表　　表 12-9

空间圈层	需求特征		对轨道系统的要求				
	空间尺度（km）	出行目的排序	时空要求	设站要求	舒适度要求	票价敏感性	频率要求
国家层次	>150	商务公务、其他、生活	相邻半日可达	城市到城市	高	低	低
粤港澳大湾区层次	50 ～ 150	商务公务、生活、其他	1h	市区到市区	高	低	较低
都市圈层次	30 ～ 50	通勤、商务公务、生活	1h	片区到片区	较低	较高	较高
主城通勤圈层次	<30	通勤、生活、商务公务	1h	门到门	低	高	高

深圳都市圈空间圈层分布如图 12-29 所示。

主城通勤圈层次：位于市中心半径 25km 范围内的区域，主要指罗湖、福田、南山前海、宝安、龙华坂田等片区，是人口、资源集聚的“强核”。

都市圈层次：位于市中心半径 50km 范围内，涵盖整个深圳市域，东莞长安虎门、大岭山黄江、清溪及惠州惠阳的部分区域，是深圳都市圈的同城化圈层。

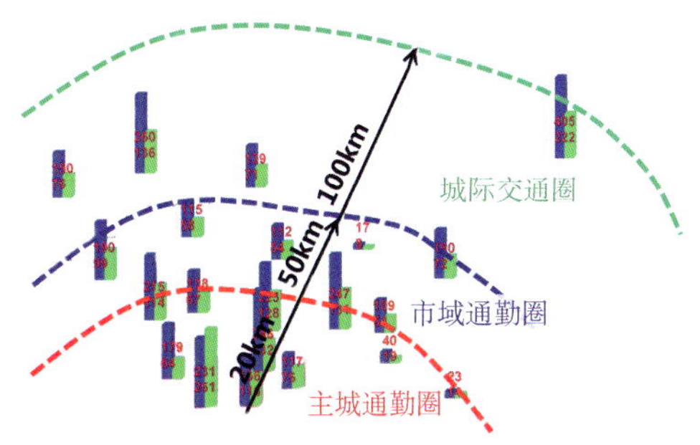

图 12-29　深圳都市圈空间圈层分布示意图

粤港澳大湾区层次：位于市中心半径 50 ～ 150km 范围内，主要解决粤港澳大湾区商务客流，包括整个粤港澳大湾区及周边部分地区。

国家层次：位于市中心半径 150km 范围以外，包括粤港澳大湾区辐射地区。

（2）规划思路

以服务“一带一路”倡议、粤港澳大湾区建设和新型城镇化等国家战略为引领，以“创新、协调、绿色、开放、共享”的新发展理念为指导，以加速推进深圳都市圈轨道交通一体化发展为目标，按照构建大都市区通勤圈的总体要求，构筑布局合理、功能完善、互联互通、安全高效的市域（郊）铁路和城市轨道交通网络系统，加快促进轨道交通网络体系“四网融合”，助力推进深圳市建设成为现代化国际化的创新型城市。

规划中充分尊重各层次轨道交通体系现有规划成果，各层次轨道交通的发展模式与空间布局、出行需求特征相吻合，结合城市空间结构特点考虑各层次轨道交通布局的先后顺序，网络布局优先考虑利用既有铁路资源，充分考虑各层次轨道交通的互联互通。

（3）规划目标

规模目标：至规划期末，深圳都市圈市域（郊）铁路布局总规模 578.3km。形成城市轨道交通线 24 条，总规模 841.3km。

覆盖目标：对 5 万人及以上的城镇组团覆盖率近期、远期分别达到 75% 和 100%，10 万人口城镇全覆盖。

时空目标：实现都市圈核心城市中心城区内部 30min 出行，中心城区与周边城镇组团之间 60min 出行，中心城区与边缘城镇组团、都市圈内副中心城市之间 90min 通达。

结构目标：轨道交通客流占全方式比例达到近期 22%、远期 28%；市域（郊）铁路客流占轨道交通全网客流比例近期、远期分别达到 25% 和 35%。

3）网络化布局方案

（1）利用既有铁路

深圳都市圈内既有广深港高铁、广深Ⅰ、Ⅱ线、广深Ⅲ、Ⅳ线、厦深铁路、穗莞深城际铁路新塘南至深圳机场段等，目前已成功在厦深铁路深圳北至深圳坪山站之间开行了 15 对市域（郊）列车。广深港高铁、广深Ⅰ、Ⅱ线、广深Ⅲ、Ⅳ线为繁忙干线，通过能力紧张，无法承担深圳都市圈内的市域（郊）功能。

（2）市域（郊）新线规划布局

①空间布局

深圳市域范围内，将构建“多中心、网络化、组团式、生态型”的总体空间结构，同时，以两轴为引领，完善城市空间和功能组织；以两湾为重点，强化陆海统筹。如图 12-30 所示。

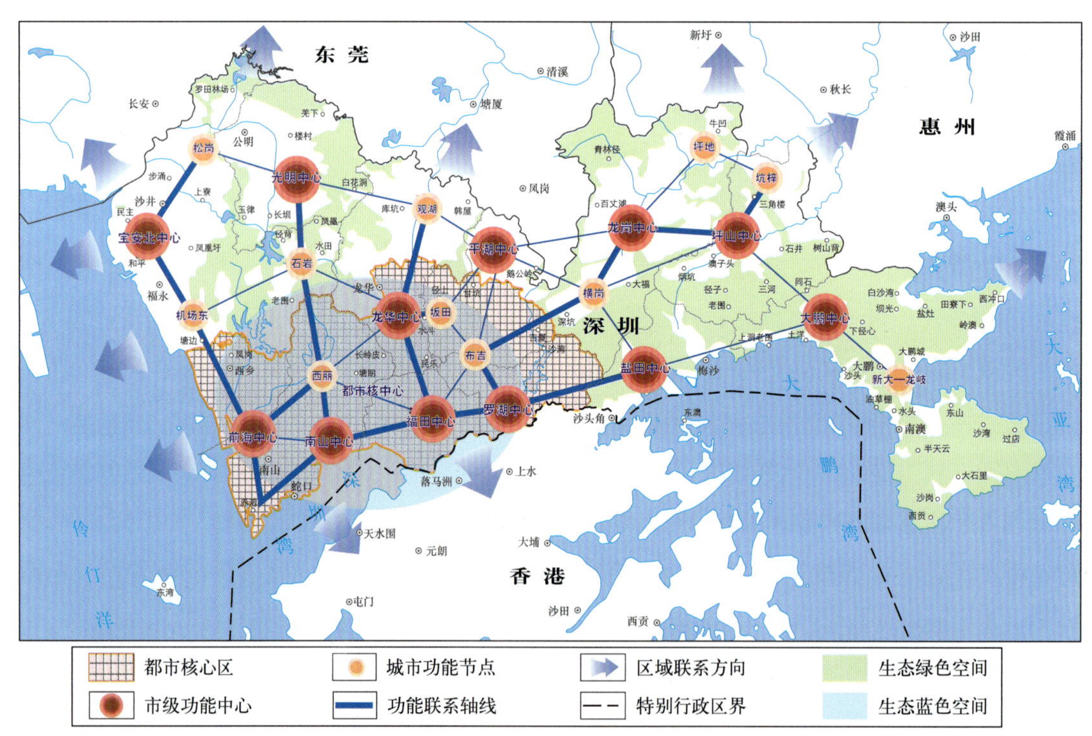

图 12-30 深圳市空间结构示意图

②客流走廊分布

深圳市客流出行整体“强中心 + 强轴”结构明显，向心聚集交通趋势显著。空间分布呈现以前海—南山、罗湖—福田为中心向外辐射的通勤特征，轴向形成南山—宝安、南山—福田、南山—龙华、南山—龙岗、福田—龙华、福田—龙岗、罗湖与龙岗多条放射轴线。

③网络构架

为同时串联都市圈核心区（一核）、两心、多点（3 个专业化功能中心、6 个组团级城市功能中心），结合深圳市客流出行分布呈现“东西轴向连通、扇形放射”的交通走廊格局，规划构建“扇形放射、轴向互联”的市域（郊）铁路网络形态。至规划期末，市域（郊）铁路网络总规模 578.3km，形成城市轨道交通线 24 条，总规模 841.3km。如图 12-31 所示。

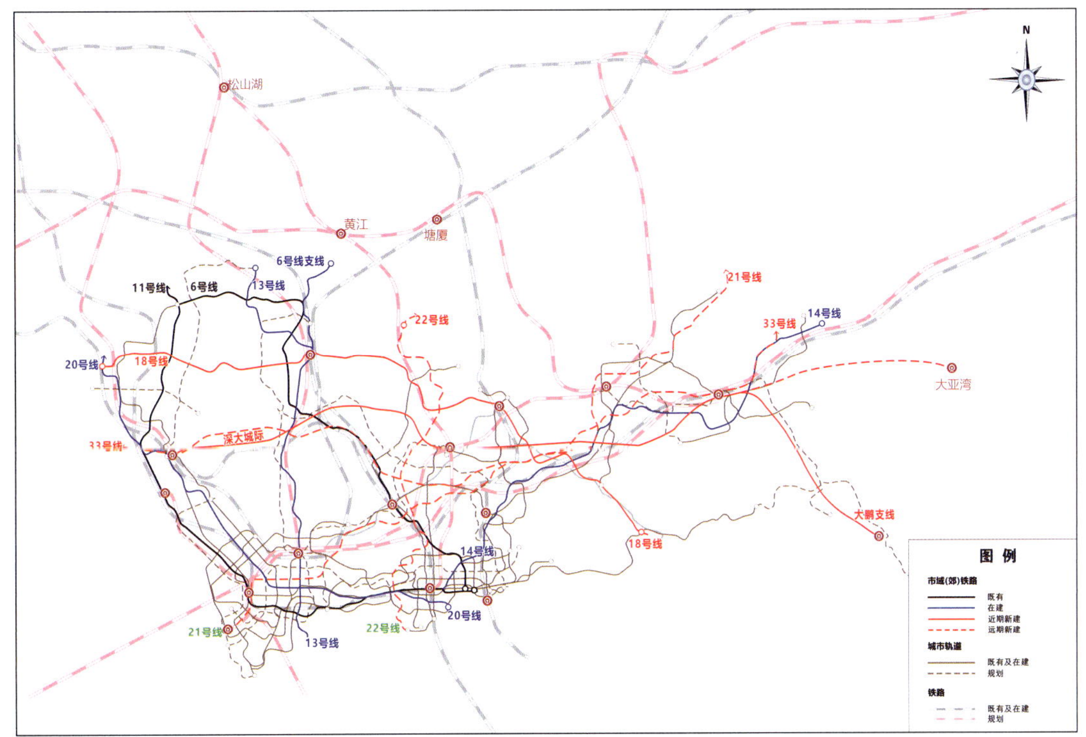

图 12-31　深圳都市圈轨道交通网络规划示意图

（3）节点布局

深圳都市圈规划形成深圳站、深圳北站等 4 个国家级轨道交通枢纽节点，形成福田、深圳坪山等 5 个区域级枢纽节点和 80 多个城市级轨道交通节点，可为都市圈旅客出行提供便捷的出行服务。如图 12-32 所示。

4）规划效果

（1）近、远期实施方案

“十四五”期间，基于规模适度、先主后次、交通需求（SOD）和引导城市发展（TOD）功能并重以及可实施性等原则，充分对接相关上位规划编制及批复情况，提出“十四五”期间实施 18 号线（盐田路—离岛西）、深大城际深圳机场至坪山段、大鹏支线等三个项目，计入在建项目共 7 项，合计总里程 320.6km。2035 年实施项目 3 项，共计 115.2km。

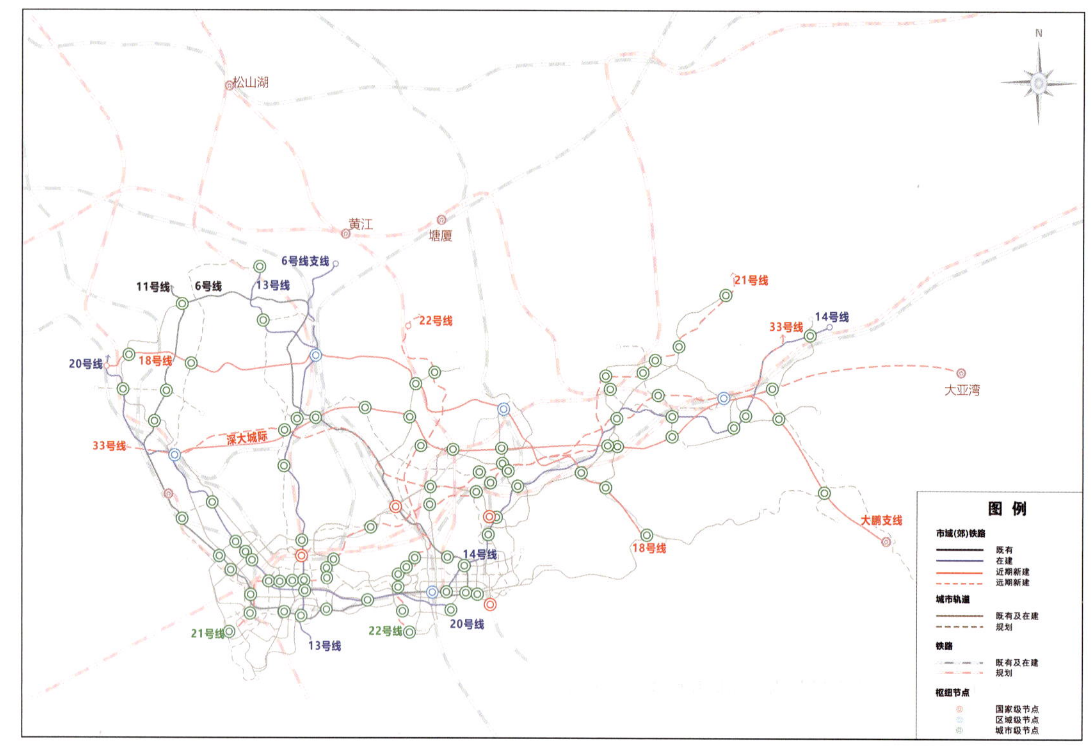

图 12-32　深圳都市圈轨道交通网络化枢纽节点布局示意图

（2）规划实施效果

规划实施后，将实现深圳都市圈高铁、城际铁路、市域（郊）铁路、城市轨道交通等多层次轨道交通网络融合发展、高效衔接。对 5 万人及以上的城镇组团覆盖率由现状 60% 左右，近期、远期分别提高至 75% 和 100%。实现了都市圈核心城市中心城区内外 30 ～ 90min 通达的时空目标。轨道交通客流占全方式比例由既有 10.8% 提高至近期 22%、远期 28%；市域（郊）铁路客流占轨道交通全网客流比例由现状 13.4%，提高至近期 25%、远期 35%。按高效衔接、便捷换乘的多层次轨道交通一体化融合理念，在深圳都市圈内规划形成近百个不同级别枢纽节点，可为深圳都市圈旅客提供便捷出行服务。

12.3　本章总结

多层次轨道交通融合规划是轨道交通规划的新方向，规划的理论、方法、理念较为抽象，为了使读者能更好地理解融合规划的理念、技术方法，本章通过总结多年来在我国长三角地区、粤港澳大湾区的规划实践，展示在多层次轨道交通融合规划实际操作中的规划思路、技术路线、规划融合方法，以供行业相关规划、设计、管理人员参考。

参考文献 REFERENCE

曹鸿飞, 2011. 线网指挥中心综合监控数据集成及预警技术研究 [D]. 北京 : 中国铁道科学研究院.

岑雨, 2018. 市域铁路与城市轨道交通同站台换乘研究及仿真优化 [D]. 北京 : 北京交通大学.

曾霞, 2019. 国内外轨道站点综合开发经验及规划应用研究——以成都市为例 [C]// 中国城市规划学会. 品质交通与协同共治——2019 年中国城市交通规划年会论文集 : 2019 年卷. 北京 : 中国建筑工业出版社.

陈琦辉, 2014. 集美区交通管理体制改革研究 [D]. 厦门 : 厦门大学.

陈先华, 2016. 铁路运营亏损补偿途径探寻——以浙江省为例 [J]. 财会月刊 (中) (10): 55-59.

程延秋, 2016. 城际铁路与地铁市域线间比选方案广义费用研究 [D]. 西安 : 长安大学.

崔叙, 沈中伟, 毛菲, 2015. 大城市铁路客站邻接区用地构成及强度研究 - 基于协同学的国内外大城市铁路客站邻接区用地解析和规划思考 [J]. 规划师, 31(2): 36-41.

达来, 2012. 广州市公共交通一体化中的政府职能研究 [D]. 广州 : 华南理工大学.

单连龙, 2012. 武汉客运枢纽交通衔接规划思路及总体构架 [J]. 综合运输 (12): 43-46.

邓荟, 2019. 基于站城融合模式的大型铁路客站选址适应性研究 [D]. 成都 : 西南交通大学.

翟光洲, 刘晓强, 赵时旻, 等, 2008. 城市轨道交通乘客信息系统服务框架优化策略 [J]. 城市轨道交通研究, 11(10):50-53.

丁智国, 2018. 轨道交通地方立法及制度建设探究 [J]. 法制与经济 (9): 66-68.

东急电铁, 2015. 东急二子玉川综合开发 [J]. 建筑技艺 (11): 36-39.

杜洪涛, 徐士伟, 王帅, 2019. 大型高铁枢纽优化提升研究——以广州南站为例 [J]. 交通与港航, 6(4): 48-54.

杜佳文, 2011. 我国市郊铁路规划建设布局模式研究 [J]. 铁道运输与经济, 33(11): 71-74.

樊东方, 2008. 日本交通运输管理体制概况 [J]. 综合运输 (11):77-82.

樊东方, 石静远, 2013. 日本交通运输管理体制的特征及其借鉴 [J]. 工程研究 - 跨学科视野中的工程, 5(4): 443-452.

方弘毅, 姚敏峰, 2016. 日本东京市郊新城再开发模式分析——以多摩广场再开发为例 [J]. 福建建筑 (5): 1-6.

冯爱军, 李忍相, 2015. 市域快轨发展研究及技术分析 [M]. 北京 : 中国建筑工业出版社 .

付建烁, 2015. 伦敦市郊铁路管理体制对河北市郊铁路发展的启示 [J]. 中小企业管理与科技 (9): 57-58.

高飞, 2010. 城市轨道交通与区域轨道交通的衔接模式研究 [D]. 成都 : 西南交通大学 .

高明明, 2018. 特大城市发展市域 (郊) 铁路的模式探讨 [J]. 综合运输, 40(6): 13-16+93.

龚隽, 靳文舟, 郑亚晶, 2018. 城市轨道交通票务清分方法研究 [J]. 铁道运输与经济, 40(2): 79-86.

顾保南, 叶霞飞, 2007. 城市轨道交通工程 [M]. 武汉 : 华中科技大学出版社 .

江南, 2012. 城市轨道交通一体化运营组织相关问题研究 [D]. 成都 : 西南交通大学 .

姜玲丽, 2017. 轨道交通综合枢纽换乘空间立体化设计研究 [D]. 北京 : 北京交通大学 .

姜亚楠, 2015. 广州北站综合客运交通枢纽换乘衔接研究 [D]. 北京 : 北京交通大学 .

靳朝阳, 2014. 城市轨道交通客流预测敏感性分析 [D]. 西安 : 长安大学 .

靳聪毅, 沈中伟, 2019. 基于”站城融合”理念的城市铁路客站发展策略 [J]. 城市轨道交通研究, 22(3): 12-15.

景国胜, 2017. 广佛都市圈视角下的轨道交通发展思考 [J]. 城市交通, 15(01): 38-42.

蓝宏, 2019. 轨道交通在城市群中的功能及制度保障研究 [D]. 北京 : 北京交通大学 .

李凤玲, 史俊玲, 2009. 巴黎大区轨道交通系统 [J]. 都市快轨交通, 22(1):101-104.

李桂桂, 2012. 市域铁路与城市轨道交通一体化运营体系相关问题研究 [D]. 成都 : 西南交通大学 .

李名良, 张广厚, 牛浩宁, 2018. 加快轨道交通一体化支撑和引导都市圈发展 [J]. 中国发展观察, 188(8): 57-59.

李明高, 俞斌, 张福勇, 等, 2019. 考虑直通运营的区域轨道交通一体化规划探讨 [C]// 中国城市规划学会 . 品质交通与协同共治——2019 年中国城市交通规划年会论文集 : 2019 年卷 . 北京 : 中国建筑工业出版社 .

李爽, 2016. 天津市轨道交通建设政府监管问题研究 [D]. 天津 : 天津师范大学 .

李文静, 翟国方, 何仲禹, 等, 2016. 日本站城一体化开发对我国高铁新城建设的启示——以新横滨站为例 [J]. 国际城市规划, 31(153): 111-118.

林晓言，王慧云，2015. 铁路站区土地综合开发模式及利益分配研究 [J]. 铁道经济研究，37(4): 59-63.

林雄斌，杨家文，李贵才，等，2016. 跨市轨道交通溢价回收策略与多层级管治：以珠三角为例 [J]. 地理科学，36(2): 222-230.

刘海洲，2008. 基于产业关联度的都市圈轨道交通客流预测方法优化研究 [D]. 重庆：重庆交通大学.

刘静月，2017. 伦敦市郊铁路运营管理概况 [J]. 中国铁路 (9): 20-25.

刘龙胜，杜建华，张道海，2013. 轨道上的世界：东京都市圈城市和交通研究 [M]. 北京：人民交通出版社.

卢喜招，2013. 网络化运营下城市轨道交通监管体系研究 [D]. 成都：西南交通大学.

陆瑶，2007. 大城市群发展中的政府协调机制研究 [D]. 成都：西南交通大学.

马祥军，2009. 都市圈一体化交通发展战略研究 [D]. 上海：上海交通大学.

玛依拉·艾则孜，2018. 城际铁路为主导的综合客运枢纽换乘衔接布局与规划研究 [D]. 西安：长安大学.

孟美侠，张学良，潘洲，2019. 跨越行政边界的都市区规划实践——纽约大都市区四次总体规划及其对中国的启示 [J]. 重庆大学学报：社会科学版，25(4): 22-37.

牛凡，2015. 铁路运输企业盈亏总额考核机制研究 [D]. 北京：北京交通大学.

潘昭宇，张天齐，唐怀海，等，2020. 多层次轨道交通”四网融合”体系研究 [J]. 交通工程，20(4): 1-8.

齐亮，2012. 轨道交通沿线土地联合开发与规划设计研究 [D]. 天津：天津大学.

邱丽丽，顾保南，2006. 国外典型综合交通枢纽布局设计实例剖析 [J]. 城市轨道交通研究，9(3):55-59.

邱忠权，何金海，2012. 城市轨道交通一体化客运服务研究 [J]. 物流技术，31(8): 42-44.

曲海锋，2018. 长三角跨省轨道交通投融资模式探讨 [J]. 中国工程咨询 (11): 24-27.

日建设计站城一体开发研究会，2014. 站城一体开发：新一代公共交通指向型城市建设 [M]. 北京：中国建筑工业出版社.

盛来芳，2012. 基于时空视角的轨道交通与城市空间耦合发展研究 [D]. 北京：北京交通大学.

舒慧琴，石小法，2008. 东京都市圈轨道交通系统对城市空间结构发展的影响 [J]. 国际城市规划 (3): 105-109.

宋冰晶，2011. 地铁车站和广场及商业一体化立体开发模式 [J]. 都市快轨交通，24(6): 50-55.

宋元胜，2013. 我国“三网合一”综合轨道交通建设的必要性 [J]. 交通与运输，29(7): 118-121.

宋元胜，魏德勇，周天星，2018. 三铁融合综合轨道交通方案研究路径探讨 [J]. 铁道工程学报，35(10): 1-5.

孙翔，田银生，2010. 日韩高速铁路客运站建设特点及其借鉴 [J]. 规划师 (1): 82-85.

孙有才，2015. 法国铁路管理体制对河北城际铁路建设与管理的借鉴 [J]. 中小企业管理与科技 (9): 65-66.

汤莲花，徐行方，2018. 国外典型都市圈市域铁路发展及启示 [J]. 中国铁路 (9): 107-113.

唐枫，徐磊青，2017. 站城一体化视角下的轨交地块开发与空间效能研究——以上海三个轨交站为例 [J]. 西部人居环境学刊，32(3): 7-14.

唐怀海，潘昭宇，2020. 枢纽机场与多层次轨道交通体系的衔接布局 [J]. 城市交通，18(4): 79-86.

陶志祥，2020. 都市圈轨道交通“四网融合”规划理论与实践 [C]// 中国城市规划学会 . 交通治理与空间重塑——2020 年中国城市交通规划年会论文集：2020 年卷 . 北京：中国建筑工业出版社 .

陶志祥，2020. 大城市轨道交通一体化探讨——以广州市为例 [J]. 交通工程，20(5): 14-20+27.

童剑，2015. 江苏省交通运输行政管理体制改革研究 [D]. 大连：大连海事大学 .

汪波，禹丹丹，李得伟，2012. 东京地铁运营组织分析 [J]. 都市快轨交通，25(1): 111-115.

王明志，王舟帆，刘军，2018. 区域轨道交通一体化协同发展思考 [J]. 铁路通信信号工程技术，15(5): 84-88.

王树盛，黄卫，陆振波，等，2004. 都市圈轨道交通客流预测方法研究 [J]. 城市轨道交通研究，7(1): 40-43.

王晓荣，荣朝和，盛来芳，2013. 环状铁路在大都市交通中的重要作用——以东京山手线铁路为例 [J]. 经济地理，33(1): 54-60.

王璇，2012. 高速铁路车站视觉识别系统设计研究 [D]. 南京：南京师范大学 .

王耀飞，2017. 京津冀地区交通一体化法律问题研究 [D]. 北京：北京交通大学 .

王宇宁，范志清，2016. 轨道交通导向的东京大都市区新城发展路径研究 [J]. 都市快轨交通，29(3): 122-126.

吴春花，北田静男，周伊，2015. 日本东急集团沿线高中低密度城市开发理念——访东急集团东急设计总建筑师北田静男、中国项目部长周伊 [J]. 建筑技艺 (11): 26-35.

吴越，2012. 以轨道交通为基础的城市客运枢纽综合体设计研究 [D]. 杭州：浙江大学 .

武廷海，高元，2016. 第四次纽约大都市地区规划及其启示 [J]. 国际城市规划，31(6): 96-103.

向蕾，叶霞飞，蒋叶，2018，. 东京都市圈轨道交通直通运营模式的分析与启示 [J]. 城市轨道交通研究 21(3): 93-97.

肖艳杰，2018. 轨道交通客流预测模型优化及应用研究 [D]. 武汉：武汉理工大学 .

谢志明，陈海伟，2016. 日本综合客运枢纽交通衔接设计经验及启示 [J]. 城市交通，14(5): 56-62.

徐建刚，2016. 智慧城市规划方法：适应性视角下的空间分析模型 [M]. 南京：东南大学出版社 .

徐月圆，2015. 城市轨道交通客流预测方法及模型研究 [D]. 兰州：兰州交通大学 .

闫智晶, 2015. 城市综合客运交通枢纽规划研究 [D]. 兰州 : 兰州交通大学 .

杨伟威, 2018. 城市轨道交通经营中政府与企业关系研究 [D]. 苏州 : 苏州大学 .

殷凤军, 2016. 大城市新城交通规划推进机制研究 [D]. 南京 : 东南大学 .

余柳, 刘莹, 2013. 东京综合交通枢纽布局规划研究与启示 [J]. 交通运输系统工程与信息, 13(1): 17-24.

张安锋, 刘涛, 2016. 城市轨道交通网络互联互通的四种运营模式 [J]. 城市轨道交通研究, 19(7): 127-132.

张翔, 2017. 长三角区域协作立法研究 [D]. 南京 : 南京师范大学 .

赵振, 2013. 新时期我国综合型铁路客站建筑空间模式研究 [D]. 合肥 : 合肥工业大学 .

甄小燕, 臧文义, 2015. 我国市郊铁路投融资模式选择 [J]. 综合运输, 37(4): 59-63.

郑明远, 2006. 轨道交通时代的城市开发 [M]. 中国铁道出版社 .

朱军, 宋键, 2003. 城市轨道交通资源共享探讨 [J]. 城市轨道交通研究, 6(2):5-8.

左大杰, 李斌, 朱健梅, 2016. 全面深化铁路投融资体制改革研究 [J]. 综合运输 (9): 19-24.